WHEN THE SHOE FITS
Copyright © 1975 OSHO International Foundation, www.osho.com/copyrights
Korean translation copyright © 2022 Chung-A Publishing Co.
This Korean edition was published by arrangement with Osho International Foundation through Best Literary & Rights Agency, Korea.
All rights reserved.

This book is a transcript of a series of original talks WHEN THE SHOE FITS by Osho given to a live audience. All of Osho's talks have been published in full as books, and are also available as original audio recordings. Audio recordings and the complete text archive can be found va the online OSHO Library at www.osho.com

OSHO is a registered trademark of Osho International Foundation, www.osho.com/trademarks

이 책의 한국어판 저작권은 베스트 에이전시를 통한
원 저작권자와의 독점 계약으로 청아출판사가 소유합니다.
신 저작권법에 의하여 한국 내에서 보호를 받는 저작물이므로
무단전재와 무단복제를 금합니다.

오쇼의 장자 강의 ■ 2
장자, 도를 말하다

오쇼

류시화 옮김

청아출판사

옮긴이의 글 6

첫째날 아침
신발이 발에 맞으면
9

둘째날 아침
그림자 도망치기
57

셋째날 아침
도인이 된 싸움닭
93

넷째날 아침
원숭이 동산에서의 일
135

다섯째날 아침
거북이의 생
181

여섯째날 아침
바닷새를 죽인 음악
217

일곱째날 아침
물고기와 도
253

여덟째날 아침
강의 신과 바다의 신
297

아홉째날 아침
장자, 도를 말하다
333

열째날 아침
수레 만드는 사람
367

열한째날 아침
장자의 죽음
411

삶은 풀어야 할 문제가 아니라 살아야 할 신비

주인공도 아니고 방관자도 아닌, 그 사이 어디쯤에서
우리는 살아가고 있다. 그리고 어디를 향해 가야 하는지조차
알지 못한다. 우리의 삶은 지극히 정상적인 것 같지만,
조금만 들여다보면 부조리 투성이다.
인간이 할 수 있는 일 중에서 자신을 찾아나서는 여행보다
더 값진 것은 없다. 중요한 것은 우리가 어디에 있는가가 아니라
어디를 향해 가고 있는가이다. 우리의 심장에다 쓰자.
매일매일이 그 여행의 과정이 되리라고.
누군가는 말했다. 세상은 한 권의 책이며, 여행하지 않는 자는
그 책의 단지 한 페이지만을 읽을 뿐이라고. 그러나 자기 자신에게로
여행하지 않는 자는 아무것도 읽지 않는 것과 같다.
아마도 나는 내가 하는 일의 결과에 대해 영원히 알지 못할 것이다.
그러나 아무것도 하지 않는다면 결과는 영원히 오지 않는다.
내 안에는 순수한 침묵이 있다. 그것은 어떤 것에도 물들지 않은
절대 침묵의 세계다. 내가 누구이든, 어떤 사상과 감정을 갖고
살아가든, 그것은 변함없이 내 안에 있다. 나는 그것으로부터
나왔으며, 또 그것에게로 돌아간다. 그것은 눈으로 바라보이는
침묵이 아니다. 그것은 냄새도 없고, 색깔도 없으며, 내가 그것에
어떤 이름을 붙인다 해도 그런 것과는 상관없이 존재한다.
모든 명상은 그 침묵의 세계를 경험하기 위한 것이다.
내가 눈을 감고 단 1분만이라도 온 존재를 다해
그 침묵의 세계를 느낄 수만 있다면

나에게는 어떤 호흡법도, 만트라도, 요가 자세도 필요 없다.
그리고 그 순수한 침묵이 내 안에 있음을 안다면 나는
언제 어디서나 평화로울 수 있다. 어떤 감정이 나를 방문하더라도
나는 곧 그 순수한 침묵에게로 돌아갈 수 있다.
그것은 늘 내 안에 있다.
내가 어디로 가든, 또 무엇을 하든, 그것은 내 존재를 채우고 있다.
그리고 내가 마침내 육체를 떠날 때 그 순수한 침묵은
우주를 감싸고 있는 절대 침묵과 하나가 된다.
따라서 나는 지금 내가 생각하는 그런 존재가 아니다.
나의 이름, 내가 이 세상에서 얻은 것, 내가 '나' 라고 여기는
그것들은 그 순수한 침묵 위에 떠 있는 구름과 같은 것이다.
가끔 그 구름을 걷고, 그 너머의 절대 침묵의 세계와
하나가 되어야 한다.
내가 아무리 오랜 세월 명상을 하고, 아무리 많은 다른 것들을
추구한다 해도 그 순수한 침묵과 하나가 되는 경험을 하지 않는다면
나의 삶은 꿈과 같은 것이다. 하루에 단 1분이라도
안과 밖의 소음을 끄고 그 순수한 침묵과 마주한다면
나는 많은 것들로부터 진정한 자유를 얻을 것이다.
그리고 마침내 내 삶의 중심에 서 있게 될 것이다.

류시화

마음이 옳으면 모든 옳고 그름의 판단을 잊는다. 그때 그대는 자유인이다. 삶이 그 자체로 흘러가게 하라. 그 흘러감 자체가 궁극의 깨달음이다.

첫째날 아침 신발이 발에 맞으면

목수로 유명한 공수는
아무 도구를 사용하지 않고서도
도구를 사용한 것보다 더 완벽한 원을 그릴 수 있었다.

그의 손가락은 자연스럽게
무에서 형태를 낳고
그의 마음은 자유로워서
자신의 행위에 대해 무심의 경지에 있었다.

무엇에도 자신을 맞출 필요가 없었다.
마음은 더없이 단순한 상태가 되어
어떤 것에도 구속받지 않았다.

신발이 발에 꼭 맞으면
발의 존재를 잊는다.
허리띠가 허리에 꼭 맞으면
허리의 존재를 잊는다.

마음이 옳으면
모든 옳고 그름의 판단을 잊는다.
무리하지도 않고 강요하지도 않으며,
필요를 느끼지도 않고 유혹되지도 않는다.
그때 일은 저절로 이루어진다.
그때 그대는 자유인이다.

쉬운 것이 옳은 것이다.
옳게 시작하라, 그러면 쉬워진다.
쉽게 나아가라, 그러면 그대는 옳다.
쉽게 나아가는 옳은 길은
그 옳은 길을 잊는 일이며
또 쉽게 나아간다는 것조차 잊는 일이다.

—〈신발이 발에 맞으면〉

 장자는 꽃이다. 매우 드문 꽃. 붓다나 예수보다도 드문 꽃이다. 붓다나 예수는 노력을 강조하지만 장자는 그렇지 않다. 그는 오히려 노력 없음을 강조한다.
 노력을 통해 많은 것을 이룰 수 있다. 하지만 노력 없음을 통해서는 더 많은 것들이 가능하다. 많은 것들을 의지를 통해 이룰 수 있다. 하지만 의지 없음을 통해서는 더 많은 것들을 이룰 수 있다. 나아가 의지를 통해 이룬 것은 무엇이든 늘 짐으로 남을 것이다. 늘 하나의 갈등, 내면의 긴장으로 남을 것이다. 그래서 어느 순간엔가 이룬 그것들을 다시 잃고 만다. 그대는 끊임없이 그것을 유지시켜야만 한다. 그리고 그것을 유지시키는 데는 또 다른 에너지가 필요하며, 마침내 그대는 지쳐서 쓰러진다.
 오직 노력 없음을 통해 이룬 것만이 짐이 되지 않을 것이다. 짐이 아닌 것만이 영원할 수 있다. 어떤 식으로든 부자연스럽지 않은 것, 오직 그것만이 영원히 그대와 함께 남아 있을 수 있다.
 장자는 말한다. 진정한 것, 신에 속한 것, 본래의 존재에 속한 것은 자기 자신을 완전히 잊어버릴 때만 이룰 수 있다고. 그것을 이루기 위한 노력조차 장애물이 된다고. 노력이 있을 때는 자기를 잊어 버릴 수 없다. 그리고 자기를 잊기 위한 노력조차도 장애물이 된다.

그대가 어떻게 그대 자신을 잊으려고 노력할 수 있는가? 모든 노력은 에고에서 나오며, 노력을 통해서는 에고가 강해지기만 할 뿐이다. 에고는 하나의 병이다. 그러므로 노력을 완전히 잊어야 한다. 어떤 노력도 행해서는 안 된다. 완전히 자기 자신을 잊어야 한다. 이제 갓 태어난 어린아이로 다시 돌아가야만 한다. 무엇이 옳고 무엇이 그른지 모르는, 어떤 구분도 없는……. 일단 마음속에 구분이 일어나면, 일단 이것이 옳고 저것이 그르다는 것을 분별하면, 이미 병든 것이다. 그때는 진리에서 한없이 멀어진다.

어린아이는 자연 상태 그대로 산다. 그는 전체적이다. 그는 어떤 노력도 하지 않는다. 노력한다는 것은 곧 자기 자신과 싸우는 것을 의미하기 때문이다. 마음의 한 부분은 찬성하고 다른 부분은 반대한다. 그래서 노력이 뒤따르는 것이다.

이것을 기억하라. 그대는 많은 것을 이룰 수 있다. 특히 이 세계에서는 노력을 통해 많은 것을 이룰 수 있다. 노력은 공격적이기 때문이다. 노력은 폭력적이고 경쟁적이다. 그러나 진리의 세계에서는 노력을 통해선 아무것도 이룰 수 없다. 그리고 노력으로 시작한 사람은 마지막에 가서는 그것을 버려야만 한다.

고타마 붓다는 6년 동안 고행을 했다. 끊임없이 명상하고 노력했다. 고행자가 되어 인간이 할 수 있는 모든 노력을 다했다. 어떤 시도도 해보지 않은 것이 없었다. 그는 자신의 전 존재를 걸었다. 하지만 그것은 노력이었다. 에고가 그곳에 있었다. 그래서 번번이 실패했다.

궁극에 가서는 에고만큼 실패하는 것도 없다. 이 세계에서는 에고만큼 성공하는 것도 드물다. 물질의 세계에서는 에고만큼 성공하는 것이 없다. 그러나 존재의 세계에서는 에고만큼 실패하는 것도 없다. 상황이 정반대다. 그럴 수밖에 없는 것이 그 둘의 차원이 정반대이기 때문이다.

붓다는 철저히 실패했다. 6년의 노력 후 그는 완전히 좌절했다. 문자 그대로 '완전히' 좌절한 것이다. 거기 단 한 조각의 희망도 남아 있지 않았다. 그 완전한 절망 속에서 그는 모든 노력을 포기했다. 그는 이미 이 세상을 포기했었다. 이미 자신의 왕국을 포기했었다. 눈에 보이는 이 세계에 속한 일체를 뒤에 버리고 떠났다. 이제 끝없는 노력으로 6년을 보낸 뒤 그는 진리의 세계에 속한 것들까지 모두 포기했다. 그는 완전한 진공 상태, 텅 빈 상태에 빠졌다. 그리고 그날 밤, 지금까지와는 질적으로 다른 편안한 잠을 잤다. 왜냐하면 에고가 사라졌기 때문이다. 질적으로 다른 침묵이 그의 내면에 찾아왔다. 노력이 사라졌기 때문이다. 질적으로 전혀 다른 존재 상태가 그날 밤 그에게 일어났다. 아무 꿈이 없었기 때문이다.

노력이 사라지면, 어떤 것도 불완전하지 않으면, 그때 꿈은 필요 없다. 꿈이란 어떤 것을 완성시키기 위한 것이다. 낮 동안에 미완성인 채로 남은 것이 있을 때 그것은 꿈속에서 완성된다. 인간의 마음은 모든 것을 완성하려는 경향이 있다. 완성된 것이 아니면 마음이 불편해진다. 그래서 그것을 완성하기 위해 끊임없이 노력한다. 그래도 미완성이면 꿈속에서 그것을 완성시킨다. 욕망이 있는 곳에 꿈이 있을 수밖에 없다. 욕망은 곧 꿈이기 때문이다. 꿈은 욕망의 그림자다.

그날 밤, 더 이상 아무것도 남아 있지 않았다. 이미 오래전 그는 이 세상을 포기했었다. 그리고 이제 진리의 세계의 것마저도 쓸모없게 되었다. 모든 노력의 동기가 사라졌다. 더 이상 나아갈 곳도, 어디론가 나아갈 자도 그곳에 없었다. 그날 밤, 부처의 잠은 그 자체가 깊은 삼매경이었다. 그 자체가 깨달음이었다. 인간에게 가능한 궁극의 현상이 그에게 일어났다. 그날 밤, 부처는 꽃피어났다. 그리고 새벽에 큰 깨달음을 이루었다.

그는 눈을 떴다. 새벽 하늘에 마지막 별이 명멸하고 있었다. 그리고 모든 것이 그곳에 있었다. 그것들은 언제나 그곳에 있었다. 다만 그가 너무도 그것을 원했기 때문에 볼 수 없었던 것이다. 그것은 언제나 그곳에 있었다. 하지만 그의 욕망이 너무나 미래로 달려갔기 때문에 그는 '지금 여기'를 볼 수 없었다.

그날 밤 그곳에 아무 욕망도, 목적도, 나아갈 방향도 없었다. 그리고 어딘가로 나아갈 자도 사라졌다. 모든 노력이 끊어졌다. 문득 그는 자기 자신을 깨달았다. 있는 그대로의 실체를 깨달았다.

장자는 말한다. 처음부터 어떤 노력도 하지 말라고. 장자가 옳다. 왜냐하면 그대는 붓다처럼 완벽한 노력을 기울일 수 없기 때문이다. 붓다처럼 깊은 절망에 빠져 마침내 노력이 그 스스로 떨어져 나가는 그런 경험을 그대는 할 수 없다. 그만큼 완벽한 노력을 기울일 수 없다. 따라서 그대의 마음은 언제나 이렇게 요구할 것이다.

'조금만 더 나아가라. 한 걸음만 나아가면 목표를 이룰 수 있다. 목적지가 가까웠다. 왜 포기하는가? 날마다 목적지에 점점 다가서고 있다. 그러니 조금만 더 노력을 기울이면 된다…….'

그대는 붓다처럼 완벽에 가까운 노력을 기울이지 못한다. 따라서 완전한 절망 상태에도 이를 수 없다. 그대는 수많은 생이 지나도 지금처럼 절반의 노력만 계속할 수 있을 뿐이다. 수많은 전생에서도 그런 식으로 반복해 왔다. 그대는 지금 처음 진리를 알고자 노력하고 있는 것이 아니다. 수없이 이런 식으로 되풀이해 왔다. 전생에서 수만 번도 더 그렇게 했다. 그런데도 그대는 여전히 희망을 잃지 않고 있다.

장자는 말한다. 처음부터 노력을 포기하는 것이 낫다고. 어쨌든 노력은 포기해야만 한다. 처음부터 포기하든지 맨 나중에 포기하든지 둘 중 하나다. 그러나 그 맨 나중이라는 것은 결코 빨리 다가오지 않는다. 그러므로 여기 두 가지 길이 있다. 하나는 완벽한 노력을 기울이는 일이다. 그 노력이 더없이 완벽해서 마침내 모든 희망이 부서지고 노력을 통해서는 아무것도 얻을 수 없다는 사실을 그대가 깨달을 수 있도록. 마음속 단 한구석에서도 '조금만 더 노력하라, 그러면 성공할 것이다'라는 속삭임이 들리지 않도록. 그렇게 완벽한 노력을 기울여 마침내 노력 그 자체가 스스로 떨어져 나가게 하는 것이다. 아니면 아예 처음부터 어떤 노력도 기울이지 않는 것이다. 그 대신 전체 상황을 이해하는 것이다. 애초에 그 속으로 발을 들여놓지 않는 것이다.

이 한 가지 사실을 기억하라. 어떤 것이 완성되지 않고서는 그것으로부터 빠져나올 길이 없다. 일단 발을 들여놓으면 그것을 완성해야만 한다. 마음은 모든 것을 완성하려는 경향이 있기 때문이다. 인간의 마음뿐 아니라 동물의 마음도 그렇다. 원을 반쯤 그린 채 미완성 상태로 놓아두라. 그런데 원숭이가 그곳에 왔다. 옆에 백묵이 있으면 원숭이는 당장에 원을 마저 그릴 것이다.

인간의 마음은 완성하려는 경향이 있다. 미완성인 것은 긴장을 준다. 웃고 싶은데 웃지 못하면 긴장이 있다. 소리치면서 울고 싶은데 그렇게 하지 못하면 긴장이 있다. 화를 내고 싶은데 화내지 못하면 긴장이 있다. 그렇기 때문에 그대는 이토록 오랫동안 병든 것이다. 모든 것이 미완성인 채로 남아 있었던 것이다. 그대는 존재 전체로 웃어 본 적이 없다. 존재 전체로 울어 본 적도 없다. 존재 전체로 화낸 적도 없다. 존재 전체로 미워한 적도 없다. 그리고 존재 전체로 사랑한 적도 없다. 어떤 것도 존재 전체로 행하지 못했다. 모든 것이 미완성인 채로 남아 있었다.

어떤 것도 완전하게 해본 적이 없기 때문에 미련이 남아 있다. 마음속에는 온갖 것들이 미완성인 채로 남아 있다. 그대가 이토록 휴식하지 못하는 것도 그 때문이다. 그대는 단 한 번도 마음의 평화를 느낀 적이 없다.

장자는 말한다. 처음부터 출발하지 않는 것이 좋다고. 일단 출발하면 그것을 완성해야만 한다. 이것을 이해하고 그 악순환 속에 아예 발을 들여놓지 말라. 장자가 매우 드문 꽃인 이유가 여기에 있다. 붓다보다도, 예수보다도 장자는 더 희귀한 꽃이다. 그는 단순히 이해를 통해 완성에 이르기 때문이다.

장자는 말한다. 다만 진리 그 자체를 이해하라고. 이 세상에 태어날 때, 그대는 태어나기 위해 무슨 노력을 했는가? 어린아이에서 어른으로 자라기 위해 무슨 노력을 했는가? 숨을 쉬기 위해 지금 무슨 노력을 하고 있는가? 모든 것이 그 스스로 이루어진다. 그런데 왜 걱정하는가?

삶이 그 자체로 흘러가게 하라. 그러면 휴식할 수 있다. 투쟁하면서 물결의 상류로 거슬러 올라가려고 하지 말라. 헤엄치려고도 하지 말라. 그저 흐름에 내맡긴 채 흘러가라. 그 흐름이 그대를 어디로 데려가든 자신을 내맡기라. 하늘에 흘러가는 흰구름이 되라. 목적지도 없고 특정한 방향도 없이 그냥 흘러갈 뿐, 그 흘러감 자체가 궁극의 깨달음이다.

장자의 가르침 속으로 여행을 떠나기 전 맨 먼저 이해할 것이 이 것이다. 자연적이 되라는 것이다. 부자연스러운 것은 무엇이든 피하라는 것이다. 부자연스러운 일이면 어떤 행동도 하지 말라. 자연은 그 자체로 완전하다. 그대는 그것을 개선할 수 없다. 그러나 에고는 말한다. 아니다, 나는 자연을 개선할 수 있다고. 그래서 문명이 존재하게 된 것이다. 자연을 개선하려는 노력이 곧 문명이며, 모든 문명은 병과 같다. 인간은 문명화될수록 더 위험한 인간이 된다.

한 유럽인 사냥꾼이 아프리카 밀림 속에서 길을 잃었다. 우연히 그는 오두막집 몇 채를 발견했다. 이토록 우거진 밀림 한가운데 마을이 있다는 이야기를 들어본 적이 없었다. 어떤 지도에도 나와 있지 않았다. 그래서 그는 마을 추장에게 말했다.

"지금까지 문명 사회와 격리되어 살아오다니 참으로 비극적인 일이다."

추장이 말했다.

"아니다, 그것은 비극적인 일이 아니다. 오히려 정반대다. 우리는 외부인에게 존재가 알려지는 걸 언제나 두려워해 왔다. 일단 문명이 침투하면 우리 존재가 위태로워지기 때문이다."

자연은 일단 인간이 그것을 개선하려고 하는 순간 그 존재가 위협받는다. 그것은 신을 개선하려고 시도하는 것과 같다. 모든 종교가 그렇게 해오고 있다. 신을 개선하기 위해 노력하는 것이다. 장자는 그것에 찬성하지 않는다. 그는 말한다. 자연은 최상의 궁극적인 것이라고. 그 최상의 궁극적인 자연을 그는 '도'라고 부른다.

도는, 자연은 최상의 궁극적인 것이며 개선될 수 없음을 의미한다. 만일 그대가 그것을 개선하려고 노력한다면 그것은 곧바로 불구자가 된다. 그런 식으로 인간은 어린아이를 불구자로 만들고 있다. 모든 아이가 도 속에서 태어난다. 그런데 우리가 그들을 불구자로 만든다. 사회라는 것으로, 문명과 문화와 도덕과 종교라는 것으로……. 온갖 측면에서 그들을 불구자로 만들고 있다. 그리하여 그들은 살아 있지만 살아 있는 것이 아니다.

한 소녀가 생일잔치에 참석했다. 친구의 생일잔치였다. 소녀는 이제 다섯 살밖에 안 된 어린아이였다. 아이가 엄마에게 물었다.

"엄마가 살아 있었을 때도 이런 파티와 춤이 있었어요?"

더 문명화되고 문화적이 될수록 더 많이 죽는다. 완전히 죽었으면서도 살아 있는 인간을 보길 원한다면 사원의 수도승들을 만나 보라. 승려와 목사들을 만나 보라. 바티칸의 교황을 만나 보라. 그들은 살아 있지 않다. 그들은 삶을 두려워하고 있다. 자연적인 것을 겁내고 있다. 그래서 온갖 방법으로 그것을 억압해 왔다. 그들은 이미 무덤 속에 있는 사람들이다. 무덤을 화려하게 색칠할 수도 있다. 아주 값비싼 대리석 무덤을 만들 수도 있다. 그러나 그 안의 사람은 죽어 있다.

한 술취한 사람이 공동 묘지를 지나가다가 흰 대리석으로 만든 아름다운 무덤을 보았다. 그는 무덤으로 다가가 비석에 적힌 이름을 보았다. 그 무덤은 유명한 어떤 사람의 것이었다. 술취한 사람은 크게 웃으며 말했다.

"이 친구는 삶을 제대로 사는 법을 알고 있군!"

문명은 그대를 죽인다. 문명은 살인자이며, 매우 서서히 침투하는 독약이다. 그것은 일종의 자살 행위다. 장자와 그의 스승 노자는 문명에 반대한다. 그들은 자연에 찬성한다. 순수한 자연에.

나무들은 인간보다 나은 위치에 있다. 새들, 강물 속 물고기조차도 인간보다 나은 위치에 있다. 그들은 더 많이 살아 있기 때문이다. 그들은 자연의 리듬에 맞춰 더 잘 춤춘다.

인간은 자연이 무엇인지 완전히 잊었다. 인간은 밑바닥에서부터 자연적인 것을 비난한다. 자연적인 것을 비난할 때 성을 비난하기 시작한다. 자연 전체가 성으로부터 일어나기 때문이다. 자연 전체가 성 에너지, 사랑의 에너지로 흘러넘치고 있다. 새들이 노래한다, 나무가 꽃을 피운다, 이들 모두 성 에너지의 폭발 현상이다. 자연 전체가 스스로를 번식시키고, 스스로를 사랑한다. 그리하여 사랑과 존재의 더 깊은 환희 속으로 움직여 들어간다.

자연을 파괴하고자 한다면 성을 비난하라. 사랑을 비난하라. 그리고 삶 주변에 도덕적인 관념들로 벽을 만들라. 이 도덕적인 관념들은 설령 그것들이 아무리 아름답게 보일지라도 대리석 무덤과 같은 것이고, 그 안에 누워 있는 것은 그대 자신이다. 어떤 술취한 자는 그대가 제대로 삶을 사는 방법을 알고 있다고 여길지 모르지만, 그런 상태에 있는 그대는 아무리 해도 살아 있다고 할 수가 없다. 그대가 가진 도덕적인 관념은 일종의 죽음이다. 죽음이 그대를 죽이기 전에 사회가 먼저 그대를 죽인다.

장자의 메시지가 실로 위험한 이유가 여기에 있다. 실로 혁명적이고 반역적인 이유가. 그는 말한다. 자연적인 것을 허용하라! 그리고 자연적인 것에 어떤 목적도 부여하지 말라. 그대가 누구이길래 목적과 목표를 만드는가? 그대는 단지 하나의 작은 부분, 미세한 세포에 불과하다. 그대가 누구이길래 존재계 전체가 그대의 계획에 따라 움직여야 하는가?

소위 종교적이라고 하는 사람들, 도덕적이라고 하는 사람들에게 이것은 실로 위험한 메시지다. 일체의 장애물들을 부수고 자연적인 것이 솟구쳐 나오도록 허용하라고 장자는 말한다. 실로 위험하다.

대학을 갓 졸업하고 병원에 배치된 신참 간호사에게 수간호사가 병원 곳곳을 소개하고 있었다. '이곳은 암 병동이다, 이곳은 결핵 병동이다, 저곳은 외과 병동이다…….' 그러다가 큰 건물에 도착한 수간호사가 말했다.

"잘 기억하라. 여긴 위험한 병동이니까. 가장 위험한 병동이다."

신참 간호사는 긴장을 하고 자세히 살펴보았지만 무엇이 위험한지 알 수 없었다. 그래서 물었다.

"무엇이 문제인가? 왜 이곳이 가장 위험한 병동인가? 암 병동에 가서는 그곳이 위험하다는 말을 안 하지 않았는가?"

수간호사는 웃음을 터뜨리며 말했다.

"이곳 사람들은 이 병원에서 가장 건강한 사람들이다. 그래서 이곳이 가장 위험한 병동이라는 것이다. 그러니 조심하라. 건강한 것은 언제나 위험한 것이다."

성직자들은 건강한 것을 두려워한다. 그들 눈에는 건강한 것은 비도덕적이기 때문이다. 금세기 사상가 중 카이젤링 백작이라는, 생전에는 매우 유명했던 독일 철학자가 있었다. 그는 위대한 종교 철학자로 인정을 받고 있었는데 일기에 이런 글을 썼다.

"건강은 에너지이고, 에너지는 기쁨이다. 에너지는 즐거움이며, 사랑이고, 성이다. 에너지는 자연적인 모든 것이다. 따라서 그 에너지를 파괴하라. 그것을 억압하고 허약하게 만들라……."

그렇기 때문에 세상에는 그토록 많은 금식 수행이 있는 것이다. 에너지를 파괴하기 위해, 너무 많은 에너지가 솟구쳐 나와 흘러넘치는 것을 막기 위해. 종교적인 사람들은 건강한 것이 위험한 것이라고 늘 생각해 왔다. 그래서 건강하지 않게 되는 것이 영적인 목표가 되었다.

나는 또다시 말한다. 장자는 매우 반역적인 인물이다. 그는 말한다. 자연, 에너지, 그 환희는 흘러넘쳐야 한다고. 그리고 자연적으로 이루어지는 균형만으로 충분하다고. 노력할 필요가 없다. 아무 노력 없이도 자연 속에는 수많은 아름다움이 일어나고 있다. 어떤 인위적인 노력 없이도 장미는 아름답다. 아무 노력 없이도 뻐꾸기는 노래한다. 살아 있고 에너지 넘치고 날쌘 사슴을 보라. 예민하고 활짝 깨어 있는 산토끼를 보라. 붓다조차도 질투를 느낄 정도다. 자연을 보라. 모든 것이 너무도 완벽하다. 그대가 장미를 개선할 수 있는가? 오직 인간만이 어딘가 잘못되어 가고 있다.

장미가 아무 노력 없이도 아름다울 수 있다면 왜 인간이라고 안 되는가? 인간이 잘못된 것이 무엇인가? 별들이 아무 노력 없이도, 파탄잘리의 요가 경전 없이도 그렇게 찬란할 수 있다면, 왜 인간이라고 안 되는가? 별들이 그렇듯 인간도 자연의 일부분이다. 그래서 장자는 말한다. 자연적이 되라, 그러면 꽃피어날 것이다라고.

이런 이해가 그대에게 심어져 점점 더 깊어지면 모든 노력이 무의미하게 느껴질 것이다. 그때 그대는 끊임없이 미래를 계산하는 일을 중단하게 된다. 그때 그대는 '지금 여기'에 살게 된다. 이 순간이 전부가 된다. 이 순간이 영원한 것이 된다.

불성이 이미 그대에게 있다. 그대는 이미 붓다이다. 한 가지 문제는 그것을 꽃피울 기회가 주어지지 않았다는 것이다. 그것은 그대가 자신의 계산에 몰두해 있었기 때문이다.

꽃은 아무 노력 없이 피어난다. 그 에너지가 어떤 계획 때문에도 분산되지 않기 때문이다. 꽃은 미래를 계획하지 않는다. 꽃은 지금 이 순간 속에 있다.

꽃처럼 되라. 새처럼 되고, 나무처럼 되라. 강물, 또는 바다처럼 되라. 그러나 인간처럼 되지는 말라. 인간은 어딘가 잘못되었기 때문이다. 자연스러운 것, 그리고 자연스럽게 되는 것, 노력 없이 자연스러운 것, 있는 그대로 존재하는 것, 이것이 장자가 주고자 하는 가르침의 핵심이다.

이제 장자의 경전으로 새로운 여행을 떠나자. 단어마다 가능한 한 깊이 들으라. 그대의 생각이 장애물이 될 것이다. 그의 말을 귀담아듣는 것을 그대의 마음이 방해할 것이다. 사회는 매우 영리하다. 그것은 외부 세계에만 존재하는 것이 아니다. 그것은 이미 그대의 내면으로 침투했다. 그대의 생각이 바로 그것이다. 지혜로운 이들이 한결같이 생각에 반대하고 자연에 찬성하는 이유가 여기에 있다. 인간의 생각은 인위적인 것이며, 사회에 의해서 그대에게 심어진 것이기 때문이다.

그러므로 장자의 말을 들을 때 그대의 머리가 장애물을 만들 것이다. 머리는 그의 말을 듣고 싶어하지 않을 것이다. 그가 말하는 것은 기존의 지식에 반대되는 것이기 때문이다. 만일 그대가 그것을 허용한다면, 그대의 머리를 잠시 밀쳐 두고 그의 말이 그대 안으로 뚫고 들어오도록 허용한다면, 듣는 그 자체가 깊은 명상이 될 것이다. 듣는 그 자체가 그대 존재를 탈바꿈시킬 것이다. 다른 어떤 행위도 불필요하다. 단지 듣는 일 외에는.

장자는 명상이 아니라 깊은 이해를 믿는다. 내가 그대에게 명상하라고 말하는 것은 그대에게는 이해하는 일이 무척 어렵기 때문이다. 하지만 명상은 그대를 목적지로 인도해 주지 않을 것이다. 어떤 명상법도 그대를 목적지로 인도해 줄 수 없다. 여기 어떤 방법도, 테크닉도 존재하지 않는다. 명상은 그대로 하여금 다만 이해하도록 도울 뿐이다. 명상이 진리로 인도하진 않을 것이다. 단지 그대의 생각을 깨뜨려 줄 뿐이다. 진리가 나타났을 때 그대가 그것을 볼 수 있도록.

장자는 공수라는 이름을 가진 한 뛰어난 목수에 대해 이야기를 꺼낸다.

> 목수로 유명한 공수는
> 아무 도구를 사용하지 않고서도
> 도구를 사용한 것보다 더 완벽한 원을 그릴 수 있었다.

공수라는 목수는 맨손으로 원을 그려도 그림쇠나 곡척(둥근 자) 또는 컴퍼스 따위의 도구를 사용한 것보다 훨씬 완벽한 원을 그릴 수 있었다. 사실 원을 그릴 때 컴퍼스가 필요한 것은 그리는 이가 가진 두려움 때문이다. 두려움이 없다면 아무 도움 없이도 완벽한 원을 그릴 수 있다.

자연 속에는 도처에 원이 존재한다. 세상 만물이 원의 형태로 움직인다. 자연 속에서 가장 찾기 쉬운 현상이 바로 원이다. 그리고 물론 거기 컴퍼스 따위는 필요 없다. 별들은 지도를 들여다보지도 않고, 나침반을 지참하지도 않는다. 그런데도 원을 그리며 움직인다. 그들에게 지도와 나침반을 준다면, 나는 분명히 말할 수 있다, 그들은 오히려 길을 잃을 것이다. 어디로 가야 할지, 어떻게 해야 할지 모를 것이다.

삶은 완벽한 원을 그리며 움직인다. 삶은 완벽하게 움직인다. 거기 아무 문제도 없다.

장자는 말한다. 공수라는 목수는 도구를 사용하지 않고 원을 그려도 도구를 사용한 것보다 훨씬 완벽한 원을 그릴 수 있었다고. 그대는 삶에 자신이 없기 때문에 도구가 필요하다. 도덕이 필요하고, 계율이 필요하고, 교리가 필요하다. 성경과 코란(회교의 경전)과 바가바드 기타(고대 인도의 경전)가 그대를 지배해야 한다. 내면에 자신감이 없기 때문이다. 이것이 그대의 삶이다. 그리고 이들 성경, 코란, 바가바드 기타는 여우가 지네에게 안겨 준 것과 똑같은 상황을 그대에게 만들어 주었다. 실천해야 할 수많은 계율, 따라야 할 수많은 교리, 수없이 많은 도덕 관념들……. 그대는 너무나 많은 것들을 자기 자신에게 짐 지웠다. 그래서 내면의 삶은 자연스러운 것이 될 수 없다. 그대가 길을 잃고 헤매는 것은 어떤 악한 힘 때문이 아니라 소위 세상의 '선한 사람들' 때문이다. 그대를 잘못 인도하는 것은 악마가 아니다. 성직자들, 지도자들, 소위 성자라고 불리는 자들이다.

이것은 매우 어려운 문제다. 사실 악마의 존재를 믿는 것은 쉬운 일이다. 그렇게 되면 모든 책임을 악마에게 떠넘길 수 있다. 하지만 악마는 존재하지 않는다. 장자가 말하고 있는 것도 그것이다. 장자는 말한다. 신은 없다. 악마는 없다. 오직 삶만이 존재한다. 성직자들이 신을 만들고, 그들이 악마를 만들었다. 그들은 옳은 것과 그른 것을 구분하기 때문이다. 그리고 일단 구분하는 마음이 일어나면 결코 옳을 수 없다.

자연 그대로의 것은 옳다. 그러나 이것이 옳고 저것이 그르다는 구분이 마음에 들어서면 그대는 결코 옳을 수가 없다. 그때 그대는 결코 휴식할 수가 없다. 결코 마음이 평화로울 수가 없다. 언제나 긴장 상태일 것이다. 그리고 그때 그대가 무엇을 행하든 잘못될 것이다. 그 구분이 혼란을 가져오기 때문이다.

삶 전체가 침묵이고 명상이다. 그런데 왜 그토록 많은 노력이 그대에게 필요한가? 구분하는 마음이 있기 때문이다.

목수로 유명한 공수는
아무 도구를 사용하지 않고서도
도구를 사용한 것보다 더 완벽한 원을 그릴 수 있었다.

자기를 의식하지 않으면 삶은 자동적으로 흘러간다. 자기를 의식하는 것, 그것이 여기서 말하는 '도구'다. 자기를 의식하면서 행동할 때 그것이 어떤 것이든 문제에 부딪친다. 하루 종일 그대는 말을 하고 친구들과 대화를 나눈다. 그곳에 아무 문제가 없다. 그런데 내가 그대를 이곳으로 불러 이 의자에 앉아 여기 모인 사람들에게 이야기를 하라고 하면 그대는 백 개의 다리로 걷는 지네와 똑같은 상황에 놓일 것이다. 지금까지 평생 동안 그대는 말을 해오면서 아무 문제가 없었다. 그런데 갑자기 문제가 생겨난다.

왜 이런 문제가 일어나는가? 자기를 의식하기 때문에 그렇다. 지금 많은 사람들이 그대를 지켜보고 있고 주시하고 있다. 그래서 그대는 편안할 수가 없고 자연스러울 수가 없는 것이다. 이제 그대는 마음속으로 계획을 세운다. 어떻게 말할까 계산한다. 사람들이 그대를 좋아하게 되기를 원한다. 무슨 말을 하든 그것이 사람들에게 깊은 인상을 심어 주게 되기를 원한다. 이제 자기를 의식하고 있는 것이다.

그렇지 않으면 인간은 누구나 타고난 연설가다. 사람들은 어디서나 대화를 한다. 거기 아무 문제도 없다. 그러나 일단 그들을 단상에 세워 놓고 청중에게 말하라고 하면 무엇인가 잘못된다.

무엇이 잘못되는가? 아무것도 달라진 것이 없었다. 단지 자기를 의식하는 문제가 끼어들었을 뿐이다. 이 '자기 의식'이 문제다.

> 그의 손가락은 자연스럽게
> 무에서 형태를 낳고
> 그의 마음은 자유로워서
> 자신의 행위에 대해 무심의 경지에 있었다.
>
> 무엇에도 자신을 맞출 필요가 없었다.
> 마음은 더없이 단순한 상태가 되어
> 어떤 것에도 구속받지 않았다.

'그의 손가락은 자연스럽게 무에서 형태를 낳고…….' 무는 곧 전체를 의미한다. 무는 궁극의 텅 빈 상태를 의미한다. 무는 궁극의 근원, 생명의 근본이다.

무엇으로부터 그대는 그토록 완벽하게 숨을 쉬는가? 장자는 말한다. 그대가 숨을 쉬고 있는 것이 아니라고. 그보다는 '그것', 곧 자연, 존재계 전체가 그대를 숨 쉬고 있다고. 그대 자신이 숨을 쉬고 있는 것이 아니라고. 숨을 쉬기 위해 그대가 해야 할 일이 무엇인가? 아무것도 없다. '나는 숨을 쉬고 있다'는 것은 잘못된 개념이다. 이렇게 말하는 편이 옳다. 자연이, '그것'이 나를 숨 쉬고 있다고. 이때 인식의 대상이 완전히 바뀐다. 이때 자연이 강조된다. 그대가 아니라, 에고가 아니라, '그것'에게, 그대를 둘러싸고 있는 저 거대하고 무한한 것에게, 근원 그 자체에 시선이 향한다. '그것'이 그대를 숨 쉬고 있는 것이다.

그대가 사랑에 빠질 때, 사랑에 빠지는 것은 정말로 그대 자신인가? 아니면 '그것'이 그대를 통해 사랑에 빠지는가? 그대가 화를 낼 때, 화를 내는 것은 그대 자신인가? 몹시 화를 낼 때 그대는 사라진다. 사랑이 찾아올 때 그대는 존재하지 않는다. 화 속에, 사랑 속에, 어떤 열정적인 감정 속에도 그대는 존재하지 않는다. 살아 있는 어떤 것이 찾아올 때 그대는 사라진다. 그때 '그것'이, 즉 도가 그곳에 존재한다.

따라서 도의 사람은 '나'라는 것이 세상에서 가장 쓸모없는 물건임을 이해한다. '나'는 문제만 일으킬 뿐 아무 쓸모가 없다. 그래서 도의 사람은 그것을 버린다. 사실 그것을 버릴 필요가 없다. 진정한 이해에 도달하는 순간 그것은 스스로 떨어져 나간다. 그곳에 더 이상 '나'는 존재하지 않는다. 그때 그는 살고, 먹고, 사랑하고, 잠잔다. 하지만 '나'는 없다. 도가 그를 통해 삶을 산다. 그때 아무 짐도, 아무 긴장도 불안도 없다. 그는 어린아이가 된다. 그의 마음은 자유롭고 무심의 경지에 있다. 관심 없이는 그대는 아무것도 할 수 없다. 어떤 것을 행하든 에고가 개입하고 관심이 개입한다. 그때 그곳에 불안이 있다.

이 현상을 잘 보라. 수술 전문의가 있다. 그는 완벽에 가까운 수술 전문의다. 그러나 자신의 아내가 수술대 위에 누워 있으면 수술을 할 수 없다. 그의 손이 떨린다. 다른 때는 완벽한 기계처럼 일을 했지만 아내가 수술대 위에 누워 있을 때는 수술이 불가능하다. 다른 수술 전문의에게 맡겨야 한다. 이유가 무엇인가? 관심 때문이다.

다른 환자의 경우에는 관심이 없었다. 그는 초연해 있었다. 이런 것 저런 것에 관심이 없었다. 그는 단순히 수술 전문의였을 뿐이다. 생각이 그곳에 없었다. 그는 완전했다. 그런데 지금 그의 아내가 그곳에 누워 있다. 관심이 개입된다. 수술이 성공할 것인가, 실패할 것인가? 과연 아내의 생명을 구할 수 있을 것인가? 이런 문제들이 개입된다. 그의 마음이 무심하지 않은 것이다. 그때 그의 손이 떨리기 시작한다.

그대의 삶 전체가 하나의 떨림이다. 너무 많은 관심과 집착을 갖고 살아왔기 때문이다. 그때 그대는 완벽한 원을 그릴 수 없다.

필체를 통해 그 사람의 마음을 읽는 기술이 있다. 여기에는 근본적인 원리가 있다. 글 쓰는 사람의 떨림이 글씨체 속에 담기기 때문이다. 특히 누구나 자신의 이름을 쓸 때 가장 많은 관심을 기울인다. 그때 그 떨림이 그곳에 담긴다. 확대경을 통해서 보면 그 떨림을 탐지해 낼 수 있다. 그 떨림은 그 사람에 대해 많은 것을 보여 준다. 필체를 연구함으로써 그 사람의 성격에 대해 많은 것을 알 수 있다.

붓다가 서명을 한다면 완전히 다른 것이 될 것이다. 거기 관심이 없기 때문에 아무 떨림이 없을 것이다. 서명만으로도 그것이 붓다의 것인지 아닌지 판단할 수 있다.

그대의 경우, 어떤 행동을 하든 떨림이 그대를 그림자처럼 따라다닌다. 누가 이 떨림을 만들어 내고 있는가? 사람들은 내게로 와서 말한다.

"나는 평화롭지 못합니다. 나의 마음은 침묵을 모릅니다."

관심과 집착을 내던지지 않는 한 어떻게 평화와 침묵이 가능한가? 그대는 마음이 고요해지길 원한다. 마음이 맑고, 투명하고, 침묵하길 원한다. 관심과 집착을 버리지 않고서는 그것은 불가능하다. 왜냐하면 여전히 떨림이 있기 때문이다.

마음을 비우지 않고서 할 수 있는 일이라고는 내면의 모든 떨림을 억압하는 일뿐이다. 따라서 잘 관찰한다면 그대는 알 것이다. 표면은 평화롭고 고요하지만 깊이 들어가면 떨고 있다는 것을. 그대는 끝없이 떨고 있다. 깊은 곳에서는 두려움과 떨림이 계속되고 있다. 이것들은 다 관심에서 비롯된 것이다.

그렇다면 관심이란 무엇인가? 그것은 기본적으로 남들이 그대에 대해 어떤 인상을 받는가 하는 것이다. 하지만 왜 그토록 남들에 대해 신경 쓰는가? 너무 많은 신경을 쓴 나머지 제대로 삶을 살 수도 없지 않은가? 모두가 남들이 자신에 대해 생각하고 있다고 믿는다. 남들도 마찬가지다. 그들은 그대를 신경 쓰고 있고, 그리고 그대는 그들을 신경 쓰고 있다.

어느 날 물라 나스루딘이 길을 걷고 있었다. 인적 없는 길이었다. 태양도 이미 기울고 어둠이 내리고 있었다. 갑자기 그는 두려움에 사로잡혔다. 저 앞에서 몇 사람이 무리를 지어 걸어오고 있었던 것이다. 그는 생각했다.

'혹시 저놈들은 강도가 아닐까? 강도들이 틀림없어. 여기 주위엔 아무도 없다. 오직 나뿐이다······.'

그래서 그는 바로 옆에 있는 벽을 뛰어넘었다. 그랬더니 공동 묘지였다. 마침 새로 판 무덤이 하나 있어서 그는 그곳으로 기어들어 갔다. 다소 진정이 되었다. 그는 눈을 감고서 그자들이 지나가길 기다렸다. 그런데 그자들 역시 누군가 길 이쪽에 있는 것을 보았다. 나스루딘이 돌연 벽을 뛰어넘자 그들은 두려움에 사로잡혔다. '무슨 일이지? 누군가 저 속에 숨었다. 장난을 치려는 걸까?' 그래서 그들도 일제히 벽을 뛰어넘었다.

이제 나스루딘은 확신했다.

'내가 옳았다. 내 추리가 옳았어. 저들은 위험한 자들이야. 이제 달리 어쩔 도리가 없다. 이대로 죽은 체하자.'

그래서 숨을 멈추고 죽은 시늉을 했다. 죽은 사람을 강도질하거나 죽이진 않기 때문이다. 그러나 그 사람들은 이미 나스루딘이 벽을 뛰어넘는 광경을 목격했기 때문에 무척 궁금했다.

'도대체 저자는 무슨 행동을 하는 걸까? 무슨 속셈으로 저 무덤 속에 드러눕는 걸까?'

그들은 조심조심 다가가 무덤 속에 대고 물었다.

"당신 지금 무엇을 하고 있는 거요? 속셈이 뭐요? 왜 여기에 누워 있는 거요?"

나스루딘은 살며시 눈을 뜨고서 그들을 바라보았다. 그리고 그들이 위험한 자들이 아님을 알게 되었다. 나스루딘은 크게 웃으며 말했다.

"자, 여기 하나의 문제가 있소. 아주 철학적인 문제요. 당신들은 내게 묻고 있소. 내가 왜 이곳에 있는가를. 나 또한 당신들에게 왜 이곳에 있는가 묻고 싶소. 난 당신들 때문에 이곳에 있고, 당신들은 나 때문에 여기 있소."

이것은 악순환과 같다. 그대는 타인을 두려워하고, 타인은 그대를 두려워한다. 그리하여 그대의 삶 전체가 하나의 혼란이 된다.

이 난센스에서 빠져나오라. 이 악순환에서 탈출하라. 타인에게 관심 갖지 말라. 그대의 삶만으로 충분하다. 타인을 의식하지 말라. 나는 그대에게 말한다. 무심의 경지에서 살 수 있다면 그대의 삶이 활짝 꽃피어날 것이다. 그러면 그때 타인에게 그것을 나눠 줄 수 있다. 저절로 나눠 주게 된다. 더 많은 것을 타인에게 줄 수 있다. 그러나 그전에 먼저 타인에 대해 신경 쓰는 것을 중단해야 한다. 다른 사람들이 그대에 대해 어떻게 생각하는가에 대한 신경을 끊어야 한다. 이 '남의 눈치'가 가장 큰 병이다. 아무도 편안하지 못하다. 아무도 자연스럽지 못하다. 서로가 서로의 눈치를 보며 살아가고 있다. 그래서 삶은 지옥이 되는 것이다.

> 그의 손가락은 자연스럽게
> 무에서 형태를 낳고
> 그의 마음은 자유로워서
> 자신의 행위에 대해 무심의 경지에 있었다.

  행하라, 그러나 자신의 행위에 대해 무심하라. 행할 때는 전심전력으로 하라. 그래서 행위 그 자체가 하나의 축복이게 하라. 그러나 위대한 일을 한다고는 생각하지 말라. 위대하거나 위대하지 않은 것은 없다. 그대가 위대한 일을 하고 있다고 생각하지 말라. 위대한 음악을 연주하고, 위대한 그림을 그리고, 그래서 피카소나 고흐처럼 될 것이라고. 헤세나 릴케처럼 위대한 작가가 될 것이라고.
  그런 것은 없다. 위대한 일도 하찮은 일도 없다. 위대한 사람과 하찮은 사람은 있다. 그러나 일에는 위대함과 하찮음이 없다. 위대한 사람은 자신이 하고 있는 모든 하찮은 일들 속에 자신의 위대함을 심는 사람이다. 그는 위대한 방식으로 밥을 먹고, 위대한 방식으로 걷고, 위대한 방식으로 잠잔다. 그는 모든 것에 위대함의 특성을 부여한다.
  그렇다면 위대함이란 무엇인가? 자연스러운 것이다. 스스로 존재하는 것보다 더 위대한 것은 없다. 황제처럼 음식을 먹으라. 음식의 질은 음식 자체와는 상관이 없다. 그것은 먹는 사람 자신에게, 그가 음식을 하나의 축제로 여기는 방식에 달려 있다. 빵과 소금만으로도 그대는 황제가 될 수 있다.

희랍의 철학자 에피쿠로스는 아테네 시 근처에 정원을 하나 갖고 있었다. 에피쿠로스, 이 사람 역시 장자와 마찬가지로 매우 드문 사람이었다. 그는 신을 믿지 않았다. 그는 어떤 것도 믿지 않았다. 믿음이란 어리석은 행위이기 때문이다. 오직 어리석은 사람들만이 믿음을 갖는다. 진정한 이해에 도달한 사람은 신뢰할 뿐 믿음은 갖지 않는다. 신뢰는 다른 것이다. 신뢰는 삶 전체를 완전히 받아들여 그것이 나를 어디로 데려가든 따라갈 준비가 되어 있다는 뜻이다.

에피쿠로스에게는 작은 정원이 하나 있었다. 그곳에서 그는 제자들과 함께 살았다. 사람들은 그를 무신론자이며 부도덕한 자라고 생각했다. 그는 신을 믿지 않았다. 경전을 믿지 않았다. 어떤 사원도 믿지 않았다. 따라서 그는 무신론자였다. 그러나 그는 실로 위대한 방식으로 삶을 살았다. 그의 삶은 화려하고 고귀했다. 비록 그가 아무것도 가진 것 없고, 비록 그들이 매우 가난하긴 했지만.

어느 날 왕이 그들에 대한 이야기를 들었다. 그래서 그들이 어떻게 살고 있는가를 보고 싶었다. 믿음 없이 얼마나 행복할 수 있는가를. 신에 대한 믿음을 갖고서도 행복하지 못한데 어떻게 신 없이도 행복할 수 있을까?

어느 날 저녁, 왕은 에피쿠로스의 정원을 방문했다. 왕은 놀라움을 감추지 못했다. 그것은 하나의 기적이었다. 그들은 아무것도 가진 것이 없었다. 거의 아무것도. 그런데도 그들은 황제처럼 살아가고 있었다. 신처럼 살아가고 있었다. 그들의 삶 전체가 하나의 축제였다. 그들이 강물로 목욕을 하러 나갈 때면 그것은 단순한 목욕이 아니었다. 그것은 강물과의 춤이었다. 강물과의 찬란한 교감이었다. 그들은 노래 불렀다. 춤추었다. 그리고 헤엄쳤다. 물속으로 뛰어들고 자맥질하면서. 그들의 식사 역시 하나의 축제, 하나의 잔치였다. 그들은 실제로 아무것도 없었다. 단지 빵과 소금뿐이었다. 버터조차 없었다. 그러나 그들은 대단히 감사해 하고 있었다. 단지 존재하는 것만으로도 충분했다. 더 이상 바랄 것이 없었다.

왕은 무척 깊은 인상을 받았다. 그래서 에피쿠로스에게 물었다.

"다음번에 올 때 나는 당신들을 위해 선물을 갖다 주고 싶다. 필요한 것이 있으면 말하라."

에피쿠로스가 말했다.

"잠시 생각할 시간을 달라. 우린 누군가 우리에게 선물을 주리라고 생각해 본 적이 없다. 그리고 사실 우린 자연으로부터 너무나 많은 선물을 받고 있다. 하지만 당신이 정말로 선물을 주고 싶어한다면, 그렇다면 버터를 약간 갖다 달라. 그 외에는 필요가 없다. 그것으로 충분하다……."

에피쿠로스는 그렇게 말했다.

만일 그대가 무심의 경지에서 사는 법을 배울 수만 있다면 삶은 하나의 축제가 될 수 있다. 그렇지 않으면 삶은 끝없이 연장되는 불치병 같은 것이며, 결국 죽음으로 이어질 뿐이다.

그의 마음은 자유로워서
자신의 행위에 대해 무심의 경지에 있었다.

무엇에도 자신을 맞출 필요가 없었다.

마음은 더없이 단순한 상태가 되어
어떤 것에도 구속받지 않았다.

그대는 자연성을 완전히 잊었다. 그래서 모든 것을 다시 배울 필요가 있다. 심리학자들은 말한다. 사람들이 사랑하는 법을 서서히 잊어 가고 있기 때문에 이제 사랑을 위한 훈련이 필요하다고. 많은 책들이 출판되고 있다. 《사랑의 기술》, 《사랑의 방법》 등등. 사람들은 성적인 오르가슴, 성적인 엑스터시를 완전히 잊었다.

동물들은 어떤 훈련도 필요 없다. 나무들조차도 그대보다 훨씬 지성적이다. 우리는 모든 것을 다시 배워야만 한다. 삶의 모든 기본적인 것들을 다시 배우지 않으면 안 된다. 이 말은 곧 우리가 뿌리를 잃었다는 뜻이다. 우리는 자연과의 연결점을 상실했다. 거기 틈이 존재한다.

만일 사랑하는 법을 배워야 한다면 그 사랑은 거짓된 것이다. 진정한 사랑은 자연스러운 것이어야 한다. 어떻게 사랑을 배울 수 있는가? 배운다면 규칙에 따라 행동할 것이고, 자연적인 흐름은 그곳에 존재하지 않을 것이다. 자연은 그대의 규칙에 따라 흐르지 않는다. 자연은 그 자체의 규칙을 갖고 있다. 그대가 일단 그 규칙에 자신을 내맡기기만 하면 그것이 그대를 통해 일하기 시작한다.

사람들이 숨 쉬는 법을 배워야 할 날이 그다지 멀지 않았다. 지금은 웃을 것이다. 그러나 만일 그대가 에피쿠로스 시대로 돌아가서 그에게 "사람들이 성적인 오르가슴에 도달하는 법을 배워야 할 날이 올까요?" 하고 묻는다면, 그는 웃음을 터뜨릴 것이다. 동물들은 전혀 배우지 않고서도 그것에 도달하기 때문이다. 어떤 스승도, 어떤 성 보고서도 필요하지 않다. 동물들은 단순히 사랑할 뿐이다. 사랑이 자연스럽게 일어난다.

지금 미국에는 사람들에게 성적 오르가슴에 도달하는 방법을 가르치는 기관이 있다. 학습과 훈련을 통해 오르가슴에 도달한다면, 잘 기억하라, 그것은 진정한 것이 아니다. 그대가 그것을 조작하고 있는 것이다. 그대가 뒤에서 조종하고 있다. 어쨌거나 그것을 강제하고 있는 것이다. 오르가슴은 완전한 휴식 상태에서만 일어나며, 휴식은 가르칠 수 있는 것이 아니다.

사람들에게 잠드는 법을 가르칠 수는 없다. 가르치려 든다면 오히려 그들의 잠을 방해할 것이다. 노력을 기울인다면 그것이 어떤 것이든 잠에 방해만 될 뿐이다. 피곤하면 그냥 잠들 뿐이다. 머리를 베개 위에 올려놓고 잠든다. 뭔가를 한다면, 그 행위 자체가 잠을 방해한다. 삶이란 잠과 같은 것이다. 삶이란 숨 쉬는 일과 같다.

> 무엇에도 자신을 맞출 필요가 없었다.
> 마음은 더없이 단순한 상태가 되어
> 어떤 것에도 구속받지 않았다.

마음이 맑을 때 모든 것이 명확하다. 그때 규칙을 따를 필요도 없다. 머리 속에 경전을 담고 다닐 필요가 없다. 그대는 그냥 바라본다. 그러면 모든 것이 투명하다. 왜냐하면 그대는 맑기 때문이다.

> 신발이 발에 꼭 맞으면
> 발의 존재를 잊는다.
> 허리띠가 허리에 꼭 맞으면
> 허리의 존재를 잊는다.

마음이 옳으면
　　모든 옳고 그름의 판단을 잊는다.

　기억하라. 이것은 가장 위대한 만트라다. 신발이 발에 꼭 맞을 때는 발의 존재를 잊는다……. 건강할 때 그대는 자신의 육체에 대해 아무것도 생각하지 않는다. 육체는 잊혀진다. 어떤 병이 있을 때 그때 그대는 육체를 잊을 수 없다. 두통이 없는데 머리의 존재가 의식될 수 있는가? 두통이 있을 때는 머리를 잊을 수 없다. 신발이 꼭 낄 때 늘 생각이 발로 가 있다. 두통이 전혀 없을 때 머리가 어디에 존재하는가? 그때 그대는 완전히 머리의 존재를 잊는다. 건강한 것은 잊혀진다. 그러나 병든 것은 늘 기억에 남아 있다. 그것은 늘 마음속에 자리 잡는다. 그래서 언제나 긴장을 불러일으킨다.

　도의 완전한 사람은 자기 자신을 알지 못한다. 반면에 그대는 그대 자신을 안다. 왜냐하면 그대는 병들었기 때문이다. 에고는 병이다. 병 그 자체다. 끊임없이 자신이 누구라는 것을 기억해야 하기 때문이다. 이것은 그대가 깊이 병들어 있다는 뜻이다. 병이 에고를 만든다. 완벽하게 건강한 자연인은 완벽하게 자신을 잊는다. 그는 흰구름과 같다. 바람과 같다. 바위와 같다. 나무와 같고, 새와 같다. 그러나 인간과는 다르다. 그는 존재하지 않는다. 왜냐하면 상처처럼 오직 병든 것만이 기억되기 때문이다.

　기억이란 보호와 안전을 위한 본능적인 메커니즘이다. 발바닥에 가시가 박히면 그것을 기억해야만 한다. 의식이 끝없이 그곳으로 달려가야만 한다. 가시를 빼내야 하기 때문이다. 그것을 잊으면 가시는 계속해서 그곳에 박혀 있을 것이고, 그러면 위험해진다. 그것은 몸 전체에 독이 될지도 모른다. 두통이 있을 때 몸은 그대에게 그것을 기억하라고 말한다. 조치를 취해야 한다고. 잊으면 위험해질 수도 있다. 어떤 병이 있을 때 육체는 그대에게 그 사실을 알려준다. 무엇인가 잘못되었다고. 그래서 그대의 주의를 환기시킨다.

하지만 육체가 건강할 때는 육체에 대해 잊는다. 육체가 건강하면 '육체 없는' 존재가 된다. 건강의 정의란 바로 그런 것이다. 육체가 전혀 의식되지 않을 때 그것이 바로 건강한 상태다. 어떤 형태로든 육체가 의식된다면 그 부분은 건강한 것이 아니다.

마음에도 똑같은 것이 적용될 수 있다. 의식이 건강할 때는 에고가 존재하지 않는다. 그때 그대는 자기 자신에 대해 아무것도 알지 못한다. '나는 누구다'라는 것을 줄곧 자기 자신에게 상기시키지 않는다. 그냥 휴식할 뿐. 그대는 존재하지만 '나'는 없다. 그냥 단순히 '있음', '존재함' 뿐이다. 여기 '나'라고 하는, 결정된 에고가 없다. 자기가 그곳에 없다.

> 신발이 발에 꼭 맞으면
> 발의 존재를 잊는다.
> 허리띠가 허리에 꼭 맞으면
> 허리의 존재를 잊는다.
>
> 마음이 옳으면
> 모든 옳고 그름의 판단을 잊는다.

가장 깊이 이해해야 할 것이 이것이다. 마음이 올바르면 모든 시시비비가 잊혀진다.

마음이 올바르지 못할 때, 병들었을 때, 그때 그대는 끊임없이 신경을 쓰고 근심한다. 이것이 옳고 저것이 옳다고. 이 옳은 것을 따라야 하고, 저 그른 것을 피해야 한다고. 그리하여 어떻게 하면 그른 것을 피하고 옳은 것을 얻을 것인가, 삶 전체가 하나의 투쟁이 된다. 또 그것은 옳은 것을 획득하는 진정한 길이 되지 못한다. 오히려 옳은 것을 영원히 놓치는 길이다.

보라, 그대는 분노, 섹스, 탐욕을 갖고 있다. 그런데 분노가 잘못된 것이라면 그대의 전 생애가 분노 속에 흘러가 버릴 것이다. 때로 그대는 어쩔 수 없이 분노한다. 그 다음에는 자신이 분노한 것 때문에 또 분노한다. 오직 그 차이뿐이다. 때로 그대는 분노한다. 그 분노가 가라앉으면 이번에는 그 분노한 사실 때문에 또다시 분노하는 것이다. 이것을 그대는 회개하는 마음이라고 부른다. 그리고 다시는 분노하지 않겠다고 결심한다. 그러나 또다시 분노하게 된다. 처음에는 어떤 사람 때문에 분노하고, 그 다음에는 자신이 분노한 사실 때문에 분노한다.

만일 그대가 성에 반대해 그것이 잘못된 것이라고 한다면—실제로 전 세계가 그렇게 하고 있다—그때 그대는 성적인 인간이 된다. 그리고 성욕이 사라지면 이번에는 죄책감을 갖는다. 죄책감에 사로잡혀 그대는 다시 또다시 성에 대해 생각한다. 이번에는 두뇌적으로 성적인 것이다. 때로 그대는 육체적으로 성적이고, 그리고 나면 두뇌적으로 성적이다. 때로는 육체가, 때로는 마음이 성적인 것이다. 일단 그대가 하나의 구분을 만들고 하나의 갈등을 만들면 그대는 분리된다.

언젠가 내가 물라 나스루딘과 함께 지낼 때였다. 매우 아름다운 과부가 나스루딘을 찾아와 조언을 구했다. 그 과부는 말했다.

"문제가 있습니다. 도와주세요. 난 지금 나보다 나이가 어린 매우 잘생긴 남자와 사랑에 빠졌습니다. 하지만 그는 가난합니다. 그런데 아주 못생겼지만 굉장한 부자인 한 노인이 나를 사랑합니다. 어떻게 하면 좋을까요? 누구와 결혼해야 할까요?"

물라 나스루딘은 눈을 감고 생각에 잠겼다. 그리고는 말했다.

"부자와 결혼하시오. 그리고 가난한 젊은이와 바람을 피우시오."

모든 갈등이 이런 식으로 일어난다. 그대는 이런 식으로 양쪽을 둘 다 선택한다. 그때 그대는 분리된다. 이것이 옳고 저것이 그르다고 말하는 순간, 그대는 이미 분리된 것이다. 그때 그대의 삶 전체가 하나의 갈등이 될 것이다. 이 극단에서 저 극단으로 저울추처럼 움직일 것이다.

어떤 것에도 반대하지 말라. 왜인가? 어떤 것에 반대한다는 것은 내면 깊은 곳에서는 그것을 찬성한다는 뜻이다. 그렇지 않으면 왜 그것에 반대하겠는가?

내면 깊은 곳에 분노가 없는 사람은 분노를 비난하지 않는다. 왜 그가 그것을 비난해야 하는가? 내면 깊은 곳에 탐욕이 없는 사람은 탐욕을 비난하지 않는다. 왜 그가 그것을 비난해야 하는가? 그에게는 아무 문제가 없다. 그것은 선택의 문제가 아니다. 그는 어떤 구분도 만들지 않는다. 기억하라. 탐욕스러운 사람이 언제나 탐욕을 비난한다. 성적인 사람이 성을 비난한다. 잘 화내는 사람이 화내는 것을 비난한다. 폭력적인 사람이 폭력을 비난한다. 그렇다면 그들은 무엇을 하고 있는 것인가? 그들은 반대편의 목표를 설정하고 있는 것이다.

그대가 폭력적이라면 비폭력이 목표가 된다. 그러나 어떻게 폭력적인 사람이 비폭력적이 될 수 있는가? 그 목표에 도달하기 위해서 그대는 어떻게 할 것인가? 방법은 단 하나. 그대는 자기 자신에 대해 폭력적이 될 것이다. 그것이 전부다. 달리 무슨 방법을 선택할 수 있는가?

폭력적인 사람, 그가 어떻게 비폭력적이 될 수 있는가? 잘 화내는 사람, 그가 어떻게 화를 없앨 수 있는가? 만일 화를 잘 내는 성격의 사람이 화내지 않는 상황을 자기의 마음속에 키웠다면 그 밑바닥에는 화가 숨어 있을 것이다. 어떤 것을 키우기 위해서는 그 속으로 들어가야만 하기 때문이다.

세상을 둘러보라. 자세히 관찰해 보라. 그러면 알게 될 것이다. 비폭력을 목표로 삼은 자들이 훨씬 더 폭력적이라는 것을. 브라마차리아, 금욕주의자를 목표로 삼은 자들이 훨씬 더 성적이고 변태적이라는 것을.

장자는 말한다. 구분을 만들지 말라. 그렇지 않으면 그대는 분리될 것이다. 일단 분리되면 그대는 둘로 분열된다. 분열된 사람은 자연스러울 수 없다.

자연스러움은 '내적인 합일' 속에 존재한다. 그것은 깊은 조화다. 그곳에 아무 갈등도 존재하지 않는다. 자연은 모든 것을 받아들인다. 그곳에는 선택이 없다. 그것은 선택이 사라진 받아들임이다. 선택하지 말라. 그리고 이것이 기적이다.

화내는 것을 거부하는 선택을 하지 않으면 화가 찾아왔을 때 그대는 그냥 화를 낸다. 화를 거부하는 선택을 하지 말라. 화가 찾아오면 그냥 화를 내라. 그리고 화가 가버리면 가게 하라. 후회하지도 말고, 그것을 계속 마음속에 담아 두지도 말라. 상황을 연장하지 말라. 그것에 반대하지 말라. 화가 오면 오는 것이고, 가면 가는 것이다. 그대가 무엇을 할 수 있는가? 그대에게는 선택권이 없다. 오면 오고, 가면 가는 것이다.

그때 하나의 기적이 일어난다. 선택하지 않을 때 더없이 깨어 있게 된다. 그때 에너지는 더 이상 분리되지 않는다. 에너지가 분리되지 않을 때 그것은 매우 강력한 것이 된다. 엄청난 힘이 된다. 따라서 화내는 것이 불가능해진다. 왜냐하면 화내는 것은 약한 부분이기 때문이다. 이것을 기억하라. 그대가 약할수록 더 많이 화를 낸다. 강할수록 화내지 않는다. 그대가 절대적으로 강할 때 그곳에 더 이상 화는 존재하지 않는다. 이것을 기억하라. 약할수록 그대는 더 탐욕스럽다. 사실 약한 사람은 자신을 보호하기 위해 탐욕스러울 수밖에 없다. 그대가 강할수록 탐욕이 사라진다.

에너지가 그대 속에서 전체적일 때, 분리도 분열도 되지 않을 때, 그대는 '내적인 합일' 상태가 된다. 탐욕이 사라진다. 그대가 분열될 때 거기 성냄이 있다. 그때 그대는 그 성냄에 대항해 싸울 것이다. 그래서 더 큰 분열이 생기고, 에너지는 더욱더 분산될 것이다. 더 큰 내면의 혼란, 무정부 상태가 될 것이다. 어느 곳에도 조화로운 음악이 없다. 모든 것이 조화를 잃는다.

그대가 그것을 조화롭게 하려고 노력할수록 더 많은 문제가 뒤따른다. 첫 단계에서 빗나갔기 때문에 마지막 단계까지 빗나간다. 그 첫 단계는 이것이다.

> 마음이 옳으면
> 모든 옳고 그름의 판단을 잊는다.

그러면 어떻게 할 것인가? 옳고 그름을 잊고 마음을 편안히 하라. 한 가지 사실은 확실하다. 그대는 지금까지 화내는 일에 대항해 그토록 오랫동안 싸워 왔다. 하지만 여전히 자주 화를 낸다. 그러니 장자의 방법을 시도해 보라. 잃을 것은 아무것도 없다. 그대는 지금까지 성욕에 사로잡히지 않으려고 노력해 왔다. 그러나 여전히 성욕에 사로잡힌다. 오히려 더욱 변태적이 되었다. 성이 더욱 타락해졌다. 그러니 장자의 방법을 시도해 보라. 손해 보지 않을 것이다. 성욕이 찾아올 때 성적인 인간이 되라. 배고픔이 찾아오면 음식을 먹듯이 성욕이 찾아오면 성적이 되라. 어떤 선택도 하지 말라. 이것은 나쁜 것이라고 말하지 말라. 그것은 좋은 것이다. 그것을 받아들이라. 그것은 자연스러움의 한 부분이다. 그때 문득 이런 순간이 찾아올 것이다. 그대가 '내적인 합일' 상태가 되어 성이 자동적으로 사랑으로 탈바꿈하는 순간이.

이 '내적인 합일'의 의미를 이해하라. 모든 남성과 모든 여성은 양성을 갖고 있다. 모든 남성은 내면에 남성과 여성을 둘 다 갖고 있다. 그리고 모든 여성도 내면에 남성과 여성을 둘 다 갖고 있다. 누구도 단순히 남성이거나 여성이지 않다. 그럴 수가 없다. 왜냐하면 부모의 한쪽은 남성이고 다른 한쪽은 여성이기 때문이다. 그대는 내면에 그 양쪽을 절반씩 다 갖고 있다. 절반의 어머니와 절반의 아버지가 그대 안에 둘 다 존재한다. 따라서 그대는 남성이면서 동시에 여성이다. 절반씩이다. 이것이 뿌리 깊은 분열이다.

만일 그대가 외부에서 더 많은 분열을 창조할수록 이 분열이 더욱더 커질 것이다. 모든 분열을 버리라. 어떤 투쟁도 만들지 말라. 선택하지 말라. 분노가 찾아오면 그것을 받아들이라. 성욕이 찾아오면 그것을 받아들이라. 탐욕이 찾아오면 받아들이라. 달리 어떻게 할 것인가? 자연이 이런 것들을 그대에게 주었다. 그러니 그것들을 받아들이라. 물론 그 결과까지도.

만일 그대가 화를 내면 다른 사람도 화낼 것이다. 그 화냄과 결과를 받아들이라. 그때 그대의 분열이 떨어져 나간다. 그리고 서서히 그대 안에 있는 내면의 양성은 조화를 이루고 하나의 원이 창조된다. 내면의 오르가슴이 일어난다. 그대의 여성과 남성이 내면에서 만나는 것이다. 그리고 그대 안의 여성과 남성이 내면에서 만날 때 그대는 하나가 된다. 이제 새로운 존재가 탄생한다.

이 하나됨, 이 합일은 그 그림자로서 사랑을 데리고 온다. 그대는 사랑을 할 수 없다. 그대의 사랑은 표면적인 것이며, 하나의 속임수다. 단지 성욕을 채우기 위한 것에 지나지 않는다. 그래서 성욕이 채워지면 사랑이 사라지는 것이다. 일단 그대가 여성과 성적 접촉을 하고 나면 사랑이 사라진다. 24시간이 지나면 다시 에너지가 생긴다. 에너지가 축적되면 다시 성욕이 찾아온다. 다시 사랑을 느끼게 된다. 따라서 사랑은 단지 성욕을 충족시키기 위한 수단이다.

그렇기 때문에 자신의 아내와 남편을 사랑할 수 없는 것이다. 그것은 대단히 어렵다. 어떻게 사랑할 수 있는가? 욕구가 사라졌다. 사랑은 단지 환심을 사기 위한 것이다. 섹스를 하기 위해 상대방을 유혹하는 전희에 불과하다. 아내와 남편에게는 유혹이 필요 없다. 서로 당연하게 받아들인다. 남편도 요구할 수 있고, 아내도 요구할 수 있다. 그곳에는 유혹이 불필요하다. 따라서 사랑이 사라진다. 환심을 살 필요가 없는 것이다. 아내가 남편을 사랑하고 남편이 아내를 사랑하는 것은 거의 불가능한 일이다. 오직 사랑을 꾸밀 수 있을 뿐이다. 그리고 그 꾸밈은 모두에게 무거운 짐이 된다. 꾸며진 사랑! 그때 그대의 삶이 무의미해진다.

그래서 사람들은 부부 외의 관계에 빠지는 것이다. 그것은 그들에게 다시금 약간의 에너지를 준다. 약간의 사랑의 느낌을 준다. 새로운 사람의 경우에는 또다시 환심을 사기 위해 노력해야 하기 때문이다. 먼저 유혹이 필요하다. 그대의 사랑은 단지 하나의 유혹에 지나지 않는다. 그렇지 않을 수가 없다. 왜냐하면 진정한 사랑이란 그대가 '내적인 합일'의 상태에 이르렀을 때 일어나는 현상이기 때문이다. 그전에는 불가능하다.

'성'이라는 단어는 매우 아름답다. '성'이라는 단어의 어원은 분리를 의미한다. 성은 곧 분리인 것이다. 그대가 내면에서 분리되어 있을 때 성이 그곳에 존재한다. 그대가 한 여성을 갈망하는 것은 곧 그대의 한쪽 부분이 다른 쪽 부분을 만나기를 갈망하고 있는 것이다. 외부에서 그 다른 쪽 절반을 만나고자 하는 노력이다.

잠시 동안은 만날 수 있을 것이다. 그러나 또다시 그대는 혼자가 된다. 외부에는 영원한 만남이란 존재하지 않기 때문이다. 성은 순간적인 것일 수밖에 없다. 타인은 결국 타인이다. 만일 내면의 여성과 남성이 만날 수만 있다면 그 만남은 영원한 것일 수 있다. 내적인 분리가 사라질 때 이 만남이 일어난다. 이것이 연금술적인 변신이다. 그대의 남성과 여성이 내면에서 만난다. 그리하여 그대는 하나가 된다. 하나가 될 때 그대는 영원한 사랑을 갖게 될 것이다.

사랑은 붓다의, 또는 그리스도의, 또는 장자의 특성이다. 그대는 다만 위조 지폐를 갖고 장난치고 있을 뿐이다. 그대는 사랑할 수 없다. 이것을 깊이 이해하라. 이것을 깊이 이해할 때 그대는 어리석은 바보가 되지도 않을 것이며, 남을 바보로 만들지도 않을 것이다.

일단 그대가 '내적인 합일'의 상태에 도달할 때 그대 역시 장자와 같아진다.

    마음이 옳으면
    모든 옳고 그름의 판단을 잊는다.

> 무리하지도 않고, 강요하지도 않으며,
> 필요를 느끼지도 않고, 유혹되지도 않는다.
> 그때 그대의 일은 저절로 이루어진다.
> 그때 그대는 자유인이다.

바로 지금 그대에게는 강박 관념이 있고, 강요함이 있다. 무엇인가를 해야만 한다. 무엇인가를 하도록 육체는 끝없이 그대를 강요하고, 그대의 마음도 그대를 강요한다. 그것을 행하지 않으면 그대는 불편함을 느낀다. 그리고 그것을 행하고 나면 죄책감을 느낀다. 여기 탈출구가 없는 듯하다. 성적인 행위를 하고 나면 그대는 죄책감을 느낀다. 뭔가 잘못된 행위를 한 것이다. 그렇다고 성욕을 억제하면 불편해진다. 에너지가 축적되었기 때문이다. 어느 곳에다 그 에너지를 방출할 것인가. 그때 에너지는 내면으로 방향을 돌려 그대를 강요하고, 강제한다. 그대의 삶 자체가 하나의 강요와 강박 관념의 연속이다. 그리하여 어떤 행위를 하든지 그대는 문제에 직면한다. 왜인가? 성욕을 채우고 나면 그대는 절망한다. 모든 꿈이 부서진다. 어떤 것도 채워진 것이 없다. 그대는 많은 것을 상상했고 많은 기대를 했었다. 그러나 실제는 그대가 꿈꾸어 오던 것과 너무나 다르다.

더 많이 꿈꿀수록 현실은 더 많이 절망스럽다. 이때 그대는 느낀다. 왜 에너지를 낭비하는가? 왜 관계를 맺고 불필요하게 복잡해지는가? 관계를 맺을 때 상대방은 또 그 자신의 문제들을 안고 들어오기 때문이다. 그래서 모든 관계가 하나의 짐이 된다. 자유가 아니다. 모든 관계가 억압 속에서 이루어지기 때문이다.

마음이 절대적으로 휴식하고 있는 사람, 그리하여 내적인 합일의 상태에 도달한 사람, 오직 그만이 자유인이다. 그는 히말라야로 가고, 티베트로 도망칠 것이라는 뜻이 아니다. 아니다! 그는 '여기 이 세상 속'에 있을 것이다. 그러나 그는 완전히 다른 경지에서 여기에 있을 것이다. 그는 사랑한다. 자비를 갖는다. 세상에는 그가 맺는 관계들이 있다. 하지만 그는 여전히 자유로울 것이다. 어떤 관계도 억압에서 비롯되지 않는다. 관계는 단지 그의 나눠 줌이다. 그는 그의 존재를 나눠 준다. 그는 너무나 많이 갖고 있다. 그래서 주는 것이다. 그대가 그의 선물을 받아들이면 그는 대단히 감사히 여긴다.

보라, 그대의 사랑은 단지 섹스를 위한 하나의 테크닉이다. 그러나 그의 사랑은 어떤 것도 얻어내려 함이 아니다. 그의 사랑은 그대로부터 무엇을 취하려 함이 아니다. 그의 사랑은 그냥 나눠 줌이다. 그는 그것을 갖고 있다. 너무도 많이. 그래서 그대에게 약간 주는 것이다. 또 그것은 줄수록 더욱 자라난다. 그의 존재는 완전히 다른 차원에서 행동하는 것이다.

눈을 열고 보라. 정원으로 가서 보라. 꽃들이 지고 나면 더 많은 꽃들이 피어난다. 나는 그것을 관찰한 적이 있다. 나는 누구에게도 정원의 꽃을 꺾지 못하게 했다. 그런데 한 장미 나무에서 다섯 송이의 장미가 피었다고 하자. 그 꽃들을 꺾지 않는다면 더 이상의 꽃은 피어나지 않는다. 그 다섯 송이도 머지않아 시든다. 그 다섯 송이를 꺾으면 열 송이가 피어난다. 열 송이를 꺾으면 스무 송이가 피어난다. 더 많이 꺾을수록 나무는 더 많은 꽃을 피운다.

그대가 내적인 합일의 상태에 도달했을 때도 상황이 비슷하다. 그대는 한 그루의 꽃을 피우는 나무가 된 것이다. 더 많이 줄수록 더 많은 것이 나온다. 더 많이 나눌수록 그대는 그 속에서 더욱 성장한다. 축복이 더욱 커지고, 존재의 환희가 깊어진다. 그것을 나누

라. 나누지 않으면 모든 것은 죽기 때문이다.

그러나 여기 기본적인 것이 있다. 옳고 그름의 판단을 잊으라는 것이다. 찬성하거나 반대하지 말라는 것이다. 그때…….

그때 그대는 자유인이다.

쉬운 것이 옳은 것이다.

그대의 경우에는 상황이 정반대다. 그대는 언제나 어려운 것을 선택한다. 어려운 것은 도전을 주고, 도전은 에고를 키우기 때문이다. 그대에게는 어려운 것이 옳다. 쉬운 것은 결코 옳지 않다. 쉬운 것에는 도전이 없는 것이다. 따라서 에고가 충족되지 않는다. 임무가 어려울수록 에고는 더 큰 기운과 기쁨을 얻는다. 뭔가 행해져야만 한다. 히말라야를 정복해야만 하고, 달을 정복해야만 한다.

누군가 에드먼드 힐러리에게 물었다. 힐러리는 인류 최초로 에베레스트 정상에 오른 사람이다. 누군가 물었다. 이유가 무엇인가? 왜 그토록 많은 노력을 들이는가? 수백 년 동안 인간은 저 산에 오르려고 수없이 시도했으며, 많은 숫자가 죽었다. 한번 떠나면 되돌아오지 않았다. 왜 그토록 에베레스트에 오르려고 하는가? 게다가 그곳에 무엇이 있는가?

아무것도 없다! 수백 년 동안 수많은 사람이 죽고, 생명을 잃고, 돌아오지 않았다. 그럼에도 불구하고 매년 새로운 등반 팀이 재시도한다. 그런데 여기 신비한 사실이 있다. 에베레스트는 네팔에 있지만 정작 네팔인들은 관심을 두지 않는다는 것이다. 에베레스트는 티베트 국경에 있지만 정작 티베트인들은 무관심하다. 이유가 무엇인가? 서양에서는 매년 수많은 등반대가 밀려온다. 인류 최초로 힐러리가 정상을 정복한 뒤 돌아왔을 때 누군가 그에게 물었다. 이유가 무엇인가? 힐러리는 대답했다.

"에베레스트가 그곳에 있기 때문이다. 그리고 그것을 정복하지 않으면 내 마음이 불편하다. 정복되지 않은 채로 그곳에 있다는 것은 내 에고에 대한 도전이다. 그것이 거기 있기 때문에 정복되어야만 하는 것이다."

힘든 것은 마음을 유혹한다. 더 힘들수록 그것은 더 많이 매혹적이다. 그것을 정복할 수 있다면 더 큰 에고를 얻게 되기 때문에 그것은 더 많이 가치 있어 보인다. 비록 실패한다 해도 그대는 더 큰 에고를 얻는다. 다른 사람들은 시도조차 하지 않는데, 최소한 그대는 시도라도 한 것이다.

쉬운 것은 이뤄 봐야 아무 성취감도 없다. 에고가 커진 것을 느끼지 못하기 때문이다. 그리고 만일 실패하면 많은 손실이 뒤따른다. 모두가 말할 것이다. '그렇게 쉬운 일도 성공하지 못했는가?' 에고는 자석에 이끌리듯 항상 어렵고 힘든 것에 이끌린다. 그러나…….

쉬운 것이 옳은 것이다.

따라서 에고는 결코 옳은 것에 이끌리지 않는다. 언제나 그릇된 것을 향해 이끌린다.

범죄가 어렵기 때문에 인간은 범죄인이 되고, 정치가 어렵기 때문에 정치인이 되며, 돈을 버는 것이 어렵기 때문에 그토록 돈에 미치는 것이다. 어려운 것이면 무엇이든 인간은 미친다. 어떤 것을 성취하기 위해서가 아니다. 에베레스트처럼 그것이 그곳에 하나의 도전으로 존재하기 때문이다. 그것을 정복해야만 한다.

성공한 사람들을 보라. 그들은 무엇을 성취했는가? 그들은 에베레스트 정상에 올랐다. 그것은 좋다. 그러나 그곳에는 아무것도 없다. 이제는 내려와야 한다. 세상의 대통령, 수상, 부호들을 보라. 그들은 무엇을 성취했는가? 아무것도! 그들은 자신들이 아무것도 성취하지 못했다는 것을 내면 깊은 곳에서 알고 있다. 하지만 한 가지 그들이 이룬 것이 있다. 즉 그들은 가장 어려운 일을 한 것이다. 그리하여 역사는 그들을 기억해 줄 것이다. 역사란 언제나 어리석은 인간들만을 기억한다. 왜냐하면 어리석은 자들이 역사를 만들며, 또 어리석은 자들이 역사를 기록하기 때문이다.

장자는 역사를 만들지 않는다. 쉬운 것이 옳은 것이기 때문이다. 만일 그대가 쉽게 산다면 어떻게 역사를 만들 수 있겠는가? 수백만 명을 죽이고 전쟁에 승리한다면 그대는 역사를 만드는 것이다. 아침에 칫솔질만 해서는 역사를 만들 수 없다. 그러나 기억하라.

  쉬운 것이 옳은 것이다.

그대는 즐겁게 노래를 부르며 목욕을 한다. 그것이 어떻게 역사가 될 수 있는가? 배고프면 밥을 먹고 어떤 꿈도 없이 고요히 잠을 잔다. 그런 그대가 어떻게 역사를 만들 수 있는가? 그렇다, 역사는 쉽고 자연스러운 사람에게는 주목하지 않는다. 역사는 미친 자들, 무엇인가에 광적으로 사로잡힌 자들, 어떤 식으로든 문제를 만드는 자들에게 주목한다.

그러나 기억하라. 어려운 것은 옳지 않은 것이고, 쉬운 것이 옳은 것이다. 쉬워져라. 역사에 등장하려고 하지 말라. 그런 것은 바보나 미친 자들에게 맡기라. 그대는 그냥 그 바깥에 서 있으라. 둘 다 소유할 수 없다. 삶을 소유하고 있다면 그대는 쉽고 단순한 인간이 될 것이다. 단순하고 하찮은 일들을 하면서 그것을 즐길 것이다. 그것에 자신을 깊숙이 파묻고 은밀히 살아갈 것이다. 그대는 다른 누구에게도 문제를 일으키지 않을 것이다. 아무도 그대를 주목하지 않을 것이며, 그대는 존재하지 않는 것처럼 존재할 것이다.

쉬운 것이란 그런 것이다. 존재하지 않는 듯이 존재하는 것. 자신이 그곳에 없는 듯 있는 것. 누구의 길도 가로막지 않는 것. 아무도 그대를 알지 못한다. 알려질 필요를 느끼지 않는다. 그러나 그대에게는 큰 즐거움이 있다. 그대는 존재의 환희에 둘러싸여 살아간다.

쉬운 것이 옳은 것이다.
옳게 시작하라. 그러면 쉬워진다.

이것이 기준이다. 어떤 것을 행할 때 쉽다고 느끼면 그것은 옳은 것이다. 그것을 행하는 데 쉽다고 느끼지 못한다면 무엇인가 잘못된 것이다. 긴장이 있다면 쉽지 않은 삶을 살고 있는 것이다. 만일 평화롭게 잠잘 수 없고 휴식할 수 없고 흐름에 내맡길 수 없다면, 그대는 쉽지 않은 삶을 살고 있다는 뜻이다. 어려운 일, 불가능한 일을 추구하고 있다는 뜻이다.

삶의 방식을 바꾸라. 그대는 잘못된 길을 걷고 있는 것이다. 옳게 시작하라. 그러면 언제나 쉽다. 옳게 시작하라. 그러면 언제나 휴식한다. 이것이 기준이다. 따라서 어떤 일을 할 때면 늘 지켜보라. 만일 그대가 평화롭다면, 편안하다면, 긴장되지 않고 휴식 속에 있다면, 그렇다면 그것은 옳은 것이다. 이것이 기준이다. 다른 어떤 것도 기준이 될 수 없다.

그대에게 옳은 것이 다른 사람에게는 옳지 않은 것일 수 있다. 이것 역시 기억하라. 그대에게 쉬운 것이 다른 사람에게는 쉽지 않을 수 있다. 그 사람은 다른 것을 쉽다고 할지 모른다. 따라서 절대적인 규칙이란 없다. 모든 개개인이 그 자신을 기준으로 선택해야 한다. 그대 자신에게 쉬운 것이 무엇인가? 세상의 말에 귀기울이지 말라. 그들은 자신들의 규칙을 그대에게 강요하는 사람들이기 때문이다. 삶을 이해한 자라면 결코 그대에게 어떤 것을 강요하지 않는다. 오히려 그는 그대가 쉬워지도록, 그래서 그대가 자기 자신에게 옳은 것을 발견하도록 도울 것이다.

　　쉽게 나아가라, 그러면 그대는 옳다.

언제나 쉬운 삶을 살라, 어린아이처럼. 행복하게 잠자고 행복하게 먹고 행복하게 춤추고, 에너지로 흘러넘치면서. 단지 쉽게 살라. 아무도 그대를 주목하지 않을 것이다. 사람들은 심지어 그대가 미쳤다고 생각할지 모른다. 그대가 심각해야 사람들은 그대를 높이 평가한다. 그런데 계속해서 그대가 웃고 삶을 재미있게 만든다면 그들은 그대를 바보라고 생각할 것이다. 그렇게 생각하게 내버려두라. 그대는 바보가 되어 쉽게 살라. 현명한 자가 되어 어렵게 살지 말라. 어렵고 골치 아픈 삶에서는 지혜가 꽃필 수 없기 때문이다. 그런 지혜는 가짜다. 그것은 빌려 온 것이다. 일단 이것을 이해하면 그대는 자신만의 길을 발견할 수 있다.

　　쉽게 나아가라, 그러면 그대는 옳다.

장자는 실로 아름답다. 장자와 비교될 사람은 아무도 없다. 장자는 실로 독특하다. 그는 말한다.

　쉽게 나아가라, 그러면 그대는 옳다.

그는 이렇게 말하지 않는다.
"비폭력적이 되라, 그러면 그대는 옳다. 진실되라, 그러면 그대는 옳다. 분노하지 말라, 그렇지 않으면 그대는 틀린 것이다. 성욕에 사로잡히지 말라……."
아니다! 결코 그렇게 말하지 않는다! 그는 말한다.
"쉬워져라. 그리고 쉽게 나아가라. 그러면 그대는 옳다. 그때 그대는 자기 자신의 길을 선택한 것이다."
장자는 지금 그대에게 본질 그 자체를, 어떤 특정한 방향이 아니라 하나의 보편적인 진리를 주고 있는 것이다.

　쉽게 나아가는 옳은 길은
　그 옳은 길을 잊는 일이며

이유가 무엇인가? 옳은 것에 지나치게 신경 쓰면 불편해질 것이다. 쉬워지지 못할 것이다. 따라서 장자의 말에 대해서도 쉽게 생각하라. 그렇지 않으면 어려워질 것이다. 그리고 그대는 어려워지는 데 타고난 능력을 갖고 있기 때문에 장자의 말에 또 광적으로 매달릴 것이다.

　쉽게 나아가는 옳은 길은

그 옳은 길을 잊는 일이며

잊으라. 쉬워져라. 그것이 전부다.

또 쉽게 나아간다는 것조차 잊는 일이다.

쉽게 나아간다는 것조차 잊으라! 그렇지 않으면 그대는 '쉬움'에 너무 집착할 것이다. 그때 그 '쉬움'이라는 것이 바위처럼 그대의 의식을 짓누를 것이다. 만일 그대가 장자에게로 가서 '이제 나는 쉬워졌다'라고 말한다면 그는 말할 것이다.
"사라지라. 그것을 던져 버리라! 넌 아직도 그것을 달고 다니고 있는가."

그대가 진정으로 쉽다면 그냥 쉬운 것이다. 쉬운 것에 대한 어떤 개념도, 생각도 없다. 왜 쉽다고 말하는가? 왜 쉽다는 사실을 달고 다니는가? 만일 계속해서 그것을 달고 다니면 머지않아 그것은 짐이 될 것이다.

진실로 쉬운 사람은 그냥 쉽다. 그리고 쉽다는 사실을 잊는다. 그는 자신이 쉽다는 것을 알지 못한다. 그는 자신이 옳다는 것을 알지 못한다. 자신이 어떤 식으로든 가치 있는 존재라는 것을 알지 못한다. 그는 단순히 쉬움 속에서 살아갈 뿐이다. 그런 사람에게 다가가면, 쉬움 속에서 쉽다는 사실을 의식하지도 않으면서 쉽고 단순하게 삶을 사는 그런 사람에게 다가가면 그대는 그것을 느낄 것이다. 긴장도 그 자체의 느낌을 갖고 있듯이 쉬움도 그 자체의 느낌을 갖고 있다. 비록 그대가 그 쉬움의 느낌에 깊은 인상을 받진 못한다 해도. 그대는 너무나 긴장되어 있다. 그래서 언제나 긴장된 사람들에게 영향을 받는다. 온갖 행위 속에서 사는 사람들, 가시방석 위에 앉은 사람들, 그들을 만나면 그대는 감명받는다. 그들은 매우 어려운 일을 하고 있는 것이다.

그대는 어린아이에게 감명받는가? 놀고 있는 아이를 쳐다보기나 하는가? 아무도 감명받지 않는다. 그렇다면 그대는 장자에게 감명받을 수 없다. 진정으로 쉬움 속에 살아가는 사람에게 감명받을 수 없다. 그런 사람은 그대에게 어떤 영향도 미치지 못하기 때문이다.

그러나 그대가 어떤 이해를 갖고 있다면, 쉬움 속에서 살아가는 사람 주위에서 다른 파장을 느낄 것이다. 그때 그대는 무엇을 느낄 것인가? 어떤 반응이 일어날 것인가? 쉬움 속에서 삶을 사는 사람을 만나면 그대는 자신도 쉬워지고 편안해지는 것을 느낄 것이다. 진정한 휴식 속에서 사는 사람은 그대를 휴식하게 만들 것이다. 반면에 긴장하고 있는 사람은 그대를 긴장하게 만들 것이다.

자연스러움과 더불어 살아가는 사람을 만나면 그대는 자연스러움을 느낄 것이다. 그는 어떤 식으로도 그대를 강요하지 않는다. 그는 어떤 식으로도 그대를 변화시키려고 노력하지 않는다. 그는 그대를 있는 그대로 받아들일 것이다. 그는 받아들임 그 자체가 된다. 그의 받아들임을 통해 그대는 삶의 받아들임을 배운다.

그리고 만일 그대 자신을 받아들일 수 있다면 자연스러움이 일어날 것이다. 일단 자연스러움이 일어나면 저 큰 바다가, 깨달음의 대양이 멀지 않다. 강물이 그곳을 향해 빠르게 달려갈 것이다.

마음과 싸우지 말라. 다만 마음을 옆으로 내려놓으라. 삶은 풀어야 할 문제가 아니라 살아야 할 신비다. 싸울 필요가 없다. 달아날 필요도 없다.

둘째날 아침   그림자 도망치기

한 사람이 있었다.
그는 자신의 그림자를 두려워하고
자신의 발자국 소리를 싫어한 나머지
그것을 떨쳐 버리기로 결심했다.

그의 머리 속에 떠오른 방법은 그것들로부터 도망치는 것이었다.
그래서 그는 달려가기 시작했다.

그러나 그가 발을 내디뎌 달리면 달릴수록
새로운 발자국 소리가 늘어만 가고
그의 그림자는 조금도 어려움 없이
그를 따라왔다.

그는 이 모든 재난이
아직 자신의 달리는 속도가 충분하지 않기 때문이라고 여겼다.
그래서 그는 잠시도 멈추지 않고 더욱 빠르게 달렸다.
그리하여 마침내 힘이 다해 쓰러져 죽고 말았다.

그는 이것을 깨닫지 못했던 것이다.
만일 그가 단순히 그늘 속으로만 걸어 들어갔어도
그의 그림자는 사라졌을 것이다.
그가 자리에 가만히 앉아만 있었어도
그의 발자국 소리는 더 이상 들리지 않았을 것이다.

─〈그림자와 발자국 소리〉

인간은 자기 자신을 끝없이 거부한다. 그래서 혼란과 갈등에 빠진다. 자기 자신을 끝없이 비난하고 인정하지 않는다. 그때 내면의 혼돈, 혼란, 불행이 찾아온다. 왜인가? 왜 그대는 자기 자신을 그 자체로 인정하지 못하는가? 무엇이 잘못되었는가? 존재계 전체가 그대를 있는 그대로 받아들이는데 그대만은 그렇지 못하다.

그대는 이뤄야 할 어떤 이상을 갖고 있다. 그 이상은 언제나 미래에 존재한다. 그럴 수밖에 없는 것이, 이상은 현재에 존재할 수 없기 때문이다. 그리고 미래란 실제로 아무 곳에도 존재하지 않는다. 미래는 아직 태어나지 않았다. 이상 때문에 그대는 미래 속에서 살지만 그것은 하나의 꿈에 지나지 않는다. 이상 때문에 그대는 '지금 여기'에서 삶을 살지 못한다. 이상 때문에 그대는 자신을 비난한다.

모든 이상, 이념은 비난하는 마음을 심어 놓는다. 이상과 이념을 가질 때 하나의 이미지가 마음속에 만들어지기 때문이다. 자기 자신을 그 이미지와 끝임없이 비교할 때 그대는 언제나 무엇인가 부족함을 느낄 것이다. 무엇인가 모자람을 느낄 것이다. 아무것도 부족하지 않고, 아무것도 모자라지 않다. 그대는 완전하다. 완전이라는 것이 가능하다면.

이것을 이해하라. 그래야만 그대는 장자의 우화를 이해할 수 있기 때문이다. 여기 이것은 지금까지 누군가 말한 우화들 중에서도 가장 아름다운 우화다. 이 우화는 인간 심리의 메커니즘을 깊이 꿰뚫고 있다.

왜 그대는 끊임없이 마음속에 이상을 갖고 다니는가? 왜 있는 그대로의 자신으로 충분하지 않은가? 바로 지금 이 순간 왜 신과 같을 수 없는가? 왜 그대는 신이 될 수 없는가? 누가 방해하는가? 누가 그대의 길을 가로막는가? 바로 이 순간 왜 즐겁지 못하고 기쁨에 넘치지 못하는가? 장애물이 어디에 있는가? 장애물은 마음이 가진 이상에서 나온다.

그대가 어떻게 즐거울 수 있는가? 그대는 너무나 많은 분노로 가득 차 있다. 먼저 그 분노가 사라져야만 한다고 그대는 생각한다. 어떻게 기쁨으로 넘칠 수 있는가? 그대는 너무나 많은 성욕으로 가득 차 있다. 먼저 그 성욕이 제거되어야만 한다고 그대는 믿는다. 그대가 어떻게 지금 이 순간을 노래하는 신처럼 될 수 있는가? 그대는 너무나 많은 탐욕, 욕망, 분노로 가득 차 있다. 먼저 그것들을 제거해야만 한다고 그대는 생각한다. 그때 비로소 신처럼 될 수 있을 것이라고.

이렇게 해서 하나의 이상이 만들어진다. 그리고 그 이상 때문에 그대는 스스로를 비난한다. 그 이상과 그대 자신을 비교하라, 그러면 그대는 결코 완전할 수 없다. 그것은 불가능하다. '만일'이라고 말한다면 기쁨은 불가능하다. 그 '만일'이 가장 큰 혼란을 불러일으키기 때문이다.

'만일 이러이러한 조건들이 채워지면 나는 행복한 삶을 살 것이다'라고 말한다면 그 조건들은 결코 충족되지 않을 것이다. 설령 그 조건들이 충족된다 해도 그때쯤이면 그대는 즐거워하고 기뻐할 능력을 모두 상실할 것이다. 나아가 그 조건들이 충족되었을 때 그대의 마음은 즉각적으로 더 높은 이상을 세울 것이다.

이런 식으로 그대는 수많은 생을 놓쳐 왔다. 먼저 하나의 이상을 만들고 나서 그 이상처럼 되기를 원한다. 그때 그대는 죄책감과 열등감을 느낀다. 꿈꾸는 마음 때문에 그대의 참모습은 부정된다. 꿈이 그대를 혼란시키는 것이다.

나는 그대에게 정반대의 것을 말한다. 지금 이 순간 신처럼 되라고. 분노가 있게 하라. 성욕이 있게 하라. 욕망이 있게 하라. 다만 그대는 삶을 축제로 만들라. 차츰 그대는 더 많은 축제 분위기를 느끼고, 더 적게 화를 낼 것이다. 더 많은 기쁨, 더 적은 욕망을 느낄 것이다. 더 많은 즐거움, 더 적은 성욕을 느낄 것이다. 그때 그대는 옳은 길을 걷게 된다. 그렇지 않을 수가 없다.

삶을 그 전체성 속에서 축제 분위기로 만들 때 모든 잘못된 것들이 사라진다. 그러나 만일 그 잘못된 것들을 먼저 사라지게 하려고 노력한다면 그것들은 결코 사라지지 않을 것이다. 그것들은 마치 어둠과 싸우는 것과 같다.

그대의 집이 지금 어둠으로 가득 차 있다. 그대는 묻는다.

"어떻게 내가 촛불을 켤 수 있단 말인가? 촛불을 켜기 전에 먼저 이 어둠들을 제거해야 할 것이 아닌가?"

그대가 지금까지 해온 것이 그것이다. 그대는 먼저 욕망을 내려놓아야만 한다고 말한다. 그래야 마음의 평화와 환희가 가능할 것이라고. 실로 어리석다! 그것은 먼저 어둠이 사라져야만 촛불을 켤 수 있다고 말하는 것과 같다. 마치 어둠이 그대를 방해할 수 있기나

하는 것처럼. 어둠은 실체가 아니다. 그것은 아무것도 아니다. 그것에는 아무 실체성도 없다. 그것은 단순히 '없음'의 현상이지 '있음'이 아니다. 그것은 단순히 빛의 부재일 뿐이다. 불을 켜면 어둠은 자동적으로 사라진다. 백 년 묵은 어둠, 십 년 묵은 어둠이란 존재하지 않는다. 불을 켜는 순간 어둠은 사라진다.

축제의 삶을 살라. 기쁨의 불꽃이 되라. 그러면 모든 나쁜 것이 사라진다. 분노, 욕망 또는 그대가 무엇이라고 이름 붙이든 그것들은 실체가 아니다. 그것들은 단순히 기쁨의 부재, 환희에 찬 삶의 부재일 뿐이다.

삶을 즐길 수 없기 때문에 그대는 화를 낸다. 누군가 그대를 화나게 만들기 때문이 아니다. 삶을 즐길 수 없기 때문에 그대는 많은 불행 속에서 살고, 그래서 걸핏하면 화를 낸다. 다른 것들은 오직 변명일 뿐이다. 축제의 분위기를 만들지 못하기 때문에 사랑이 그대에게 일어날 수 없다. 그래서 성욕만이 지배한다. 그것은 대용품이다. 그리고 이때 마음은 말한다. '먼저 이것들을 파괴하라, 그러면 신이 내려올 것이다.' 이것은 인간에게만 있는 가장 큰 어리석음이며, 가장 오래된 역사를 갖고 있다. 그것이 모든 인간을 뒤따라다닌다.

그대로서는 지금 이 순간 자신이 신이라고 생각하기가 어렵다. 그러나 나는 묻는다. 무엇이 부족한가? 무엇이 모자라는가? 그대는 살아 있고, 숨 쉬고 있고, 의식을 갖고 있다. 더 이상 무엇이 필요한가? 바로 이 순간 신처럼 되라. 비록 그것이 '마치 신이 된 양 행동하는 것'이라고 느껴질지라도 신경 쓰지 말라. 비록 '난 지금 내 자신이 신인 것처럼 가장하고 있다'고 느껴질지라도 신경 쓰지 말라. 그렇게 가장하는 것으로부터 시작하라. 그러면 머지않아 실체가 따라올 것이다. 실제로 그대는 신이기 때문이다. 일단 그대가 신으로서 존재하기 시작하면 모든 고통, 혼란, 어둠이 사라진다. 빛이 되라. 그리고 그렇게 되는 데는 어떤 조건도 필요가 없다.

이제 나는 이 아름다운 우화로 여행을 떠날 것이다.

한 사람이 있었다.

이 한 사람이란 바로 그대 자신이다. 이것을 남의 이야기로 생각하지 말라. 그대가 바로 이 이야기의 주인공이다.

한 사람이 있었다.
그는 자신의 그림자를 두려워하고
자신의 발자국 소리를 싫어한 나머지
그것을 떨쳐 버리기로 결심했다.

기억하라, 이 사람이 바로 그대 자신이다. 바로 이 사람이 모든 이들 속에 존재한다. 이것이 그대가 지금까지 행동해 온 방식이다. 이것이 바로 그대의 논리다. 그림자로부터 도망치는 것!
이 사람은 자신의 그림자를 보고 많은 혼란에 빠졌다. 왜? 그림자에 잘못된 것이 무엇인가? 왜 그는 그림자를 두려워해야만 하는가? 왜? 어쩌면 그는 들었을지 모른다. 꿈꾸는 자들이 하는 소리를. 신은 그림자를 갖고 있지 않다는 말을. 신이 걸어다닐 때는 그림자가 나타나지 않는다는 말을. 이런 신의 개념 때문에 이 사람은 혼란에 빠졌다.

사람들은 말한다. 천국에서는 태양이 떠오르고 신들이 걸어다니지만 그들에게는 어떤 그림자도 나타나지 않는다고. 그들은 투명한 존재들이라고. 하지만 나는 그대에게 말한다. 그것은 단지 꿈에 불과하다.

어느 곳을 가도 그림자 없이 존재하는 것은, 그림자 없이 존재할 수 있는 것은 단 하나도 없다. 어떤 것이 존재한다면, 반드시 그것에는 그림자가 있다. 그것이 존재하지 않는다면, 그렇다면 그림자도 사라질 것이다.

존재한다는 것, 그것은 곧 그림자를 갖는다는 것을 의미한다. 그대의 성냄, 성욕, 욕망―이 모두가 그림자다. 그것들이 그림자라는 사실을 잊지 말라. 어떤 의미에서는 그것들은 존재하지만, 동시에 존재하지 않는 것들이다. 그림자의 뜻이 바로 그것이다. 그것은 하나의 비실체. 그림자란 단순히 하나의 부재 현상이다. 그대가 서 있다. 태양이 그대에게 비친다. 그리고 그대 때문에 약간의 태양 광선이 통과하지 못한다. 그때 하나의 형태가, 그림자의 형태가 만들어지는 것이다.

그 그림자는 실체가 아니다. 태양빛을 가로막고 서 있는 '그대'가 실체다. 그대가 바로 실체다. 그래서 그림자가 만들어지는 것이다. 따라서 그림자는 빛의 부재 현상이다. 만일 그대가 유령이라면 그곳에 그림자는 없을 것이다. 그리고 천사들 역시 유령에 불과하다. 그대 자신과, 이상을 만들기 좋아하는 관념론자들이 만들어 낸 유령일 뿐이다.

이 사람은 혼란에 빠졌다. 신이 되면 그림자가 사라진다고 들었기 때문이다.

> 한 사람이 있었다.
> 그는 자신의 그림자를 두려워하고
> 자신의 발자국 소리를 싫어한 나머지
> 그것을 떨쳐 버리기로 결심했다.

왜 그대는 그토록 혼란에 빠지는가? 깊이 들어가 보면 그곳에 그대의 발자국 소리 외에는 아무것도 없다는 걸 알게 될 것이다. 왜 자신의 발자국 소리에 그토록 방해받는가? 그대는 살아 있는 실체다. 따라서 약간의 소리가 있어야만 한다. 이것을 인정해야만 한다.

하지만 이 사람은 신들에게는 그림자가 없다는, 신들이 걸어다닐 때는 발자국 소리가 나지 않는다는 이야기를 들었다. 이 신들은 꿈속의 존재에 불과하다. 그들은 오직 인간의 마음속에만 존재한다. 천국은 어디에도 존재하지 않는다.

어떤 것이 존재하면 그 주위에서 반드시 소리가 발생한다. 발자국 소리가, 그림자가 생겨난다. 사물의 이치가 그렇다. 그대가 그 이치를 바꿀 수는 없다. 그것이 사물의 본질이다. 그 본질을 바꾸려고 한다면 그대는 이미 잘못된 것이다. 그것에 대해 뭔가를 하려고 노력한다면 그대의 전 생애가 낭비될 것이다. 그리고 결국 어떤 것도 이루지 못할 것이다. 그곳에 여전히 그림자는 존재하고 발자국 소리가 들린다. 그리고 죽음이 문을 두드리고 있다.

죽음이 문을 두드리기 전에 자기 자신을 받아들이라. 그때 하나의 기적이 일어난다. 어떤 기적인가? 자신을 받아들일 때 그대는 그대 자신으로부터 도망치려고 하지 않는다는 것이다.

지금 그대는 그대 자신으로부터 도망치고 있는 중이다. 비록 내 말을 듣고 있다고 해도 그것은 자신으로부터 도망치려는 노력의 일부일 뿐이다. 그래서 그대는 내게 다가올 수 없는 것이다. 왜냐하면 내 모든 노력은 그대가 자신으로부터 도망치지 않도록 돕기 위한 것이기 때문이다.

자기 자신으로부터 달아나려고 노력하지 말라. 그대는 다른 누구일 수가 없다. 그대는 이미 결정된 운명과 특성을 갖고 있다. 그대의 엄지손가락 지문이 독특하고 개인적이듯이……. 그대가 가진 지문은 한 번도 존재한 적이 없었으며, 앞으로도 없을 것이다. 그것은 오직 그대만의 것이다. 다시는 그것과 똑같은 것이 나올 수 없다. 그대의 존재 역시 마찬가지다. 그대는 독특하고 자기만의 것이고 비교할 대상이 없는 존재를 갖고 있다. 그것은 과거에도 존재한 적이 없으며 미래에도 없을 것이다. 오직 그대만이 그것을 갖고 있다. 그것을 기뻐하라! 독특한 어떤 것이 모든 인간 존재에게 일어났다. 신은 모든 인간 존재마다 독특한 선물을 주었다. 그런데 그대는 그것을 비난하고 있는 것이다! 더 좋은 어떤 것을 원하기 때문이다. 그대는 존재계보다 더 지혜로우려고 노력하고 있다. 도의 세계보다 더 현명해지려고 노력한다. 그때 그대는 과녁에서 빗나간다.

기억하라, 부분은 결코 전체보다 지혜로울 수 없다. 전체가 하는 것이 언제나 궁극적인 것이다. 그대는 그것을 수정할 수 없다. 그렇게 하려고 노력할 수는 있다. 그런 식으로 자신의 삶을 낭비할 수도 있다. 그러나 아무 결과도 얻지 못할 것이다.

전체는 광활하다. 그대는 단지 하나의 미세한 세포에 불과하다. 바다는 드넓다. 그대는 단지 그 속의 한 물방울이다. 바다 전체가 짠 소금맛이다. 그런데 그대는 단맛이 되려고 한다. 그것은 불가능한 일이다.

그러나 에고는 언제나 불가능한 것, 어려운 것, 행해질 수 없는 것을 원한다. 장자는 말한다. '쉬운 것이 옳은 것이다.' 쉬워져라, 그리고 받아들이라. 그대는 왜 그렇게 하지 못하는가? 왜 자신의 그림자를 긍정적으로 받아들이지 못하는가? 긍정적으로 받아들이는 순간 그것은 잊혀진다. 그것은 사라진다. 비록 육체에는 계속 남아 있어도, 적어도 마음으로부터는 사라진다.

> 한 사람이 있었다.
> 그는 자신의 그림자를 두려워하고
> 자신의 발자국 소리를 싫어한 나머지
> 그것을 떨쳐 버리기로 결심했다.

문제가 무엇인가? 그림자가 어떻게 문제를 일으키는가? 왜 그대 스스로 문제를 만드는가? 지금 이 순간처럼 그대는 모든 것으로부터 문제를 만들고 있다. 이 사람은 자신의 그림자를 보고 당황하고 혼란스러워졌다. 그는 신처럼 되고 싶었을 것이다. 그림자 없는 존재가 되고 싶었다. 그러나 그대는 이미 신이다. 이미 신이지 않고서 어떻게 그대가 신이 될 수 있는가? 이미 인간이지 않고서 어떻게 그대가 인간이 될 수 있는가? 어떻게 그것이 가능한가? 오직 이미 그대인 것밖에 될 수 없다. 무엇으로 된다는 것은 곧 이미 그곳에 있는 그 존재를 향해 다가간다는 뜻이다.

방황하는 도중에 남의 문을 두드릴 수는 있다. 그러나 그것은 단지 그대 자신과 벌이는 숨바꼭질일 뿐이다. 얼마나 오랫동안 남의 문을 두드리는가는, 얼마나 오랫동안 비를 맞으며 여기저기 방황하는가는 그대 자신에게 달린 일이다. 결국 그대는 그대 자신인 것으로 돌아올 것이며, 그것이 언제나 그곳에 존재했음을 깨달을 것이다. 아무도 그것을 빼앗을 수 없다. 자연의 것, 도의 것은 아무도 빼앗아 갈 수 없다.

이 사람은 자신의 그림자 때문에 혼란에 빠졌다.

한 사람이 있었다.
그는 자신의 그림자를 두려워하고
자신의 발자국 소리를 싫어한 나머지
그것을 떨쳐 버리기로 결심했다.

그래서 그는 어떻게 했는가? 그림자를 떨쳐 버리고 발자국 소리를 지우기 위해 어떻게 했는가?

그의 머리 속에 떠오른 방법은 그것들로부터 도망치는 것이었다.

이것이 바로 모든 인간의 마음속에 떠오르는 방법이다. 모두가 떠올리는 방법이 그것이다. 인간의 마음은 아주 심술궂은 논리 체계를 갖고 있다.

이를테면, 화가 날 때 그대는 어떻게 하는가? 마음은 말한다. 화내지 말라. 다시는 화내지 않겠다고 맹세하라. 이때 그대가 할 수 있는 방법은 그것을 억압하는 일이다. 더 많이 억압할수록 더 많은 화가 그대의 존재 근원으로 파고들 것이다. 그때 그대는 어떤 때는 화내고 어떤 때는 화내지 않을 수가 없다. 심하게 억압했다면 끊임

그림자 도망치기 | 69

없이 화를 내게 될 것이다. 그것은 그대의 피가 되고, 온몸에 퍼진 독이 된다. 그것은 그대의 모든 관계 속으로 침투한다.

비록 그대가 누군가와 사랑에 빠질지라도 늘 분노가 그곳에 있을 것이다. 그리하여 그 사랑은 폭력적이 될 것이다. 비록 그대가 누군가에게 도움을 주려고 노력할지라도 그 도움 속에 독이 있을 것이다. 독이 그대 속에 있기 때문이다. 그대의 모든 행위 속에 그것이 있다. 그것이 그대를 반영한다. 이제 이 사실을 느끼면 마음은 또 말한다. 지금까지의 억압이 충분하지 않았다고. 더 강하게 억압하라고. 하지만 그 억압 때문에 분노가 여전히 그곳에 있다. 그런데 마음은 말한다. '더 강하게 억압하라! 그러면 더 이상 화내지 않게 될 것이다······.'

억압 때문에 그대의 마음은 성적이다. 그러면 마음은 말한다. '더 강하게 억압하라. 그것을 더 강하게 억압하기 위한 새로운 방법, 새로운 길과 수단을 찾으라. 그러면 브라마차리아, 성을 초월한 존재가 될 것이다.' 그러나 그런 식으로는 브라마차리아가 될 수 없다. 억압을 통해서는 성욕이 육체 속으로 더 깊이 들어갈 뿐이다. 생각 속으로 더 깊이 들어간다. 그래서 두뇌를 온통 지배하게 된다. 그러면 끊임없이 그것에 대해서만 생각하게 된다. 세상에 그토록 많은 포르노 작품들이 있는 것도 그 때문이다.

왜 인간은 여성의 나체 사진을 보는 것을 좋아하는가? 실제의 여성만으로는 충분하지 않은가? 충분하다. 충분한 것 이상이다! 그런데 무엇이 더 필요한가? 사진은 언제나 실제의 여성보다 더 성적이다. 실제의 여성은 육체와 그림자를 갖고 있다. 발자국 소리가 있다. 그러나 사진은 하나의 꿈이다. 전적으로 정신적인 것이고, 두뇌 차원의 것이다. 따라서 그것은 그림자를 갖고 있지 않다.

실제의 여성은 땀을 흘릴 것이다. 그래서 몸에서 냄새가 날 것이다. 사진은 땀을 흘리지 않으며, 몸에서 냄새도 나지 않는다. 실제의 여성은 때로 화낼 수 있지만, 사진은 화내지 않는다. 실제의 여성은 나이 먹고 늙지만, 사진은 언제나 젊고 신선하다. 사진은 정신적인 것일 뿐이다. 육체 속의 성을 억압한 사람은 정신적으로 성적이 된다. 그때 그의 마음은 언제나 성에 지배되며, 그것은 하나의 병이다.

배고픔을 느낀다면 그것은 나쁜 현상이 아니다. 밥을 먹으면 된다! 그러나 만일 끊임없이 음식에 대해 생각한다면 그것은 하나의 강박 관념이고, 하나의 병이다. 배가 고플 때는 밥을 먹으면 그만이다. 그러면 끝이다. 그런데 그대는 끝을 낼 수 없다. 모든 것이 마음속에, 생각 속에 침투해 있기 때문이다.

물라 나스루딘의 아내가 병에 걸려 수술을 받았다. 그런데 예정보다 일찍 퇴원해서 집으로 돌아왔다. 내가 나스루딘에게 물었다.

"아내는 어떤가? 몸이 회복되었는가?"

나스루딘은 말했다.

"아니, 아직 멀었어. 내 아내는 아직도 끊임없이 수술에 대해 이야기를 하고 있어."

만일 어떤 것에 대해 끊임없이 생각하고 말한다면, 그것이 아직 그곳에 있는 것이다. 그리고 이제 그것은 더욱 위험해진다. 몸은 회복되었지만 마음이 끝없이 그것에 집착하고 있다. 육체는 회복될지 모르지만 마음은 결코 회복되지 못하는 것이다.

육체의 배고픔을 억압하면 그것이 마음속으로 들어간다. 문제를 내던진 것이 아니라 안으로 구겨 넣은 것이다. 어떤 것을 억압하라, 그러면 그것은 근본적인 것이 된다. 그때 마음은 말할 것이다. '네가 억압하는 것에 성공하지 못하는 것은 뭔가 잘못되었기 때문이다. 넌 지금 충분한 노력을 쏟지 않고 있는 것이다. 더 많은 노력을 쏟아 억압하라.'

그의 머리 속에 떠오른 방법은 그것들로부터 도망치는 것이었다.

인간의 마음에게는 언제나 두 가지 양자택일밖에 없다. 싸우느냐, 아니면 도망치느냐. 어떤 문제가 있을 때면 인간의 마음은 말한다. '그것과 맞서 싸우든지, 아니면 그것으로부터 도망치라.' 그러나 둘 다 잘못된 것이다. 싸울 경우 그대는 그 문제에서 헤어나지 못한다. 싸울 경우 그 문제가 끊임없이 그곳에 있다. 싸울 경우 그대는 분리된다. 문제는 외부에 있는 것이 아니기 때문이다. 문제는 내부에 있다.

이를테면 거기 분노가 있는데 그대가 그것과 싸운다면 어떤 현상이 일어날 것인가? 그대 존재의 절반은 분노하고 있고, 다른 절반은 그것과 싸우고 있다. 그것은 마치 그대의 두 손이 서로 싸우는 것과 같다. 한 사람의 두 손이 싸우고 있다. 누가 승리할 것인가? 단지 에너지만 낭비할 뿐이다. 어느 쪽도 승리할 수 없다. 그대는 어리석게도 이렇게 자랑할 수 있다. '이제 난 내 분노를 억압했다. 이제 분노를 깔고 앉았다.' 그러나 그렇다면 끊임없이 그 위에 깔고 앉아 있어야 한다. 단 한순간도 마음 놓고 휴식할 틈이 없다. 단 한순간이라도 그것에 대해 잊는다면 모든 승리를 잃고 말 것이다.

따라서 어떤 것을 억압해 온 사람은 언제나 그 억압된 것 위에 올라앉아 있는 것이다. 그리고 그는 두려워하고 있다. 그는 휴식할 수 없다. 왜 그토록 휴식하는 것이 어려운가? 왜 그대는 잠잘 수 없는가? 왜 편히 쉴 수 없는가? 왜 내려놓을 수 없는가? 너무나 많은 것을 억압해 왔기 때문이다. 휴식을 취하면 그것들이 밀치고 올라올까 두려운 것이다. 소위 종교인이라고 하는 사람들은 휴식할 수 없다. 그들은 긴장하고 있다. 그 긴장은 이런 것 때문이다. 그들은 어떤 것을 억압해 왔다. 그리고 그들은 방심하면 그 적이 쳐들어온다고 생각한다. 따라서 그들은 휴식할 수 없다. 그들은 잠자는 것조차 두려워한다.

성자라고 불리는 이들을 보라. 그들은 그 어떤 것보다 잠자는 것을 두려워한다. 그리고 언젠가 자신들이 전혀 잠을 자지 않고서도 살 수 있는 날이 올 것이라고 생각한다. 그들은 계속해서 잠자는 시간을 줄여 나간다. 여덟 시간에서 여섯 시간으로, 여섯 시간에서 다섯 시간으로, 다섯 시간에서 세 시간으로, 두 시간으로. 그래서 만일 늙은 수도승이 하루에 두 시간만 수면을 취할 수 있다면 그것은 대단한 성취로 인정받는다.

실로 어리석은 짓이다. 그것은 아무런 성취도 아니다. 그것은 크리쉬나(힌두교의 신)가 바가바드 기타에서 '세상이 잠들 때 요기(요가 수행자)는 깨어 있다'고 말한 의미가 아니다. 그 의미는 이런 것이다. 육체는 휴식하고 잠에 빠져들지만, 내면의 의식은 잠 속에서조차 깨어 있는 상태를 유지한다는 뜻이다. 이것은 완전히 다른 의미다. 이것은 일반적인 잠과는 아무 관계가 없다.

진정한 명상가는 일반 사람들보다 더 잠을 잘 잔다. 그럴 수밖에 없는 것이 그는 휴식할 수 있고 두려워하지 않기 때문이다. 그러나 소위 종교인이라고 하는 사람들은 두려움을 갖고 있다. 꿈속에서 그동안 억압해 온 것이 등장하기 때문이다.

마하트마 간디는 자서전에서 이렇게 썼다.

"나는 깨어 있는 시간에 한해서는 성욕의 승리자가 되었다. 그러나 잠 속에서는 성적인 꿈이 아직도 계속된다."

그것은 영원히 계속될 것이다. 억압된 것은 반드시 꿈속에 출현하기 때문이다.

왜 꿈속에 출현하는가? 이제 그대는 잠들었기 때문이다. 검열관이 휴식을 취하고 있다. 싸우는 자가 그곳에 더 이상 없다. 잠을 자고 있는 것이다. 이때 적들이 밀려오는 것은 당연한 일이다.

마음은 명령한다. 싸우라! 싸운다면 그것은 억압하는 것이다. 아니면 달아나라. 그러나 어디로 달아날 것인가? 히말라야 깊은 산속으로 달아난다 해도 화가 그대를 따라올 것이다. 그것은 그대의 그림자다. 성욕이 끝까지 따라올 것이다. 성욕은 그대의 그림자다. 어디를 가나 그대의 그림자가 그대와 함께 있을 것이다.

그의 머리 속에 떠오른 방법은 그것들로부터 도망치는 것이었다.
그래서 그는 달려가기 시작했다.

그러나 그가 발을 내디뎌 달리면 달릴수록
새로운 발자국 소리가 늘어만 가고
그의 그림자는 조금도 어려움 없이
그를 따라왔다.

그는 당황했다. 빠른 속도로 달렸지만 아무 어려움 없이 그림자가 그를 따라오는 것이었다. 그림자는 매우 쉽게 따라오고 있었다. 땀조차 흘리지 않았다. 거친 숨소리조차 내지 않았다. 그림자 쪽에서는 조금도 어려움이 없다. 왜냐하면 그림자는 실체가 아니기 때문이다. 그림자는 실체가 없고, 아무 존재도 아니기 때문이다. 그 사람은 비 오듯 땀을 흘렸다. 숨이 거칠어졌다.

그림자가 언제나 그를 따라왔다. 이런 식으로는 그림자를 떼어 내버릴 수 없다. 싸우거나 도망쳐서는 아무것도 도움이 안 된다. 어디로 도망칠 것인가? 어디를 가나 그대는 자신과 함께 있을 것이고, 그대의 그림자가 그곳에 있을 것이다.

그는 이 모든 재난이
아직 자기의 달리는 속도가 충분하지 않기 때문이라고 여겼다.
그래서 그는 잠시도 멈추지 않고 더욱 빠르게 달렸다.
그리하여 마침내 힘이 다해 쓰러져 죽고 말았다.

마음의 이 논리를 이해해야만 한다. 이해하지 못하면 그것의 희생물이 될 수밖에 없다. 인간의 마음은 아주 심술궂은 논리, 악순환의 논리를 갖고 있다. 그것은 원처럼 맞물려 돌아간다. 그것에 귀를 기울이면 모든 발걸음마다 더욱더 그 원 속으로 들어갈 것이다. 여기 이 사람, 그림자로부터 도망치려는 이 사람, 그는 완벽하게 논리적이다. 그의 논리 속에서는 어떤 잘못도, 결점도 찾을 수 없다. 어떤 결함도 없다. 그는 아리스토텔레스 학파보다도 더 완벽한 논리가다.

그는 말한다.

"그림자가 아직도 나를 따라오고 있다면 그것은 내가 아직 충분한 속도로 달리지 못했기 때문이다. 더욱 빠르게 달려야만 한다. 그러면 그림자가 더 이상 나를 따라오지 못하는 순간이 있을 것이다."

그러나 그림자는 그대 자신의 것이다. 그 그림자는 다른 실체가 아니다. 다른 누군가가 그대를 따라오고 있는 것이 아니다. 만일 다른 누군가가 따라오고 있는 것이라면 좀더 빨리 도망쳐야 한다는 논리는 절대적으로 옳다.

기억하라, 상대방에 대해서는 인간의 마음은 언제나 옳다. 그러나 자기 자신에 대해서는 언제나 틀리다. 사회 속에서는, 타인에 대해서는 마음은 거의 언제나 옳다. 그러나 자기 자신과 홀로 있을 때는 마음은 언제나 틀리다. 왜인가? 마음이란 단지 타인과 존재하기 위한 도구에 불과하기 때문이다. 마음은 그대가 타인과 함께 존재하도록 돕는 하나의 테크닉이다. 그대 자신과는 아무 상관이 없다. 사회가 있기 때문에 마음이 필요하다. 한 아이가 태어난다. 아직 사회에 노출되기 전에는 마음이 발달하지 않는다. 마음이라는 것이 없다. 그냥 무심하다. 그런 일이 수 차례 일어났다.

50년 전 인도 캘커타 부근에서 그런 일이 있었다. 한 갓난 여자아이가 늑대들에게 납치되어 늑대들 틈에서 자랐다. 사람들이 그녀를 발견했을 때 그녀의 나이는 14세였다. 그때 그녀는 단지 늑대 소녀에 불과했다. 인간의 마음이라곤 전혀 없었다. 그녀는 네 다리로 달렸으며, 매우 위험했다. 음식도 날것으로 먹었다. 그리고 대단히 강했다. 힘센 여덟 명의 남자도 그녀를 마음대로 하지 못했다. 그녀는 늑대의 심성을 갖고 있었다. 늑대들과 함께 늑대들의 사회 속에서 성장해야만 했기 때문에 늑대의 마음을 가질 수밖에 없었다. 두세 걸음 내딛다가는 다시금 엎드려 네 발로 기어다녔지만 누구도 따라잡을 수 없을 만큼 매우 빠르게 달릴 수 있었다.

30년 전 또다시 우타르 프라데시(북인도의 한 주)의 럭나우 근처에서 한 소년이 발견되었다. 똑같은 사건이 일어난 것이다. 아마도 늑대들은 어린아이를 무척 좋아하는 것 같다. 늑대들이 그 소년을 납

치해 가서 키웠다. 사람들이 소년을 발견했을 때는 12세였다. 이번에는 의사들이 많은 노력을 기울였다. 소년을 입원시키고, 마사지를 해주고, 주사를 맞히고, 온갖 노력을 다했다. 그러나 불과 여섯 달 만에 소년은 죽고 말았다. 그들이 소년을 인간으로 만들려 했기 때문이다. 그러나 그의 전 존재가 그것을 거부했다. 사람들에게 붙잡혔을 때 소년은 대단히 건강했다. 어떤 인간도 그만큼 건강할 수 없었다. 그는 야생의, 한 마리의 늑대였다. 사람들이 그를 병원에 입원시키고 치료를 시작하는 순간부터 그는 병들었다. 여섯 달 만에 그들은 그를 죽였다. 소년에게 인간의 마음을 심어 주려고 노력했지만 그것은 불가능한 일이었다. 오직 소년으로 하여금 단 한 마디의 언어, 즉 그의 이름을 말하게 하는 데 성공했을 뿐이다. 그들은 그에게 '람'이라는 이름을 주었다. 여섯 달 동안 그것이 그들의 유일한 성공이었다. 누군가 그에게 이름이 무엇이냐고 물으면 그 늑대 소년은 '람'이라고 대답했다. 그것이 전부였다.

마음은 하나의 사회적인 기능이다. 늑대는 늑대 사회에 맞는 마음이 필요하고, 인간은 인간 사회에 필요한 마음이 필요하다. 여기 수많은 형태의 인간의 마음이 존재한다. 지구상에는 수많은 인간 사회가 존재하기 때문이다.

힌두 사회는 회교 사회와 다른 마음을 갖고 있다. 러시아 사회는 미국 사회와 다른 마음을 갖고 있다. 그들은 다르게 바라본다. 관점이 다르고 해석이 다르다. 똑같은 것을 완전히 다르게 바라본다. 특정한 사회에 존재하기 위해서는 특정한 마음이 필요하기 때문이다. 러시아 사회에 살면서 신을 믿는다면 미치광이로 취급받는다. 인도 사회에 살면서 신을 믿지 않는다면 당장에 미치광이가 된다.

모든 인간이 이미 고정된 마음을 갖고 있으며, 그 모든 마음이 조각난 것에 지나지 않는다. 이 마음을 던져 버려야 한다. 오직 그때만이 우주적인 마음, 우주심이 그대에게 찾아온다.

이 조각난 마음은 단지 사회에 적응하기 위한 하나의 방법, 기능에 불과하다. 그대는 남과 말하기 위해 언어가 필요한 것이고, 남과 관계를 맺기 위해 마음이 필요한 것이다. 기억하라. 마음은 그대가 그것을 남에 대해서 사용할 때는 거의 언제나 옳다. 그리고 그대 자신에 대해서 사용할 때는 거의 언제나 틀리다.

이 사람은 옳았다. 만일 다른 누군가 그를 따라오고 있는 것이라면 그의 생각은 옳다. 절대적으로 옳다. 그가 충분한 속도로 달리지 않았기 때문에 상대방이 아직도 따라오고 있었던 것이다. 그러나 그는 틀렸다. 왜냐하면 그곳에 아무도 없었기 때문이다. 그림자는 단순히 빛의 부재, 비실체다. 따라서 그런 생각은 쓸모가 없었다.

남에 대해서는 생각을 하고, 그대 자신에 대해서는 명상을 하라. 남에 대해서는 생각을 하고, 그대 자신에 대해서는 무심하라. 이것이 바로 장자가, 선이, 수피(회교 신비가)가, 하시드(유태교 신비가)가, 깨달음에 이르는 모든 각자들이 강조하는 것이다. 붓다가, 예수가, 마호메트 등 모든 각자들이 강조하는 것이다. 그들의 전체 메시지는 이것이다. 남에 대해서는 생각을 하고, 그대 자신에 대해서는 무심하라.

이 사람은 마음을 그 자신을 위해서 사용했기 때문에 문제에 직면했다. 그리고 인간의 마음은 그 자체의 방식을 갖고 있다. 마음은 말한다. '더 빨리, 더 빠르게 달리라! 네가 충분한 속도로 달리기만 한다면 그림자가 더 이상 따라오지 못할 것이다.'

그는 이 모든 재난이

아직 자기의 달리는 속도가 충분하지 않기 때문이라고 생각했다.

근본적으로 그가 달리고 있기 때문에 재난이 발생한 것이다. 그러나 인간의 마음은 그렇게 말할 수 없다. 마음은 그렇게 입력되지 못했다. 마음은 하나의 컴퓨터다. 그대가 입력하는 대로 따른다. 다른 새로운 것을 그대에게 내놓을 수 없다. 오직 그대가 입력한 것만을 출력할 수 있을 뿐. 마음은 그대에게 어떤 새로운 것을 줄 수 없다. 마음이 그대에게 주는 것은 무엇이든 남에게서 빌린 것이다. 따라서 만일 그대가 그것이 하는 말에 열심히 귀를 기울인다면, 그대는 자기 자신에게 방향을 돌릴 때면 언제나 문제에 부딪칠 것이다. 그때 이 마음은 전혀 쓸모가 없다. 쓸모없을 뿐만 아니라 방해가 되고 해롭기까지 하다. 그러므로 그것을 버리라.

어느 날 꽤 진보적인 학교에 다니는 물라 나스루딘의 아들이 학교에서 성에 관한 책을 한 권 들고 집으로 돌아왔다. 어머니는 무척 당황했지만 나스루딘이 퇴근할 때까지 기다렸다. 뭔가 조치를 취해야만 한다고 생각했다. 이 학교는 너무나 진보적이었다!

나스루딘이 집에 돌아오자 아내는 그에게 책을 보여 주었다. 나스루딘은 아들이 있는 이층 방으로 올라갔다. 그랬더니 아들이 하녀와 키스를 하고 있었다. 나스루딘은 말했다.

"아들아, 숙제를 마치거든 아래층으로 좀 내려오거라."

웃지 말라. 얼마나 논리적인가! 논리에는 그 자체의 단계가 있다. 그리고 각각의 단계는 그 다음 단계로 이어져 끝이 없다. 이 사람은 마음의 생각을 따랐다.

그래서 그는 잠시도 멈추지 않고 더욱 빠르게 달렸다.

그리하여 마침내 힘이 다해 쓰러져 죽고 말았다.

멈추지도 않고 더욱더 빠르게 달리라. 그러면 죽음밖에 일어날 것이 없다.

이것을 관찰해 본 적이 있는가? 삶이 아직도 그대에게 일어난 적이 없다는 것을? 삶이라는 것이 아직 단 한순간도 그대에게 일어난 적이 없었다는 것을? 그대는 장자와 붓다가 말하는 존재의 환희의 순간을 단 한 번도 경험한 적이 없다. 그러면 그대에게 무슨 일이 일어날 것인가? 죽음 외에는 아무것도 그대에게 일어날 것이 없다. 그리고 죽음에 가까이 다가갈수록 그대는 더 빠르게 달린다. 왜냐하면 자신이 충분히 빠른 속도로 달린다면 그것으로부터 도망칠 수 있다고 생각하기 때문이다.

그렇게 빠른 속도로, 그대는 어디로 달려갈 것인가? 인간은, 인간의 마음은 언제나 속도에 광적으로 집착해 왔다. 마치 우리가 어딘가를 향해서 달려가고 있으며, 그래서 속도가 필요한 것처럼. 그리하여 날마다 더욱 빨라지고 있다. 그대는 어디로 가고 있는가? 그대가 빨리 달리든 천천히 달리든 결국 죽음에 이른다.

여기 수피의 이야기가 있다. 한 왕이 있었다. 어느 날 왕은 꿈을 꾸었다. 그는 자신의 죽음이 가까이 다가오고 있음을 알았다. 꿈속에 한 검은 그림자가 서 있었다. 그래서 왕은 물었다.

"넌 누구냐?"

그 그림자가 말했다.

"난 당신을 데리러 온 죽음의 사신이다. 내일 해가 질 때쯤 당신을 찾아갈 것이다."

왕은 너무나 놀랐다. 그는 달아날 방법이 있는지 묻고 싶었다. 그러나 두려움에 사로잡힌 나머지 질문할 겨를도 없이 잠에서 깨어나고 말았다. 그리고 그 그림자는 사라졌다. 왕은 비 오듯 땀을 흘리고 몸을 떨었다. 한밤중에 그는 나라 안의 모든 현자들을 불러서 말했다.

"이 꿈의 의미를 해석해 보라."

그러나 사실 현자라고 일컬어지는 자들만큼 어리석은 자들도 없다. 그들은 다시 집으로 달려가 책과 경전들을 들고 왔다. 책은 매우 두껍고 여러 권이나 되었다. 이제 그들은 토론하고, 논쟁하고, 서로 말싸움을 하기 시작했다.

그들의 토론을 들으면서 왕은 더욱 혼란에 빠졌다. 그들은 어떤 점에 대해서도 의견의 일치를 보지 못하고 있었다. 현자라고 일컬어지는 자들이 그렇듯 그들은 각자 다른 종파와 학파에 소속되어 있었기 때문이다. 그들은 그들 자신에게 소속된 것이 아니라 어떤 죽은 전통에 소속되어 있었다. 한 사람은 힌두교, 다른 사람은 회교, 또 다른 사람은 기독교였다.

그들은 자신들의 경전을 들고 와서 떠들고 또 떠들었다. 토론을 계속할수록 더욱 광적으로 되어갔으며, 논쟁이 끝이 없었다. 왕은 몹시 불안했다. 어느새 태양이 떠오르고 있었다. 태양이 떠오르고 있다면 그것이 질 시간도 얼마 남지 않았다는 뜻이다. 떠오르는 것은 곧 지는 것을 의미하기 때문이다. 떠오르면서 태양은 곧 지기 시작하는 것이다. 여행은 이미 시작되었다. 이제 12시간 뒤면 태양은 질 것이다.

왕은 현자들의 토론을 중단시키려고 했다. 그러나 그들은 왕에게 소리쳤다.

"방해하지 마시오. 이것은 대단히 중요한 문제입니다."

그때 평생 동안 왕을 보좌해 온 한 노인이 왕에게 다가와 귀에 대고 속삭였다.

"이곳에서 달아나는 편이 더 나을 겁니다. 저 사람들의 논쟁은 어떤 결론에도 도달할 수 없습니다. 저들은 한 번도 어떤 결론에 도달한 적이 없습니다. 끝없이 토론하고 논쟁할 것입니다. 죽은 다음에도 결론에 도달하지 못할 것입니다. 저의 의견은 이렇습니다. 죽음의 사신으로부터 경고를 받았다면 최소한 이 왕궁에서 도망치는 것이 가장 나은 방법입니다. 어디로든 가십시오! 아주 빠른 속도로 달아나십시오!"

이 충고가 더 그럴듯해 보였다. 그리고 그 말이 옳았다. 인간이 아무것도 할 수 없을 때는 그것으로부터 도망치는 수밖에 없다.

왕에게는 매우 빨리 달릴 수 있는 말이 있었다. 왕은 말에 올라타고 도망쳤다. 그는 현자들에게 말했다.

"내가 살아서 돌아온다면 그대들이 내린 결론을 말해 달라. 그러나 지금은 시간이 없다. 난 급히 달아나야겠다."

왕은 이제 안심이 되었다. 그는 잠시도 쉬지 않고 전속력으로 달렸다. 삶과 죽음이 달린 문제였기 때문이다. 달리면서 그는 죽음의 검은 그림자가 따라오는가를 보기 위해 뒤를 돌아보고 또 돌아보았다. 그림자라곤 없었다. 왕은 행복했다. 죽음의 신은 보이지 않았고, 그는 전속력으로 달아나고 있었다. 어느새 해가 뉘엿뉘엿 지고 있었다. 그는 이미 왕궁으로부터 수백 킬로미터나 떨어진 곳에 있었다.

길가에 큰 바냔 나무가 있었다. 그 아래서 그는 멈추었다. 말에서 내린 그는 말에게 감사하다고 말했다.

"말아, 모두 네 덕분이다. 네가 내 목숨을 구했다."

그때였다. 말에게 이야기를 하던 도중 그는 문득 꿈속에서 느꼈던 것과 똑같은 손길을 어깨에 느꼈다. 문득 뒤돌아보니 그 검은 그림자가 그곳에 있었다. 죽음의 사신이 말했다.

"나 또한 당신의 말에게 감사의 말을 전하고 싶다. 그 말은 정말 빠르다. 난 하루 종일 이 바냔 나무 아래서 당신을 기다리고 있었다. 그리고 당신이 제시간에 도착하지 못할까 봐 무척 걱정했었다. 그토록 먼 거리를 이렇게 빨리 달리다니, 이 말은 정말로 대단한 말이다. 당신은 당신이 죽기로 예정된 바로 그 시간에 정확히 이곳에 도착했다. 그리고 당신은 정확히 이 장소에서 죽기로 예정되어 있었다."

그대는 어디로 가고 있는가? 어느 장소에 도달할 것인가? 모든 도망과 도피는 결국 그대를 바냔 나무 아래로 인도할 뿐이다. 그리하여 그대가 그대의 말 또는 자동차에게 감사하다고 말하는 순간 죽음의 손길이 어깨에 닿을 것이다. 죽음의 신이 말할 것이다.

"난 오랫동안 이곳에서 당신을 기다리고 있었다. 당신은 정말 정확히 제시간에 와주었다."

모든 인간이 정확히 제시간에 도착한다. 단 1초도 틀리지 않는다. 모두가 정확히 그 시간 그 장소에 도착한다. 아무도 늦지 않는다. 시간보다 일찍 그곳에 도착한 사람이 있다는 이야기는 들었어도 늦게 도착한 사람이 있다는 이야기는 듣지 못했다. 어떤 사람은 그곳에 제시간보다 일찍 도착한다. 그들의 병원 의사 때문이다.

그는 이 모든 재난이
아직 자기의 달리는 속도가 충분하지 않기 때문이라고 여겼다.
그래서 그는 잠시도 멈추지 않고 더욱 빠르게 달렸다.

그리하여 마침내 힘이 다해 쓰러져 죽고 말았다.
그는 이것을 깨닫지 못했던 것이다.
만일 그가 단순히 그늘 속으로만 걸어 들어갔어도
그의 그림자는 사라졌을 것이다.

얼마나 쉬운 방법인가! 세상에서 가장 쉬운 방법이다. 단순히 태양이 비치지 않는 그늘 속으로만 걸어 들어가도 그림자는 사라진다. 그림자는 태양 때문에 생기는 것이기 때문이다. 그림자는 태양 광선의 부재 현상이다. 단순히 나무 그늘 속으로만 걸어 들어가도 그림자는 사라진다.

그는 이것을 깨닫지 못했던 것이다.
만일 그가 단순히 그늘 속으로만 걸어 들어갔어도
그의 그림자는 사라졌을 것이다.

그 그늘을 침묵이라고 부른다. 그 그늘을 내면의 침묵이라고 부른다. 사념에 귀기울이지 말고, 그 그늘 속으로 들어가라. 태양 광선이 더 이상 들어오지 않는 내면의 침묵 속으로. 그대는 언제나 주변에 머물러 있다. 그것이 문제다. 그대는 외부 세계의 광선 속에 머물러 있다. 그래서 그림자가 생긴다. 눈을 감으라. 그늘 속으로 들어가라. 눈을 감는 순간 외부의 태양은 더 이상 그곳에 없다.

모든 명상이 눈을 감은 상태에서 행해지는 이유가 여기에 있다. 그대는 그대 자신의 그늘 속으로 들어가는 것이다. 내면의 그곳에는 태양도 없고 그림자도 없다. 외부에는 사회가 있다. 외부에는 모든 형태의 그림자가 있다. 이 사실을 느껴 본 적이 있는가? 그대의 분노, 성욕, 욕망, 이 모든 것들이 사회의 한 부분이라는 것을. 그대가 진정으로 내면으로 들어가고 사회를 외부에 놓아둔다면 거기 어디에 욕망이 있는가? 어디에 성욕이 있는가? 하지만 기억하라. 처음에 그대가 눈을 감았을 때는 그것은 진정으로 감은 것이 아니다. 그대는 외부의 모든 이미지들을 내면으로 끌고 들어간다. 그래서 외부 세계가 그대로 눈앞에 나타나는 것을 발견할 것이다. 그러나 만일 계속해서 내면으로 깊이 들어간다면 머지않아 그 외부 세계는 떠날 것이다. 그대는 안에 있고, 사회는 밖에 있다. 그대는 주변에서 중심으로 이동한 것이다.

이 중심, 그곳에 침묵이 있다. 분노도 없고, 분노에 반대하는 감정도 없으며, 성욕도 없고, 성욕을 초월한 것도 없다. 욕망도 욕망 아닌 것도 없으며, 폭력도 비폭력도 없다. 그것들은 모두 외부 세계에 존재하는 것들이기 때문이다. 그 반대 개념들도 외부 세계에만 존재한다.

이것을 기억하라. 내부 세계에서는 그대는 둘 다 아니다. 이것도 아니고 저것도 아니다. 그대는 단순히 순수 존재일 뿐이다. 이것이 바로 내가 말하는 신의 상태이다. 어떤 반대 개념도 존재하지 않는 하나의 순수한 존재. 그곳에는 싸움도 없고, 도망침도 없다. 그런 것은 없다. 단순히 순수 존재만 남아 있을 뿐이다. 그대는 '깊은 그늘' 속으로 들어간 것이다.

그 사람은 이 사실을 깨닫지 못했던 것이다. 단순히 그늘 속으로만 걸어 들어갔어도 그의 그림자는 사라졌을 것이다. 그리고…….

    그가 자리에 가만히 앉아만 있었어도
    그의 발자국 소리는 더 이상 들리지 않았을 것이다.

정말로 쉬운 일이다. 그러나 마음에게는 쉬운 것이 어려운 것이다. 왜냐하면 마음은 언제나 도망치는 것이, 싸우는 것이 더 쉽다고 생각하기 때문이다. 그래야만 무엇인가 조치를 취하는 것이라고 생각하기 때문이다. 인간의 마음에게는 '아무것도 하지 말라' 하고 말하는 것이 가장 어려운 일이다. 마음은 물을 것이다. 최소한 내게 만트라라도 달라. 그러면 눈을 감고서 '옴 마니 밧메 훔' 하고 주문을 욀 수 있지 않은가. 뭔가를 해야만 한다. 어떻게 우리가 아무것도 하지 않고서, 아무것도 추구하지 않고서 가만히 앉아 있을 수 있는가?

인간의 마음은, 사념은 하나의 행위다. 그러나 존재는 절대적인 행위 없음이다. 마음은 달려감이고, 존재는 앉아 있음이다. 주변은 움직이고 있지만 중심은 움직이지 않는다. 수레바퀴를 보라. 바퀴는 회전하고 있다. 하지만 바퀴의 중심은 고정되어 있다. 전혀 움직이지 않는다. 그대의 존재는 영원히 움직이지 않는다. 그러나 그대의 주변은 끊임없이 움직인다.

이것이 수피의 탁발승들이 추는 춤의 핵심이다. 몸을 끝없이 회전시키는 그들의 춤에서 육체는 주변이 된다. 육체는 회전하지만 그대는 영원히 정지해 있다. 하나의 바퀴가 되라. 육체는 그 바퀴, 그 주변이다. 그리고 그대는 그 중심이다. 머지않아 그대는 깨달을 것이다. 비록 육체는 점점 더 빠르게 회전하지만 내면에서 그대는 전혀 움직이고 있지 않다는 것을. 육체가 더 빨리 회전할수록 좋다. 더욱더 대비가 되기 때문이다. 그때 돌연 육체와 그대는 분리된다.

그러나 그대는 끊임없이 육체와 더불어 회전하고 있다. 그래서 그곳에 아무런 분리가 일어나지 않는다. 그대는 중심을 잃고 늘 주변과 함께 소용돌이친다. 자리에 앉으라. 단순히 앉아 있음만으로도 충분하다. 어떤 것도 할 필요가 없다. 단순히 눈을 감고 앉으라. 앉고 또 앉으라. 그리하여 모든 것이 가라앉게 하라. 시간이 걸릴 것이다. 수많은 생 동안 그대는 끊임없이 동요하면서 살아왔기 때문이다. 그대는 온갖 종류의 소란과 소동을 일으키는 데 익숙해졌다. 따라서 시간이 걸릴 것이다. 하지만 단지 시간의 문제일 뿐이다. 그대는 어떤 것도 할 필요가 없다. 단순히 앉으라. 선의 수행자들은 이것을 좌선이라고 부른다. 좌선은 아무것도 하지 않고 단순히 앉아 있는 것을 의미한다.

장자가 말하는 것이 바로 그것이다.

> 그는 이것을 깨닫지 못했던 것이다.
> 만일 그가 단순히 그늘 속으로만 걸어 들어갔어도
> 그의 그림자는 사라졌을 것이다.
> 그가 자리에 가만히 앉아만 있었어도
> 그의 발자국 소리는 더 이상 들리지 않았을 것이다.

싸울 필요가 없다. 달아날 필요도 없다. 필요한 것은 단 하나, 그늘 속으로 들어가 가만히 앉아 있는 일이다. 그대 전 생애에 걸쳐서 그렇게 해야만 한다.

어떤 것과도 싸우려고 하지 말고, 어떤 것으로부터도 달아나려고 하지 말라. 일들이 저절로 일어나게 하라. 그대는 단순히 눈을 감고 외부의 태양 광선이 스며들지 않는 내면의 중심으로 들어가라. 그곳에는 그림자가 없다. 신은 그림자를 갖고 있지 않다는 신화의 진정한 의미가 바로 이것이다. 다른 어딘가에 그림자를 갖지 않은 신이 있다는 뜻이 아니다. 바로 그대의 내면에 있는 신이 그림자를 갖고 있지 않다는 뜻이다. 외부 세계가 침투하지 않기 때문이다. 침투할 수가 없다. 그곳은 언제나 그늘이다. 그 그늘을 장자는 도의 세계라고 부르는 것이다. 가장 깊은 내면의 본질, 궁극의 내면, 내면의 중심이 그것이다.

따라서 어떻게 해야만 하는가? 하나는, 마음의 생각에 귀기울이지 말라는 것이다. 바깥 세계를 위해서는 그것은 좋은 도구다. 하지만 진리의 세계를 위해서는 아무런 쓸모가 없다. 장애물이 될 뿐이다. 논리는 사람들을 위해서는 좋지만 그대 자신을 위해서는 좋은 것이 아니다. 논리보다는 신뢰가 더 좋다. 신뢰는 비논리적이기 때문이다.

사회 속에서는 신뢰는 위험하다. 사람들이 그대를 속일 것이다. 그곳에서는 논리가 필요하고 의심이 필요하다. 서로 가로채는 곳에서는 논리와 의심이 필요하다. 과학은 의심에 기초하고 있지만 종교는 쉬라다, 즉 신뢰에 바탕을 둔다. 깊은 신뢰 속에 단순히 앉아 있으라. 내면의 본질이 일어날 수 있도록. 그 본질은 언제나 그곳에 존재한다. 그대가 기다리기만 하면 된다. 인내만이 필요할 뿐이다. 마음이 무엇을 말하든 그것에는 귀기울이지 말라. 마음은 말할 것이다.

"이런 무의미한 짓을 집어치우라!"

마음은 계속해서 무엇인가를 말할 것이다. 그대가 지금까지 언제나 마음의 생각에 귀기울여 왔기 때문이다. 그대는 지금까지 그것에 너무 많은 가치를 부여해 왔다. 전혀 불필요한 상황에서도 그것은 계속해서 충고를 하고 의견을 내놓는다.

외부 세계에 관한 한 마음의 생각에 귀기울이라. 그러나 내부 세계에 관한 한 마음의 생각에 귀기울이지 말라. 다만 그것을 옆으로 밀쳐 놓으라. 그것과 싸울 필요가 없다. 그것과 싸운다면 그것이 그대에게 영향을 미칠 것이다. 그냥 옆으로 밀쳐 놓으면 된다. 신뢰란 그런 것이다.

신뢰는 생각과 싸우지 않는다. 싸우면 적이 그대에게 영향을 미친다. 그리고 이것을 기억하라. 아무리 가까운 친구도 적만큼 깊은 영향을 주지 못한다. 어떤 사람과 끊임없이 싸운다면 그대는 그에게서 영향을 받을 것이다. 그와 싸우기 위해서는 그가 사용하는 것과 똑같은 전략을 사용해야 하기 때문이다. 결과적으로 적은 서로 닮아 간다. 적으로부터는 초연하기가 무척 어렵다. 적은 끊임없이 그대에게 영향을 미친다. 그래서 생각과 싸우기 시작하는 사람은 위대한 철학자가 된다. 그들이 비록 생각에 반대하는 발언을 하더라도 그들의 발언은 모두 생각에 관한 것이다. 그들은 말할지 모른다. 생각과 맞서 싸우라고. 그러나 그들의 말은 모두 생각에서 나온 것이다. 적은 서로 닮아간다.

2차 세계 대전 때 그런 현상이 일어났다. 아돌프 히틀러는 전 세계를 거의 완벽하게 나치로, 파시스트로 바꿔 놓았다. 그의 적들, 파시즘에 대항해서 싸우는 자들까지도 파시스트가 되었다. 그렇게 되지 않을 수가 없다. 한 가지 흥미 있는 일이 일어났다. 아돌프 히틀러는 거의 광적인 상태였다. 그는 군사 전문가들의 말을 들으려고 하지 않았다. 자신이 역사상 가장 위대한 군사적인 천재라고 생각했기 때문이다. 그래서 모든 전투가 그의 심한 변덕에 따라 통제되었다. 처음에 그가 계속해서 전투를 승리로 이끌 수 있었던 것은 그 때문이었다.

그가 순간적인 변덕에 따라 군대를 지휘했기 때문에 프랑스 군대의 장교들, 영국과 미국과 러시아 군대의 장교들은 도무지 다음에 어떤 작전이 펼쳐질지 예측할 수 없었다. 군사 작전 전문가에 의해서 전투가 진행되고 있었다면 그들은 어느 정도 예측할 수 있었을 것이다. 왜냐하면 적이든 아군이든 군사 작전 전문가라면 서로가 비슷한 생각을 갖고 있기 때문이다. 그렇다면 다음의 행동이 어떠하리라는 걸 예측할 수 있었을 것이다. 하지만 여기 한 미치광이가 있었다. 그는 어떤 군사적인 훈련도, 어떤 군사 작전도 전략도 믿지 않았다. 단순히 자신의 순간적인 변덕에 따라 지휘를 했다. 그리고 그는 어떤 방식으로 결정을 내렸던가? 그는 점성가들에게 조언을 구해 결정을 내리곤 했다.

그리고 놀랍게도 이 사실을 안 처칠 장군 역시 당장에 점성가를 고용했다. 물론 처칠은 이런 방법이 어리석다는 것을 알고 있었다. 그는 군인이었다. 작전 명령을 내리기 위해 점성가의 의견을 따른다는 것은 실로 어리석은 일이었다. 하지만 적이 그렇게 한다면 자신도 그렇게 할 수밖에 없다. 그리고 점성가를 고용한 그 순간부터 처칠은 전투에 승리하기 시작했다. 이제 그들은 같은 상태가 되었기 때문이다.

언제나 이것을 기억하라. 마음과 싸우지 말라. 그렇지 않으면 그대는 결국 지고 만다. 마음을 설득시키기 위해서는 논쟁적이 될 수밖에 없다. 이것이 핵심이다. 마음을 설득시키기 위해서는 그대는 언어를 사용해야만 한다. 이것이 모든 문제의 시작이다.

단순히 그것을 옆으로 제쳐 놓으라. 이 '옆으로 제쳐 놓는 것'이 쉬라다. 즉 '신뢰'다. 그것은 마음에 대항하지 않는다. 그것은 마음을 넘어서 간다. 그것은 단순히 그것을 옆으로 제쳐 놓는다. 외출할 때 그대는 신발을 사용한다. 그리고 돌아오면 그것을 벗어 놓는다. 거기 싸움은 존재하지 않는다. 그대는 신발에게 이렇게 말하지 않는다. '이제 나는 안으로 들어갈 것이다. 그러니 넌 불필요하다. 난 널 바깥에 벗어 놓겠다.' 그렇게 말하지 않는다. 그냥 단순히 그것을 벗어 놓을 뿐이다. 말이 필요 없기 때문이다.

바로 이와 같다. 쉬운 것이 옳은 것이다. 싸울 필요가 없다. 쉬운 것이 옳은 것이다. 그곳에 갈등도 없고 투쟁도 없다. 그대는 단순히 생각을 벗어 놓고 내면의 그늘 속으로 들어가서 앉는다. 그때 어떤 발자국 소리도 들리지 않고, 어떤 그림자도 그대를 따라오지 않는다. 그대는 신처럼 되는 것이다. 그리고 그대는 오직 이미 그대인 것이 될 수 있을 뿐이다. 따라서 나는 그대에게 말한다. 그대는 신과 같은 존재라고. 그대는 신이다. 그 이하로는 만족하지 말라.

그리고 어떤 이상도 만들지 말라. 그렇지 않으면 그대는 갈등과 비난과 도피와 투쟁을 만든다. 그리하여 그대의 전 생애가 하나의 수수께끼가 된다. 삶은 신비이지 수수께끼가 아니다. 삶은 살아야 하는 신비이지, 해결해야 할 문제가 아니다.

두려움 없는 사람은 자기 자신 속에서 죽지 않는 어떤 것을 발견한 사람이다. 내면 깊숙한 곳의 영원한 존재를 안 사람이다. 그때 그곳에 어떤 두려움도 없다.

셋째날 아침 도인이 된 싸움닭

기성자는 왕을 위해 싸움닭을 훈련시키는 사람이었다.
그는 훌륭한 닭 한 마리를 골라 훈련을 시켰다.
열흘이 지나자 왕은
닭이 싸움할 준비가 되었는가를 물었다.

조련사는 대답했다.
"아직 안 됐습니다.
아직 불같은 기운이 넘치고
어떤 닭과도 싸울 자세입니다.
공연히 뽐내기만 하고
자신의 기운을 너무 믿고 있습니다."

다시 열흘이 지나 왕이 묻자, 조련사는 대답했다.
"아직 안 됐습니다.
아직도 다른 닭의 울음소리가 들리면
불끈 성을 냅니다."

또다시 열흘이 지났으나 왕의 물음에 그는 여전히 대답했다.
"아직 멀었습니다.
아직도 상대를 보기만 하면 노려보고
깃털을 곤두세웁니다."

또 열흘이 지나 왕이 묻자, 기성자는 마침내 대답했다.
"이제 거의 준비가 되었습니다.
다른 닭이 울어도 움직이는 빛이 안 보이고,
먼 곳에서 바라보면 마치 나무로 조각한 닭과도 같습니다.
이제 성숙한 싸움닭이 되었습니다.
어떤 닭도 감히 덤비지 못할 것이며,
아마 바라보기만 해도 도망칠 것입니다."

―〈싸움닭〉

인간의 마음은 언제나 에고로 귀결된다. 가장 최종적인 결론이 에고다. 그러므로 먼저 인간의 마음이 에고로 발전하는 과정을 깊이 이해하지 않으면 안 된다.

에고가 걸림돌이다. 그대가 더 많이 존재할수록 그대 안의 신은 그만큼 작아진다. 그대가 적게 존재할수록 그대는 더 많이 신을 향해 열린다. 만일 그대가 완전한 빈 배가 된다면, 그때 신이 그대의 손님이 될 수 있다. 그대가 완전히 사라졌을 때, 어느 한구석에도 '나'라는 것이 남아 있지 않을 때, 오직 그때만이 신은 손님이 된다. 그때 그대는 신을 맞이할 수 있다.

그대가 그곳에 존재할 때, 그대의 모든 기도가 공허하다. 그대의 모든 영접이 거짓이다. 그대가 그곳에 존재할 때 그대는 아직 정식으로 신을 초대한 것이 아니다. 그대가 존재하지 않을 때만이 그 초대가 진실하다. 기도는 텅 빈 존재의 고요한 갈망이다. 기도의 끝은 침묵이다. 언어마저 사라진 고요한 기도. 사념은 그곳에 더 이상 존재하지 않는다. 에고는 녹아서 사라진다.

한번은 물라 나스루딘이 급히 나를 찾아왔다. 그는 몹시 혼란스럽고 슬프고 당황해 보였다. 그가 말했다.

"난 지금 큰 혼란에 빠졌습니다. 문제가 생겼습니다. 당신이 알다시피 난 맹목적인 신앙인이 아닙니다. 난 이성적인 사람입니다."

내가 물었다.

"그래서 무엇이 문제인가?"

그가 말했다.

"바로 오늘 아침, 쥐 한 마리가 코란 위에, 신성한 코란 위에 올라앉아 있는 것을 보았습니다. 그래서 난 혼란에 빠졌습니다. 만일 코란이 그 평범한 쥐에 대항해 자기 자신조차도 보호할 수 없다면, 어떻게 그것이 날 보호할 수 있겠습니까? 내 모든 신앙의 기초가 흔들리고, 나의 전 존재가 문제에 직면했습니다. 이제 난 더 이상 코란을 믿을 수 없습니다. 이를 어떻게 하면 좋습니까?"

그래서 내가 그에게 말했다.

"이것은 단순한 논리의 문제다. 이제 그대는 코란 대신 쥐를 믿으면 된다. 쥐가 신성한 코란보다 더 강하다는 것을 그대의 눈으로 직접 목격했지 않은가."

물론이다. 강함이 인간의 마음에게는 유일한 기준이다. 인간의 마음이 추구하는 것은 힘이다. '권력에의 의지'를 말한 프리드리히 니체는 전적으로 옳았다.

나는 나스루딘에게 말했다.

"인간은 권력에의 의지 이상의 아무것도 아니다. 이제 그대는 쥐가 신성한 코란보다 더 힘이 세다는 것을 자신의 눈으로 목격했다. 그러니 코란 대신 쥐를 숭배하라."

그는 내 말에 설득당했다. 물론 그 논리에서 빠져나갈 방법이 없었다. 그래서 그는 쥐를 숭배하기 시작했다. 그러나 머지않아 또다시 문제에 직면했다. 어느 날 고양이가 그 쥐를 잡아먹는 광경을 목격한 것이다. 그러나 이번에는 그는 나를 찾아올 필요가 없었다. 이제 그 스스로 문제를 해결할 수 있었다. 그래서 그는 고양이를 숭배하기 시작했다. 그러나 또다시 문제가 발생했다. 개가 그 고양이에게 달려들자, 고양이는 꼼짝 못하고 벌벌 떠는 것이었다. 그래서 그는 개를 숭배하기 시작했다.

하지만 또다시 문제가 생겼다. 어느 날 그의 아내가 그 개를 죽도록 두들겨 패었다. 그래서 그는 다시 나를 찾아와서 말했다.

"이건 너무 지나칩니다. 난 쥐나 고양이나 개는 숭배할 수 있어도 내 마누라만은 도저히 숭배할 수 없습니다. 남들이 뭐라고 하겠습니까?"

내가 말했다.

"나스루딘, 그대는 이성적인 사람이 아닌가. 이성적으로 행동하려면 그렇게 해야만 한다. 뒷걸음질치거나 위축되어선 안 된다. 그것을 받아들여야만 한다."

그러자 그는 말했다.

"그렇다면 이렇게 하겠습니다. 아무도 모르게 마누라 사진을 들고 내 방으로 들어가 문을 안으로 잠그고 나서 그녀를 숭배하겠습니다. 하지만 제발 그녀에게는 이 사실을 말하지 마십시오."

그래서 그는 비밀리에 아내를 숭배하기 시작했다. 모든 일이 잘 되어 갔다. 그러던 어느 날 나스루딘의 아내가 내게 달려와 말했다.

"지난 며칠 동안 뭔가 잘못된 게 틀림없어요. 아무래도 내 남편이 약간 미친 것 같아요. 한동안은 쥐를 숭배하더니 그 다음엔 고양이와 개를 차례대로 숭배하고, 그러더니 지난 며칠간은 자기의 방에서 은밀히 뭔가를 하고 있어요. 문을 안으로 잠그고 아무도 들어오지 못하게 해요. 너무나 궁금해 오늘 아침 몰래 열쇠 구멍으로 들여다보았더니, 정말 해도 너무했어요!"

내가 물었다.

"그가 무엇을 하고 있던가?"

그녀가 말했다.

"와서 직접 눈으로 보세요."

그래서 나는 할 수 없이 그녀를 따라가 열쇠 구멍으로 안을 들여다보았다. 나스루딘은 벌거벗고 거울 앞에 서서 자기 자신을 숭배하고 있었다. 내가 문을 두드리자, 그가 밖으로 나와서 말했다.

"이것은 논리적인 결론입니다. 오늘 아침 난 화가 나서 마누라를 한 대 때렸습니다. 그 순간 난 생각했습니다. '내가 마누라보다 더 강하다.' 따라서 이제 난 내 자신을 숭배하고 있는 것입니다."

이것이 인간의 마음이 에고를 향해 발전해 가는 방식이다. 최종적인 목적지는 '나'이다. 그대가 에고에 귀기울일 때 이 목적지가 조만간 다가올 수밖에 없다. 결국 그대는 그대 자신을 숭배하게 된다. 나는 지금 농담을 하고 있는 것이 아니다. 인류 전체가 그렇게 해서 자기 자신을 숭배하게 되었다. 모든 신들은 내버려졌다. 모든 사원은 쓸모없는 것이 되었다. 인간은 그 자신을 숭배하고 있다. 어떻게 그런 일이 일어나는가?

자신의 마음에, 에고에 귀기울일 때 그것이 아주 미묘한 논리로 그대를 설득시킬 것이다. 그대가 세계의 중심이라고. 그대가 세상에서 가장 중요한 인물이라고. 가장 우월한 존재라고. 그대는 곧 신이라고. 이런 이기적인 태도가 찾아올 수밖에 없다. 그것은 논리의 최종 단계다. 그리고 마음은 모든 것에 대해 의심을 갖지만 자신의 에고에 대해서는 결코 의심하지 않는다.

에고가 자신을 비워야만 하는 상황이 오면 그때는 의심을 일으킬 것이다. 그것은 이렇게 말할 것이다. '넌 무엇을 하고 있는가? 스승에게 나를 내맡긴다? 신에게 나를 내맡긴다? 절과 교회에 나를 내맡긴다? 기도와 사랑에 나를 내맡긴다? 섹스에 나를 내맡긴다? 넌 대체 무엇을 하고 있는 건가? 넌 지금 네 자신의 존재를 상실하고 있다. 정신 차리라. 자신을 통제하라. 그렇지 않으면 넌 네 존재를 완전히 상실하고 말 것이다.'

자신을 비워야 할 상황이 올 때면 인간의 마음은 저항한다. 그래서 인간의 마음은 사랑에 저항하는 것이다. 사랑은 하나의 복종이기 때문이다. 사랑 속에서는 에고가 존재할 수 없다. 그렇기 때문에 인간의 마음은 스승에게 저항한다. 스승에게 다가올 때는 에고를 버려야 하기 때문이다. 에고를 버리지 않으면 스승은 아무 일도 할 수 없다. 그렇기 때문에 인간의 마음은 신에게 저항한다. 신이 존재할 때 그대는 가장 우월한 존재가 될 수 없다. 그때 에고는 언제나 열등한 존재로 남아 있을 것이다. 그때 그대는 가장 높은 왕좌에 앉을 수 없다. 그래서 그대는 신을 인정할 수 없다.

니체는 말했다. '내가 신의 존재를 인정하는 것은 불가능한 일이다. 내가 신의 존재를 인정할 때 나는 어떻게 되는가? 나는 어느 위치에 서게 되는가? 신이 존재한다면 나는 아무것도 아닌 존재가 된다. 따라서 나는 신이 아니라 나 자신을 선택할 것이다.' 그래서 니체는 '신은 죽었다'고 말한 것이다. 그래서 인간은 이제 자유로워졌다. 신은 죽었기 때문이다.

니체는 이 시대의 경향을 대변하고 있다. 그는 이 시대의 예언자였다. 그를 알든 모르든 그는 현대인들 모두를 대표한다. 그는 이 시대를 사는 모든 사람의 의식 속에 깊숙이 자리 잡고 있다. 그대

속에서 신은 죽었다. 오직 에고만이 살아 있다. 그리고 이것을 기억하라. 신과 그대의 에고는 공존할 수 없다.

성경의 구약에는 아름다운 문장이 하나 있다.

"그대는 살아 있는 신을 볼 수 없다."

그 의미는 무엇인가? 신을 바라볼 때 그대는 죽어야만 한다는 뜻이다. 그대는 살아 있는 신을 볼 수 없다. 그대가 죽었을 때, 오직 그때만이 신을 볼 수 있다. 그대 자신이 장애물이기 때문이다. 그대 자신이 눈가리개다.

에고와 신, 그대는 둘 다를 선택할 수 없다. 둘 다 선택하려고 할 때 그대는 결국 에고를 선택할 것이며 그대 안에서 신은 죽을 것이다. 존재계 안에서는 신이 죽을 수 없다. 그러나 그대 안에서는 신이 죽을 것이다. 그는 그곳에 존재하지 않을 것이다. 그대가 그를 밀어낸 것이다. 그대 자신으로 너무나 꽉 채워져 있기 때문이다. 그대가 너무 많이 존재하는 것이다. 에고에게는 파고들 여지가 없다. 에고는 어느 누구에게도 공간을 허용하지 않는다. 그것은 질투심이 너무나 강하다. 그것은 어느 누구도 자기 존재의 내면 성소로 들어오는 것을 허용하지 않는다. 그것은 최고의 우월한 지배자가 되기를 원한다.

인간의 마음은 언제나 자신을 비우는 것에 반대한다. 그래서 머리가 더욱 우세해지고, 모든 차원에서 자기를 겸허히 비우는 일이 자취를 감춘 것이다. 이 시대는 신뢰 속에 자신을 내맡길 수 없기 때문에 고통받는다. 그것이 문제다. 그것이 현대인들의 생각의 근본이고 함정이다. 그러면서도 그들은 계속해서 묻는다. '사랑이 무엇인가?' 인간의 머리는 사랑할 수 없다. 전쟁을 할 수는 있다. 그것은 쉬운 일이다. 하지만 인간의 머리는 사랑 속으로 들어갈 수 없다. 그것은 불가능하다. 전쟁의 상황에서는 인간의 머리는 존재할 수 있고, 훌륭하게 기능할 수 있다. 하지만 사랑 속에서는 머리는 자신을 내맡겨야만 한다.

사랑은 상대방에게 그대 자신을 지배하는 힘을 내주는 것을 뜻한다. 당연히 그대는 두려움을 느낀다. 사랑은 상대방이 중요한 존재가 되는 것을 의미한다. 상대방이 매우 중요한 존재가 되기 때문에 위기 상황이 발생하면 사랑하는 이를 위해 그대 자신을 희생해야만 한다. 사랑하는 이는 왕좌에 앉아 있고, 그대는 단지 하인에 불과하다. 그림자에 불과하다. 이것은 인간의 마음에게는 힘든 일이다. 그래서 사랑이 가능하지 않은 것이다. 그리고 섹스까지도 불가능해지고 있다. 섹스 속에서도 그대 자신이 사라져야만 하는 순간이 오기 때문이다. 오직 그때만이 오르가슴이 일어난다. 오직 그때만이 육체 전체가 새로운 에너지로, 새로운 파동으로 채워진다. 그대 자신이 사라질 때 육체는 하나의 파동 치는 빛의 흐름이 된다. 그러나 이제 그것조차도 가능하지 않다.

사정은 오르가슴이 아니다. 오르가슴의 신체적인 부분일 뿐이다. 오르가슴은 정신적인 현상이다. 영적인 현상이다. 반면에 사정은 하찮은 것이다. 그것은 육체를 이완시켜 준다. 그뿐이다. 그것은 일종의 안전 장치 역할을 한다. 에너지가 너무 많을 때 그대는 사정을 통해 그 에너지를 방출할 수 있다. 그러나 그것은 진정한 것이 아니다. 진정한 것은 그대가 떨림의 극에 달할 때, 엑스터시의 절정에 달할 때 찾아온다. 그 절정에서 모든 것이 휴식한다. 그대의 전 존재가 휴식한다.

먼저 그대의 전 존재가 새로운 음악으로 물결친다. 그것은 우주와의 조화다. 그곳에 에고는 없다. 그대는 에너지 그 자체다. 거기 내면에 아무도 존재하지 않는다. 단지 에너지만이 큰 홍수가 난 강물처럼 흐르고 있다. 홍수가 지나가면 강물은 휴식한다. 그때 그대는 우주 전체와 조화를 이룬다. 이것이 바로 오르가슴이다. 오르가슴은 내적인 현상이다.

하지만 이제 인간에게 오르가슴은 불가능해졌다. 오르가슴의 결핍 때문에 90퍼센트의 사람들이 미묘한 방식으로 신경성 질환에 걸려 있다. 신의 에너지에 접근하는 가장 쉬운 길을 상실했기 때문이다. 그대는 단 한순간이라도 전체와 하나가 되는 자연스러운 가능성을 상실했다.

전체가 그대에게 다시금 생명력을 불어넣는다. 전체가 그대에게 생명과 에너지를 준다. 전체가 그대를 재생시킨다. 그리고 낡은 것은 오르가슴에 의해 파괴된다. 그대의 전 에너지가 새롭고, 신선하고, 젊어진다. 그렇지 않으면 그대는 낡고 죽은 존재가 된다. 그런데 에고 때문에 이런 일이 불가능해졌다. 문제는 마찬가지다. 그것이 성의 차원이든, 사랑의 차원이든, 기도의 차원이든, 아니면 명상의 차원이든 문제는 같다. 그대는 자신을 내맡겨야만 한다. 그런데 에고는 내맡길 수 없다. 오직 투쟁할 수 있을 뿐이다.

왜 에고는 언제나 싸움할 준비가 되어 있는가? 매 순간 그대는 누군가에 달려들어 문제를 발견하고, 싸우고, 논쟁하고, 그래서 화낼 준비가 되어 있다. 왜 에고는 항상 싸움을 추구하는가? 그것은 싸움이 에고의 연료이기 때문이다. 싸움을 통해 에고는 더 강해지는 걸 느낀다. 싸움을 통해 에고는 존재한다. 에고는 가장 뿌리 깊은 폭력이다. 에고를 강화시키길 원한다면 끊임없이 싸워야만 한다. 하루 24시간을 온갖 것을 갖고 끊임없이 싸워야 한다. 하지만 적이 그곳에 있어야 한다. 그래야만 도전하고, 갈등을 일으킬 수 있기 때문이다. 그때 비로소 그대는 에고를 유지할 수 있다.

에고는 끊임없이 전쟁을 원한다. 첫째로, 전쟁을 통해 그것은 에너지를 축적한다. 둘째로, 에고는 언제나 두려워한다. 그렇기 때문에 언제나 싸울 준비를 하고 있는 것이다. 그곳에 두려움이 있다. 에고는 결코 두려움을 버릴 수가 없다. 왜인가? 에고는 거짓된 것이기 때문이다. 자연스러운 것이 아니기 때문이다 그것은 도의 한 부분이 아니다. 그것은 인위적으로 인간이 만든 것이다. 그대는 끊임없이 그것을 유지시켜야 하고 관리해야 한다. 만일 단 한순간이라도 관리하지 않는다면 그것은 사라질 것이다. 그것이 두려움이다. 그래서 끊임없이 긴장하고 있는 것이다.

만일 단 하루만이라도 에고가 사라진 삶을 산다면 그대 자신도 놀랄 것이다. 신비에 사로잡힐 것이다. 수많은 생 동안 간직해 온 그 에고에게 무슨 일이 일어난 것인가? 그것은 단 24시간 만에도 쉽게 사라진다. 왜냐하면 그것은 끊임없이 연료 재충전이 필요하기 때문이다. 에고는 자연스러운 현상이 아니다. 그 속에는 지속적인 에너지가 없다.

존재는 지속적이고 영속적이다. 존재는 영원한 어떤 것, 고갈되지 않는 어떤 것을 갖고 있다. 시들지 않는 것을 갖고 있다. 나무는 죽을지 모른다. 그러나 그 순간 다른 나무가 그 자리를 대체한다. 그 에너지가 다른 것에게로 옮겨간다. 그대의 육체는 쓰러질지 모른다. 그러나 그 에너지는 다른 육체 속으로 움직여 간다. 그대는 다른 모든 존재들과 마찬가지로 내면 깊은 곳에 어떤 고갈되지 않는 영원한 에너지를 갖고 있다.

육체를 위해서는 연료가 필요하다. 먹지 않고 마시지 않으면 그대는 죽을 것이다. 먹지 않으면 석 달 만에 죽을 것이다. 마시지 않으면 3주일 만에 죽을 것이다. 숨쉬지 않으면 3분 만에 죽을 것이다. 육체에게는 끊임없는 연료 재충전이 필요하다. 육체는 영속적인 현상이 아니기 때문이다.

그러나 인간의 의식에게는 연료가 필요 없다. 이 육체가 죽으면 그대의 의식은 다른 자궁 속으로 들어간다. 의식은 영속적인 현상이다. 그것은 끝이 없는 에너지다. 시작도 없고 끝도 없다. 출발도 없고 도착도 없다. 그렇기 때문에 그대가 의식과 하나가 되었을 때 그곳에 두려움이 없는 것이다. 영원한 근원에, 불멸하는 것에, 죽지 않는 것에 이르렀을 때만이 두려움은 사라진다. 죽음을 모르는 것에 접촉했을 때만이.

에고는 매우 부서지기 쉬운 것이다. 매 순간 그것은 죽음의 경계선에 서 있다. 누구라도 그것을 죽일 수 있다. 동작 하나만으로도, 시선 하나만으로도 그것을 죽일 수 있다. 누군가 그대를 기분 나쁘게 쳐다본다. 에고가 상한다. 그 사람은 적인 것 같다. 그 적대적인 동작에 그대는 떨기 시작한다. 에고는 연약하기 때문이다. 그것은 가짜의, 인위적인 것이다. 그것은 잘 유지되어야만 한다. 그래서 그토록 많은 두려움이 있는 것이다. 이 두려움 속에, 이 바다와도 같은 두려움 속에 그대는 용기라는 작은 섬을 힘들게 건설한다. 그렇지 않으면 너무 힘들 것이다.

그대는 자기 자신을 용감하다고 생각한다. 겁쟁이조차도, 최고의 겁쟁이조차도 자기 자신을 용감하다고 생각한다. 이것 역시 매우 복잡한 문제다. 에고는 내면에서 언제나 두려움에 사로잡혀 있다. 어느 순간에라도 죽음이 일어날 수 있기 때문이다. 사랑 속에서 죽음이 일어날 수 있다. 기도 속에서 죽음이 에고에게 일어날 수 있다. 어떤 깊은 관계 속에서도 에고는 죽어야만 한다. 비록 그대가 무심하게 한 송이 장미를 바라볼지라도 에고는 죽어야만 할 것이다. 한 송이 장미조차도 그것을 죽일 수 있다. 에고는 그토록 연약하고, 부서지기 쉽고, 꿈같은 것이다. 그것에는 어떤 실체도 존재하지 않는다. 그토록 많은 두려움을 갖고 내면 깊은 곳에서 끊임없이 죽음에 대해 생각하면서도 그대는 계속해서 자신을 용감하다고 생각한다. 이 용감함, 두려움 없음, '나는 겁쟁이가 아니다'라는 이것이 그대의 에고를 강화시킨다.

에고가 겁쟁이며, 또 에고는 두려움 그 자체일 뿐 다른 어떤 것도 아니라는 사실을 진정으로 깨닫고 자각한다면 그대는 더 이상 그것을 유지하려고 노력하지 않을 것이다. 다만 그것을 떨쳐 버릴 것이다. 왜 병을 갖고 다니는가? 하지만 그 병은 감추어져 있으며, 그대는 그것이 병이 아니라고 생각한다. 오히려 그것이 유일한 건강이라고 생각한다.

물라 나스루딘이 결혼을 했다. 그래서 산속으로 신혼 여행을 떠났다. 바로 그 첫날밤이었다. 한밤중에 누군가 문을 두드렸다. 나스루딘이 일어나 문을 열었다. 그랬더니 손에 총을 든 남자가 서 있었다. 강도였다. 그가 안으로 들어왔다. 그러나 그는 나스루딘의 아내를 보자 강도질하는 것을 잊어버렸다. 그녀가 대단히 아름다웠기 때문이다. 그는 자신이 강도라는 사실을 망각했다.

강도는 물라 나스루딘에게 말했다.

"넌 저 구석에 서 있어!"

그러더니 강도는 나스루딘 주위에 원을 하나 긋고 나서 말했다.

"이 원 밖으로 절대 나오지 말라. 한 발짝이라도 나오면 죽을 줄 알라."

그리고는 나스루딘의 아내에게 키스를 퍼붓고 그녀와 섹스를 하기 시작했다.

강도가 가버리자 아내가 소리쳤다.

"도대체 당신은 무슨 사람이 그래요? 원 안에 서서 다른 남자가 자기의 아내와 섹스를 하는 걸 쳐다보기만 하고 있다니요?"

나스루딘이 말했다.

"난 겁쟁이가 아니야!"

그는 의기양양해서 소리쳤다.

"그 강도가 등을 돌릴 때마다 난 원 밖으로 한 걸음씩 나왔다가 들어갔단 말이야. 그것도 한 번이 아니라 세 번씩이나!"

이것이 바로 에고가 자신을 유지하는 방법이다. 원 밖으로 살짝 한 걸음 나왔다가 들어간다. 그것도 강도가 등을 돌렸을 때만, 죽음의 위협이 없을 때만 그렇게 한다. 그것도 한 번이 아니라 세 번씩이나! 그래서 자랑스러움을 느낀다.

나는 말한다. 모든 인간이 한구석에 그려진 원 안에 서 있다. 그대는 그 원 안에 서 있으며, 단지 자신이 겁쟁이가 아니라는 걸 느끼기 위해서만 그 원 밖으로 살짝 나왔다가 들어간다. 그러나 에고는 겁쟁이다. 겁쟁이가 아닐 수 없다. 에고를 갖고 있으면서 겁쟁이가 아닌 사람은 없다. 그것은 불가능한 일이다. 그것은 자연의 법칙이 아니다.

왜 그것이 불가능한가? 에고가 어떻게 두려움이 없을 수 있는가? 에고는 영원할 수 없다. 불멸할 수 없다. 죽음이 찾아오도록 되어 있다. 에고는 인위적으로 만들어진 현상, 그대 자신에 의해서 만들어진 현상이다. 그것은 사라질 수밖에 없다. 죽음이 하나의 확실성으로 존재하는데 어떻게 두려움을 느끼지 않을 수 있는가? 가끔 그대는 원 밖으로 한 걸음씩 걸어나올지 모르지만, 그것이 전부다. 에고와 함께는 두려움이 없을 수 없다.

그러므로 이 세 가지 단어를 기억하라. 하나는 '겁쟁이'이고, 다른 하나는 '용감함'이고, 세 번째는 '두려움 없음'이다. 비겁함은 에고의 한 부분, 보다 깊은 부분, 실제적인 부분이다. 용감함은 원 밖으로 세 번씩이나 걸어나오는 것이다. 그것 역시 비겁함의 한 부분이지만 감추어져 있고 치장되어 있다. 그것은 꽃으로 가리운 상처, 꽃으로 숨겨진 상처다.

용감함이란 치장되고 다듬어진 비겁함에 다름 아니다. 모든 용감한 자의 내면에서 겁쟁이를 발견할 수 있다. 나폴레옹, 히틀러, 알렉산더 대왕까지도 겁쟁이들이었다. 그들의 용감함은 원 밖으로 세 번 걸어나오는 것에 지나지 않는다. 그들의 내면에서 똑같이 떨고 있는 겁쟁이를 발견할 수 있다. 그 겁쟁이를 감추기 위해 그들은 용감함을 내보인다. 용감함은 하나의 속임수다. 이제는 심리학자들도 그런 사실을 이야기하고 있다.

어떤 것을 감추기 위해 그 반대되는 것을 드러내 보이는 인간의 속성을 종교는 진작부터 알고 있었다. 바보는 자신이 바보라는 사실을 숨기기 위해 자기 주위에 어떤 지혜를 드러내 보이려고 노력한다. 못생겼으면 몸과 얼굴과 머리 등을 치장해 자신이 못생겼다는 사실을 감추려고 노력한다. 옷과 장신구로 그것을 숨기려고 노력한다. 내면에서 어떤 열등감을 느낄 때 자신이 열등하다는 사실을 남에게 보이지 않기 위해 우월함을 과시하기 시작한다. 자신이 '아무도 아닌 존재'임을 느낄 때 그대는 자신이 '중요한 존재'라는 사실을 드러내 보이고, 강조하고, 강화하기 시작한다. 사실 모든 인간이 그것을 느낀다. 에고와 함께는 모든 인간이 아무것도 아닌 존재이기 때문이다.

비겁함과 용감함은 동전의 양면이다. 둘 다에게 두려움이 있다. 그것들은 두려움의 두 얼굴들이다. 하나는 단순하고 직접적이며, 다른 하나는 교활하고 감추어져 있다. 용감한 사람은 영리한 겁쟁이일 뿐이다.

한번은 이런 일이 있었다. 전투 중에 맨 앞줄에서 싸우고 있던 한 병사가 갑자기 겁을 먹었다. 그래서 그는 뒤쪽을 향해 달아나기 시작했다. 한 장교가 그를 불러 세우고 말했다.

"무슨 행동을 하는 거야? 어디로 가고 있는 거야? 지금은 전투 중이다! 넌 겁쟁이인가?"

하지만 그 병사는 너무도 겁을 먹었기 때문에 대답할 겨를조차 없었다. 그는 계속해서 뒤로 달려갔다. 그 장교가 뒤쫓아와서 그를 붙잡고 말했다.

"어디로 도망치는 거야? 왜 대답을 하지 않는 거야? 내가 누군지 모르겠어? 난 너의 부대장이야!"

그러자 그 병사가 외쳤다.

"아니, 내가 그렇게까지 멀리 후퇴했단 말인가?"

장교들, 지도자들, 그들은 언제나 맨 뒤에 서 있다. 그들은 절대적으로 안전하다. 그들에게는 아무 문제가 없다. 그들은 자신들이 가장 용감하다고 주장하는 완벽한 겁쟁이들이다. 다른 사람들이 그들을 위해 죽어가는데 그들은 맨 뒤에 서 있다. 나폴레옹, 히틀러, 알렉산더, 그들은 모두 내면의 감정과는 정반대의 것을 드러내 보이고 그런 분위기를 연출한 겁쟁이들이다.

이것을 이해해야 한다. 오직 그때만이 그대는 제3의 가능성을, 즉 '두려움 없음'을 이해할 수 있다. 두려움 없는 자, 그는 겁쟁이도 아니고 용감한 자도 아니다. 그는 둘 다 아니다. 그럴 수가 없다. 그는 단순히 두려움 없는 존재이기 때문이다. 마하비라, 붓다, 장자, 예수…… 이들은 용감한 사람들이 아니다. 전혀 아니다. 왜냐하면 그들은 겁쟁이가 아니기 때문이다. 겁쟁이일 때만이 용감해질 수 있다. 구석의 원 안에 서 있을 때만 원 밖으로 세 번씩 걸어나올 수 있는 것이다. 그렇지 않으면 어떻게 원 밖으로 걸어나오는 일이 가능한가? 거기 원이 없는데, 원도 없고 원 안에 서 있는 사람도 없는데. 만일 그대가 원 안에 서 있는 것에 결코 동의한 적이 없다면 어떻게 원 밖으로 세 차례나 걸어나와 자신의 용감함을 증명할 수 있겠는가?

두려움 없는 사람, 이 사람은 자기 자신 속에서 죽지 않는 어떤 것을 발견한 사람이다. 내면의 존재, 불멸의 존재, 내면 깊숙한 곳의 영원한 존재를 안 사람이다. 그때 그곳에 어떤 두려움도 없다. 또한 그때 그곳에 어떤 용감함도 없다. 왜냐하면 용감함은 일종의 위장에 불과하기 때문이다. 이 사람은 바보도 아니고 현명한 사람도 아니다. 현명함이란 어리석음을 감추기 위한 위장에 불과하기 때문이다. 이 사람은 반대되는 개념들로 분리되지 않는다. 이 사람은 하나의 합일이다. 그는 하나가 되었다. 그는 독특한 현상이다. 그래서 그대는 그를 정의 내릴 수 없다.

붓다를 정의하는 것은 불가능하다. 어떻게 그를 정의할 것인가? 그를 겁쟁이라고 부를 것인가? 그럴 수 없다. 그를 용감하다고 부를 것인가? 그럴 수 없다. 그를 어리석다고 부를 것인가? 그럴 수 없다. 그를 현명하다고 부를 것인가? 아니다. 현명함이란 어리석음의 반대이며, 용감함은 비겁함의 반대에 불과하다.

붓다를 무엇으로 부를 것인가? 그대가 붓다를 무엇으로 부르든 그것은 틀린 것이다. 붓다 앞에서는 단순히 침묵을 지켜야만 한다.

그를 성자라거나 죄인이라고 부를 것인가? 아니다. 그는 둘 다 아니다. 내면에 아무 죄가 없는 자가 어떻게 성자가 될 수 있는가? 성스럽다는 것은 치장에 불과하다. 위장에 불과하다. 이것이 문제다. 깨달음을 얻은 붓다가 나타날 때마다 이것이 문제다. 우리는 그를 정의 내릴 수 없는 것이다. 그를 어떤 범주에도 포함시킬 수 없다. 어떤 꼬리표도 붙일 수 없다. 그를 분류할 방법이 없다. 그는 모든 곳에 소속되든지 아니면 아무 곳에도 소속되지 않는다. 그는 모든 범주를 초월한다. 분류표는 그에게 해당되는 것이 아니다.

깨달음을 얻은 이 앞에서는 모든 언어가 무색해진다. 마음은 침묵하게 된다. 어떤 말을 해도 이치에 맞지 않다. 그에게는 두려움이 없고, 생각이 없다. 그대는 그를 바보라고도 현명한 자라고도 부를 수 없다. 그런 것들은 인간의 생각에서 나온 것이기 때문이다.

장자의 이 아름다운 이야기 속으로 들어가자. 실로 아름다운 우화가 여기에 있다.

> 기성자는 왕을 위해 싸움닭을 훈련시키는 사람이었다.
> 그는 훌륭한 닭 한 마리를 골라 훈련을 시켰다.
> 열흘이 지나자 왕은
> 닭이 싸움할 준비가 되었는가를 물었다.

이 사람, 기성자는 평범한 조련사가 아니다. 그는 도의 사람이다.

중국과 일본에는 삶에서 행하는 모든 일들을 명상의 발판으로 삼는 전통이 있었다. 온갖 종류의 일들이 그러했다. 활쏘기, 그림 그리기, 검도, 심지어 싸움닭을 훈련시키는 과정까지 하나의 명상 수행이었다. 삶의 어떤 차원에서 일어나는 일이든 그들은 그것을 내면 수행의 방법으로 사용해 왔다. 기성자는 어느 날 왕에게서 싸움닭 한 마리를 훈련시켜 달라는 요청을 받았다. 왕은 싸움에, 겨루기에, 경쟁에 관심이 있었다. 자신의 싸움닭이 결투에서 승리하는 데 깊은 관심이 있었다.

싸움닭을 통해서도 우리의 에고가 싸움을 한다. 우리는 일체의 것들을 에고를 위해 사용한다. 경기조차도 그것 때문에 저차원으로 전락한다. 그때 그대는 더 이상 경기 그 자체에 관심이 없다. 오직 이기는 것에만 관심이 있다. 이것이 바로 놀이와 경기의 차이다. 놀이를 할 때는 놀이 그 자체에 관심이 있다. 어린아이들의 놀이가 그렇다. 그래서 놀이는 아름다운 것이다. 만일 그대의 전 생애가 하나의 놀이가 될 수 있다면 그것은 실로 아름다운 일이다. 경기 속에서는 그대는 경기 그 자체에는 관심이 없다. 이기느냐 지느냐의 최종 결과에만 관심이 있다. 오직 승리하는 일에만 관심이 있다. 승리하는 일에만 관심을 가질 때 그 경기는 저차원으로 전락한다. 이제 그것은 더 이상 놀이가 아니다. 그것은 하나의 장사다.

무엇보다 먼저 이 점을 기억하라. 이 사람, 도의 사람, 기성자는 싸움닭을 훈련시키는 일 그 자체에 관심을 가진 사람이었다. 왕은 달랐다. 그는 싸움에만 관심이 있었다. 투계의 결과에만 관심이 있었다. 그러나 이 조련사의 관심은 다른 데 있었다.

기성자는 왕을 위해 싸움닭을 훈련시키는 사람이었다.

그는 훌륭한 닭 한 마리를 골라 훈련을 시켰다.
열흘이 지나자 왕은
닭이 싸움할 준비가 되었는가를 물었다.

왕은 계속해서 닭이 결투할 준비가 다 되었는가를 묻는다. 그는 빨리 결투를 치르고 싶었다. 빨리 닭을 통해 자신의 에고를 만족시키고 싶었다. 그래서 그는 열흘밖에 지나지 않았음에도 불구하고 기성자를 찾아가 이제 준비가 되었는가 물었다. 그러나……,

조련사는 대답했다.
"아직 안 됐습니다.
아직 불같은 기운이 넘치고……."

이 대답을 보라. 이 대답에 왕은 말했을 것이다. 그런가? 싸움닭이 불같은 기운이 넘친다면, 그것이야말로 우리가 필요로 하는 일이다! 누군가와 싸울 때 불같은 기운이 넘친다면 승리할 가능성이 더욱 많아지기 때문이다.

왕은 틀림없이 당황했을 것이다. 이 조련사는 도대체 무슨 종류의 인간이란 말인가? 그는 말하고 있다. '아직 안 됐습니다. 왜냐하면 아직 이 닭은 불같은 기운이 넘치고 있기 때문입니다.'

도대체 무슨 이런 조련사가 다 있단 말인가? 그는 말하고 있다.

"아직 안 됐습니다.
아직 불같은 기운이 넘치고
어떤 닭과도 싸울 자세입니다."

"이 닭은 끊임없이 싸우려고 하고 있습니다. 그것은 곧 이 닭이 아직 두려움을 갖고 있다는 증거입니다. 따라서 아직 준비가 되었다고 할 수 없습니다. 두려움이 아직 남아 있는데, 어떻게 싸움을 할 준비가 되었다고 할 수 있겠습니까?"

이 차이를 보라. 인간의 논리적인 마음은 말할 것이다. '만일 네가 불같은 기운으로 넘쳐난다면 넌 누구와도 싸울 준비가 되어 있는 것이다. 그때 넌 위대한 전사가 될 수 있다. 넌 준비가 된 것이다. 왜 기다리는가? 무엇을 기다리는 것인가? 불같은 기운이 넘친다면 싸우라! 너무 오래 기다리다가는 그 불같은 기운이 사라질지도 모른다. 너무 오래 기다리면 에너지가 죽을지도 모른다.'

그러나 무심의 마음, 에고를 비운 마음은 완전히 다르게 말한다. 무심의 마음은 완전히 다른 관점에서 말한다. '매 순간 이 닭은 싸울 자세이기 때문에 아직 준비가 되었다고 할 수 없다. 아직 멀었다.' 왜인가? 매 순간 싸울 자세를 갖추고 있다는 것은 겁쟁이라는 뜻이다. 싸움은 내면의 두려움을 감추기 위한 위장 작전이다. 그대는 자신이 용감한 자라는 걸 증명하길 원한다. 그렇게 원하는 것 자체는, 그렇게 증명하기를 바라는 마음 자체는 곧 자신이 실제로는 용감하지 않다는 증거다. 바보는 언제나 자신이 현명하다는 사실을 증명하려고 노력한다. 진정으로 사랑하는 사람, 사랑 그 자체가 된 사람은 자신의 사랑을 증명하려고 노력하지 않는다.

사랑이 진실하지 않을 때 온갖 방법으로 자신의 사랑을 증명하려고 노력한다. 선물을 주고, 사랑한다고 말한다. 그러나 그 모든 노력은 정반대의 것을 말해 준다. 진정으로 누군가를 사랑한다면 사랑한다는 것조차 말하지 않는다. 그럴 필요가 무엇인가? 말로 설명하지 않고서는 이해되지 않는 사랑이라면 그 사랑은 아무 가치가 없다. 말로 표현해야 한다면 뭔가 거짓이 담긴 것이다.

세상의 심리 상담가들은 말할 것이다. 비록 사랑을 느끼지 못할지라도 매일 아침 아내에게 사랑한다고 반복해서 말하라고. 기회가 있을 때마다 그 말을 반복하는 것을 잊지 말라고. 잠자리에 들어서도 그 말을 반복하라. 그 말이 하나의 주문이 되게 하라. 그들이 옳다. 현재의 그대에게는 그들의 조언이 옳다. 왜냐하면 그대의 아내는 말에 의존하기 때문이다. 그대 역시 말에 의존하고 있다. 그래서 두 사람이 사랑에 빠지면 처음에는 그토록 사랑에 대해 많은 말을 하는 것이다. 그들은 대단히 시적이다. 서로를 유혹하고 있기 때문에 거기 많은 낭만과 꿈이 있다. 그러다가 서서히 그 강도가 약해진다. 똑같은 것을 언제까지나 반복할 수는 없기 때문이다. 그것은 어리석어 보인다. 그들은 뭔가 잘못되어 가는 것을 느끼기 시작한다. 이제 그곳에 사랑은 존재하지 않는다. 그 사랑은 말에만 의존했기 때문이다. 처음부터 사랑은 존재하지 않았다. 그대는 그것에 대해 말했지만 그것은 그곳에 없었다. 말은 일종의 위장에 불과했다.

이 '위장'이라는 단어를 기억하라. 삶에서 그대는 모든 차원에서 위장을 하고 있다. 그래서 심리 상담가들의 말이 옳다고 하는 것이다. 그러나 나는 말한다. 그런 자들을 조심하라고. 그들은 그대를 더욱 거짓되게 만든다. 그때 그대는 진실할 수 없다. 사랑은 말할 필요가 없다. '난 당신을 사랑해!' 하고 말할 필요가 없다. 그대의 전 존재로 하여금 그것을 말하게 하라. 진실로 사랑한다면 그대의 존재 전체가 말할 것이다. 언어는 전혀 필요 없다. 그대가 말하는 방식이 그것을 표현할 것이다. 행동하는 방식이, 바라보는 방식이 그것을 표현할 것이다. 그대의 전 존재가 그것을 표현할 것이다.

사랑은 그토록 생명력 넘치는 현상이기 때문에 그것을 숨길 수는 없다. 자신의 사랑을 숨길 수 있는 사람을 본 적이 있는가? 아무도 그것을 숨길 수 없다. 그것은 내면의 불꽃과 같다. 그것은 불타오른다. 누군가 사랑에 빠지면 그의 얼굴을 통해, 그의 눈을 통해 알 수 있다. 그가 더 이상 같은 사람이 아니라는 것을. 무엇인가 그를 다른 존재로 탈바꿈시켰다. 불이 일어났다. 새로운 향기가 그의 존재 속으로 파고들었다. 그는 춤추듯 걷는다. 그의 말은 곧 한 편의 시다. 사랑하는 이와 함께 있을 때만 그런 것이 아니다. 누군가를 사랑할 때 존재 전체가 탈바꿈한다. 거리에서 만난 낯선 이에게 말할 때도 전과 다르다. 그리고 만일 그 낯선 자가 사랑을 경험한 적이 있다면 그는 알 것이다. 그대가 누군가를 사랑하고 있다는 것을.

그대는 사랑을 숨길 수 없다. 그것은 거의 불가능한 일이다. 누구도 사랑을 숨기는 일에 성공하지 못했다. 그러나 사랑이 그곳에 없을 때는 그것을 드러내 보여야만 한다. 그것을 가장해야만 한다.

한 소년이 동물원에 구경 갔다. 사슴으로 가득 찬 농장이 있었다. 소년이 경비원에게 물었다.

"이 동물들을 뭐라고 부르죠?"

경비원이 대답했다. 아침에 일어났을 때 너의 엄마가 너의 아빠를 부르는 것과 같단다.

그러자 소년이 소리쳤다.

"거짓말하지 말아요! 그럼 이것들이 '스컹크'란 말예요?"

뭔가 불쾌해진다. 뭔가 상처처럼 여겨진다. 그것이 거짓된 것일 때 뭔가 추하게 여겨진다. 거짓된 것은 곧 추한 것이다. 하지만 그대는 정반대되는 것을 말하고 그것을 숨긴다.

조련사는 대답했다.

"아직 안 됐습니다.
아직 불같은 기운이 넘치고
어떤 닭과도 싸울 자세입니다."

이것은 그 닭이 아직 두려워하고 있음을 말해 준다. 그렇지 않으면 왜 불같은 기운이 넘치겠는가? 누구에게 그 불같은 기운을 드러내 보이려 하고 있는가? 그럴 필요가 무엇인가? 내부에 두려움이 있기 때문에 그는……

"아직 불같은 기운이 넘치고
어떤 닭과도 싸울 자세입니다."

속에 두려움이 있으니까, 괜히 겁나니까, 외부에 불같은 기운을 꾸며 대는 것이다. 그래서 그는 쓸데없이 어떤 닭과도 싸울 자세다. 누구든 길을 가로막으면 싸우려고 덤빈다.

"공연히 뽐내기만 하고
자신의 기운을 너무 믿고 있습니다."

아직 멀었다. 아직 준비가 안 됐다. 그대가 자신의 기운에 자신감을 느낄 때, 잘 기억하라, 그대는 무엇인가를 숨기고 있는 것이다. '나는 자신이 있다'라고 말할 때 그대가 의미하는 바는 무엇인가? 그대가 진정으로 자신 있다면 그런 말은 불필요하다. 실제로 그대는 자신감이 없다. 그대는 가장하고 있는 것이다. 타인뿐만이 아니라 그대 자신에게도 그대는 '난 자신 있다'라고 반복해서 말한다.

오랫동안 그 말을 반복하면 실제로 그런 느낌을 갖게 될지도 모른다. 하지만 그 느낌 속에는 아무 에너지가 없다.

모두가 자기 자신에게 반복해서 말하고 있다. 나는 자신 있다고. 왜 그대는 숨기고 있는가? 그대가 말하는 그 자신감이 진정한 것이라면 굳이 그것에 대해 말할 필요가 없다. 진정으로 자신 있는 사람은 그것을 느끼지조차 못한다.

이것을 이해해야만 한다. 거짓된 것일 때는 그것을 의식하고 느낀다. 진실한 것일 때는 그것을 잊는다. 그대는 숨 쉬는 것을 의식하는가? 무엇인가 잘못되었다면 그것을 의식한다. 호흡이 힘들고 폐에 문제가 있거나 감기에 걸렸을 때, 그때 그대는 자신이 호흡하고 있음을 의식한다. 그러나 모든 것이 좋을 때는 그것을 의식하지 않는다. 그래서 장자는 말했다.

> 신발이 발에 꼭 맞으면
> 발의 존재를 잊는다.

그대가 진정으로 자신 있을 때, 자신감은 잊혀진다.

사람들은 내게 와서 말한다. 나에 대해 절대적인 신뢰를 갖고 있다고. 이 절대적인 신뢰라는 건 무엇을 말하는가? 무엇을 위장하기 위한 것인가? 신뢰만으로는 부족한가? 그래서 절대적인 신뢰가 필요한가? 그들의 신뢰는 절대적이지 않다. 그렇기 때문에 그들은 그렇게 말하는 것이다. 그대는 말한다. '난 당신을 절대적으로 사랑합니다.' 이 절대적이라는 건 무엇인가? 절대적이지 않은 사랑에 대해 들어본 적이 있는가? 사랑은 그 자체로 절대적이다. 사랑이 곧 절대다. 왜 같은 뜻의 말을 반복하는가? 내면에서 그대는 그것이 절대적이지 않다는 것을 안다. 그리고 만일 그대가 그 사실을 말하지 않는다면 아무도 그것을 모른다. 그대가 말하지 않고서는 아무도 알 수 없다. 왜냐하면 사랑이 절대적일 때는 누구나 그것을 알 것이기 때문이다.

절대적인 사랑은 하나의 내적 혁명이다. 절대적인 사랑은 하나의 죽음이고 새로운 삶이다. 절대적인 사랑은 그것에 대해 말할 필요를 느끼지 않는다.

한 유명한 감정가에 관한 이야기가 있다. 그는 술 감정가였다. 한 친구가 그를 집으로 초대했다. 친구는 아주 오래된 귀한 술을 여러 병 갖고 있었기 때문에 그것들을 이 술 감정가에게 보여 주고 싶었다. 이 사람의 평가를 받고 싶었다. 친구는 그에게 자기가 가진 것 중에서 가장 귀한 술을 내놓았다. 감정가는 그 술을 맛보고는 침묵을 지켰다. 아무 말도 하지 않았다. 술이 좋다는 말조차 하지 않았다. 그래서 친구는 감정이 상했다. 그래서 이번에는 아주 싸구려 평범한 술을 내놓았다. 감정가는 그것을 맛보고는 말했다.

"대단히 좋은 술이군! 아주 훌륭해!"

친구는 당황해서 말했다.

"난 영문을 모르겠네. 가장 귀한, 가장 값비싼 술을 내놓았을 때는 아무 말도 하지 않더니, 이 평범한 싸구려 술에 대해서는 훌륭하다고 말하다니, 그 이유가 무엇인가?"

술 감정가가 말했다.

"첫 번째 술에 대해서는 아무도 무슨 말을 할 필요가 없네. 술 자체가 그 진가를 말해 주고 있지. 하지만 두 번째 술에 대해서는 뭔가 칭찬을 해줄 필요가 있어. 그렇지 않으면 그 술은 감정이 상할 테니까."

그대 입으로 절대적인 신뢰를 말할 때 그대는 안다. 실제로는 그것이 절대적이지 않다는 것을. 그렇기 때문에 그대는 자신도 의식하지 못하는 사이에 그것을 말하고 있는 것이다. 말을 할 때 깨어 있으라. 그리고 조심스럽게 단어를 사용하라.

조련사는 대답했다.
"아직 안 됐습니다.
아직 불같은 기운이 넘치고
어떤 닭과도 싸울 자세입니다.
공연히 뽐내기만 하고
자신의 기운을 너무 믿고 있습니다."

그대의 삶에서도 이것을 관찰할 수 있다. 이런 일이 도처에서 일어나고 있다. 그대는 누구와도 싸울 준비가 되어 있다. 기회만 주어지면, 어떤 실마리만 주어지면 덤벼든다. 누군가 그대의 발을 밟는다. 당장에 싸움이 시작된다. 왜 그토록 늘 싸울 자세인가? 그것은 그대 내면에 문제를 안고 있기 때문이다. 내면에서 그대는 그대가 아무 존재도 아니라는 사실을 알고 있다. 그래서 누군가 그대의 발을 밟으면 즉각적으로 소리친다.
"넌 내가 누군지 알아?"
하지만 그대 자신도 그대가 누구인지 알지 못한다.

다시 열흘이 지나 왕이 묻자, 조련사는 대답했다.
"아직 안 됐습니다.
아직도 다른 닭의 울음소리가 들리면

불끈 성을 냅니다."

왕은 자꾸만 찾아와 물었다. 결전의 날이 점점 다가오고 있었기 때문이다. 왕의 닭이 반드시 승리해야만 했다. 그런데 이 사람은 쓸데없이 시간을 끌고 있다. 그가 내놓는 변명은 실로 터무니없는 것이었다.

여기 도의 사람이 있을 때, 그가 하는 말은 터무니없어 보일 것이다. 그럴 수밖에 없다. 그대의 생각에는 맞지 않기 때문이다. 열흘이 또 지났는데도 그는 말했다.

"아직 안 됐습니다.
아직도 다른 닭의 울음소리가 들리면
불끈 성을 냅니다."

"아직도 미성숙하고, 유치합니다. 이것은 전사의 태도가 아닙니다. 겁쟁이의 태도입니다. 이것은 두려움 없는 자, 두려움 없는 닭의 길이 아닙니다. 두려움 없는 자의 길은 그렇지 않습니다. 아직 멀었습니다."

여기 누군가 울고 있다. 어떤 닭이 울고 있다. 그런데 왜 그대는 그것에 신경 쓰는가? 왜 그것이 하나의 도전이라고 생각하는가? 왜 그대는 전 세계를 자신의 적으로 삼는가? 전 세계를 적으로 삼고 있다면 그것은 그대가 내면 깊은 곳 어딘가에서 존재의 근원을 상실했음을 뜻한다. 그렇지 않으면 전 세계가 친밀하게 느껴질 것이다. 친밀한 감정이 그대를 지배할 것이다. 그래서 적이 생긴다면 그것은 매우 예외적인 일이 되었을 것이다. 그런데 지금 그대에게는 적대감이 주를 이루고, 친밀한 감정이 하나의 예외가 되었다. 다정하고 친밀한 감정을 그대는 영원히 상실했다. 결코 어느 누구도 믿을 수 없게 되었다. 적대감이 그대를 온통 지배한다.

물라 나스루딘이 치안 판사로 임명되었다. 그는 자기 집 거실을 개조해 법정으로 만들고 서기와 경비원을 한 사람씩 임명했다. 그리고 아침 일찍 일어나 기다리고 기다렸지만 아무도 나타나지 않았다. 저녁이 될 무렵 그는 무척 실망해서 서기에게 말했다.

"아니, 단 한 건도 없단 말인가? 이 마을에서는 오늘 살인도, 강도도, 어떤 범죄도 발생하지 않았단 말인가? 만일 이런 식으로 계속된다면 이 직업은 무척 지겨운 직업이 될 것이다. 난 무척 흥분했었는데, 단 한 건의 교통사고조차 발생하지 않았다니."

서기가 말했다.

"실망하지 마십시오, 물라 씨. 인간의 본성을 믿으십시오. 조만간 무슨 사건인가 발생할 겁니다. 난 아직도 인간의 본성을 굳게 믿고 있습니다."

이 서기가 말하는 인간의 본성은 무엇인가? 그는 자신이 아직도 인간의 본성을 믿는다고 말한다. 조만간 반드시 어떤 사건인가 발생할 것이라고. 조금만 기다리라, 그러면 사건들이 발생할 것이다.

법정과 판사들과 정부는 인간의 본성에 의지해 먹고 살아가고 있다. 이 모든 난센스가 인간의 본성 때문에 벌어지고 있다. 근본적으로 인간이 언제나 싸울 준비가 되어 있기 때문이다. 사회가 진정으로 더욱더 자연스러운 사회로 발전한다면 정부는 사라질 것이다. 정부는 하나의 병이다. 법정들도 사라질 것이다. 그것들은 건강한 것이 아니다. 경찰이 존재하는 것은 범죄가 존재하기 때문이다. 그리고 이런 모든 것들이 단 한 가지의 원인 때문에 존재한다. 인간은 언제나 싸울 준비가, 불끈 성을 낼 준비가 되어 있다는 것이다. 인간의 에고 때문에 정부가 존재하고, 법정이 존재하고, 판사가 존재한다. 에고가 떨어져 나가면 모든 정치가 사라진다. 정치는 에고 때문에 존재하는 것이다.

여기 이 조련사는 말한다.

"아직 안 됐습니다.
아직도 다른 닭의 울음소리가 들리면
불끈 성을 냅니다."

"아직 멀었습니다. 다른 닭의 울음소리만 들려도 그것이 하나의 도전이라고 생각하고, 그것이 적의 나팔 소리라 생각하고 불끈 화를 냅니다. 아직 멀었습니다. 진정한 싸움닭이 되려면……."

그러나 왕은 초조했다. 그리고 이 조련사의 변명을 이해할 수 없었다. 이 무슨 미친 조련사인가? 왜 이해할 수 없는 말만 늘어놓는 것인가?

왕은 날마다 묻고 또 물었다. 그러나…….

또다시 열흘이 지났으나 왕의 물음에 그는 여전히 대답했다.
"아직 멀었습니다.
아직도 상대를 보기만 하면 노려보고
깃털을 곤두세웁니다."

"그는 서서히 침묵하기 시작했습니다. 정신적으로 성장하고 있으며, 더욱더 자연스러워져 가고 있습니다. 그러나 아직 멀었습니다.

아직도 다른 닭을 보면 잔뜩 노려보고 깃털을 곤두세웁니다. 긴장을 버리지 못합니다. 무의식 깊은 곳에서 아직도 싸울 준비를 하고 있습니다. 표면적으로는 점차 고요해지고 차분해져 가고 있습니다. 그러나 다른 닭이 앞을 지나가면 아직도 성난 표정이 드러납니다. 이제 그것은 의식적인 것은 아닙니다. 무의식적인 현상입니다. 하지만 그는 성장하고 있고, 발전하고 있습니다. 이제 의식적인 마음에서는 싸움에 대한 생각이 떨어져 나갔지만 아직도 무의식 속에는 그것이 남아 있습니다."

또 열흘이 지나서 왕이 묻자, 기성자는 마침내 대답했다.
"이제 거의 준비가 되었습니다.
다른 닭이 울어도 움직이는 빛이 안 보이고,
먼 곳에서 바라보면 마치 나무로 조각한 닭과도 같습니다.
이제 성숙한 싸움닭이 되었습니다.
어떤 닭도 감히 덤비지 못할 것이며,
아마 바라보기만 해도 도망칠 것입니다."

"이제 그는 싸울 필요가 없습니다. 전사가 성숙해지면 싸울 필요가 없습니다. 전사가 진정으로 두려움 없이 서 있을 때, 싸움은 일어나지 않습니다. 그의 존재 자체만으로도 충분합니다. 다른 닭들은 쳐다만 봐도 도망칠 것입니다."

그리고 실제로 그런 일이 일어났다. 마침내 이 싸움닭이 결투에 참가했다. 그 닭은 그곳에 서 있기만 했다. 상대방 싸움닭들이 용감함을 과시하며 나타났다. 그들은 한구석에 그어진 원에서 걸어나왔다. 에고로 가득 차서, 거만을 떨고, 공연히 뽐내며. 그러다가 그들은 이 싸움닭을 보았다. 이 싸움닭은 비정상적으로 보였다. 전혀 이 세상의 닭 같지가 않았다. 그는 마치 붓다처럼 서 있었다. 그들은 그를 화나게 하려고 노력했지만 그는 움직이는 빛조차 보이지 않았다. 그들은 날뛰고 으르렁거렸지만 헛수고였다. 그러자 그들은 전율하기 시작했다. '이 싸움닭은 정상이 아니다. 이 닭은 참으로 이상한 존재다. 그는 우리의 세계에 속한 닭이 아니다!'

그들은 무엇인가를 알아차렸다. 이 닭은 겁쟁이도 아니고, 용감한 닭도 아니었다. 단순히 두려움이 없었다. 두려움 없는 존재가 있을 때 상대방은 도망칠 수밖에 없다. 선의 검객, 사무라이의 훈련도 마찬가지다. 검객은 싸우지만 분노 없이 싸운다. 이것은 불가능한 일처럼 보인다. 왜냐하면 그대는 분노를 갖고 사랑하지만, 그는 분노 없이 싸우기 때문이다.

수피의 이야기가 있다. 위대한 회교 칼리프 군주 오마르의 생애에서 일어난 일이다. 그는 30년 동안이나 어떤 적과 싸웠다. 그 적은 무척 강했기 때문에 싸움이 끝나지 않고 계속되었다. 평생 동안 치러진 전쟁이었다.

결국 어느 날 기회가 왔다. 전투 중에 적이 말에서 떨어졌다. 오마르는 창을 들고 그를 덮쳤다. 창이 그 적의 심장을 찌르려는 찰나였다. 이제 한순간 뒤면 모든 것이 끝날 것이다. 그런데 바로 그 순간 그 적이 오마르의 얼굴에 침을 뱉었다. 순간 오마르는 창을 멈추고 자기의 얼굴을 손으로 닦은 다음 일어나서 적에게 말했다.

"내일 다시 시작하자."

적은 당황해서 물었다.

"무슨 일인가? 난 30년 동안 이 순간을 기다려 왔다. 너도 30년 동안 이 순간을 기다려 왔다. 난 어느 날인가 내 창으로 너의 심장을 찌르게 될 날을 기다려 왔다. 그러면 우리의 전쟁이 끝날 것이다. 그러나 그런 기회는 내게 오지 않았다. 오히려 네가 그 기회를 잡았다. 넌 한순간이면 나를 죽일 수 있었다. 그런데 왜 중지하는가? 무엇이 문제인가?"

오마르는 말했다.

"이것은 평범한 전쟁이 아니었다. 난 맹세를, 수피의 맹세를 했다. 분노를 갖지 않고 싸우겠노라고. 지난 30년 동안 난 분노 없이 싸워 왔다. 그런데 한순간 분노가 일어났다. 네가 내 얼굴에 침을 뱉는 그 순간 난 분노를 느꼈으며, 이 전쟁이 개인적인 것이 되어 버렸다. 난 너를 죽이고 싶어졌다. 에고가 들어선 것이다. 지금까지 30년 동안 그런 문제가 전혀 없었다. 우린 어떤 피치 못할 원인 때문에 전쟁을 하고 있었다. 넌 내 적이 아니었다. 어쨌든 이것은 개인적인 전쟁이 아니었다. 난 널 죽이는 일에 아무 관심이 없었다. 단지 승리하기만을 원했다. 그런데 바로 지금 한순간 난 그 사실을 망각했다. 넌 내 적이 되었으며, 난 널 죽이고 싶어졌다. 그렇기 때문에 난 널 죽일 수 없는 것이다. 그러니 내일 다시 시작하자."

하지만 전쟁은 다시 시작되지 않았다. 적이 친구가 되었기 때문이다. 그 적은 말했다.

"이제 내게 가르침을 주시오. 내 스승이 되어 나를 당신의 제자로 삼아 주시오. 나도 분노 없이 싸우는 법을 배우고 싶소."

에고 없이 싸우는 것, 그것이 궁극의 열쇠다. 만일 에고 없이 싸울 수 있다면 그대는 모든 것을 에고 없이 할 수 있을 것이다. 왜냐하면 싸움은 에고의 절정이기 때문이다. 그것을 할 수 있다면 모든 것을 할 수 있다. 그때 그대는 사랑조차 에고 없이 할 수 있다. 이것이 사무라이, 선의 검객을 위한 수행이다. 이 싸움닭처럼 에고 없이 싸우는 것. 이제 그는 거의 준비가 되었다.

기성자는 마침내 대답했다.
"이제 거의 준비가 되었습니다."

하지만 이 '거의 준비가 되었다'라는 말을 기억하라. 왜 완전하게 준비된 것이 아니고, 거의 준비되었다고 하는가? 도에서는 말한다. 이 세상에는 완전이란 존재하지 않는다고. 오직 완전에 가까운 것만이 존재한다고. 완전해지는 순간 그대는 사라진다. 완전은 물질 속에는, 물체 속에는 존재할 수 없다. 물질 그 자체가 약간의 불완전성을 내포하고 있다. 그리고 부족한 그 약간의 것이 그대와 육체를 연결하는 연결 고리다.

그렇기 때문에 육체 속에 존재할 수 있는 것이다. 일단 그대가 완전해지면 그대는 사라진다. 평범한 인간은 죽지만, 완전한 인간은 결코 죽지 않는다. 그는 사라질 뿐이다. 그대는 떠나지만 완전한 사람은 사라진다. 떠난다는 것은 곧 다음 순간에 도착한다는 것을 의미한다. 떠남 그 자체가 도착의 한 부분, 도착의 시작이기 때문이다. 도착은 떠남의 시작이다.

그대는 다시 이 세상에 도착하기 위해 이 세상을 떠난다. 그러나 완전한 사람은 단순히 사라질 뿐이다. 그는 너무나 완전하기 때문에 물질이 그를 붙잡을 수가 없다. 너무나 완전하기 때문에 육체가 그를 담을 수 없다. 너무나 완전하기 때문에 이 불완전한 세상에서는 어떤 모습도 취할 수 없다. 그는 모습 없는 존재가 된다.

그렇기 때문에 조련사는 싸움닭이 '거의 준비'가 되었다고 말한 것이다. 이제 그 싸움닭에게는 더 이상의 준비가 필요 없다. 이제 궁극적인 단계에 도달했다.

"다른 닭이 울어도 움직이는 빛이 안 보이고……."

더 이상 어떻게 완전할 수 있단 말인가?

"먼 곳에서 바라보면 마치 나무로 조각한 닭과도 같습니다."

더 이상 어떤 완전함이 가능하단 말인가?

"이제 성숙한 싸움닭이 되었습니다.
어떤 닭도 감히 덤비지 못할 것이며,
아마 바라보기만 해도 도망칠 것입니다."

더 이상 어떤 완전함이 가능한가? 물론 가능할 것이다. 아무리 나무로 만든 닭처럼 움직이는 빛조차 보이지 않고 서 있으며, 다른 닭들은 그를 보기만 해도 도망친다고 해도, 그래도 '그'는 아직 거기에 존재한다. 그가 불완전한 이유가 여기에 있다. '그'가 아직 그곳에 존재하는 것이다.

그가 행하는 모든 것은 노력을 통해 행해진다. 그가 불완전한 이유가 여기에 있다. 그는 그렇게 행동하도록 훈련받았다. 그리고 이제 그는 준비가 되었다. 그는 훌륭하게 해낼 것이다. 하지만 내면 깊은 곳에서는 그는 아직도 과거의 그 싸움닭이다. 미세한 떨림이 아직도 그곳에 있다. 그것은 탐지되지 않을 것이다. 아무도 그것을 눈치 챌 수 없을 것이다. 외부에서 보면 그는 완전한 성자다. 하지만 내면에서는 그는 여전히 과거의 그 싸움닭이다. 그리고 이것이 문제다. 그대는 종교 수행을 할 수 있다. 아주 오랫동안 종교 수행을 한 나머지 거의 완전해질 수가 있다. 하지만 거의 완전한 것은 아직도 불완전한 것이다. 절대적으로 완전해져야 한다.

절대적인 완전함이란 무엇인가? 그 훈련이, 그 노력이 떨어져 나갈 때 장자가 말하듯이, 쉬운 것이 옳은 것이다. 그러나 이 싸움닭은 아직도 노력하고 있다. 그는 그것을 '행위'하고 있다. 그는 '마치 나무로 조각한 닭처럼' 움직이지 않는다. 하지만 내면 깊은 곳에서는 아직 완전히 자연스러운 경지가 아니다. 완전한 무위의 상태가 된 것이 아니라 무위를 행하고 있다. 그렇게 하도록 훈련받고, 길들여진 것이다.

종교는 훈련이 아니다. 그것은 수련해야 할 어떤 것이 아니다. 그것은 물처럼 흘러가는 것이지, 강요되어야 할 어떤 것이 아니다. 외부에서부터 시작해서 그것을 강제해서는 안 된다. 그것이 내부에서부터 시작되도록 도와야 한다. 그래서 외부로 흘러넘치도록. 그것은 자연스러운 것이어야만 한다.

그렇다면 어떻게 해야 하는가? 자연스러운 것을 기다리면 그것이 오지 않을지도 모른다. 그렇다고 훈련을 받는다면 그대는 단지 이 싸움닭처럼 될지도 모른다. 싸움에 좋고 남에게 좋은. 하지만 그대 자신의 입장에서는 그대는 여전히 과거의 그 존재로 머물러 있을 것이다.

이른바 성자라고 하는 수많은 이들이 이와 같다. 그들의 성스러움은 여전히 노력의 입장에 있다. 그들은 그것을 유지하려고 노력하고 있다. 어떤 것을 유지하려고 노력할 때 그것은 진실된 것이 아니다. 반대되는 것, 정반대의 것이 아직도 무의식 어딘가에 자리 잡고 있기 때문이다. 그것이 어느 순간에 터져 나올지 모른다. 특히 그대가 긴장을 풀 때 그것은 터져 나올 것이다.

한 수피 탁발승이 나를 만나러 왔다. 그는 30년 넘게 수행을 했다. 그가 열심히 수행을 한 것은 사실이었다. 그것에 대해선 의심할 여지가 없었다. 그는 이 싸움닭처럼 거의 완전했다. 그는 많은 제자들을 거느리고 있었는데, 그들이 내게 말하곤 했다. 나무든 바위든 별이든 그가 어느 곳을 바라보든지 모든 곳에서 그는 알라를, 신의 에너지를 본다고.

그 수피가 3일 동안 나와 함께 지내게 되었다. 그는 끊임없이 알라 신의 이름을 노래 불렀다. 수피들은 그것을 '기그라'라고 부른다. 심지어 목욕할 때도 그 이름을 노래 불렀다.

내가 그에게 물었다.

"이유가 무엇인가? 그대는 이제 모든 곳에서 알라 신을 볼 수 있다. 그런데 왜 계속해서 신의 이름을 노래 부르는가? 무엇을 위해 이 수행을 하는가? 모든 곳에 알라가 있고 모든 곳에 신이 있다면 그대는 지금 누구를 부르고 있는가? 그리고 내면에서 그 노래를 부르는 자는 누구인가? 그것을 떨쳐 버리라! 그대가 나와 함께 있는 이 사흘 동안만이라도 그대의 수행을 잊어버리라."

그는 내 말뜻을 이해했다. 그는 겸손한 사람이었다. 여전히 수행을 계속하고 있다면 아직 완전해지지 못했다는 뜻임을 그는 이해했다. 그는 말했다.

"그동안 난 내가 완성에 이르렀다고 절대적으로 확신했습니다."

그래서 내가 말했다.

"그렇다면 이제 그것을 버리라."

그의 입으로 '절대적인 확신'을 이야기하는 순간 그가 그 수행을 버리기가 무척 어렵다는 것이 분명해졌다. 하지만 그는 그 수행을 중단했다. 그렇게 하지 않을 수가 없었다. 그 3일 동안 나는 그를 지켜보았다. 3일째 되는 날 새벽 4시에 그가 내 방으로 달려와 나를 흔들어 깨우며 말했다.

"도대체 당신은 무슨 짓을 한 거요? 모든 것이 사라졌소! 이제 내 눈에는 신이 보이지 않소. 사물들이 다시 나타나기 시작했소. 나무는 나무이고, 돌은 돌이 되었소. 도대체 당신은 나한테 무슨 짓을 한 것이오? 당신은 나를 죽였소. 30년에 걸친 내 노력을 망쳐 놓았소. 당신은 친구가 아니라 적이오!"

그러자 나는 그에게 말했다.

"좀더 침묵하고 내 옆에 앉으라. 그리고 무슨 일이 일어난 것인지 우리 한번 살펴보자. 나는 그대의 적이 아니다. 비록 그대가 30번의 생 동안 이 수행을 계속한다 해도 아무 일도 일어나지 않을 것이다. 그대는 언제나 '거의 준비가 된' 상태이기만 할 것이다. 언제라도 그대가 이 수행을 멈추는 순간, 그대는 과거의 존재로 되돌아갈 것이다. 그것은 사라진 것이 아니었다. 그것은 숨겨져 있었을 뿐이다. 그대가 그것을 안으로 밀어 넣고 있는 것이다. 그대의 수행은 그것을 안으로 밀어 넣는 것에 불과하다. 그대가 그 수행을 멈추는 순간 그것이 스프링처럼 퉁겨져 나온다. 그대는 계속해서 그것을 누르고 있다. 그러면서 모든 것이 잘 돼 간다고 생각한다. 그러나 그대가 손을 떼는 순간 그 스프링은 퉁겨져 나오며, 모든 것이 옛날로 되돌아간다. 그러니 나한테 화내지 말라. 당황하지 말라. 이것은 위대한 깨달음이다. 이제 그 수행을 중단하고 저 나무를 있는 그대로 바라보라! 나무 속에 신의 모습을 투영할 필요가 없다."

이것이 진실한 종교인과 진실되지 않은 종교인의 차이다. 나무를 바라보라. 그리고 그것에 신을 갖다 붙이지 말라. 나무가 신이라고 말하면서 그 수행을 반복하면 마침내 나무는 신처럼 보이기 시작할 것이다. 하지만 그 신은 가짜다. 나무에게 신을 강요한 것에 불과하다. 그것은 마음의 투영일 뿐이다.

나무를 바라보라. 그리고 침묵하라. 나무에게 그대의 신을 투영할 필요가 없다. 나무는 신 그 자체다. 따라서 그대의 신을 그것에게 강요할 필요가 없다.

다만 나무와 함께 침묵하라. 침묵할수록 그대는 나무가 그대의 침묵과 함께 서서히 탈바꿈하는 것을 보게 될 것이다. 그리하여 어느 날인가 그대는 모든 존재가 신이라는 사실을 진정으로 깨달을 것이다. 하지만 그대가 깨달은 그 신을 누구도 그대에게서 빼앗을 수 없다. 그것은 훈련된 것이 아니다. 그것은 자연적으로 일어난 것이다. 진정한 것은 언어가 아니라 침묵을 통해 일어난다.

이 조련사는 대답했다. 이 싸움닭은 '거의 준비가 되었다'고. 완전한 것은 아니다. 왜냐하면 그것은 훈련된 것이고 강요된 것이므로. 이른바 성자라고 일컬어지는 수많은 이들이 이 싸움닭과 같다. 그들은 '완전에 가깝도록' 훈련받는다. 겉보기엔 좋다. 하지만 내면 깊은 곳에서는 좋을 것이 하나도 없다. 진정한 성자는 자연스러움 속에서 사는 사람이다. 그의 모든 경험은 생각의 투영으로부터도 자유롭다.

그렇다면 어떻게 해야 하는가? 처음에 그대는 수행을 해야 할 것이다. 그렇지 않으면 자연스러움이 찾아오지 않을 것이다. 그대는 그 자연스러움을 너무나 깊숙이 억제해 왔다. 따라서 그것은 저절로 그대의 의식 표면에 나타나지 않을 것이다. 그렇다면 어떻게 해야 하는가? 먼저 수행을 하라. 철저히 수행을 해서 마침내 '이제 거의 준비가 되었다'라고 말할 수 있을 때까지 밀고 가라.

그 다음 단계는 수행을 모두 버리는 일이다. 그리고 단지 일어나는 일을 지켜보는 것이다. 수행을 중단하면 과거의 모든 것이 다시 나타나기 시작할 것이다. 이제 한 사람의 지켜보는 자가 되어 그것을 지켜보라. 그대가 지켜볼 수 있다면 스스로 사라질 것이다. 어떤 행위도 필요 없다.

그대의 수행은 단지 스프링을 끝까지 내리누르기 위한 것이다. 그때 어떤 일이 일어나는가? 스프링을 가지고 시험해 보라. 그것을 끝까지 눌렀다가 손을 떼면 그것은 퉁겨져 오른다. 가능한 한 그대의 존재 전체로 수행을 할 때 이 일이 가능하다. 물론 그대는 결코 존재 전체로 수행을 할 수 없다. 하지만 가능한 한 그렇게 하라.

하나의 스프링처럼 사념을 벽으로 밀어붙인다. 그대는 계속해서 밀어붙이고 또 밀어붙인다. 내가 그대에게 가르치는 모든 명상법들은 사념을 벽으로, 끝까지 밀어붙이기 위한 것이다. 그래서 이제 거기 더 이상 나아갈 곳이 없을 때, 더 이상 스프링이 압축될 수 없을 때, 그때 그대는 거의 준비가 된 것이다. 그때 나는 말할 것이다. 그것을 버리라! 그 스프링이 그대로부터 퉁겨져 나올 것이다. 그리고 일단 사념이 그대로부터 퉁겨져 나가면 그대는 그것으로부터 자유롭다. 그때 어떤 수행도 필요치 않다. 그때 그곳에는 순간에서 순간으로의 삶, 축제만이 있을 뿐이다. 순간에서 순간으로의 감사가 있다. 순간에서 순간으로의 기쁨과 환희가 있다.

새는 날아가지만 아무런 발자취도 남지 않는다. 누구도 그 길을 따를 수 없다. 그대 자신의 길을 가라. 인류 역사상 누구도 걸어 본 적이 없는.

넷째날 아침 원숭이 동산에서의 일

오나라 왕이 강에 배를 띄우고 놀다가
강변의 원숭이 동산에 이르렀다.
원숭이들은 왕의 일행을 보자
모두 겁에 질려 나무 꼭대기로 도망쳤다.

그런데 한 마리 원숭이만은 완전히 무관심한 듯
몸을 자유자재로 움직여 나뭇가지 사이로 이동하며
자기의 재주를 왕에게 자랑했다.

왕이 활을 들어 그 원숭이를 향해 화살 하나를 쏘았다.
그러자 원숭이는 날아오는 화살을 능숙하게 손으로 잡는 것이었다.

이에 왕은 신하들에게
일제히 원숭이를 향해 활을 쏘라고 명령했다.
한순간에 원숭이는 온몸에 집중적으로 화살을 맞고
그 자리에 떨어져 죽었다.

그러자 왕은 친구인 안불의를 돌아보며 말했다.
"방금 일어난 일을 보았는가?
이 원숭이는 자기의 영리함을 자랑하고
자기의 재주를 너무 믿었다.
그는 아무도 자기를 잡을 수 없다고 생각했다.
이것을 기억하라!
사람들과 상대할 때
자신을 돋보이지 말고 재능에 의존하지 말라!"

집에 돌아오자 안불의는 그 길로 한 현자의 제자가 되었다.
자기를 돋보이게 하는 모든 것을 제거하기 위해서였다.
그는 지금까지의 모든 쾌락을 버렸으며,
어떤 것이든 자신의 뛰어남을 감추는 법을 배웠다.

머지않아 나라 안의 누구도 그를 어떻게 하지 못했다.
그리하여 모두가 그를 경외하는 눈으로 바라보았다.

―〈원숭이 재주〉

　도의 비밀 열쇠가 이 이야기 속에 담겨 있다. 도는 그대가 아름다운 것을 갖고 있으면 감추라고 말한다. 절대로 그것을 겉으로 나타내지 말라고. 그대가 어떤 진리, 어떤 가치를 지니고 있을 때 그것이 무엇이든 숨기라. 진리를 그대 가슴 안에 숨기라. 그러면 그것은 땅속에 심은 씨앗처럼 자라날 것이다. 그것을 밖으로 꺼내지 말라. 씨앗을 모든 사람이 볼 수 있도록 길 위에 꺼내 놓으면 그 씨앗은 죽을 것이다. 헛되이 죽고 말 것이다. 그곳에 재생의 기회마저 없다. 그냥 썩어 버리고 만다.

　아름답고 좋고 진실한 것을 갖고 있는가? 그럼 그것을 씨앗처럼 다루라. 그것을 흙으로 덮어 가슴의 감춰진 장소에 묻어 두라. 절대로 그것을 과시하지 말라. 그러나 모든 사람이 그 정반대 행위를 하고 있다. 뭔가 나쁜 걸 갖고 있으면 그것을 숨긴다. 그것이 다른 사람에게 알려지는 걸 원치 않는다. 추한 것이면 무엇이든 감추려고 노력한다. 그리고 아름다운 것을 갖고 있으면, 비록 그것이 진정으로 아름다운 것이 아닐지라도 그것을 광고하고, 과장하고, 과시한다. 그래서 결과가 어떻게 되는가? 불행이다. 추한 것은 자라나고,

아름다운 것은 사라지기 때문이다. 진실하지 않은 것은 하나의 씨앗처럼 자라나고 진실한 것은 바깥으로 내던져진다. 귀중한 것은 내던져지고, 쓰레기만 자란다. 그리하여 결국 그대는 잡초더미가 되고 만다. 그대의 삶에서 어떤 꽃도 피어나지 않는다. 그대는 한 번도 옳게 행동하지 않았기 때문이다. 다시 말해 꽃의 씨앗을 내면에 묻어 두지 않은 것이다. 이것이 바로 도의 길이다. 나는 말한다. 이것이 곧 도의 비밀 열쇠라고.

도의 사람은 평범한 존재로, 지극히 평범한 존재로 남아 있다. 아무도 그의 존재를 알지 못한다. 아무도 그가 내면에 무엇을, 어떤 보물을 갖고 있는지 알지 못한다. 그는 결코 광고하지 않는다. 결코 자랑하려고 노력하지 않는다. 그럼 우리는 왜 광고하는가? 에고 때문이다. 그대는 그대 자신으로 만족하지 못한다. 오직 남들이 그대를 평가해 줄 때만 만족한다. 코히누르(세계에서 가장 큰 다이아몬드)만으로는 충분하지 않다. 그대는 귀중한 보석을 갖고 있다. 그러나 그것만으로는 충분치 않다. 남이 그것을 평가해 주어야만 하는 것이다. 그대의 존재가 아니라 남의 의견이 더욱 가치 있다. 그대는 남의 눈을 들여다본다. 마치 그들이 거울이기나 한 것처럼. 그래서 그들이 그대를 평가하고 박수를 보내면 그대는 기분이 좋아진다.

에고는 허상이다. 그것은 타인의 의견이 모여 쌓인 것에 불과하다. 그것은 '나'의 지식이 아니다. 실제로는 에고에 불과한 이 '나'라고 하는 것은 타인의 의견의 집합일 뿐이다. 그때 그곳에 두려움이 있다. 타인들이 그들의 의견을 바꿀지도 모르기 때문이다. 그대는 언제나 그들의 의견에 좌우된다. 그들이 그대를 좋아하면, 계속 좋은 상태를 유지하기 위해 그들의 규칙을 따라야만 한다. 그들의 눈에 좋게 비치기 위해 그들을 추종해야만 한다. 일단 그들이 의견을 바꾸면 그대는 더 이상 좋은 인간이 아닌 것이다.

그대는 직접적으로 자신의 존재에 접근하지 않는다. 오직 타인을 거쳐서 접근한다. 따라서 자신을 광고할 뿐 아니라 과장하고 거짓되게 행동한다. 그대는 약간의 진실, 약간의 아름다움을 갖고 있다. 하지만 그것을 확대 과장하며, 따라서 그것은 매우 우스꽝스러운 것이 되고 만다.

나는 물라 나스루딘을 처음 만났을 때를 기억한다. 어떻게 그것을 잊을 수 있겠는가? 한 친구가 우리를 서로 소개시켜 주었다. 친구는 다른 여러 가지 것들을 이야기하면서 동시에 나스루딘이 유명한 작가라고 설명했다. 나스루딘은 실제로 그렇다는 듯 미소를 지었다. 그래서 내가 나스루딘에게 물었다.

"그동안 어떤 작품을 썼는가?"

그가 대답했다.

"이제 막 〈햄릿〉을 탈고했지요."

나는 그 말을 믿을 수 없었다. 그래서 다시 그에게 물었다.

"그대는 윌리엄 셰익스피어라는 이름을 들어본 적이 있는가?"

나스루딘이 말했다.

"정말 이상한 일이군요. 전에 내가 〈맥베스〉를 썼을 때도 누군가 내게 똑같은 질문을 했어요. 정말 이상해요."

그러더니 그는 물었다.

"그 윌리엄 셰익스피어라고 하는 사람이 대체 어떤 자입니까? 아무래도 그 친구가 계속해서 내 작품을 모방하고 있는 것 같아요. 내가 무슨 작품을 쓰든지 그 친구가 따라서 쓰거든요."

그대는 모두가 그대를 모방하고 있다고 생각한다. 실제로는 그대가 끊임없이 모두를 모방하고 있는 것이다. 그대는 복사품이지 진짜 사람이 아니다. 진짜 사람은 절대로 무엇을 과시할 필요를 느끼지 않기 때문이다.

한 휴양지에서의 일이다. 일류 호텔의 잔디밭에서 세 명의 노부인이 카드 놀이를 하고 있었다. 그때 또 한 명의 노부인이 다가와 카드 놀이에 합석해도 되겠느냐고 물었다. 그들이 말했다.

"물론 환영이에요. 하지만 몇 가지 규칙이 있어요."

그들은 카드를 건네 줌과 동시에 그 몇 가지 규칙에 대해 말했다.

"첫째, 절대로 밍크 코트에 대해 말하지 말 것. 왜냐하면 우리 모두가 밍크 코트를 갖고 있으니까. 둘째, 절대로 자신의 손자들에 대해 말하지 말 것. 왜냐하면 우리 모두에게 손자들이 있으니까. 셋째, 절대로 보석에 대해 말하지 말 것. 왜냐하면 우리 모두가 최고의 보석 가게에서 산 값나가는 보석들을 지니고 있으니까. 그리고 넷째, 절대로 섹스에 대해 말하지 말 것. 과거는 과거이니까!"

그러나 모든 사람이 자기 자신에 대해 말하기 원한다. 자신의 밍크 코트, 자신의 보석, 자신의 자식들, 그리고 자신의 섹스에 대해. 그리고 다들 서로의 이야기를 지겨워한다. 그 지겨움을 참는 것은 단지 은밀한 합의에 의해서다. 그대가 상대방의 지겨움을 참아 주면, 상대방도 그대의 지겨움을 참아 준다. 그대는 단지 기다리고 있는 중이다. 상대방이 자신을 과시하고 나면 이제 그대 차례가 된다. 이런 식으로 삶 전체가 하나의 허상, 끊임없는 자기 과시가 된다. 그것을 통해 무엇을 성취할 수 있는가? 자신이 중요하고 특별한 존재라는 거짓된 감정 외에는 아무것도 아니다.

밍크 코트를 소유한다고 해서 어떻게 특별한 존재가 되는가? 값비싼 보석을 소유한다고 해서 어떻게 특별한 존재가 되는가? 이렇게 또는 저렇게 행동한다고 해서 어떻게 그대가 특별한 존재가 되는가? 특별함이란 행위가 아니라 그대의 존재 그 자체와 관계된 것이다. 그리고 그대는 이미 특별한 존재다. 모두가 독특하다. 굳이 그것을 증명할 필요가 없다. 그것을 증명하려고 노력한다면 그대는 오히려 그 정반대의 것을 증명하는 셈이다. 어떤 것이 이미 그러하다면 굳이 그것을 증명해 보일 까닭이 무엇인가? 그것을 증명하고자 노력한다면 그것은 자신에게 주어진 독특함을 깨닫지 못하고 있다는 증거다.

따라서 어떤 것을 증명하길 원한다면, 그것은 곧 그대가 그것을 의심하고 있다는 증거다. 남의 눈을 통해, 남의 의견을 통해 그 의심을 없애려고 하고 있는 것이다. 그대는 자신이 아름다운 인간임을 진실로 확신하지 못한다. 그래서 남의 입을 통해 그대가 아름답다는 평가를 듣고 싶은 것이다.

어느 작은 마을에서의 일이다. 그 마을에서는 누군가 결혼할 때마다 마을 목사가 신부에게 키스를 하는 것이 관례였다. 그것은 오래된 관습이었다. 한 여성이 결혼을 하게 되었다. 그녀는 무척 신경이 써졌다. 그녀는 자신이 다른 여성들처럼 무척 아름답다고 생각했다. 이것은 그녀만 그런 게 아니라 전체 여성의 속성이다. 실제로 아주 추한 여성을 포함해 모든 여성이 그렇게 생각한다.

그녀는 자신이 무척 아름답다고 생각했다. 그래서 무척 신경 쓰이고 걱정이 되었다. 그녀는 장래의 남편 될 사람에게 거듭거듭 주장했다.

"교회에 가서 말해. 난 결혼식이 끝난 뒤 그 못생긴 목사와 키스하는 것을 원치 않는다고."

결혼식 직전에 그녀는 또다시 신랑에게 말했다.

"목사에게 가서 내 말을 전했어?"

신랑이 매우 슬픈 어조로 대답했다.

"물론 그렇게 했지."

신부가 물었다.

"그런데 왜 그렇게 슬픈 표정이야?"

신랑이 대답했다.

"내가 가서 목사에게 그 말을 전했더니 그가 아주 기쁜 표정으로 이렇게 말하는 것이었어. 그렇다면 주례 비용을 평소의 절반으로 깎아 주겠다고 말야. 당신이 너무 못생겼다는 거야."

그대는 줄곧 자신이 아름다운 사람이라고 생각할지 모른다. 그러나 아무도 그대에 대해서 그렇게 생각하지 않는다. 모두가 자기 자신의 아름다움에만 관심을 쏟고 있기 때문이다. 그대에 대해 신경 쓸 겨를이 없다. 만일 누군가 고개를 끄덕이면서 '그렇다, 당신은 정말 아름답다' 하고 말한다면 그 사람은 그대 역시 고개를 끄덕이며 그의 아름다움을 평가해 주길 기다리고 있는 것이다. 그것은 서로간의 협정이고 비즈니스다. 넌 나의 에고를, 난 너의 에고를 만족시켜 준다. 난 네가 아름답지 않다는 걸 잘 알고, 너도 내가 아름답지 않다는 걸 잘 안다. 하지만 난 너의 에고를, 넌 나의 에고를 채워 준다.

모두가 독특한 존재이길 바라고 그것이 증명되길 바란다. 그러나 그것은 어떤 증명도 필요 없이 그대 자신이 이미 독특한 존재라는 사실을 자각하지 못했다는 뜻이다. 증명은 거짓을 위해서만 필요하다. 이것을 기억하라. 신을 증명하지 못하는 이유가 여기에 있다. 신은 궁극의 진리, 궁극의 진실인 것이다. 증명은 오직 거짓을 위해서만 필요한 것이지. 진리와 진실은 증명이 필요 없다. 그것은 그냥 그곳에 존재할 뿐이다.

나는 말한다. 그대는 이미 독특하고 특별한 존재다. 따라서 굳이 독특하고 특별한 존재가 되려고 노력하지 말라. 그것은 우스꽝스런 일이다. 그렇게 하면 웃음거리밖에 되지 않는다. 그대가 돌아서면 모두가 비웃을 뿐이다. 그대가 자신의 독특함을 확신하지 못한다면 누가 그것을 확신하겠는가? 확신은 증명을 초월한다. 그리고 확신은 어떻게 찾아오는가? 그것은 자기 자신에 대한 앎을 통해서다.

따라서 여기 두 가지 길이 있다. 하나는 앎의 길이다. 직접적이고 즉각적으로 자기 자신을 아는 일, 이것이 옳은 길이다. 그리고 두 번째 길, 그른 길은 남을 통해, 남이 말하는 것을 통해 자기 자신을 아는 일이다. 그러나 그대가 그대 자신을 알지 못한다면 어떻게 그들이 그대를 알겠는가? 그들은 매우 먼 곳에 있다. 그대 자신을 아는 데는 그대가 가장 가까운 사람이다. 스스로 자신의 실체를 모른다면 남이 어떻게 그것을 알 수 있는가?

하지만 우리는 자신에 대한 앎이 부족하기 때문에 하나의 대체물이 필요하다. 에고가 그 대체물이다. 그래서 에고는 끊임없이 자기 과시를 필요로 한다. 우리는 시장의 쇼윈도와도 같다. 우리는 하나의 상품으로 전락했다. 우리 스스로 자신을 전시중인 상품으로 전락시켰다. 언제나 자신을 전시하면서 남들의 평가를 구걸하고 있다. 년 좋고, 아름답고, 신성한 존재다. 년 위대하고 특별하다…….

도는 이것에 반대한다. 도는 말한다. 그것은 자신의 삶을 낭비하는 길이라고. 그 에너지를 갖고 곧바로 자신의 존재 속으로 들어갈 수 있으며, 그 존재가 드러날 때 그것은 이미 특별하다.

따라서 자신에 대한 앎을 추구하는 자, 도의 사람은 다른 사람들의 눈에는 평범한 존재로 비칠 것이다. 그는 신경 쓰지 않는다. 그는 자신을 숨긴다. 그는 자기 과시를 하지 않는다. 자신을 전시하지 않는다. 그는 무대 공연을 하지 않는다. 그는 침묵한다. 침묵의 삶을 살고, 침묵의 삶을 즐긴다. 그는 아무도 자신에 대해 관심 갖지 않는 것을 좋아한다. 왜인가? 누군가 그대에 대해 관심을 갖고 그대를 생각할 때 일이 복잡해지고 어려워지기 때문이다. 그때 자신에 대한 앎이 더욱 힘들어진다.

홀로 길을 가야만 한다. 군중을 향해 시선을 돌리거나 군중이 자신을 따라와야만 한다고 생각한다면 결코 목적지에 이르지 못할 것이다. 자기 전시에 매달리면 하나의 상품, 하나의 물건으로 전락한다. 그대는 결코 사람이 될 수 없다. 왜냐하면 '사람'은 존재의 깊숙한 심연 속에 숨겨져 있기 때문이다. 그대는 하나의 거대한 심연이다. 누구도 함께 그곳으로 들어갈 수 없다. 그대 홀로 가야만 한다. 타인에 대해, 타인의 말과 생각에 대해 지나치게 신경 쓸 때 그대는 주변에서만 맴돌 것이다. 이것이 첫 번째 문제다.

두 번째 문제는, 자기 과시에 매달릴 때는 추하다고 생각되는 것들을 감추기 시작한다는 것이다. 옷으로, 언어로, 몸짓으로, 가면으로, 행동으로 그대는 추하고 잘못된 것들을 감추려고 노력한다. 그렇게 해서 어떤 결과가 찾아오는가? 이 잘못된 것들이 내면에서 하나의 씨앗이 되어 자라난다. 그것을 더 깊숙이 밀어 넣을수록 그것은 모든 에너지의 근원으로 더욱 가까이 다가간다. 그 결과 더 강해진다. 그리고 아름다운 것을 그대는 바깥으로 내던진다. 그것은 결코 하나의 씨앗이 될 수 없다.

정반대로 행동하라. 어떤 추한 것을 갖고 있다면 그것을 남에게 보여 주라. 그러면 그것은 분산된다. 그대가 화난 사람일 때 모두에게 말하라. '난 화난 사람이다. 날 사랑하지 말라. 내 친구가 되려고 하지 말라. 난 아주 나쁜 사람이다. 난 추하고 부도덕하며 탐욕스럽고 성적이다.' 자신이 가진 모든 추한 것들을 말하라. 말로 표현할 뿐 아니라 행동으로도 그것을 진실되게 표현하라. 스스로도 놀랄 것이다. 어떤 것이 바깥으로 드러날 때 그것은 분산되어 버린다.

그리고 아름다운 것을 숨기라. 그것이 더욱 깊이 들어가서 그대 존재의 근원과 만나게 하라. 그럼 그것은 성장할 것이다. 그러나 그대는 지금까지 정반대로 행동해 왔다.

이제 장자의 이야기를 깊이 이해하자. 그는 원숭이에 대한 이야기를 하고 있다.

　　오나라 왕이 강에 배를 띄우고 놀다가
　　강변의 원숭이 동산에 이르렀다.

장자는 늘 원숭이를 관찰하곤 했다. 그는 원숭이에 깊은 관심을 가졌다. 그래서 그의 아름다운 우화들 속에는 원숭이의 비유가 많다. 그는 시간이 나면 원숭이를 관찰하곤 했다. 왜인가? 원숭이가 인간의 조상이기 때문이다. 기억하라, 원숭이가 그대 내면에 숨어 있다. 이 세상 전체는 하나의 원숭이 동산에 불과하다. 온 사방에 원숭이들만 있다.

원숭이의 특성은 무엇인가? 원숭이가 가진 깊은 특성이 무엇인가? 그것은 모방한다는 것이다. 구제프(러시아 출신의 신비가)는 말하곤 했다. 원숭이의 상태를 중단하지 않고서는 인간이 될 수 없다고.

그는 옳았다. 한번은 누군가 그에게 물었다.
"원숭이의 가장 본질적인 특성이 무엇입니까?"
구제프는 말했다.
"모방하는 것, 흉내 내는 것이다."

원숭이는 완벽한 모방꾼이다. 지금까지 그대는 어떤 삶을 살아왔는가? 그대는 한 사람의 인간이었는가, 아니면 한 마리의 원숭이였는가? 그대는 언제나 남을 모방한다. 주위를 둘러보고 그대로 흉내 낸다. 남을 흉내 낼 때 그것은 진실되지 못하다. 그대는 누군가 어떤 특별한 방식으로 걷는 것을 본다. 그래서 자신도 그런 방식으로 걸으려고 노력한다. 누군가 특별한 옷을 입고 있다. 그대는 그 옷을 갖기를 원한다. 누군가 차를 샀다. 그대 역시 그 차를 갖기 원한다. 모든 것이 다 이와 같다.

그대는 자신의 진정한 필요가 무엇인지 보려고 하지 않는다. 자신의 진정한 필요를 들여다볼 때, 그때 삶은 기쁨에 넘치는 축제가 된다. 그대가 진정으로 필요로 하는 것은 많지 않기 때문이다. 모방의 길을 걸어서는 어떤 목적지에도 도달하지 못한다. 실제로 필요한 것은 많지 않다. 진정으로 필요한 것은 언제나 적다. 만일 자신의 진정한 필요를 안다면 그대는 금방 만족할 것이다. 만족이 쉽게 찾아온다. 왜냐하면 필요한 것이 많지 않기 때문이다. 그러나 남을 모방할 때 수만 가지의 불필요한 것들이 생겨난다. 그때는 끝이 없다. 그대 주위에 수많은 사람들이 존재하기 때문이다. 그대는 그들 모두를 모방하고 싶어한다. 그것은 차츰 불가능한 일이 된다. 그대는 모든 사람의 삶을 살고 있는 것이다. 그때 그대는 자신이 스스로를 위해 이곳에 존재한다는 사실을 잊는다. 그래서 하나의 모방꾼으로 전락한다.

그대는 자신의 운명을 실현하기 위해 이곳에 존재한다. 그 운명은 개인적인 것이다. 어느 누구의 것도 아니다. 존재계는 어떤 특별한 운명을 실현하도록 그대에게 삶을 부여했다. 그것은 어느 누구에 의해서도 실현될 수 없는 것이다. 어떤 붓다도 그것을 할 수 없다. 어떤 예수도 할 수 없다. 오직 그대만이 그것을 할 수 있다. 그런데 그대는 남을 모방하고 있는 것이다. 그래서 힌두교에서는 말한다. 만일 모방을 중단하지 않는다면 그대는 다시 또다시 세상에 던져질 것이라고. 이것이 윤회론이다.

자신의 운명을 실현하지 않는다면 그대는 다시 또다시 이 세상에 던져질 것이다. 꽃피지 않고서는 다시 돌아와야 할 것이다. 남을 모방한다면 어떻게 꽃필 수 있는가? 그대는 음악가를 보면 음악가가 되기를 원한다. 배우를 보면 배우가 되기를 원한다. 의사를 보면 의사가 되기를 원한다. 그대 자신을 제외하고는 모든 것이 되기를 원하지만, 정작 그대가 될 수 있는 것은 그대 자신뿐이다. 그것 외에는 어떤 것도 될 수 없다. 그 어떤 것도 가능하지 않다. 누구도 그대와 같지 않다. 따라서 누구도 그대의 이상적인 모델이 될 수 없다.

붓다를 사랑하라. 붓다는 아름다운 존재다. 그러나 그를 모방하지 말라. 모방할 때 그대의 존재를 잃는다. 예수는 위대하다. 그는 더 이상 필요한 것이 없다. 존재계는 그의 운명을 실현했다. 그의 일이 완성되었다. 그는 하나의 꽃으로 아름답게 피어났다. 그렇기 때문에 꽃피어난 사람은 다시는 돌아오지 않는 것이다. 예수를 사랑하라. 그러나 모방자가 되진 말라. 모방자가 된다면 그대의 삶은 실현되지 못하고, 불행과 고통 속에 끝을 맺는다. 그대는 누구도 진정으로 따를 수 없다. 삶의 영감은 받을 수 있다. 그러나 매우 조심해야 한다. 그 영감이 맹목적인 모방으로 발전해선 안 된다.

붓다를 보면, 그가 어떻게 꽃피어났는가를 배우라. 하나의 영감으로 그를 받아들이라. 그 방법이 무엇이었는가? 그는 어떻게 해서 붓다가 되었는가? 그것을 이해하도록 노력하라. 그 이해가 그대의 존재 속으로 스며들게 하라. 서서히 그대는 자신의 길을 발견하게 될 것이다. 그 길은 결코 붓다의 길과 같지 않으며, 같을 수도 없다. 완전히 다른 것이 될 것이다. 붓다를 받아들이는 것이 도움이 될 것이다. 붓다를 받아들이는 것이 그대를 더 깊은 이해로 인도할 것이다. 하지만 그대는 자신의 길을 걸어야만 한다. 이것이 진정한 제자와 맹목적인 추종자의 차이다.

진정한 제자는 맹목적인 추종자와 다르다. 나는 그대에게 내 추종자가 아니라 진정한 제자가 되라고 말한다. 제자가 된다는 것은 무엇인가? 제자가 된다는 것은 배운다는 것이다. '제자'라는 말의 어원 자체가 배움의 뜻을 갖고 있다. 그것은 자기 억압과는 아무 관계가 없다. 제자는 배울 준비가 된 사람이다. 받아들일 준비가 된 사람이다. 제자는 열려 있고 수용적인 사람이다. 하나의 자궁이 될 준비가 된 사람이다. 그는 적대적이지 않다. 싸우거나 논쟁하려 들지 않는다. 그는 진정으로 이해하려고 노력한다. 그리고 그가 진정으로 이해하려고 노력할 때, 그의 머리가 기능을 중지한다. 머리는 두 가지 일밖에 할 수 없다. 싸우든지 추종하든지 둘 중 하나. 맹목적인 추종자가 되든지 맹목적인 적이 되든지 둘 중 하나. 머리는 절대로 제자가 될 수 없다.

제자는 완전히 다르다. 그는 '머리 지향적'이 아니기 때문이다. 제자는 '가슴 지향적'이다. 그는 스승을 사랑하고, 스승을 받아들인다. 그리고는 자신의 길을 걷는다.

이것은 매우 간접적이고 미묘한 것이다. 이것은 직접적이 아니다. 스승을 바라보면서 그가 하는 행동을 그대로 따라 한다면 하나의 추종자로 전락한다. 스승의 말을 배우고 그것을 반복한다면, 그때 그대는 하나의 맹목적인 추종자가 된다. 그때 모든 노력이 머리 속에서 이루어지고, 머리가 장애물이 된다.

그대가 논쟁을 중단할 때, 동시에 누군가를 모방하려는 생각을 중단할 때, 그때 그대의 의식은 머리에서 가슴으로 내려간다. 그때 그대는 열린다. 그때 깊은 사랑에 빠진다. '쉬라다', 신뢰의 의미가 그것이다. 그것은 믿음도 아니고 불신도 아니다.

신뢰를 믿음과 혼동하지 말라. 그 둘은 완전히 다른 것이다. 믿음도 머리에서 이루어지고 불신도 머리에서 이루어진다. 하지만 신뢰는 가슴에서 일어난다. 그것은 믿음이나 불신과는 아무 관계가 없다. 믿거나 믿지 않거나 전혀 중요하지 않다. 그대는 오직 사랑할 뿐이다.

여기 장미꽃이 있다. 그대는 그것을 믿는가, 믿지 않는가? 어느 쪽도 아니다. 단순히 그것을 바라볼 뿐이다. 아무도 그것을 추종하거나 그것에 반대하지 않는다. 아침 태양이 떠오른다. 그대는 어떻게 하는가? 그 태양을 믿는가, 믿지 않는가? 아니면 태양의 추종자가 되어 하루 종일 태양의 길을 따라가는가? 어느 쪽을 택하든 그것은 미치광이 짓이다. 그대는 오직 즐길 뿐이다. 아침을 받아들인다. 아침의 신선함과 새로움과 젊음을 받아들인다. 아침의 태양과 함께 모든 것이 생명을 얻는다. 그대는 바로 그 생명력을 즐기고, 그것을 통해 그대 자신도 더 많은 생명을 얻는다.

한 송이의 장미꽃을 바라본다. 장미의 어떤 것이 그대의 가슴에 와 닿는다. 외부에서는 그 장미가 피어나고 있고, 내부에서는 가슴이 피어나기 시작한다. 그대는 스승을 만난다. 붓다와 예수와 장자를 만난다. 그대는 어떻게 하는가? 장미를, 또는 아침의 태양을 만났을 때와 똑같이 행동하라. 추종할 필요도, 추종하지 않을 필요도 없다. 단지 흡수할 뿐이다.

예수가 제자들에게 한 마지막 말은 다음과 같은 것이었다. '나를 먹고 마시라. 나를 너희의 술과 빵이 되게 하라. 나로 하여금 너희의 핏속을 흐를 수 있게 나를 흡수하라.' 예수가 '나를 먹고 마시라'라고 말한 것은 곧 '나를 흡수하라. 나를 소화하라'의 의미였다. '나를 외부적으로 추종하지 말고, 나를 소화하라. 그때 자기 내면의 빛을 발견할 것이다'의 의미였다.

진정한 스승은 그대에게 결코 규칙을 주지 않는다. 진정한 스승은 눈을 준다. 그는 결코 길을 보여 주지 않는다. 이것이 길이니 이 길을 따르라고 결코 말하지 않는다. 그는 그대에게 오직 빛을 주면서 이렇게 말한다. '이제 이 빛을 들고 어둠 속으로 들어가라. 그러면 이 빛이 그대의 길을 보여 줄 것이다.' 거짓된 스승은 언제나 그대에게 지도를 준다. 이것이 지도다. 길을 잃고 헤매지 말고 이 지도를 따르라……. 거짓된 스승은 결코 그대에게 빛을 주지 않는다. 그대가 빛을 갖고 있다면 지도는 필요 없다. 그대는 자신의 길을 발견할 것이다.

그리고 모두의 길이 각자 다르다. 왜냐하면 모든 사람이 서로 다르기 때문이다. 이것을 그대의 가슴 깊이 이해하라. 세상에는 똑같은 사람이 존재하지 않는다. 그럴 수가 없다. 존재계는 반복하지 않는다. 존재계는 아직 밑천이 다하지 않았다. 존재계는 언제나 새로운 독특함 속에서 꽃피어난다. 누구나 특별하다. 그것을 증명할 필요가 없다. 증명하길 원한다면 그대는 인간이 아니라 한 마리의 원숭이가 될 것이다. 흉내 내는 것을 중단하라.

흉내 내긴 쉬워도 진정한 이해에 도달하긴 어렵다. 그것이 쉽기 때문에 사람들은 흉내 낸다. 규칙만 따르면 되는 것이다. 그것에 대해 어떤 이해를 가질 필요도 없다. 지름길이 되는 규칙이 주어졌으니 그것을 따르기만 하면 된다. 사람들은 내게로 와서 말한다.

"우리에게 지름길이 되는 규칙을 주십시오. 그럼 우리가 그것을 따르겠습니다."

그들은 이렇게 말하고 있는 것이다.

'우린 성장하고 싶지 않습니다. 성숙한 우리 자신이 되고 싶지 않습니다. 당신이 우리에게 지름길이 되는 규칙들을 주십시오. 무엇을 먹고 무엇을 먹지 말며, 아침에 몇 시에 일어나서 저녁에 몇 시에 자야 하는가를. 우리가 따를 수 있도록 지름길을 알려 주세요.'

그들은 인간이 아니라 원숭이가 되기를 원하고 있는 것이다. 인간은 결코 지름길을 요구하지 않는다. 인간은 이해를 요구한다. 자기 자신의 길을 발견할 수 있도록. 그는 지도가 필요 없다. 어떤 나침반도 필요 없다. 오직 그의 내면의 빛이 길을 보여 줄 것이다.

그때 그곳에 자유가 있기 때문에 아름다움이 있다. 자유가 없을 때 아름다움도 없다. 굴종와 맹종은 세상에서 가장 추한 것이다.

    오나라 왕이 강에 배를 띄우고 놀다가
    강변의 원숭이 동산에 이르렀다.
    원숭이들은 왕의 일행을 보자
    모두 겁에 질려 나무 꼭대기로 도망쳤다.

    그런데 한 마리 원숭이만은 완전히 무관심한 듯
    몸을 자유자재로 움직여 나뭇가지 사이로 이동하며

자기의 재주를 왕에게 자랑했다.

이 원숭이는 틀림없이 원숭이 무리의 지도자, 대통령이나 수상이었을 것이다. 모든 평범한 대중이 도망친다고 해서 어떻게 지도자까지 도망칠 수 있는가? 어떻게 지도자가, 위대한 지도자가 평범한 원숭이들을 따를 수 있는가? 그는 그 자신을, 자신의 강함을 보여줘야 한다. 그렇지 않으면 원숭이들의 눈에 그의 권위가 실추될 것이다. 이 원숭이는 왕에게 자기의 재주를 자랑한 것이 아니었다. 다른 원숭이들에게 과시하기 위함이었다. 지도자의 위치를 고수하기 위해서는 강해야만 한다. 지도자의 위치를 유지하려면 자신을 과시해야 한다.

모든 정치 지도자들은 언제나 자기 과시를 한다. 그들의 진정한 얼굴은 아무도 모른다. 아내와 자식들조차 그들의 진정한 얼굴을 모른다. 매우 효과적으로 위장을 하기 때문에 아무도 그들의 참모습을 알지 못한다. 그들은 끊임없이 위장한다. 이런 말이 있다. 정치인이 '예스'라고 말하면 그것은 '아마도'라는 뜻이고, '아마도'라고 말하면 '노'라는 뜻이라고. 만일 드러내 놓고 '노'라고 말한다면 정치인이 아니다. 정치인은 무슨 말을 하든 그것이 그의 진정한 생각이 아니다. 그는 절대로 자신의 진정한 생각을 말하지 않는다. 정치인을 통해서 그대는 자신을 이해할 수 있다. 그는 단지 그대의 확대된 모습에 불과하기 때문이다. 지도자는 추종자의 확대된 모습에 불과하다. 확대경을 통해 그대 자신을 볼 수 있다.

인간 세상의 지도자들의 심리를 깊이 이해하라. 그들은 위대한 원숭이들이다. 그대는 자신이 그들을 추종하고 있다고 생각하는가? 아니다. 깊은 근본에 있어서는 그들이 그대를 추종하고 있는 것이다. 지도자는 언제나 그 자신의 추종자들의 추종자다. 그는 언제나 추종자들의 생각이 어디로 가고 있는지, 추종자들이 무엇을 원하는지 관찰해야만 하기 때문이다. 바람의 방향이 바뀌기 전에 미리 알아야 한다. 그래야 앞서갈 수 있는 것이다.

한번은 물라 나스루딘이 당나귀를 타고 어딘가 가고 있었다. 당나귀는 빠른 걸음으로 걸었다. 한 친구가 물었다.

"어딜 가는 중인가, 나스루딘?"

나스루딘이 말했다.

"솔직히 말해 나도 모른다네. 나한테 묻지 말고 이 당나귀에게 물어보게."

그 사람은 영문을 몰라 다시 물었다.

"도대체 무슨 말을 하는 건가?"

나스루딘이 말했다.

"자네는 내 친구이니 솔직하게 말하겠네. 이 당나귀는 다른 모든 당나귀들이 그렇듯 고집 세고 보수적이지. 그래서 언제나 골칫거리라네. 내가 시장이나 마을을 지나갈 때 이쪽 길로 가자고 하면 이 당나귀는 끝내 다른 길을 고집한다네. 시장 한복판에서 이런 일이 벌어지면 대단히 우스꽝스러운 노릇이지. 그래서 난 웃음거리가 되고 만다네. 사람들은 당나귀까지도 내 말을 따르지 않는다고 놀려대는 거야. 그래서 난 결심했다네. 이 당나귀가 어딜 가든 내가 그를 따라가겠다고. 그러면 실제론 그렇지 않다고 하더라도 사람들은 당나귀가 내 말을 따르고 있다고 생각할 게 아닌가? 당나귀도 행복하고 내 권위도 손상되지 않는다네."

모든 지도자들이 실제로는 그들의 추종자들을 추종하고 있을 뿐이다. 그들은 계속해서 바람이 불어가는 방향을 관찰한다. 그들은 언제나 앞서가야만 하는 것이다. 이것이 위대한 지도자가 되는 비결이다. 위대한 지도자가 되려면 사람들이 무엇을 원하는지 알아야 한다. 사람들이 자신들이 진정으로 원하는 것을 깨닫기 전에 그대가 그들에게 하나의 슬로건을 줘야만 한다. 그러면 그들이 그대를 따를 것이다.

왕의 무리가 그곳에 도착했을 때 모든 원숭이들이 도망쳤지만 태연하게 나무 타기를 연출해 보인 이 원숭이, 그는 원숭이 세계의 지도자였음에 틀림없다. 그는 세력 있는 왕 앞에서도 자신이 겁먹지 않았다는 사실을 만천하에 보여 줘야만 했다. 다른 원숭이들, 보잘것없는 평범한 원숭이들은 도망쳤지만 그는 평범한 원숭이가 아니었다. 그 자신이 위대한 왕이었다. 그는 도망쳐선 안 된다. 그는 그곳에 남아 있어야 한다. 그래야만 원숭이들 눈에 더 권위 있게 비칠 것이다.

> 그런데 한 마리 원숭이만은 완전히 무관심한 듯
> 몸을 자유자재로 움직여 나뭇가지 사이로 이동하며
> 자기의 재주를 왕에게 자랑했다.

> 왕이 활을 들어 그 원숭이를 향해 화살 하나를 쏘았다.

그것은 왕에게는 대단한 모욕이었다. 이 원숭이는 지금 왕을 모독하고 있는 것이다. 모든 원숭이들이 도망친 것은 자연스러운 일이다. 그런데 지금 한낱 원숭이에 불과한 것이 위대한 왕 앞에서 재주를 피우며 자기의 강함을 과시하고 있었다. 이런 것은 참을 수 없는 일이다. 왜냐하면 왕에게도 그 자신의 추종자들이 있기 때문이다. 왕은 신하들이 자신을 어떻게 생각하는가 신경 써야만 했다. 원숭이조차 왕을 겁내지 않는다면, 한낱 원숭이조차 그에게 신경 쓰지 않는다면, 국민이 뭐라고 생각할 것인가?

왕이 활을 들어 그 원숭이를 향해 화살 하나를 쏘았다.
그러자 원숭이는 날아오는 화살을 능숙하게 손으로 잡는 것이었다.

이에 왕은 신하들에게
일제히 원숭이를 향해 활을 쏘라고 명령했다.

그 원숭이가 지나치게 건방지고 거만했기 때문이다. 보라……. 왕은 원숭이의 에고를 볼 수 있다. 하지만 그는 그 자신의 에고는 볼 수 없다. 이런 일이 전 세계에서 일어나고 있다. 모든 관계 속에서 그대는 언제나 상대방의 에고를 볼 수 있다. 하지만 그대 자신의 에고를 바라보진 못한다. 그리고 상대방 역시 계속해서 그대의 에고만을 보고 있다.

여기 이 이야기는 장자라는 한 인간에 의해 씌어진 것이다. 그러나 만일 원숭이가 이 이야기를 쓴다고 가정해 보라. 전혀 다른 관점이 될 것이다. 생각해 보라. '장자'라는 이름의 원숭이가 다른 원숭이들 틈에서 이 이야기를 쓰고 있다고. 그렇다면 그는 왕이 대단히 거만하고, 고집 세고, 쓸데없이 폭력적이라고 썼을 것이다. 왜냐하면 그 원숭이는 아무것도 잘못한 것이 없었다. 그 자신을 즐기고 있었을 뿐이다. 그런데 왜 왕은 감정이 상했는가? 왜 그는 이 원숭이를 죽여야만 한다고 느꼈는가? 왕은 매우 이기적인 인물이었음에 틀림없다. 그가 먼저 원숭이를 죽이려고 활을 쏘았다. 그래서 원숭이가 자기 자신을 방어한 것뿐이다. 다른 짓을 한 것이 아니다.

원숭이의 관점에서 이 이야기를 본다면 내용이 전혀 달라질 것이다. 하지만 기본 골격은 동일하다. 그리고 언제나 그런 일이 일어난다. 지혜로운 사람은 모든 문제를 언제나 상대방 관점에서도 바라본다. 한 가지의 관점만을 갖고 있다면 지혜로울 수 없다. 때로 다른 사람의 위치에 서서 그 관점에서 볼 수 있어야 한다.

이 왕은 장님이었다. 그는 원숭이가 자기 과시를 하고 있음을 볼 수 있었으나, 그 자신은 왜 감정이 상했는지 볼 수 없었다. 원숭이가 자기 과시를 하도록 내버려 두라. 원숭이는 어디까지나 원숭이다. 스스로를 즐기게 하라. 그는 누구에게도 잘못된 행위를 하고 있는 것이 아니다. 그냥 나뭇가지에서 나뭇가지로 장난을 치면서 빠르게 이동하고 있을 뿐이다. 그렇게 놀도록 내버려 두라. 왜 왕은 그것에 그토록 신경을 쓰는가? 그는 자신이 모욕당하고 있다고 느꼈다. 왕은 그 원숭이가 이렇게 말하고 있다고 여겼다.

'왕이여, 넌 참으로 보잘것 없는 인간 존재다. 난 너에 대해 무관심하다. 네가 인간 세상의 왕일지 몰라도 원숭이들은 너에 대해 관심 갖지 않는다. 그리고 나 역시 왕이며, 내 앞에서 넌 아무것도 아니다. 넌 나처럼 나뭇가지에서 나뭇가지로 자유자재하게 이동할 수 있는가?'

찰스 다윈이 진화론을 발표해 인간이 원숭이에서 진화했음을 밝혔을 때 누군가 이렇게 반박했다.

"먼저 원숭이에게도 물어보라. 만일 원숭이에게 묻는다면 원숭이들은 인간이 더 진화한 존재라고 말하지 않을 것이다. 인간은 오히려 퇴화한 존재, 원숭이로부터 퇴화한 존재라고 말할 것이다."

보라, 원숭이들은 인간보다 더 강하다. 그들은 인간이 할 수 없는 몇 가지 일들을 더 할 수 있다. 그들은 인간보다 더 행복하다. 인간보다 삶을 더 많이 즐긴다. 진화를 통해 인간이 획득한 것이 무엇인가? 각종 기계 물품들? 무기들? 핵폭탄? 왜 그런 것들을 진화라고, 성장이라고, 발전이라고 생각하는가? 원숭이들에게 물어보라. 그럼 그들은 웃음을 터뜨리면서 인간들이 바보라고 말할 것이다. 인간은 네 발로도 걸을 수 없다. 원숭이처럼 나무를 기어오를 수도 없다.

사실 그 원숭이와 왕은 둘 다 같은 배에 타고 있는 처지였다.

왕이 활을 들어 그 원숭이를 향해 화살 하나를 쏘았다.
그러자 원숭이는 날아오는 화살을 능숙하게 손으로 잡는 것이었다.

왕은 원숭이보다 더 폭력적이다. 원숭이는 화살을 손으로 잡으면서 이렇게 말하고 있는 것이다.

"왕이여, 왜 넌 나를 죽이려고 하는가? 왕이여, 왜 넌 아무 죄 없는 나를 죽이기 위해 화살을 쏘는가?"

하지만 인간은 어떤 동물보다 폭력적이다. 일본 도쿄에 동물원이 하나 있다. 도쿄에 가거든 잊지 말고 그 동물원에 가보라. 그곳에 모든 종류의 야생 동물이 수천 개의 우리 안에 갇혀 있다. 그리고 그곳의 어떤 큰 우리에는 이런 표지판이 붙어 있다.

'세상에서 가장 위험한 동물!'

하지만 그 우리는 텅 비어 있다. 안을 들여다보면 그대는 세상에서 가장 위험한 동물이 무엇인지 알 수 있다. 틀림없이 그를 발견할 것이다. 그 우리 안에는 거울이 하나 놓여 있는 것이다.

원숭이는 그 자신의 에고 속에서 순진무구했다. 동물들은 에고를 갖고 있지만 여전히 순진무구하다. 그다지 폭력적이지 않다. 하지만 인간은 폭력적이다. 아마도 인간은 세상에서 유일하게 폭력적인 동물일 것이다. 물론 사자나 호랑이도 다른 동물을 죽이지만 그것은 오직 먹기 위해서다. 다른 목적을 위해서는 절대로 죽이지 않는다. 인간은 먹기 위해서 뿐만 아니라 죽이는 것을 즐기기 위해 죽인다. 사냥은 하나의 놀이다. 죽이기 위해 죽이는 것이다. 그리고 세상에서 자신의 형제 자매를 죽이는 건 오직 인간밖에 없다. 어떤 동물도 그렇게 하지 않는다. 사자는 다른 사자를 죽이지 않는다. 원숭이는 다른 원숭이를 죽이지 않는다.

인간은 다른 인간을 죽이는 유일한 동물이다. 모든 동물에게는 하나의 내부적인 메커니즘이 존재한다. 동물학자들은 모든 동물은 같은 종족을 죽이지 않는 내부적인 메커니즘을 지니고 있다고 설명한다. 그런데 인간은 뭔가 잘못되었다. 인간은 끊임없이 자신의 종족들을 죽인다. 동물 세계에는 개인끼리는 싸울지언정 전쟁 같은 건 존재하지 않는다.

동물들은 더 깊은 이해력을 갖고 있는 것이다. 두 마리의 개가 싸움을 시작하면 몇 분 안에 어떤 이해에 도달하는 걸 볼 수 있다. 인간은 결코 그런 이해에 도달하지 않는다. 상대방을 죽이지 않고서는 해결책이 없다. 개들조차도 더 깊은 지성이 있다. 두 마리의 개가 서로 으르렁거리며 이빨을 드러내고 뛰어오른다. 그러나 그것은 단지 쇼일 뿐이다. 누가 더 강한지 탐색전을 펼치고 있는 것이다. 그것은 일종의 모의 전쟁이다. 아직 싸움을 시작하기도 전에 상대방이 더 강하다고 느끼면 싸우는 것이 부질없다는 것을 이해한다. 그리고는 꼬리를 감추고 달아난다. 그럼 모든 것이 끝이다. 그들은 하나의 이해에 도달한 것이다. 순위가 결정되었다. 물론 더 강한 자가 승리할 것이다. 그러니 불필요하게 싸울 필요가 무엇인가?

오직 인간만이 어리석다. 가장 어리석은 동물이다. 인간은 약한 자가 패배하고 강한 자가 승리한다는 사실을 결코 믿지 않는다. 강한 자가 승리한다는 것은 단순한 산수 문제다. 그런데 왜 싸우는가? 그럴 필요가 없다. 히틀러는 스탈린에게 짖어 대고, 스탈린은 히틀러에게 짖어 댄다. 그러면 그들은 수학자들을 불러서 누가 더 많은 비행기와 폭탄을 보유하고 있는지 계산시킬 수 있다. 몇 분 안에 결론이 얻어진다. 그럼 꼬리를 감추고 물러나면 되는 것이다. 전쟁하러 갈 필요가 없다. 전쟁이란 이미 테이블 위에서 판가름이 날 수 있는 것이다. 곧 누가 강자인지 계산할 수 있다. 왜 그토록 많은 손실을, 그토록 많은 인간 존재의 손실을 가져와야 하는가?

하지만 이런 이해는 불가능하다. 인간은 너무 이기적이기 때문에 가장 약한 자도 자기가 승리할 가능성이 있다고 생각한다. 어떤 동물도 그런 식으로 자신을 기만하지 않는다. 탐색전을 통해 누가 더 강한지 판단한다. 그럼 끝이다. 그대는 꼬리를 감추고 도망치는 개를 겁쟁이라고 말할 것이다. 아니다, 그는 겁쟁이가 아니다. 그는 지성적으로 행동하고 있을 뿐이다. 그는 약하다. 그러니 싸움에 돌입할 이유가 무엇인가? 이미 판가름이 났다. 어떤 혈전을 펼치지 않고서도 판가름이 났다. 왜 불필요하게 전쟁을 일으키는가? 이것이 훨씬 경제적이다.

    이에 왕은 신하들에게
    일제히 원숭이를 향해 활을 쏘라고 명령했다.

이 어리석음을 보라! 원숭이 한 마리를 죽이기 위해 집중적인 공격이 필요하다. 사방에서 수많은 인간들이 그 원숭이를 공격한다.

한순간에 원숭이는 온몸에 집중적으로 화살을 맞고
　　　그 자리에 떨어져 죽었다.

　이제 왕은 기분이 좋아졌을 것이다. 뭔가 해낸 것이다. 하지만 이 어리석음을 보라. 원숭이 한 마리에게 집중적인 공격이 퍼부어졌다. 아마도 왕의 행차이니까 수백 명의 수행원이 있었을 것이다. 그 수백 명이 한 마리 원숭이를 죽이고 나서 승리감에 도취했다. 그들이 한 행동을 다른 모든 원숭이들이 비웃었을 것이다.

　　　한순간에 원숭이는 온몸에 집중적으로 화살을 맞고
　　　그 자리에 떨어져 죽었다.

　　　그러자 왕은 친구인 안불의를 돌아보며 말했다.

　이제 보라. 그런 어리석음 속에서도 우리는 우리가 지혜롭다는 것을 증명하고자 한다. 이 왕은 불필요하게 원숭이를 죽였다. 어떤 식으로든 그것을 승리라고 부를 수 없었다. 단지 원숭이 한 마리를 죽이기 위해 수백 명이 집중적으로 화살을 쏘았다. 원숭이는 아무런 무기도, 어떤 무장도 하지 않았다. 그냥 맨손이었다.
　그것이 승리인가? 그것은 전혀 승리가 아니며, 신사적이지도 않다. 보통의 경우에도 두 전사가 싸우면 상대방에게 무기를 주기 마련이다. 상대방도 창을 가져야만 한다. 똑같이 무장을 해야만 한다. 그들은 모두 무장을 하고 있었다. 하지만 전혀 무장하지 않은 한 마리의 순진무구한 동물이 그들의 손에 살해되었다.
　이 왕은 실로 어리석다. 하지만 그가 친구에게 하는 충고를 보라.

어리석음 속에서도 우리는 우리가 지혜롭다는 자만심을 계속해서 갖는다. 그는 뭐라고 말했는가? 그는 친구인 안불의에게 말했다.

"방금 일어난 일을 보았는가?
이 원숭이는 자기의 영리함을 자랑하고
자기의 재주를 너무 믿었다.
그는 아무도 자기를 잡을 수 없다고 생각했다.
이것을 기억하라!
사람들과 상대할 때
자신을 돋보이지 말고 재능에 의존하지 말라!"

이것은 매우 미묘한 것이므로 잘 이해해야 한다. 남에게 충고를 하려면 먼저 자기 자신이 지혜로워야 한다. 자기 자신도 같은 문제, 같은 함정, 같은 위기에 처해 있다면 그다지 지혜로운 것이 아니다. 누군가 어떤 문제를 들고 그대를 찾아오면 그대는 그에게 좋은 충고를 해줄 것이며, 그 충고가 옳은 것일 수도 있다. 그러나 만일 그대가 같은 문제를 갖고 있다면 그대는 자기 자신에게는 똑같은 충고를 해줄 수 없을 것이다. 왜인가? 그것이 다른 사람의 문제일 때는 그대는 분리되어 있기 때문이다.

이 왕은 친구에게 말했다.

"방금 일어난 일을 보았는가?
이 원숭이는 자기의 영리함을 자랑하고
자기의 재주를 너무 믿었다.
그는 아무도 자기를 잡을 수 없다고 생각했다.

이것을 기억하라!
　　사람들과 상대할 때
　　자신을 돋보이지 말고 재능에 의존하지 말라!"

　왕은 원숭이의 어리석음을 볼 수 있었다. 하지만 자신이 한 어리석은 행위는 볼 수 없었다. 내가 느끼기에 그는 원숭이보다 더 어리석은 짓을 했다. 그 역시 자신의 재주를 과시했으며, 자신의 재능을 자랑했다. 인간뿐만 아니라 원숭이들에게도. 그는 자신이 누구라는 사실을 드러내 보였다. 자신은 평범한 인간이 아니라 위대한 왕이라는 걸. 자신은 결코 평범한 존재가 아니라는 걸. 그리고 나서 그는 친구에게 충고했다.

　　"사람들과 상대할 때
　　자신을 돋보이지 말고 재능에 의존하지 말라!"

　하지만 이 충고는 옳다. 그때…… 수없이 이런 일이 일어난다. 그 친구 안불의는 그 충고를 받아들이고 자신의 전 존재를 탈바꿈시켰다. 어리석은 자의 지혜로운 충고를 받아들이고 자신의 삶을 바꾸었다. 왕은 전혀 변화하지 않았다. 여전히 같은 의식 상태였다. 만일 배울 수 있는 능력을 갖고 있다면 바보에게서까지 배울 수 있다. 배울 수 있는 능력이 없다면 붓다조차도 불필요하다. 끝내 배우지 못할 것이다. 그대에게 충고를 주는 그 사람은 변화하지 않을 수 있다. 하지만 그대가 배울 수 있다면 그 충고를 통해 그대 자신을 탈바꿈시킬 수 있다.

　때로 교사는 뒤에 남아 있지만 제자들은 빠르게 앞으로 나아가

목적지에 도달한다. 그대는 남에게 조언을 해줄 수 있다. 그렇다고 해서 그대가 그 진리를 획득했다는 것은 아니다.

여기 이 왕의 충고는 훌륭하다. 도의 세계에서도 같은 것을 말한다. 도에서도 같은 가르침을 말한다. 하지만 왕과 같은 마음에서는 아니다. 장자는 왕의 입을 빌어서 그 가르침을 전하고 있지만, 그 왕은 일개 학자에 불과하다. 말은 하지만 그 자신은 그런 삶을 살지 못한다. 그것은 살아 있는 경험이 아니다. 그것은 하나의 이론일 뿐이다. 왕은 그 이야기를 다른 곳에서, 어느 도의 경전에서 들었을 것이다. 그것은 도의 핵심이기 때문이다.

"방금 일어난 일을 보았는가?
이 원숭이는 자기의 영리함을 자랑하고
자기의 재주를 너무 믿었다.
그는 아무도 자기를 잡을 수 없다고 생각했다.
이것을 기억하라!"

자랑하지 말라. 드러내 놓지 말라. 그렇지 않으면 그대는 쓸데없이 문제에 휘말리고, 쓸데없이 시끄러워질 것이다. 그것이 심하면 죽음까지 초래할 수 있다.

"사람들과 상대할 때
자신을 돋보이지 말고 재능에 의존하지 말라!"

이 충고는 왕의 입에서 나온 것이다. 그러나 그 친구 안불의는 진실로 지혜로운 자였다. 그는 그렇게 말하는 왕 자신이 그 말을 실천하고 있는지의 여부에 대해서는 따지지 않았다. 그 사람에 대해서는 신경 쓸 필요가 없다. 단순히 그 충고를 받아들여 그대 자신이 변화하면 된다. 하지만 그대는 말하는 상대방에 대해 신경을 쓴다.

그릇에 대해 신경 쓸 필요가 무엇인가? 그 내용물을 취하면 된다. 담는 그릇에 신경 쓸 이유가 무엇인가? 그 안에 담긴 내용물을 맛보면 된다. 내용물이 좋다면 그 그릇에 대해선 잊으라. 이 왕은 원숭이와 조금도 다를 바가 없었다. 오히려 더 나빴다. 하지만 그는 도의 가르침의 핵심을 말하고 있다. 그는 그것을 어디선가 읽었을 것이다. 어디선가 배웠을 것이다. 그런데 갑자기 상황이 그의 지식을 일깨웠다. 그래서 그는 친구에게 말했다.

'자기를 과시하지 말라! 전시하는 자가 되지 말라. 그렇지 않으면 넌 문제에 휘말릴 것이다. 따라서 사람들과 상대할 때 자신의 재능과 특출함에 의존하지 말라.'

왜인가? 모든 인간이 이기주의자이기 때문이다. 자신의 재능에 의존한다면 그대는 문제에 직면할 것이다. 주위에 많은 적들이 생겨날 것이므로. 자신의 특출함에 의존한다면 많은 적들이 생겨날 것이고, 그대는 그들에게 시달릴 것이다. 아무도 그대가 그들보다 우월해지는 것을 원치 않는다.

한번은 물라 나스루딘이 몹시 흥분해서 나를 찾아와 말했다.

"이제 당신이 날 도와줘야만 합니다."

내가 물었다.

"무엇이 문젠가?"

그가 대답했다.

"정말 심각한 문제입니다. 최근에 내게는 심한 열등감이 생겼습니다. 도와주십시오! 제발 뭔가 조치를 취해 주십시오!"

그래서 내가 말했다.

"좀더 설명해 보라. 왜 심한 열등감을 갖게 되었는가?"

그가 말했다.

"최근에 와서 나는 모든 사람이 나와 똑같이 뛰어난 사람들이라는 사실을 느끼게 되었습니다."

자신의 재능을 드러내 보일 때 그대는 상대방이 자신만큼 뛰어나지 못하다는 것을 드러내 보이고 있는 것이다. 그때 상대방은 기분이 상한다. 기억하라. 이 왕은 원숭이 한 마리가 단지 나뭇가지 사이를 능숙하게 오간 것 때문에 감정이 상했다.

그대의 특출함을 과시한다면, 그대가 어떤 특별한 존재임을 이야기한다면, 어떤 방식으로든 그대의 재능을 증명하려 한다면, 모두가 감정이 상할 것이다. 그때 그들은 그대를 용서할 수 없다. 그들은 언젠가 복수를 할 것이다. 모든 특별한 사람에게 대중은 반드시 앙갚음을 한다. 예수가 십자가에 못 박힌 것은 군중이 그의 우월성을 참을 수 없었기 때문이다. 그들은 이 사람의 특별함을 참을 수 없었다. 그는 특별한 존재였다. 따라서 그를 죽여야만 했다.

아테네 사람들은 소크라테스를 참을 수 없었다. 그는 드문 존재였다. 인간 역사상 가장 독특한 마음의 소유자였다. 누구와도 비교할 수 없을 만큼 예리했다.

여기, 장자는 말한다. 사람들과 상대할 때 자신의 재능에 의존하지 말라. 숨어 있으라!

도의 스승들은 역사상 한 번도 십자가에 못박히거나 돌에 맞아죽지 않았다. 전혀 그런 역사가 없다. 왜인가? 그들은 자신들의 재능에 의존하지 않았기 때문이다. 그들은 결코 자신들이 남보다 특출나다고 말하지 않는다. 자신들이 남보다 높은 위치에 있고, 더 성스럽다고, 더 신성하다고 말하지 않는다. 그들은 결코 어떤 것도 말하지 않는다. 그들은 너무도 평범하게 행동하기 때문에 주위의 모든 사람이 그들보다 우월하다고 느끼게 만든다.

장자 자신도 그런 평범한 삶, 그런 아름다운 삶을 살았다. 그래서 여기 매우 특별한 차원의 사람이 존재하고 있다는 걸 누구도 눈치 채지 못했다. 그는 여러 마을을 돌아다녔지만, 마을 주민들은 장자가 그곳을 지나갔는지조차 의식하지 못했다.

한번은 왕이 어떤 경로를 통해선가 장자에 대한 이야기를 들었다. 장자가 매우 지혜로운 사람이라는 소문이 돌았던 것이다. 그래서 왕은 장자를 찾기 위해 신하를 파견했다. 그러나 어디서 그를 찾는단 말인가? 그는 집도 없고 주소도 없는 방랑자였다. 장자는 말하곤 했다. 한 장소에서 머물면 자신을 숨기기 어렵다고. 조만간 사람들이 눈치 채기 시작할 것이다. 그대가 뭔가를 내면에 갖고 있기 때문에 사람들은 곧 의심하기 시작할 것이다. 그래서 서서히 그대의 존재를 의식할 것이다. 그러니 그들이 의식하기 전에 그곳을 떠나라. 그렇지 않으면 문제에 휘말릴 것이다. 그래서 장자는 끝없이 방랑자의 삶을 살았다. 집도 번지수도 없었다. 그러니 어디서 그를 발견할 것인가?

하지만 신하는 여러 방면으로 시도했다. 왕의 명령이었으므로 시도를 해야만 했다. 그는 많은 도의 스승들에게 물었다.

"어딜 가면 장자를 만날 수 있습니까?"

그들은 말했다.

"그것은 아주 어렵다. 누구도 그가 있는 곳을 알지 못한다. 그는 바람처럼 돌아다니기 때문에 아무도 알 수 없다. 흰구름처럼 정처없이 떠돌기 때문에 누구도 그의 거처를 알 길이 없다. 그러나 어떤 마을 사람들이 자기네 마을에 아주 평범한 사람이 한 명 살고 있다고 하면 그 사람을 잡으라. 그가 바로 장자일 가능성이 크다."

그래서 신하는 결국 그런 식으로 장자를 찾아냈다. 어떤 마을에서 사람들이 이런 보고를 올렸다.

"그렇습니다. 여기 우리 마을에 방금 한 사람이 도착했는데, 지극히 평범한 자입니다. 세상에 그자보다 더 평범한 사람은 찾기 힘들 것입니다."

그자가 어디에 있느냐고 묻자, 마을 사람들은 대답했다.

"지금 강가에서 낚시질을 하고 있습니다."

그래서 신하는 그곳으로 가서 장자에게 말했다.

"왕이 당신을 만나고 싶어하오. 지난 몇 달 동안 당신이 있는 곳을 수소문하느라 애를 먹었소. 나와 함께 왕궁으로 갑시다. 그래서 왕궁의 일원이 되어 주시오. 왕의 조언자가 되어 주시오."

장자는 대답했다.

"그런가? 좋다, 내게 생각할 시간을 달라."

다음날 대신이 장자를 다시 찾아갔을 때 장자는 이미 그 마을에 없었다. 밤 사이에 멀리 도망친 것이다.

도의 사람들은 철저히 무명씨의 삶을 산다. 왜인가? 그대가 어떤 재능을 드러내 보일 때 사람들이 그대를 용서하지 않기 때문이다. 사람들은 바보는 용서할 수 있어도 현명한 자는 용서하지 못한다. 예수가 십자가에 못 박힌 것도 그 때문이고, 소크라테스가 독살당한 것도 그 때문이다. 예수나 소크라테스 앞에 서면 그대는 심한 열등감을 느낀다. 그러니 그대가 어떻게 그들을 용서할 수 있는가? 그들을 죽이기 위해 그대는 다른 사람들과 함께 집중 공격을 가할 것이다. 그래서 마음의 부담을 덜려고 할 것이다. 예수와 같은 사람은 너무도 뛰어난 존재다. 그의 옆에 서 있는 것만으로도 사람들은 열등감을 느꼈다. 따라서 그는 그 자신을 숨겨야만 했다. 이 가르침이야말로 삶의 가장 근본적인 것이다.

왕은 친구 안불의에게 그런 것들을 충고했다.

집에 돌아오자 안불의는 그 길로 한 현자의 제자가 되었다.
자기를 돋보이게 하는 모든 것을 제거하기 위해서였다.
그는 지금까지의 모든 쾌락을 버렸으며,
어떤 것이든 자신의 뛰어남을 감추는 법을 배웠다.

머지않아 나라 안의 누구도 그를 어떻게 하지 못했다.
그리하여 모두가 그를 경외하는 눈으로 바라보았다.

여기 많은 내용이 있다. 이 사람 안불의는 진실로 지혜로운 사람이다. 그는 자신에게 메시지를 전하는 그 사람에 대해서는 신경 쓰지 않았다. 그릇 그 자체에 대해서는 신경 쓰지 않았다. 오직 그 메시지만을 취했다.

이것을 기억하라. 그대는 언제나 그릇 그 자체에 대해서 신경 쓴다. 내가 어떤 것을 말하면 그대는 나라는 사람에 대해 생각하기 시작한다. 이 사람이 믿을 만한가? 이 사람은 자기가 말하는 내용에 대해 진정한 깨달음을 얻었는가? 먼저 그대는 나에 대해 확신을 갖고 싶어한다. 하지만 그것은 불가능한 일이다. 내가 어떤 것을 말할 때 그 말을 취하라. 나에 대해선 완전히 잊으라. 내가 깨달음을 얻었거나 얻지 않았거나 그것은 내 문제다. 그것은 전혀 그대의 문제가 아니다. 왜 그것에 관심을 두는가? 내가 어떤 것을 말할 때 그 말에서 어떤 향기를 느낀다면 단순히 그 약을 취하라. 의사를 취하려 하지 말고, 의사에 대해선 신경 쓰지 말라. 약에 신경 쓰라. 왜냐하면 결국 그대를 치료하는 것은 약이기 때문이다. 때로 돌팔이 의사에게서도 올바른 약을 얻는 일이 가능하다. 그 반대 역시 가능하다. 올바른 의사에게서 나쁜 약을 받을 수 있는 것이다. 중요한 것은 약 그 자체다.

이 사람 안불의는 매우 지혜롭고 지성적인 사람이었음에 틀림없다. 그렇지 않으면 그는 이렇게 생각했을 것이다. 이 어리석은 왕이 내게 감히 충고를 하고 있다니. 그 자신은 자기 과시와 전시욕에 사로잡혀 있으면서 내게는 정반대의 충고를 하다니…….

아무도 왕만큼 자기 과시에 사로잡힌 삶을 살지 않는다. 왕은 언제나 왕좌에 앉아서 자기를 과시한다. 그래서 누구도 자기와 같은 특별한 존재가 아니라는 사실을 분명히 한다. 왕은 평범한 대중과 그 사이에 하나의 구분을 둔다. 그대는 결코 왕에게 다가가 왕의 어깨에 손을 얹을 수 없다. 그는 금방 감정이 상할 것이다.

'무슨 짓을 하는 것인가? 넌 지금 내가 너와 똑같은 존재라는 걸 말하고 있는가? 목숨이 날아갈 줄 알라.'

히틀러는 누구도 자기의 어깨에 손을 얹는 것을 금지했다. 단 한 명의 친구도 그렇게 할 수 없었다. 또한 아무도 그의 이름 '히틀러'를 대놓고 부를 수 없었다. 그는 '푸에러'라고 불렸다. 아무도 그의 본명을 부를 수 없었다. 그렇게 되면 그것은 동등한 입장을 의미했다. 또한 그는 어떤 여성도 사랑한 적이 없다. 여성을 사랑하면 반드시 그녀와 동등한 존재가 되어야 하기 때문이었다. 게다가 여성은 매우 영리하기 때문에 일단 누군가 자기를 사랑하면 동등한 입장이 되려고 할 뿐만 아니라 더 우월한 존재가 되려고 할 것이다.

또한 여성은 자신의 우월성을 충분히 증명할 수 있다.

히틀러는 어떤 여성도 사랑한 적이 없었다. 그는 몇 번의 관계를 맺긴 했지만 절대로 사랑의 관계는 아니었다. 단지 성적인 관계였을 뿐이다. 그리고 그는 여성을 하녀처럼 취급했다. 하녀일 뿐 아니라 노예처럼 취급했다.

그는 한 여성과 여러 해를 함께 살았는데, 어느 날 작은 사건이 발생했다. 그 여성이 친정어머니를 만나고 싶어했다. 그녀의 어머니가 병이 들어 병원에 입원했던 것이다. 그러나 히틀러는 안 된다고 말했다. 그는 대단히 독재적이었다. 일단 안 된다고 말하면 그것으로 끝이었다. 여성은 그 문제에 대해 더 이상 거론하지 않았다. 그녀는 히틀러가 집무실에 나가면 그때 잠시 병원에 가서 어머니를 만나고 돌아올 수 있으리라고 생각했다. 그럼 아무 문제가 없을 것이었다.

히틀러가 집무실로 나갔다. 그리고 그 여성은 어머니를 만나러 갔다가 히틀러가 귀가하기 전에 돌아왔다. 히틀러는 정문 경비원에게 그녀가 외출했었나를 조사했다. 그녀가 외출했었다는 사실이 밝혀졌다. 그는 그녀가 병원에 갔었는지도 조사했다. 집 안으로 들어온 히틀러는 아무 말도 없이 그 자리에서 그녀를 총으로 사살했다.

노예 취급만도 못한 이것이 무슨 사랑이란 말인가? 사랑은 그대를 동등한 존재로 만든다. 이기적인 사람은 사랑을 할 수 없다. 사랑은 서로를 동등하게 만들기 때문이다. 서로를 동등하게 만드는 두 가지의 힘이 있다. 하나는 사랑이고, 다른 하나는 죽음이다. 누군가를 사랑할 때 그대는 그 사람과 동등해진다. 진정으로 사랑한다면 그 사랑의 순간에 그대는 모든 존재가 동등하다는 사실을 깨닫는다. 아무도 열등하지 않고, 아무도 우월하지 않다. 모두가 독특하고 다를 뿐이지 누구도 열등하지 않고, 누구도 우월하지 않다.

사랑 속에서 그대는 존재계 전체와 하나로 연결된다. 모든 존재가 동등해지고, 동등한 가치를 지닌다. 죽음 역시 모든 존재를 동등하게 만든다는 점에서는 위대하다. 그대가 죽음을 맞이할 때 모든 구분이 사라진다. 죽은 히틀러는 죽은 개와 하나도 다를 바가 없다. 그곳에는 아무 차이가 없다. 죽은 개와 죽은 히틀러 사이에, 또는 죽은 붓다 사이에 무슨 차이가 있단 말인가? 어떤 구분도 없다. 그 시체들은 똑같다. 흙에서 나서 흙으로 돌아가는 몸뚱이들일 뿐이다. 사랑에 빠진 자 역시 존재 전체와 동등해지는 것을 느낄 수 있다. 심지어 바위와도 동등해지는 것을 느낀다.

누군가를 사랑할 때, 그대는 어떤 파장을 느낀다. 그 파장 속에서 모든 것이 동등하다. 바위조차도 그대와 동등하다. 그때 그곳에 죽음은 존재하지 않는다. 왜냐하면 그때 그대는 죽을 수 없기 때문이다. 그대는 존재계와 깊은 하나됨을 느낄 것이다. 이 하나됨이 영원히 지속될 것이다. 형태는 사라질지언정, 육체는 더 이상 존재하지 않게 될지언정 내면의 하나됨은 그대로 머물 것이다. 새로운 물결 속에서 그대는 재탄생할 것이다. 새로운 나무 속에서 꽃필 것이다. 새로운 존재 속에서 춤출 것이다. 어쨌든 그대의 존재는 계속될 것이다.

이것은 가장 위대한 역설 중 하나다. 그대는 독특하다. 하지만 동시에 존재계 전체와 하나가 된다. 이 역설은 설명할 수 없다. 그것은 직접 체험해야만 한다. 그대는 독특하다. 그러나 동시에 존재계 전체와 하나다.

집에 돌아오자 안불의는 그 길로 한 현자의 제자가 되었다.

여기 안불의는 왕이 스스로 자신의 충고를 실천하고 있는지에 대해선 신경 쓰지 않았다. 왕은 여전히 과거와 다름없는 똑같은 존재다. 하지만 안불의는 자신의 전 존재를 탈바꿈시켰다. 그는 한 현자의 제자가 되었다. 만일 삶을 변화시키기 원한다면 제자가 되어야 한다. 혼자만으로는 그것이 너무 어렵기 때문이다. 혼자만으로는 거의 불가능하다. 진정한 앎에 도달한 누군가가 필요하다. 그대보다 앞서간 누군가가 필요하다.

제자가 된다는 것은 누군가에게서 배운다는 의미다. 누군가에게 자신을 내맡기고, 누군가를 자기 안으로 받아들인다는 의미다. 추종하거나 모방하는 것이 아니라 그의 깨달음을 흡수해 그대 자신 내면의 불꽃을 점화시킨다는 의미다. 활활 타오르고 있는 하나의 불꽃에 다가가 그대 자신의 불꽃을 점화시키는 것이다. 그때 그대는 자신의 길을 걸어갈 수 있다. 그때 그대 스스로 하나의 우주가 된다. 하지만 그 전에는 올바른 길을 발견하고 그것에 도달하기가 무척 어렵다.

현자와 함께라면 많은 일들이 가능하다. 많은 불가능한 일들이 가능해진다. 현자는 세상의 유일한 기적이기 때문이다. 그는 육체를 갖고 살지만 더 이상 육체가 아니다. 이곳에 그대와 함께 존재하지만 더 이상 그대와 함께 존재하지 않는다. 그는 그대를 만지지만 그대와 그 사이에는 거대한, 무한한 거리가 존재한다. 현자는 유일한 기적 그 자체다. 그대 만일 침묵을 지키면서, 모든 것을 받아들이면서, 그의 술을 마시면서 현자의 주위에 머문다면 머지않아 그 기적을 느낄 것이다. 그것이 이미 그대를 변화시키기 시작했음을 느낄 것이다.

그것은 병에 걸렸을 때 스위스로 떠나는 것과 같다. 스위스가 무엇을 할 수 있겠는가? 그러나 분위기가 건강하면 그 건강한 분위기 속에서 그대의 병은 지속될 수 없다. 그대의 병은 뭔가 지탱할 것이 필요한데 그곳에는 병을 지탱해 줄 아무런 것이 없다. 그래서 병은 자연히 소멸되고 만다.

현자 근처로 가면 주위 분위기가 바뀐다. 그대는 자신처럼 무지한 사람들 틈에 섞여서 삶을 살아왔다. 그러다가 한 현자 근처로 간다. 그때 그대의 주변 분위기가 바뀐다. 그대는 히말라야로, 알프스로, 스위스로 온 것이나 다름없다. 이제 분위기가 전혀 다르다. 이제 그 현자는 그대의 병을 더 이상 지탱해 주지 않는다. 그는 서서히 모든 병의 지탱물들을 벗겨 낼 것이다. 지탱해 주는 것들이 없으면 병은 스스로 소멸된다. 그곳에 더 이상 병이 존재하지 않을 때 그대 자신의 건강이 꽃핀다.

따라서 필요한 일은 병을 제거하는 일이다. 건강은 이미 그곳에 있다. 건강은 외부에서 주어져야 하는 것이 아니다. 오직 병을 제거하기만 하면 건강이 꽃핀다. 현자 근처에서는 분위기가 변화한다. 하지만 그대는 열려 있어야 한다. 스위스에 간다 해도 만일 강철 같은 것으로 중무장을 하고 있다면 그대는 변화하지 않을 것이다. 그 강철 같은 중무장이 그 자체의 분위기를 포기하지 않기 때문이다. 어떤 무장도 방패도 없이 현자에게로 가라. 제자가 된다는 것의 의미가 바로 그것이다.

집에 돌아오자 안불의는 그 길로 한 현자의 제자가 되었다.
자기를 돋보이게 하는 모든 것을 제거하기 위해서였다.

보라, 우리가 삶에서 하는 모든 행위는 자기를 돋보이는 방법을 배우기 위함이다. 어떻게 하면 학교에서 1등을 하는가? 어떻게 하면 일류 대학에 들어가고, 금메달을 따고, 노벨상을 타는가? 어떻게 하면 이런저런 방식으로 자신을 돋보이는가?

한번은 물라 나스루딘이 큰 서커스단의 단장을 찾아가 말했다.

"여보시오. 나를 좀 보시오. 난 사람들의 눈길을 끌기에 충분하오. 난 난쟁이오!"

단장은 나스루딘을 쳐다보았다. 적어도 그는 키가 180센티미터는 되어 보였다. 그런데도 자기가 난쟁이라고 주장하고 있었다. 그래서 단장이 말했다.

"도대체 무슨 헛소리를 하는 건가? 당신은 최소한 180센티미터는 돼 보이는데."

나스루딘이 말했다.

"그래요, 당신 말이 맞아요. 그러니까 난 세상에서 가장 키가 큰 난쟁이란 말이오!"

인간의 마음은 끊임없이 자기를 돋보이게 할 수단과 방법을 찾고 있다. 아무것도 될 수 없으면 적어도 세상에서 가장 키 큰 난쟁이라도 되려고 한다. 세상의 모든 교육, 문화, 문명이 그대에게 남보다 특출난 존재가 될 것을 가르친다. 그러나 도는 말한다. 돋보이지 말라고. 자기를 돋보이게 하는 모든 것을 떨쳐 버리라고. 평범하라. 소박한 삶을 살라. 쉬운 것이 옳은 것이다. 평범한 것이 옳은 것이다. 평범하면 쉬워지기 때문이다. 비범하고자 원한다면, 자기를 돋보이고자 원한다면, 그대는 불편하고 긴장된 삶을 살 것이다. 언제나 뭔가를 증명해야 하기 때문이다. 남을 확신시켜야 하기 때문이다. 그때 그대의 삶 전체가 늘 중심 없이 흔들릴 것이다. 중심이 없을 때 내면에는 끝없는 흔들림과 떨림이 있다.

집에 돌아오자 안불의는 그 길로 한 현자의 제자가 되었다.
자기를 돋보이게 하는 모든 것을 제거하기 위해서였다.
그는 지금까지의 모든 쾌락을 버렸으며,
어떤 것이든 자신의 뛰어남을 감추는 법을 배웠다.

머지않아 나라 안의 누구도 그를 어떻게 하지 못했다.
그리하여 모두가 그를 경외하는 눈으로 바라보았다.

도는 말한다. 아무도 그대를 어떻게 하지 못할 때, 그때 진정한 신비가 그대를 통해 스스로를 드러낸다. 그대는 너무나 평범하기 때문에 아무도 그대를 어떻게 하지 못한다. 아무도 그대를 이용하지 못한다. 그대는 쓰임을 받지 못한다. 그대는 어떤 재능도 없는 너무나 평범한 존재다. 그때 그대는 진정한 신비가 된다. 누구에 의해서도 이용되지 않을 때 그대는 신처럼 된다. 이것이 무슨 의미인가? 어떤 용도로 이용될 때 그대는 하나의 물건이 된다. 이용될 수 없을 때 그대는 비로소 인간이 된다.

인간은 하나의 쓸모나 용도가 아니다. 물건은 물론 용도의 가치가 있다. 누군가 그대에게 '넌 누구인가?' 하고 물으면 그대는 대답한다. '난 의사다.' 그것이 무슨 뜻인가? 그것은 사회가 그대를 의사로서 사용하고 있다는 뜻이다. 그것은 하나의 기능이지 존재가 아니다. 그것은 그대의 존재가 아니라 하나의 용도다. 사회는 그대를 한 사람의 의사로 이용하고 있는 것이다. 누군가는 목수이고, 누군가는 구두 만드는 사람이다. 이것이 그대의 존재인가, 아니면 사회 속에서의 하나의 용도인가? 사회는 그대를 하나의 물건으로 사용하고 있으며, 그대의 용도가 더 많은 가치를 지니고 있을수록 사회는 더 많은 가치를 그대에게 부여한다.

하지만 모든 재능을 떨쳐 버리고 한낱 평범한 존재가 된다면 아무도 그대를 어떻게 하지 못한다. 아무도 그대를 사용할 수 없다. 그때 그대는 사회를 초월한 것이다. 이제 그대는 더 이상 하나의 물건이 아니다. 그대는 비로소 사람이 된 것이다. 그렇다고 해서 그대가 아무 일도 하지 않는다는 의미가 아니다. 일을 할 것이다. 그러나 누구도 그대를 사용하지 않을 것이다. 그대 스스로 일할 것이다. 그것은 그대 존재에서 자연스럽게 꽃피어나는 것이다.

여기 장미가 꽃피어난다. 장미는 그 앞을 지나가는 사람들, 향기를 맡고 그 꽃을 감상할 사람들을 위해서 피어나지 않는다. 그것은 스스로 꽃피어날 뿐이다. 도의 사람은 그 스스로 꽃피어난다. 그는 장미와도 같다. 그는 하나의 용도가 아니다. 자신의 내면 존재를 자각하지 못한 사람은 언제나 하나의 물건과도 같다. 늘 상점의 쇼윈도에 전시되어 있다. 누군가 와서 그를 사용해 주길 기다린다. 각종 학위와 특기와 재능을 들고서 늘 소리친다. '와서 나를 사용해 주시오. 나를 하나의 물건으로 만들어 주시오. 난 가장 가치 있는 물건이오. 나보다 더 나은 물건은 세상에 없을 것이오. 와서 나를 사용하시오!' 이것이 그대의 외침이다. 그리고 이것이 그대의 외침일 때 그대는 하나의 물건으로 전락한다.

도의 사람은 모든 특기를 떨쳐 버린다. 모든 학위를 불태우고, 모든 다리를 부순다. 그래서 그 자신 속에 머문다. 그는 하나의 꽃이 된다. 이 꽃은 목적 없이 피어난다. 그것은 어떤 용도가 아니다. 주위 많은 존재들이 그 꽃에게 도움을 받는다. 하지만 그 꽃은 그들을 위한 것이 아니다. 그것은 그 자신을 위한 것이다. 그는 그 자신의 운명을 실현한 것이다. 그때 거기 충만감이 있다.

물건으로 전락할 때 그대에게는 충만감이 없다. 충만감을 느끼려면 사람이, 진짜 사람이 되어야 하기 때문이다. 하나의 물건이 되어선 안 된다. 하나의 남편으로 전락해선 안 된다. 남편은 하나의 물건이기 때문이다. 하나의 아내로 전락해서는 안 된다. 아내는 하나의 쓸모이기 때문이다. 꽃이 되라. 그때 그대는 사랑할 수 있다. 남편이 되고 아내가 될 필요는 없다. 나눠 가질 수는 있다. 하지만 광고할 필요는 없다. 꽃은 그냥 피어난다. 꽃에게는 어떤 광고도 필요 없다. 누군가 그것의 기쁨과 행복을 나눠 갖는다면 그것은 좋은 일이다. 아무도 그 장소를 지나가지 않는다면 그것 역시 좋은 일이다.

그대 자신이 꽃피어날 때 모든 것이 좋다. 아무것도 나쁘지 않다. 어떤 특별한 존재가 되어 가격표가 붙은 채 쇼윈도 안에서 고객을 기다리고 있을 때 그대는 결코 행복하지 않다. 물건은 죽은 것이기 때문이다. 사람만이 살아 있다. 살아 있으라. 사람이 되라. 끊임없이 남을 흉내 내서는 이것은 절대로 불가능하다.

그대가 원숭이 산에서 살고 있을 때 그대는 결코 진짜 사람이 될 수 없다. 거짓된 삶을 계속할 뿐이다. 모든 거짓, 과장, 자기 과시를 떨쳐 버리라. 그대 자신이 되라. 평범하면서 독특한. 그리하여 그대의 운명을 실현하라. 어느 누구도 그대를 위해 그것을 대신할 수 없다. 그대는 나를 흡수할 수 있지만 나를 추종할 수 없다. 난 결코 누구도 추종하지 않았다. 내게는 나 자신의 길이 있다. 그대는 그대 자신의 길을 가져야 한다. 인류 역사상 누구도 걸어 본 적이 없는, 또한 미래에도 걷지 않을 그런 자기만의 길을 걸어야 한다.

영적인 세계에는 발자국이 남지 않는다. 그것은 허공과 같다. 새가 날아가지만 아무 발자취도 남지 않는다. 누구도 그 길을 따를 수 없다. 이 가르침에서 기쁨을 취하라. 행복을 취하라. 그럼 그것이 그대의 내면에서 하나의 빛이 될 것이다. 그것이 그대에게 길을 보여 줄 것이다. 그러나 모방하지 말라. 믿음이든 불신이든 갖지 말라. 머리에 의존하지 말라.

한 마리의 원숭이가 되지 말라.

인간이 되라.

그대는 추구하기 위해 이곳에 있다. 그대가 이곳에 존재하는 진정한 운명을 발견해야 한다. 다른 누구도 아닌 자신의 진정한 존재에 귀기울이라.

다섯째날 아침 　거북이의 생

한번은 장자가 푸 강에서 낚시를 하고 있었다.
그때 초나라 사신 두 사람이 왕의 공식 문서를 받들고 찾아왔다.
"왕께서 당신을 재상으로 임명하셨습니다."

장자는 낚싯대를 든 채 여전히 강물을 바라보며 말했다.
"나는 초나라에 한 신령한 거북이가 있다는 말을 들었다.
그 거북이는 죽은 지 3천 년이 지났음에도 불구하고
왕이 그것을 비단으로 싸고 귀한 상자에 넣어
사원의 제단에 모시고 있다고 들었다.
그대들은 어떻게 생각하는가?
그 거북이는 죽어서 뼈만 남아 3천 년 동안 향 연기를 맡으며
왕의 제사를 받기를 원하겠는가.
아니면 진흙 바닥을 꼬리를 끌며 돌아다닐지라도
평범한 거북이로 살아 있기를 원하겠는가?"

두 사신이 대답했다.
"그야 물론 거북이로서는
살아서 진흙 바닥을 꼬리를 끌며 돌아다니는 편이 낫겠지요."

장자가 말했다.
"어서 돌아가라.
나 또한 진흙 바닥을 기어다니고 싶으니!"

―〈장자와 거북이〉

모든 어린아이는 태어날 때 정상적이다. 그러나 모든 인간은 비정상적이다. 인류 전체가 정신 질환을 앓고 있다. 정신 질환은 몇몇 사람만의 문제가 아니다. 인간 존재 모두가 정신 질환에 시달리고 있다. 그리고 이 정신 질환은 매우 미묘한 메커니즘에 의해 시작되기 때문에 그것을 자각할 수조차 없다. 그것은 무의식적인 것이 되어 끊임없이 그대 자신에게, 그대의 행동과 인간관계에 영향을 미친다. 삶 전체가 그것에 지배당한다. 하지만 그것이 너무 뿌리 깊이 들어갔기 때문에 그대는 어느 곳으로부터 그 불행과 갈등이, 불안이, 신경 증세가 일어나는지 찾아낼 수 없다.

먼저 몇 가지를 이해해야만 한다. 그래야 장자의 이 이야기가 더욱 분명해지고, 도움이 될 것이다. 첫째, 자신을 비난한다면 그것은 마음속에 하나의 분열을 만드는 것이다. 그 마음의 분열이 그대의 불행, 그대의 지옥이 될 것이다. 자신을 비난한다는 것은 곧 본성, 또는 자연스러움을 비난하는 것이고, 자연과 싸워서 이길 수 있는 방법은 없다. 그것은 불가능하다. 그대는 자연이라는 거대한 대양의 작은 부분에 불과하다. 부분이 전체와 싸울 수는 없다.

그러나 세상의 종교는 그것과 싸우라고 가르친다. 자연을 비난하고 문명을 주장한다. 자연을 비난하면서 그들은 말한다. '그것은 동물처럼 행동하는 것이다. 동물처럼 살지 말라!' 동물처럼 살지 말라고 부모들은 가르친다. 왜인가? 동물에게 잘못된 것이 무엇인가? 동물들은 아름답다. 하지만 인간의 마음속에서 동물은 비난받아 마땅한 그 무엇이다. 더없이 나쁘고, 악하고, 무가치한 것이다. 그대는 생각한다. 나는 동물보다 우월하다고. 나는 동물이 아니며, 천사로 태어났다고……. 그리고 동물은 이용되고 착취되어야 할 그 무엇이다. 인간은 동물과 다르기 때문이다.

그래서 다윈이 인간은 동물과 똑같은 유전적 성질을 갖고 있으며 인간 역시 동물계에 속해 있다고 선언했을 때 인류 전체가 그토록 반대한 것이다. 모든 교회의 설교가, 절이, 사원이 그를 이단이라고 비난했다. 그가 완전히 잘못된 것을 가르치고 있으며, 그의 말을 믿으면 문명 전체가 붕괴할 것이라고 주장했다.

하지만 다윈이 옳다. 인간은 다른 동물과 마찬가지로, 나무와 새들과 똑같이 자연적이다. 나무와 새와 동물들에게는 정신 질환이 없다. 그들은 미치는 법이 없다. 그들을 동물원에 집어넣지 않는 한……. 동물원에선 그런 일이 종종 발생한다. 동물들이 신경질적이 되는 것이다. 인간과 접촉하는 것조차도 위험하다. 인간은 전염적이다. 때로 개들도 미친다. 그러나 야생적으로 생활할 때는 그런 일이 일어나지 않는다. 인간의 사육을 받을 때만 그렇다.

사육되는 동물은 곧잘 미친다. 인간과 함께 사는 것은 곧 자연스럽지 못한 상태에서 사는 것이다. 야생 상태에서는 어떤 동물도 자살하지 않는다. 어떤 동물도 미치지 않으며, 까닭 없이 죽이지 않는다. 인간과 함께 생활할 때 동물조차도 부자연스러워진다. 야생 상태하에서는 결코 행하지 않았던 행동들을 하기 시작한다. 동성 연애를 하기 시작하고, 신경질적이 되며, 살인을 한다. 때로 자살을 시도하기까지 한다.

집에서 개를 기르기 시작할 때 어떤 일이 일어나는가? 그대는 당장에 개를 훈련시키기 시작한다. 마치 그 개에게 뭔가 결여된 것처럼……. 아니다, 개는 완전하다! 모든 개가 완전한 상태로 태어난다. 자연은 그에게 필요한 모든 걸 주었다. 개는 이미 모든 걸 터득하고 있으며, 따라서 훈련시킬 필요가 없다.

그대는 무슨 행위를 하고 있는가? 개를 인간 사회의 일원으로 만들려 하고 있는 것이다. 그래서 문제가 시작된다. 이제 개조차도 자기 자신을 비난하는 법을 배울 것이다. 뭔가 잘못된 행위를 하면 개는 내면에서 죄책감을 느낀다. 비난하는 마음이 생긴 것이다.

이런 이야기를 들은 적이 있다. 어떤 떠돌이 걸인이 부자를 붙들고 적선을 청했다. 차 한잔 마실 수 있도록 몇 푼만 보태 달라고……. 그 부자가 말했다.

"당신은 건강해 보인다. 왜 인생을 낭비하고 있는가? 왜 일을 해서 당신 스스로를 돌보지 않는가?"

그러자 걸인은 자기 자신을 더없이 경멸하는 표정으로 대답했다.

"뭐라구요? 나 같은 떠돌이 거렁뱅이를 돌보라구요?"

그대는 자신을 있는 그대로 받아들이지 않는다. 아주 어렸을 때부터 자연적인 상태만으로는 충분하지 않다고, 자연 상태 그 이상이 되어야 한다고 배웠다. 그래서 그대는 노력했으나, 그 노력은 실패했다. 그것은 불가능한 일이다. 결코 자연 상태 이상이 될 수 없다. 자연은 그 자체로 완벽하기 때문에 누구도 자연 상태 이상이 될 수 없다. 더 이상 아무것도 필요하지 않다. 더 이상 광택을 낼 필요가 없다. 더 나아지기 위해 어떤 노력도 필요하지 않다. 더 나아질 수가 없다. 그럼에도 불구하고 그대가 계속 노력한다면 그대는 자연의 완벽함으로부터 멀어질 것이며, 정신 질환에 시달리는 한 마리 동물이 될 것이다. 인간은 동물에서 진화되었지만 더 고차원적인 동물이 되지 못하고 정신 질환에 걸린 한 마리 동물로 전락한다.

문제는 아무도 그대에게 자신을 받아들이라고, 자신의 본성을 인정하라고 가르치지 않는다는 것이다. 그것을 받아들이라! 그것에 대해 신에게 감사하라! 존재계 전체에게 감사하라. 그대에게 주어진 것은 무엇이든 의미가 있다. 그것은 중요한 것이다. 그대가 그것을 잘라내고 바꿀 수는 없다. 그렇게 하려고 시도한다면 문제에 직면할 것이다. 지금 그대는 문제에 부딪쳐 있다. 지구상의 모든 인간 존재가 문제를 안고 있다.

왜 인간은 자기 자신을 비난하는가? 왜 자연적인 것을 받아들이지 못하는가? 에고는 비난을 통해 강해지기 때문이다. 에고를 강하게 만들 다른 방법이 없기 때문이다. 에고를 강하게 만들기 위해서는 투쟁해야만 한다. 무엇인가를 나쁘다고 비난하거나, 좋다고 칭찬해야만 한다. 에고를 강하게 만들기 위해서는 먼저 신과 악마를 만들어야 한다. 그런 다음 악마와는 싸우고, 신에게는 다가가도록 노력해야 한다. 에고에게는 갈등이 필요하다. 갈등 없이는 에고가 존재할 수 없다. 생각해 보라. 마음속에 아무 갈등이 없다면, 자기 자신을 전적으로 받아들인다면, 있는 모습 그대로 행복하고 더없이 만족하고 전혀 불만이 없다면, 그때 에고가 어떻게 존재할 수 있겠는가? '나는 누구다'라고 어떻게 말할 수 있겠는가? 더 많이 싸울수록 더 많은 '나'가 만들어진다.

세상의 성자들을 만나러 가보면 그 어느 곳보다 더 많은 정신 질환 환자들을 발견하게 되는 이유가 여기에 있다. 이것은 중요한 사실이다. 많은 성인들이 있는 곳에는 역시 많은 정신병자들이 있다. 동양에는 서양보다 정신병이 많지 않다. 계산을 해보라. 그러면 놀랄 것이다. 동양에서는 많은 미친 자들이 성자로 숭배된다. 따라서 그들은 정신 병원에 들어갈 필요가 없다.

　세상의 성자들을 보라. 그들은 대단히 미묘한 에고를 갖고 있다. 물론 세련되고 포장하고 많은 것들로 장식하고 있지만 에고는 여전히 존재한다. 다른 누군가와 싸울 때는 강력한 에고를 가질 수 없다. 상대방과 있으면 언제라도 패배할 가능성이 있기 때문이다. 비록 그대가 이겼을지라도 상대방이 그곳에 있다. 언제라도 그가 다시 힘을 얻어 그대를 패배시킬 수 있다. 승리는 절대적일 수 없으며, 결코 미래를 장담할 수 없다. 적이 그곳에 있는 것이다. 그리고 외부에는 한 명의 적만이 있는 것이 아니라, 수천 명의 적이 기회를 노리고 있다. 그대와 경쟁하는 모든 이들이 그대의 적이기 때문이다. 그대는 언제나 떨고 있다. 그대의 에고는 단단한 기반을 가질 수 없다. 그대의 집은 모래 위에 지어진 집이다. 그러나 자기 자신과 싸울 때는 단단한 기반 위에 서 있는 것과 같다. 그때는 승리를 확신할 수 있으며, 그래서 더욱 미묘한 에고이스트가 된다.

　'나'라는 것을 갖기 위해서는 자연적인 것을 죽여야만 한다. 자연에는 에고가 존재하지 않기 때문이다. 나무들이 있지만 그들에겐 '나'라는 것이 없다. 동물들이 있지만 그들은 에고를 알지 못한다. 그들은 무의식 상태에서 살아간다. 투쟁도 갈등도 없이 살아간다. 배가 고프면 음식을 찾고, 만족스러우면 잠을 잔다. 사랑을 하고, 먹고, 잠자면서 그냥 존재한다. 그들은 '우리는 무엇이다'라고 말하지 않는다. 그들은 삶이라는 거대한 바다의 파도들이다. 그들은 어떤 흔적도 남기지 않고 왔다가 간다. 그들에게는 역사도 없고, 자서전도 없다. 전혀 존재하지 않았던 것처럼 왔다가 갈 뿐이다.

사자들은 계속 존재해 왔다. 코끼리들도 계속해서 존재해 왔다. 하지만 그들은 어떤 역사도, 어떤 자서전도 갖고 있지 않다. 사자는 거대한 파도처럼 왔다가 사라진다. 어떤 흔적도 뒤에 남기지 않는다. 에고는 흔적을, 발자국을 남긴다. 에고가 죽기를 바라지 않을 때 자서전이 쓰이고, 역사가 만들어진다. 그때 그 모든 어리석음이 저질러지고, 정신 질환이 시작된다.

에고를 강하게 만들기 위해 인간은 갈등을 창조했다. 이 갈등은 두 가지 측면이 있다. 한 가지 측면은 바깥 세상에 존재하는 자연과의 갈등이다. 그래서 과학이 만들어졌다. 과학은 외부의 자연과의 투쟁이다. 그래서 심지어 버트란트 러셀 같은 이도 '자연 정복'이라는 용어를 사용하고 있는 것이다. 어떻게 자연을 정복할 수 있는가? 어떻게 파도가 바다를 정복할 수 있는가? 그것은 명백한 바보짓이다. 부분은 전체를 정복할 수 없다. 부분이 전체를 정복하려고 노력한다면 그 부분은 미치고 말 것이다. 전체는 아무것도 잃는 것이 없으며, 부분이 모든 것을 잃을 것이다. 부분은 전체와 함께 존재할 수 있을 뿐, 전체에 대항할 수 없기 때문이다. 이 정복하려는 태도 때문에 과학은 파괴적이 되었다.

갈등에는 또 다른 측면이 있다. 그 측면을 그대는 종교라고 부른다. 한 가지 측면은 외부의 자연과 싸우는 것이다. 그래서 과학이 만들어졌고, 그것은 파괴적이 되었다. 그 최종적인 목표는 히로시마 이상의 것이 될 수 있다. 조만간 그렇게 될 것이다. 지구 전체가 히로시마처럼 될 것이다. 싸움은 죽음을 부르며, 극한의 갈등은 극한의 죽음을 부른다. 과학이 지금 그것을 향해 나아가고 있다.

그리고 여기 다른 측면의 갈등이 있다. 그것은 내면의 갈등, 즉 자기 자신과의 싸움이다. 자기를 정복하는 것, 그것을 그대는 종교라고 부른다. 그것 역시 싸움이며 파괴적이다. 과학은 바깥에서 자연을 파괴하고, 세상의 종교는 마음속에서 자연을 파괴한다.

장자는 두 가지 형태의 갈등에 모두 반대한다. 세상의 과학과 종교는 서로 적대 관계가 아니다. 그들은 동반자들이다. 깊은 곳에서 그들은 동료 관계다.

장자와 노자를 이해하기 위해선, 도를 이해하기 위해선 그들이 어떤 종류의 싸움도 찬성하지 않는다는 사실을 이해해야만 한다. 그들은 말한다. 싸우지 말라. 살라! 삶에 자신을 내맡기라. 그래서 자연이 그대 속으로 흐르고, 그대가 자연 속으로 흐르게 하라. 그들은 말한다. 평범해지라. 특별나려고 하지 말라. 중요한 인물이 되려고 하지 말라. 아무것도 아닌 자가 되라. 그러면 더 많은 삶을 즐기게 될 것이다. 더 많은 에너지가 남기 때문이다. 그대는 에너지로 충만해질 것이다.

여기 엄청난 양의 에너지가 있다. 하지만 그것은 전부 싸움에 소비된다. 그대는 양쪽으로 분열되어 싸움을 하기 때문에 에너지가 분산된다. 갈등과 싸움이 없는 내적인 조화를 되찾기만 하면 똑같은 그 에너지가 환희로 표현될 수 있다.

받아들이는 것, 무엇이든 받아들이는 것, 그것이 도의 근본이다. 도는 어떤 '해야만 한다'도 만들지 않는다. 장자는 말한다. '누구에게도 너는 이렇게 해야만 한다든가, 이렇게 하지 않으면 안 된다든가, 이렇게 되어선 안 된다고 말하지 말라.' 장자는 말한다. 그런 것은 위험한 일이라고. 그대는 독을 전파하고 있는 것이다. 한 가지 유일하게 따라야 할 것이 있다면 그것은 바로 그대 안의 자연성이다. 그것이 어느 곳으로 그대를 인도하든지 신뢰하라.

그러나 우리는 자연을 따르기를 두려워한다. 자연이 나쁜 것이기 때문이 아니라 도덕적인 교사들, 삶의 원천을 파괴하는 독을 전파하는 사람들 때문이다. 그들이 그대에게 너무 많은 것들, 너무 많은 '해야만 한다'를 가르치기 때문에 그대는 있는 그대로 순수한 존재 상태를 볼 수 없다. 언제나 '해야만 한다'의 관점에서 바라본다.

여기 한 송이 장미가 있다. 장미를 바라볼 때도 그대는 즉각적으로 이 장미를 어떻게 해야 할까 궁리한다. 더 붉게, 더 크게 만들 수 있을 것이다. 화학 약품을 주입하면 더 커질 것이고, 물감을 칠하면 더 붉은색이 될 것이다. 장미의 있는 그대로를, 장미의 순수 존재를 받아들이지 못하는 것이다. 크든 작든, 붉은색이든 그렇지 않든 장미가 그곳에 있다. 왜 지금 이 순간 그것을 즐기지 못하는가? 먼저 그것을 더 붉게, 더 크게 만든 다음에야 그것을 즐길 수 있는가?

그대는 자신이 끝없이 뒤로 미루고 있음을 알지 못한다. 뒤로 미루는 것이 하나의 습관이 되었다. 장미가 더 커지면 똑같은 마음이 말할 것이다. '아직 더 크게 할 수 있지 않을까?' 그 마음은 죽음이 문을 두드릴 때까지 끝없이 뒤로 미루고 연기한다. 그때 그대는 놀랄 것이다. 자신이 전 생애를 '해야만 한다'로 낭비했다는 걸 알고 충격받을 것이다. 그런데 순수한 존재 상태가 줄곧 그곳에 있었다. 그 있는 그대로의 상태는 아름다운 것이다. 있는 그대로의 순수한 존재 상태가 바로 장자의 종교다.

있는 그대로의 순수 존재 상태와 '해야만 한다'의 갈등은 매우 근본적인 것이다. '해야만 한다'를 떨쳐 버리면 그대는 지금처럼 존경받지 못할지도 모른다. 그대의 '해야만 한다' 때문에 사람들은 그대를 존경하고 있다. 그들은 말한다. '이 사람은 훌륭하다. 결코 화내지 않으며 언제나 미소짓는다.' 그들은 그 미소가 거짓된 것임을 알지 못한다. 결코 화낼 수 없는 사람은 진실로 미소지을 수도 없기 때문이다. 이것이 문제다. 진정으로 분노할 수 없다면 진정으로 미소지을 수 없다.

어린아이들은 진실하다. 화가 나면 아이들은 정말로 화를 낸다. 그들을 보라. 그들의 분노는 아름답다. 그들은 마치 야생 동물처럼 뛰어오르고 소리지르고 얼굴이 충혈된다. 그들은 사자와 같다. 그 순간 그들은 세상을 박살 낼 수도 있을 것처럼 보인다. 그들의 분노는 진실되며, 진실된 것은 어느 것이나 아름답다.

화를 내는 아이의 모습을 보라. 그를 지켜보라. 하나의 아름다운 에너지 흐름, 힘과 기운의 흐름을 느낄 수 있을 것이다. 에너지가 움직이고 있는 것이다. 그리고 다음 순간 아이는 행복하게 미소짓는다. 이제 그 미소 역시 진실되다. 이제 그 미소 역시 아름답다. 자연적인 것은 어느 것이나 아름다운 것이다. 그러나 그대는 아이에게 말한다. '화내지 마라. 화를 참으라. 화를 내는 건 좋지 않은 일이다…….' 이렇게 말하는 그대는 누구인가? 자연을 초월할 어떤 가능성이라도 있는가? 그대가 누구이길래?

기껏해야 그대는 이 한 가지만 할 수 있을 뿐이다. 그 아이를 강제하는 일이 그것이다. 아이는 어쩔 수가 없다. 그대가 강제하면 아이는 따를 수밖에 없다. 아이는 힘이 없으며 그대에게 의존하고 있다. 아이는 그대의 사랑이 필요하다. 그대는 그 사랑을 철회할 수도 있다. 따라서 아이는 그대를 따르지 않으면 안 된다. 화가 나도 아이는 그것을 표현하지 않을 것이다. 이제 그 화는 핏속으로 들어간다. 화는 화학적인 것이기 때문에 아이의 몸 전체가 독성을 띤다. 표현될 때 그것은 아름다운 현상이지만, 억압될 때는 하나의 병이 된다. 이제 아이가 미소지을 때, 그 미소 속에는 분노가, 그 독이 포함될 것이다. 이제 그것은 아이의 핏속에 뿌리 박혀 있다.

너무 심하게 억압했을 때는 미소지으려 해도 미소지을 수가 없다. 무엇인가가 자연스러운 받아들임을 두려워하기 때문이다. 미소는 하나의 받아들임인 것이다. 거울 앞에 서서 미소를 지어 보라, 자신의 미소 뒤에 분노가 있음을 보게 될 것이다. 거기 슬픔이 있고, 욕망이 있다. 그것은 순수한 미소가 아니다. 순수할 수가 없다. 근원이 물들었기 때문이다. 어떤 것도 순수하지 않다. 시장의 물건들만 불순물이 섞인 것이 아니라 그대 존재 역시 불순물이 섞였다. 그때 그대는 미소지을 수 없다. 미소가 불가능하다면 어떻게 입맞춤이 가능하겠는가? 그대의 입맞춤은 독과 같은 것이다. 그대가 어떻게 사랑을 할 수 있는가? 어떻게 순수한 존재 상태를 즐길 수 있는가? 아니다, 그대는 어떤 것도 할 수 없다. 다만 '해야만 한다'와 '하지 않으면 안 된다'를 추종할 수 있을 뿐이다.

그대는 삶을 두려워하기 때문에 끊임없이 뒤로 미루고 있다. 미래의 언젠가 삶을 살 것이라고. 이 뒤로 미룸 때문에 그대는 천국과 지옥을 만들었다. 천국은 모든 가치 있는 것들에 대한 그대의 최종적인 '뒤로 미룸'이다. 천국에는 영원한 아름다움이 있다고 그대는 말한다. 영원한 아름다움은 천국이 아니라 지금 여기에 있다. 그대는 말한다. 천국에는 순수하고 영원한 사랑이 있다고……. 사랑은 지금 여기에서만 순수하고 영원할 수 있다. 천국을 기다릴 필요가 없다. 사랑은 그것이 어떤 것이든 순수하고 영원한 것이다. 사랑에게는 시간이란 존재하지 않기 때문이다.

영원은 시간의 연속을 의미하지 않는다. 영원은 시간적이지 않은 것, 시간이 존재하지 않는 것을 의미한다. 단 한순간의 사랑이라도 그것은 영원한 것이다. 그 순간은 무한히 깊기 때문에 그 순간만큼은 시간이 정지한다. 그 순간 속에는 미래도 과거도 존재하지 않는다. 그 순간 그대는 존재 전체로 존재하기 때문에 모든 존재계에 두루 연결된다. 존재계 전체가 그대와 연결되고, 그대의 전 존재가 존재계 전체와 연결된다. 그 순간은 그 자체로 영원하다. 사랑이 있는 곳에는 어디든 영원이 있다. 그리고 그때 비로소 기도의 가능성이 있다. 미소가 거짓되면 입맞춤 역시 거짓될 것이다. 사랑 역시 진실된 것일 수 없다. 모든 기도 역시 단지 공허한 말에 지나지 않는다.

만일 진실되지 않다면 어떻게 신을 발견할 것인가? 어떻게 신처럼 될 수 있을 것인가? 그대는 진리를 찾지만, 삶에서 언제나 진실되지 못하다. 진실되지 못한 사람이 어떻게 진리를 만날 수 있는가? 그것은 거의 불가능한 일이다. 진리가 집 앞에 와서 문을 두드리고 있다. 그대는 어디로도 갈 필요가 없다. 단지 진실되라. 내가 진실되라고 말할 때 그것은 자연스러워지라는 뜻이다.

자연스러움이 곧 진리다. 자연스러움 외의 진리는 존재하지 않는다. 이것이 바로 장자의 메시지, 세상에서 가장 위대한 메시지다.

이제 다시 장자의 아름다운 이야기 속으로 여행을 떠나자.

한번은 장자가 푸 강에서 낚시를 하고 있었다.

붓다가 강에서 낚시하고 있는 장면을 상상할 수 있는가? 예수가 낚시하는 것을? 그것은 불가능한 일이다.

> 한번은 장자가 푸 강에서 낚시를 하고 있었다.

이것은 무슨 의미인가? 이것은 장자가 평범한 사람이라는 뜻이다. 그는 어떤 것도 주장하지 않는다. 오직 평범함을 즐길 뿐이다. 그는 원칙에 따라 살지 않는다. 본성에 따라 산다. 그는 자신의 본성에 에고를 얹어 놓지 않는다. 그 본성과 함께 흘러갈 뿐이다. 그는 평범한 사람인 것이다.

장자가 강에서 낚시를 하고 있다는 의미가 그것이다. 오직 평범한 사람만이 그렇게 할 수 있다. 비범한 사람이 어떻게 그런 일을 할 수 있는가? 그들에게는 '해야만 한다' 또는 '해서는 안 된다'가 너무 많다. 이것을 해야만 하고, 저것을 하지 않아야 한다. 그들은 도덕에 입각해서, 원칙에 입각해서 산다. '넌 도대체 무슨 짓을 하고 있는가? 지혜 있는 자가 낚시질을? 상상도 안 되는 일이다. 물고기를 죽이고 있다니!'

그러나 장자는 자연을 믿는다. 자연스러운 것, 그것은 무엇이든 좋은 것이라고 그는 말한다. 그 자신은 단지 한 마리의 동물일 뿐이며, 우월해지기 위해 어떤 도덕률도 만들지 않는다. 이 이야기는 말하고 있다. 평범해지라, 그리고 평범함을 즐기라. 오직 그때만이 그대는 자연스러움 속으로 걸어 들어갈 것이다. 그렇지 않으면 한없이 부자연스럽게 될 것이다……. 이 낚시질은 하나의 상징이다. 장자가 실제로 낚시를 하고 있었든 그렇지 않든, 그것은 중요하지 않다. 그는 낚시를 할 수 있는, 대나무 낚싯대를 들고 강가에 앉아 있을 수 있는 그런 종류의 사람이었다.

사람들이 장자의 조각상을 만들 수 없는 이유가 여기에 있다. 그것은 실로 어려운 일이다. 붓다는 완벽하다. 따라서 그의 조각상은 쉽게 만들 수 있다. 마치 붓다는 조각상을 위해서 태어난 인물 같다. 붓다보다 조각상에 더 잘 어울리는 인물은 찾을 수 없을 것이다. 그래서 세상에는 수천수만 개의 불상이 존재하는 것이다. 그 누구의 것보다 많다. 그는 조각가의 완벽한 모델이다. 아무것도 하지 않고 눈을 감고 보리수 아래 앉아 있는 그의 모습, 그것은 가장 이상적인 자세다. 모든 인간이 본받아야 할 가장 완벽한 '해야만 한다'이다. 가장 비폭력적이고, 가장 진실되고, 가장 명상적이다. 인간이 아니라 대리석 같다.

하지만 장자의 조각상은 만들 수 없다. 오히려 강가의 낚시터 같은 엉뚱한 장소에서 그를 발견할 수 있을 뿐이다. 그는 평범한 인간이다. 이것이 이 이야기의 아름다움이다. 이 이야기의 전체 메시지가 여기에 담겨 있다. 평범해지라. 대나무 낚싯대를 붙들고 강가에 앉아 있을 만큼. 장자는 말한다. 이것이 바로 깨달음이라고.

나 역시 그대에게 말한다. 붓다는 깨달음을 얻었을지 모른다. 그의 성격으로는 나무 아래 앉아 있는 것이 무척 쉬웠을 것이다. 하지만 붓다를 모방하려고 한다면 그대는 돌처럼 되고 말 것이다. 장자가 그대에게는 더 잘 어울린다.

평범해지라. 붓다에게는 눈을 감고 앉아 있는 것이 그의 평범성이었을 것이다. 그래서 그는 목적지에 도달했다. 하지만 내가 아는 한 그대에게는, 모든 평범한 인간 존재에게는, 대부분의 인류에게는 장자가 더 잘 어울린다. 나는 지금 비교를 하는 것이 아니다. 단지 장자는 너무도 평범하기 때문에 그대가 전혀 긴장하지 않고 다가갈 수 있다고 말하는 것이다. 붓다를 따른다면 그대는 너무 긴장한 나머지 정신 질환에 걸리기 십상이다. 장자를 따른다면 더욱더 자연스러워질 것이다.

한번은 장자가 푸 강에서 낚시를 하고 있었다.
그때 초나라 사신 두 사람이 왕의 공식 문서를 받들고 찾아왔다.
"왕께서 당신을 재상으로 임명하셨습니다."

정치는 에고의 산물이다. 에고의 게임, 에고의 속임수다. 그러나 장자는 아주 먼 나라까지 현자로 그 이름이 알려졌다. 굳이 그것을 광고할 필요가 없었다. 지혜가 있을 때, 그것은 스스로 빛을 낸다. 그때 그것을 숨길 수 없다. 장자 같은 사람도 그것을 숨길 수 없었다. 평범한 사랑, 그대는 그것을 숨길 수 없다. 한 남자가, 또는 한 여자가 사랑에 빠지면, 그들의 걸음걸이를 통해서도 사랑이 일어났음을 알 수 있다. 그것을 감출 길은 없다. 모든 표정과 몸짓이 변하고 빛이 난다. 새로운 삶의 향기가 들어온 것이다. 그것은 숨길 수가 없다.

그러므로 존재계 전체와의 사랑을 어떻게 감출 것인가? 진정한 기도가 있을 때, 어떻게 그것을 감출 수 있는가? 그것을 감추라고 말한 장자 자신도 그것을 감출 수 없었다. 그것은 불가능한 일이다. 사람들이 금방 눈치챌 것이다.

어떻게 빛을 감출 수 있는가? 그대의 집에 불이 켜져 있으면 이웃들이 금방 알 것이다. 빛이 창문으로 흘러나가기 때문이다. 그대는 그것을 감출 수 없다. 그러나 그것을 감추려는 노력은 좋은 것이다.

왜 장자는 내면의 빛이 타오르고 있을 때 그것을 감추라고 말하는가? 그대를 견제하기 위해서다. 그대는 그것을 널리 광고하고 싶어하는 경향이 있기 때문이다. 아직 빛이 타오르지 않는데도, 아직 불꽃이 일어나지 않았는데도, 아직 집 안이 어둡고 공허한데도 자신이 지혜로워졌다고 광고하고 싶어하는 자들이 세상에는 많다.

그래서 장자는 말한다. 그대가 무엇이고 누구인가에 대해 아무것도 말하지 말라. 그대 자신을 숨기라. 눈이 있는 자는 그들 스스로 그대를 찾아올 것이다. 그대가 가서 그들의 문을 두드릴 필요가 없다. 저절로 그들이 끌려올 것이다. 그대가 어디에 있든 '찾는 자'들이 그대에게로 올 것이다. '찾는 자'가 아닌 자들에 대해선 신경 쓰지 말라. 그들은 찾아와도 아무 소용이 없다. 방해만 될 뿐이다. 그들은 오히려 진정한 '찾는 자'들에게 장애물이 될 것이다. 그 사실을 숨기라.

그래도 아는 사람은 알 것이다. 초나라의 왕은 알게 되었다. 장자가 깨달음을 얻었다는 사실을…….

그때 초나라 사신 두 사람이 왕의 공식 문서를 받들고 찾아왔다.
"왕께서 당신을 재상으로 임명하셨습니다."

고대 국가에서는 수상을 국민 투표로 선출하지 않았다. 어떻게 군중이 투표로 그들의 대표를 선출할 수 있는가? 그렇게 하고 싶겠지만 그들은 그럴 능력이 없다. 민주주의는 한낱 꿈일 따름이다. 민주주의는 아직 어느 곳에서도 일어나지 않았으며, 일어날 수도 없다. 그것은 수많은 문제를 일으킬 뿐이다. 병 자체보다 약이 더 위험한 것이다.

고대 국가에서는 수상을 대중이 선출하지 않았다. 왕이 그를 임명했으며, 따라서 왕은 지혜로운 자를 찾아야만 했다. 현자를 물색

해야만 했다. 왜냐하면 현자는 선거에 후보로 나서지 않을 것이기 때문이다. 그는 선거 위원회의 문을 두드리지 않을 것이다. 아니다, 그보다는 자신을 숨길 것이다. 그래서 왕은 숨어 있는 그들을 찾아내야만 했다. 그래서 세상으로 데리고 나와야 했다. 세상이 그의 지혜의 도움을 받을 수 있도록.

초나라의 왕은 장자가 깨달음을 얻었다는 사실을 알았음에 틀림없다. 그래서 그는 두 명의 대신을 보내 그를 수상에 임명한다고 전했다.

    장자는 낚싯대를 든 채 여전히 강물을 바라보며……

아무 태도의 변화가 없었다. 두 명의 대신이 지금 왕의 공식 문서를 들고 와서 당신을 수상으로 임명했노라고 말하고 있다. 그것은 대단한 지위였다. 하지만 장자는 뒤를 돌아보지도 않았다. 여전히 낚싯대를 든 채 푸 강을 바라보고 앉아 있었다. 그는 대신들을 흘낏 쳐다보지도 않았다. 왕의 공식 문서를 들춰보지도 않았다. 일고의 가치도 없다는 듯이.

    장자는 낚싯대를 든 채 여전히 강물을 바라보며 말했다.
    "나는 초나라에 한 신령한 거북이가 있다는 말을 들었다.
    그 거북이는 죽은 지 3천 년이 지났음에도 불구하고
    왕이 그것을 비단으로 싸고 귀한 상자에 넣어
    사원의 제단에 모시고 있다고 들었다."

그 거북이는 아직도 그곳에 모셔져 있다. 황금과 진귀한 보석들에 둘러싸여, 베이징의 일반에게 공개되지 않는 금지된 장소에 깊숙이 보관되어 있다. 그것은 죽은 지 거의 6천 년이 지났다. 죽은 거북이 한 마리가 황금과 진귀한 보석에 둘러싸이고 좋은 상자에 담겨 왕의 제사를 받아 왔다.

장자는 낚싯대를 든 채 여전히 강물을 바라보며 말했다.

"그대들은 어떻게 생각하는가?
그 거북이는 죽어서 뼈만 남아 3천 년 동안 향 연기를 맡으며
왕의 제사를 받기를 원하겠는가.
아니면 진흙 바닥을 꼬리를 끌며 돌아다닐지라도
평범한 거북이로 살아 있기를 원하겠는가?"

장자는 물었다. 어느 쪽이 낫겠는가? 평범한 거북이로 살아 있는 것과, 죽어서 황금으로 장식된 채 숭배를 받는 것. 이것이 모든 인간의 문제다. 모든 인간 앞에 이 문제가 놓여 있다. 둘 중 하나를 선택해야 한다. 사람들이 그대를 숭배할 수 있다. 하지만 그대가 살아 있으면 사람들은 그대를 숭배할 수 없다. 살아 있을 때 다른 사람들로부터 존경받기는 지극히 어렵다. 그대가 평범하게 삶을 즐기면서 살고 있을 때 아무도 그대 주위에 향을 피우지 않는다. 그대를 위해 어떤 사원도, 어떤 종파도 만들어지지 않는다. 수천 년 동안 인간들이 그대를 숭배하지도 않는다. 그런 일은 일어나지 않는다.

인간들은 예수가 깨달음을 얻었기 때문에 숭배하는 것이 아니라 십자가에서 처형되었기 때문에 숭배하는 것이다. 예수의 일화를 보라. 십자가 처형이 일어나지 않았다면 기독교는 탄생하지 않았을 것이다. 기독교는 예수 때문이 아니라 십자가 처형 때문에 존재하

는 것이다. 십자가가 기독교의 상징물이 된 것은 그 때문이다. 왜 십자가인가? 인간의 마음, 정신 질환에 걸린 그 마음은 삶이 아니라 죽음을 숭배한다. 더 많이 죽어 있을수록 더 많이 숭배받는다. 살아 있으면 숭배받을 가치가 없다. 왜냐하면 희생만이 숭배받을 가치가 있기 때문이다. 희생이란 곧 삶의 희생을, 점진적인 십자가 처형을 의미한다. 다른 이들이 그대를 십자가에 못박으면 사람들은 그대를 숭배할 것이다. 그대가 자신을 십자가에 못박으면 사람들은 그대를 더욱 숭배할 것이다. 사람들은 죽음을 숭배한다. 예수는 십자가에서 처형되었기 때문에 숭배받는 것이다.

　예수의 생애 중에서 십자가 처형 부분을 삭제한다면 예수는 누구인가? 그때는 예수를 기억하는 일조차 어려울 것이다. 예수는 장자와 똑같은 방랑자였기 때문이다. 그들 생애의 유일한 차이점은 장자는 십자가에 처형되지 않았지만 예수는 십자가에 처형되었다는 것이다. 그것을 제외하면 예수도 장자와 똑같은 인물이었다. 그대는 강둑에서 낚시를 하고 있는 예수를 발견할 수 있었을 것이다. 그리고 그는 실제로 어부들에게 무척 다정했다. 틀림없이 그는 갈릴리 바다 부근에서 낚시를 했을 것이다. 그의 추종자들 중에는 어부들이 많았다. 그리고 창녀와 함께 머물고 있는 그를 발견할 수 있었을 것이다. 창녀들은 그를 사랑하고 숭배했다. 그는 그들에게 아무런 차별도 하지 않았다. 그는 도박꾼과 술주정뱅이, 사회로부터 배척당한 이들과 함께 돌아다녔다. 그리고 그것이 그의 죄목이었다. 이 죄목 때문에 그는 십자가에서 처형당했다. 다시 말해 평범한 삶을 살면서 평범한 사람들과 함께 행동했던 것이다. 그것은 존경받는 세계에서는 용납할 수 없는 일이다. 절대로 용납되지 않는다. 이 사람 예수는 창녀, 도박꾼, 술주정뱅이와 함께 행동했다. 언제나 타락한 집단 속에서 그의 모습을 발견할 수 있었다. 그러면서 자기가 하느님의 아들이라고 말했다. 그것은 이단 행위였다! 그는 너무도 엄청난 주장을 하고 있었다. 그런 자는 처벌해야만 한다. 그런 자를 처벌하지 않고 그냥 내버려 두면 도덕성 전체가 파괴될 것이기 때문이다. 이 사람 예수는 모든 규율에 반대하는 삶을 살고 있었다. 그는 '삶' 외에는 어떤 규율도 갖고 있지 않았다.

예수와 장자는 매우 비슷하다. 오직 한 가지 사실만이 다를 뿐이다. 예수는 십자가에서 처형당했다. 유태인들은 무척 규율 지향적이다. 그들은 규율에 의해 살아간다. 공자 학파의 사람들과 비슷하다. 따라서 그들로서는 아무 규율 없이 살아가는 자를 옳다고 인정하는 일을 용납할 수 없다. 유태인들은 지나친 도덕론자들이다. 그리고 그들의 신은 복수에 불타고 있다.

유태인들의 하느님은 복수심에 불타고 있다. 그에게 복종하지 않으면 신은 그대를 불길 속에 던져 버릴 것이다. 복종이야말로 가장 중요한 규율이다. 그런데 이 사람 예수, 목수의 아들이며 지극히 평범한 인간인 그가 수상한 자들과 함께 돌아다니면서 자기가 모든 유태인들이 기다려 온 바로 그 메시아라고 주장하고 있었다. 안 된다, 그런 자는 마땅히 처벌해야만 한다.

중국은 참을성이 더 많았다. 중국은 분노의 신에 대한 개념을 갖고 있지 않았기 때문에 장자는 처벌당하지 않았다. 사실 중국에는 '신'이라는 개념조차 없었다. 공자는 신을 믿지 않았다. 그는 규율을 믿었다. 그의 사상은 중국의 기본 토대가 되었다. 그는 삶의 규율들을 신과 연결시키지 않았다. 오직 인간에게만 결부시켰다. 규율들은 일시적인 것이며, 상대적인 것이고, 언제든지 바꿀 수 있는 것이라고 그는 말했다. 그 규율들을 따라야 하지만, 그것에 신적인 것이나 절대성은 있지 않다. 바로 그렇기 때문에 노자와 장자는 십자가에 처형당하지 않을 수 있었다.

그러나 이 한 가지 사실을 잊지 말아야 한다. 만일 장자 역시 십자가에서 처형되었다면 수많은 추종자들이 생겼을 것이다. 그에게는 추종자가 없다. 장자에게는 아무런 추종자가 없다. 추종자를 가질 수가 없다. 사람들은 죽음을 숭배하기 때문이다. 장자는 제단 위의 거북이가 되기를, 신성시되기를 거부했다. 왜냐하면 그 조건이라는 것이, '죽어라! 이렇게 해선 안 된다! 저렇게 해선 안 된다!'였기 때문이다. '너 자신을 억제하라, 희생하라! 가만히 앉아 있으라!' 숨 쉬는 것조차 허용되지 않는다. 그렇게 되면 사람들은 그대를 숭배할 것이고, 그때 그대는 죽은 거북이가 될 것이다.

장자는 물었다.

"그대들은 어떻게 생각하는가?
그 거북이는 죽어서 뼈만 남아 3천 년 동안 향 연기를 맡으며
왕의 제사를 받기를 원하겠는가.
아니면 진흙 바닥을 꼬리를 끌며 돌아다닐지라도
평범한 거북이로 살아 있기를 원하겠는가?"

두 사신이 대답했다.
"그야 물론 거북이로서는
살아서 진흙 바닥을 꼬리를 끌며 돌아다니는 편이 낫겠지요."

물론 거북이로서는 당연한 일이다. 진흙 바닥을 꼬리를 질질 끌며 돌아다닐지언정 살아 있는 편이 훨씬 낫다.

장자가 말했다.

"어서 돌아가라.

나 또한 진흙 바닥을 기어다니고 싶으니!"

나로 하여금 평범한 거북이로 남게 하라. 제발 나를 신성시하려고 노력하지 말라. 나는 너희들이 내세우는 조건을 안다. 먼저 나는 죽어야만 하고 뼈만 남아야 한다. 그러면 너희는 나를 신성시하고, 나를 위해 숭배의 제사를 지낼 것이다. 내 주위에 사원을 세울 것이고, 향 연기와 냄새가 피어오를 것이다. 그러면 너희들은 3천 년 동안 나를 숭배하겠지. 그러나 그렇게 해서 내가 얻는 것이 무엇인가? 그 거북이인 나는 그것으로부터 무엇을 얻겠는가? 거북이가 황금과 진귀한 보석에 대해 무엇을 알겠는가? 그것들은 인간의 어리석음의 산물일 뿐, 거북이는 그런 것들을 믿지 않는다. 거북이는 진흙 바닥을 믿는다. 거북이는 진흙 바닥을 꼬리를 끌고 다니면서 그것을 즐긴다…….

이 상징은 깊은 의미를 갖고 있다. 인간에게는 진흙이 더러운 것을 상징하기 때문이다. 그러나 진흙은 자연스러운 것이다. 더럽든 더럽지 않든, 그것은 그대가 내린 해석이다. 진흙은 자연스러운 것이며, 거북이가 꼬리를 끌며 그 진흙 바닥을 즐겁게 돌아다닌다는 것은 훌륭한 상징이다. 자연적인 인간이 어떻게 해야 하는가를 보여 주고 있다. 즉 진흙을 비난하지 말라, 이 육체가 아무것도 아니라고 말하지 말라는 것이다. 이 육체는 진흙에서 나서 진흙으로 돌아간다. 이 육체가 바로 진흙이다.

"진흙 바닥을 꼬리를 끌며 돌아다닐지라도……."

자연은 곧 진흙이다. 그대는 진흙으로 만들어졌으며, 진흙 속으로 해체될 것이다. 그러나 만일 그대가 수천 년 동안 숭배받기를 원한다면 아무 문제가 없다. 그대를 추종하는 종파가 생겨나길 원한다면, 사원 안에 안치된 신적인 존재가 되길 원한다면, 그렇다면 아무 상관이 없다. 그러나 그때 그대는 그대의 삶을 내주어야 한다. 그것이 그럴 만한 가치가 있는 것일까? 그대의 삶을 내주고 존경을 획득하는 것이 과연 가치 있는 일일까? 단 한순간이라도 그대의 삶을 내주고 온 세상의 존경을 받는 일이 과연 가치 있는 일일까? 그렇지 않다. 그럴 때조차도 그것은 전혀 가치 없는 일이다. 온 세상이 그대를 숭배하게 된다 할지라도 그것은 단 한순간의 살아 있는 삶과는 비교될 수 없다. 삶만이 소중한 것이다. 다른 귀한 보석이 있을 수 없다. 삶만이 황금이다. 다른 황금이 있을 수 없다. 삶이 곧 사원이다. 다른 사원이 있을 수 없다. 삶만이 유일한 향기다. 다른 향기가 있을 수 없다. 장자가 말하고 있는 것이 바로 그것이다. 나로 하여금 살아 있게 하라. 진흙 바닥을 꼬리를 끌며 돌아다니는 한 마리 거북이라고 나를 비난할지 모르지만, 거북이에게는 그것이 최상의 것이다. 너희들조차도 내 말에 동의했으니, 어서 돌아가라. 나는 왕궁으로 가지 않을 것이다. 나는 수상이 되지 않을 것이다. 그것은 나를 위한 자리가 아니다. 너희가 나를 죽일 테니까.

인간을 처형하는 여러 가지 방식이 있다. 십자가의 처형은 그중 하나일 뿐이다. 왕좌에 앉히는 것, 그것 역시 매우 미묘한 방식의 십자가 처형이다. 아주 비폭력적으로 죽이는 방법이다. 그대가 누군가를 존경하기 시작한다면 이미 그대는 그를 죽이기 시작한 것이다. 이제 그는 그대의 존경에 보상해야 한다. 그대의 눈치를 살펴야 한다. 무엇을 하고 무엇을 하지 말아야 할지를.

어느 날 나는 자이나교인의 집에 머물렀던 적이 있다. 그들은 전에 나를 한 번도 만난 적이 없지만 내 책을 많이 읽은 사람들이었다. 책을 통해서 그들은 나를 대단히 존경하고 있었다. 그래서 내가 그들의 마을에 갔을 때 나를 자기들의 집으로 초청했다. 그들은 대단한 부자였다. 그래서 나는 그들의 집에 머물게 되었다.

저녁 무렵 몇몇 사람들이 나를 만나러 왔다. 자이나교는 태양이 지기 전에 음식을 먹는다. 그들은 전통을 무척 중요시한다. 그 집의 부인이 나에게 와서 말했다.

"날이 이미 어두워지고 있습니다. 어서 이 사람들과의 이야기를 끝내십시오. 안 그러면 식사할 시간이 없을 것입니다."

나는 말했다.

"나는 나중에 먹으면 된다. 서두를 필요가 없다. 이 사람들은 아주 먼 곳에서 왔다. 그들의 마을은 아주 먼 곳에 있다. 그들은 진정한 구도자들이다. 따라서 나는 먼저 그들과 이야기를 나눠야 한다. 그들이 떠나기 전에 그들에게 뭔가를 줘야만 한다."

그녀는 내 말을 믿으려 하지 않았다. 사람들이 떠났을 무렵엔 이미 날이 어두웠고, 해가 떨어진 뒤였다. 그 집 부인이 다시 나에게로 와서 말했다.

"이제 당신은 식사를 할 수 없습니다. 아니면 밤인데도 식사를 하시렵니까?"

그래서 내가 말했다.

"나에게는 아무 차이가 없다. 배고픔은 낮과 밤을 구별하지 않으니까. 나는 지금 배가 고프다. 그러니 지금 식사를 하겠다."

나에 대한 모든 이미지가 한순간에 무너졌다. 그녀는 말했다.

"우리는 당신을 깨달은 자라고 생각해 왔습니다. 하지만 이제 보니 그렇지 않군요. 어떻게 깨달은 자가 밤에 식사를 할 수 있단 말입니까?"

자이나교인으로서는 그런 것을 이해하기가 불가능하다. 그들은 규율에 따라 살기 때문이다. 끊임없이 죽은 규율에 따라 사는 것이다. 그들의 존경을 받으려면 그들의 규율을 따라야만 한다. 그들을 따르려면 그대는 감옥에 갇혀야 한다. 그래서 나는 말했다.

"차라리 깨달음을 얻지 않은 자가 되는 편이 좋다. 나는 배고픈 상태에서 잠자리에 들고 싶지 않다. 그것은 너무 심하다. 차라리 깨달음을 버리겠다."

바로 그날 나는 그들에게 이 장자의 이야기를 들려주었다. 나로 하여금 진흙 바닥을 꼬리를 끌며 돌아다니게 하라. 그대들의 그런 기대는 내겐 아무 가치가 없다. 누군가 나를 깨달은 자라고 생각한다고 해서 내가 그의 이미지에 맞추기 위해 나 자신을 죽여야만 하는가?

그러나 상황은 언제나 그렇다. 존경받기를 원하지 말라. 존경받기를 원하는 것은 그대의 에고이다. 타인으로부터 존경받기를 원하지 말라. 그것은 눈에 보이지 않는 굴레이며, 그대는 머지않아 그 안에 갇힐 것이다. 평범하게 살라. 그대가 느끼는 대로, 자연 상태 그대로 살라. 타인에 대해선 신경 쓰지 말라. 누구도 그대의 삶을 책임지지 않는다. 그대 자신을 제외하고는. 오직 그대 자신에게만 충실하라. 누구에게도 말고. 그때 그대 주변에는 교파나 종파가 형성되지 않을 것이다. 그러나 만일 몇몇 사람들이 그대에게로 온다면 그들은 올바른 구도자일 것이다. 그대가 존경받기를 원할 때 그릇된 사람들이 그대 주위로 몰려든다. 존경받기를 원치 않을 때, 타인을 의식하지 않을 때, 그리하여 단순히 그대의 자연적인 본성을 따를 때, 그때는 오직 올바른 구도자들만이 그대를 찾아온다. 그리고 그들은 그대를 감옥에 가두지 않을 것이다. 그대에게 하나의 감옥이 되지 않는 자들, 오직 그들만이 그대에게서 진정한 도움을 받을 수 있다. 그렇지 않으면 추종자들이 그들의 지도자를 이끌려고 할 것이다. 제자가 스승에게 규율을 강요할 것이다. 얼마나 터무니없는 일인가! 그렇게 되면 양쪽 모두 어둠 속에 있게 된다.

한 가지 기본적인 사실을 언제나 기억하라. 자연 이상의 것은 없다. 자연보다 나은 것은 없다. 자연이 곧 전체다. 따라서 그대는 그대 삶의 문명화된 형태로부터 탈출해 자연과 본성의 흐름에 뛰어들어야 한다.

문명화될 때 그대는 얼음이 된다. 그러면 어떻게 해야 다시 녹아서 강물이 되는가? 그것은 무척 힘든 일이다. 얼음 상태로 있으면 타인에게서 숭배받기 때문이다. 에고는 말할 것이다. 넌 무슨 생각을 하고 있는 것인가? 녹아 버리면 아무도 널 존경하지 않을 것이다. 다시는 존경받는 인물이 되지 못할 것이다. 도대체 무슨 짓을 하려는 것인가? 에고는 말할 것이다. 규율을 따르기만 하라. 해로울 것이 없지 않은가?

규율을 지키기 위해선 실로 중요한 것을 희생해야 한다. 그대가 세상의 규율을 따르면 모두가 그대를 존경할 것이다. 하지만 존경받아서 얻는 것이 무엇인가? 삶을 희생하고서? 숭배받아서 얻는 것이 무엇인가? 삶을 희생시킨 다음에?

존재하라. 일들이 그냥 일어나게 하라. 누군가 그대를 존경한다면, 그것 역시 그의 결정이지 그대의 관심사가 아니다. 그것이 그대의 관심사가 될 때 그대는 정신 질환에 걸릴 것이다. 모두가 정신 질환에 시달리는 이유가 바로 그것이다. 그리고 주변에는 너무 많은 사람들이 있다. 그들 모두가 그대에게 이것저것을 하기를 기대하고 있다. 너무 많은 사람들, 너무 많은 기대들, 그리고 그대는 그들 모두를 만족시키려 하고 있다. 그들 모두를 만족시키는 일은 불가능하다. 노력의 결과는 그대 자신의 깊은 불만족뿐, 누구도 만족하지 못할 것이다.

그대는 누구도 만족시킬 수 없다. 실현 가능한 유일한 만족은 그대 자신을 위한 것이다. 그대 자신이 만족한다면, 그때 몇몇 사람도 그대에게서 만족을 얻을 것이다. 하지만 그것 역시 그대의 관심사가 아니다.

다른 누군가의 기대를 충족시켜 주기 위해 그대는 이곳에 있는 것이 아니다. 그들의 규율, 그들의 청사진을 위해서……. 그대가 여기에 있는 것은 그대 자신의 존재를 실현하기 위해서다. 그것이 바로 종교의 모든 것이다. 종교의 시작이자 끝이다. 그대 자신의 존재를 충족시키기 위해서 그대는 여기에 있는 것이다. 그것이 그대의 운명이다. 그것으로부터 멀리 벗어나지 말라. 어떤 것도 그것보다 가치 있는 일은 없다.

그러나 많은 유혹이 사방에 있다. 그것들은 진실되어 보인다. 모든 유혹은 진실되게 느껴진다. 그것들은 진실된 것이 아니라 그럴듯하게 보이는 것일 뿐이다. 누군가 그대에게 말한다. 밤에 음식을 먹지 않는 것이 나쁠 게 없지 않은가? 사람들이 너를 존경할 것이 아닌가? 먹는 것과 먹지 않는 것이 중요한 것이 아니다. 그대가 먹고 싶지 않다면, 그것은 좋은 것이다. 먹지 말라. 그대가 새벽 다섯 시에 일어나면 힌두교인들은 그대를 존경할 것이다. 그때 일어난다고 해서 나쁜 것은 아니다. 충분히 잠을 잤다고 생각하면 일어나면 된다. 하지만 힌두교인들에 대한 생각은 버려라. 그들 때문에 일어난다면 그대는 그대 자신을 포기하고 있는 것이다. 그리하여 그대는 서서히 깊숙이 말려들 것이다. '브라무후르트'에, 즉 새벽 다섯 시에 일어나면 하루 종일 컨디션이 좋지 않을 사람들이 있다.

밤에는 꼭 잠을 자야 할 시간이 두 시간 있다. 과학자들은 하루 24시간 중에 두 시간 정도는 신체의 체온이 급격히 떨어진다는 사실을 발견했다. 그 두 시간 동안에 깊은 잠을 자야 한다. 그렇지 않으면 하루 종일 뭔가 채워지지 않은 듯한 느낌을 가질 것이다. 이 두 시간 동안에 깊이 잠잘 수 있다면 굳이 일곱 여덟 시간을 잠잘 필요가 없다. 그 두 시간만으로도 충분하다. 그러나 그 두 시간은 사람마다 다르다. 규칙이란 사람이다 다른 것이다. 이것이 문제다. 그 시간이 새벽 세 시에서 다섯 시 사이에 해당되는 사람은 새벽 다섯 시에 아주 상쾌한 기분으로 일어날 수 있을 것이다. 그것이 그의 '브라무후르트'인 것이다. 그러나 체온이 다섯 시에서 일곱 시 사이에 내려가는 사람은 다섯 시면 깊은 잠에 빠져야 한다. 그런데 이 사람이 힌두교의 규칙을 따른다면 그는 전 생애를 놓칠 것이다.

그대는 그대 자신의 것을 추구해야만 한다. 그리고 그것은 개인마다 다르다. 모든 것이 개인마다 다르다. 그대가 따라야만 하는 정해진 규율이란 없다. 그대 자신의 규율을 발견해야만 한다.

이것을 늘 기억하라. 그대에게 행복과 환희와 평화와 침묵을 주는 길이 있다면 그 방식을 따르라. 그러면 더 많은 것이 올 것이다. 따라서 이것이 기준이다. 그대는 행복한가? 그렇다면 나는 그대가 '종교적인 인간'이라고 말할 것이다. 비록 그대가 교회나 절에 다니지 않더라도. 그대는 불행한가? 그렇다면 아무리 그대가 규칙적으로 교회나 절에 다닌다 해도 나는 그대를 종교적인 인간이라고 부르지 않을 것이다. 그대가 행복하고 기쁨으로 넘친다면, 그대의 전 존재가 환희와 평화로 빛나고 존재계를 거처로 삼고 있다면, 그렇다면 그대는 종교적인 인간이다. 그대가 신을 믿든지 믿지 않든지. 신이란 언어에 불과하다. 그런 것에 신경 쓰지 말라.

마음의 평화를 발견하라. 그대가 살아서 꼬리를 끌고 돌아다닐 진흙 바닥을 발견하라. 그곳이 그대의 사원이다. 다른 누구의 사원도 그대에겐 적합하지 않다. 적합할 수가 없다. 모든 사원이 개인마다 다르게 만들어졌기 때문이다.

붓다는 그 자신의 방식으로 삶을 살았다. 그런데 그를 숭배하는 사원이 형성되고, 수많은 자들이 붓다와 같은 삶을 살기 시작했다. 결국 그들은 과녁에서 빗나갔다. 붓다는 결코 누구도 추종하지 않았다. 그는 그 자신의 방식대로 살았다. 그래서 그는 행복했다. 그것은 좋은 일이다. 하지만 이제 그를 추종한다면 그대는 불행한 존재다. 누구도 추종하지 말라. 그렇지 않으면 그대는 불행할 것이다. 그리고 그대는 현재 불행할 만큼 불행하다. 그것은 그대의 부모를, 교사들을, 종교들을 따르고 있기 때문이다. 그대는 지금까지 너무나 많은 것들에 순종했으며, 또 그 목소리들은 저마다 다르고 모순되고 불일치한 것이다. 그대는 사방으로 잡아당겨지고 있다. 어떻게 그 모두를 만족시킬 수 있는가? 그대의 머리 속에는 온갖 군중이 집합해 있다. 한 부분은 동쪽으로, 다른 부분은 서쪽으로, 아래쪽은 남쪽으로, 위쪽은 북쪽 히말라야로 가려고 한다. 그대는 내적인 하나 됨이 아니라 내적인 분열 그 자체다. 내적인 합일을 찾으라.

나는 그대에게 말한다. 타인에게 귀기울이지 말라. 자신의 목소리에 귀기울이라. 비록 때로 실수를 저지른다 해도, 때로 일이 잘못된다 해도 걱정하지 말라. 처음엔 당연히 잘못될 것이다. 타인을 추종하는 데 너무나 익숙해져서 자기 내면의 목소리를 잃었기 때문이다. 내면의 목소리가 무엇인지조차 알지 못한다. 수많은 목소리가 그곳에 있으며, 그것들은 모두 타인들로부터 온 것이다. 때로는 엄마가 말한다. '이렇게 해!' 때로는 아버지가 말한다. '그렇게 하지 마!' 때로는 붓다가, 예수가, 장자가…… 그 모든 목소리들을 떨쳐 버리라. 그리고는 귀기울이라!

명상은 '깊이 귀기울이는 일'이다. 내면의 목소리에 귀기울이는 일. 그대가 침묵할 때 목소리들이 멈춘다. 장자는 그의 집으로 돌아가고, 붓다도 그의 집으로 돌아가고, 예수도 떠난다. 엄마와 아버지도 사라진다. 모두가 떠나고 그대만이 텅 빈 공간 속에 홀로 남는다. 그때 그대의 본성이 꽃피어나기 시작한다. 씨앗의 껍질이 깨어지고, 싹이 나온다. 그대 내면의 목소리가 솟아오르기 시작한다. 그때 그것을 따르라. 그것이 그대를 어디로 인도하든, 그것을 따르라. 누구에게도 귀기울이지 말라. 그것이 신에게로 가는 그대의 길이다. 스승이 할 수 있는 일의 전부는 그대를 그대 내면의 목소리로 인도하는 일이다. 스승이 다른 목소리들의 대체물이 되어선 안 된다. 그렇게 되면 그대의 머리 속은 전보다 더 혼잡해질 것이다.

나를 그대의 목소리로 만들지 말라. 나는 그대의 적이 아니다. 내 말을 따르려고 하지 말라. 오직 이 한 가지만으로 충분하다. 그대의 내면으로 깊이 들어가 그대 자신의 목소리에 귀기울이라. 내가 그 일을 도울 수 있다면 나는 그대에게 있어서 한 사람의 스승이다. 그렇지 않으면 나는 한 사람의 적이다. 일단 그대가 자신의 목소리에 귀기울이기 시작하면 나는 더 이상 필요 없다. 그때 그대는 나를 떠날 수 있다.

귀기울이라. 제3의 눈이 있듯이, 제3의 귀가 존재한다. 경전에는 그것에 대한 설명이 없다. 하지만 제3의 귀가 존재한다. 제3의 눈이 그대의 존재를 보게 하듯이, 제3의 귀는 내면의 목소리를 듣게 한다. 외부의 두 귀가 기능을 중지할 때, 다시 말해 그대가 누구에게도 귀기울이지 않을 때, 그대는 완전히 귀머거리가 된다. 외부의 어떤 목소리도 뚫고 들어오지 않는다. 그대는 텅 빈 공간이 되어 그 안에 앉는다. 그때 그 목소리가 들릴 것이다. 그것은 늘 그곳에 있었다.

모든 아이가 그것을 갖고 태어난다. 모든 나무가 그것을 갖고 태어난다. 모든 새가, 심지어 한 마리 거북이도 그것을 갖고 태어난다. 그대는 거북이를 혼란에 빠뜨릴 수 없다. 그 거북이를 이런 말로 설득시킬 수 없다. '이리 와서 죽어라. 그러면 우리가 너를 숭배하겠다.' 그러면 거북이 역시 이렇게 말할 것이다.

"어서 돌아가라.
나 또한 진흙 바닥을 기어다니고 싶으니!"

일단 그대가 자신의 목소리를 들을 때 어떤 규율도 불필요하다. 그대 자신이 하나의 규율이 된 것이다. 그 목소리가 더 분명하게 들릴수록 그대의 발길은 올바른 방향으로 옮겨진다. 그것은 서서히 더욱 강한 힘을 갖게 되고, 매 걸음마다 그대는 자신의 운명에 가까이 다가간다. 그때 그대는 더욱 평화롭다. 아무것도 잘못되지 않았다는 깊은 만족감을 느낄 것이며, 그대는 모두를 축복하고, 모두에게서 축복받을 것이다.

종교는 하나의 반역이다. 타인에 대한 반역, 소위 선한 기대에 대한 반역, 소위 선한 행위들에 대한 반역이다. 그대가 모든 것들로부터 독립해서 홀로 서기 때문에 그것은 가장 위대한 반역이다. 아무도 그곳에 없으며, 그대는 홀로 길을 가야 한다. 그것은 군중에 대한 개인의 반역인 것이다.

군중은 실로 강하다. 그들은 그대를 짓뭉갤 것이다. 아니, 이미 그렇게 했다. 짓뭉개진 상태에서 절름발이가 되었고, 가사 상태가 되었다. 그대가 살아 있게 내버려 두는 것은 군중으로선 위험한 일이다. 그렇게 되면 그대는 그대 자신의 길을 걸을 것이기 때문이다. 군중에게는 그 자체의 길이 있으며, 그들은 그대가 그 길을 따르길 원한다. 군중은 그대가 우체국 관리가 되기를, 동사무소 직원이 되기를, 병원 간호사가 되기를 원한다. 그러나 그대 내면의 목소리는 그것을 원하지 않을 수도 있다. 그대 내면의 목소리는 그대를 붓다의 길로, 장자의 길로 가라고 말할지 모른다. 하지만 사회는 붓다를 원하지 않는다. 사회는 완벽한 기능인을 필요로 한다. 붓다가 왜 필요한가? 붓다는 경제적으로 아무 쓸모가 없다. 하나의 짐일 뿐이다.

물라 나스루딘이 베레모를 쓰고 담배를 피우면서 수염을 기른 채 정신과 의사를 찾아갔다. 의사가 물었다.

"당신은 화가입니까?"

나스루딘이 대답했다.

"아니오, 절대 그렇지 않소!"

의사가 다시 물었다.

"그럼 그 베레모와 담배와 수염은 무엇이죠?"

나스루딘이 말했다.

"바로 그래서 내가 당신을 찾아온 게 아니겠소? 난 이것들을 전혀 원하지 않소. 이것들을 원하는 것은 나의 아버지요. 아버지는 내가 위대한 화가가 되어야 한다고 주장하고 있소. 바로 그래서 내가 당신을 찾아온 것이오."

너무 많은 사람들이 너무 많은 것을 기대하기 때문에 당신은 실로 흉한 모습을 하고 있다. 그들의 기대를 충족시키면 그대 자신이 충족되지 못할 것이다. 그대가 이곳에 있는 진정한 목적 이외의 것을 그들은 기대하기 때문이다. 그대는 탐구하기 위해 이곳에 있는 것이다. 그것은 내적인 탐구다. 그것이 궁극의 목적이다. 그것을 신이라 부르든 진리라 부르든 이름은 다를 수 있다. 하지만 중요한 것은 그대가 여기에 존재하는 진정한 운명을 발견해야 한다는 것이다. 그렇지 않으면 어느 날 그대는 정신 병원의 문을 두드릴 것이다. 그리고 모두가 점점 더 정신 병원의 문에 가까이 다가가고 있다. 정신과 의사 자신조차도 흉한 모습을 하고 있다. 그래서 의사 자신도 다른 정신과 의사를 찾아간다. 서로를 위해 상담을 해주는 것이다. 이것은 전혀 농담이 아니다. 정신과 의사들이 보통 사람들보다 자살률이 훨씬 높다. 다른 직업보다 두 배나 높다. 그러면서 그들은 남의 정신을 도우려 하고 있는 것이다! 모두가 흉한 모습을 하고 있다. 자신의 진정한 존재에 귀기울이지 않기 때문이다. 자신의 존재에 귀기울이라! 다른 누구에게도 귀기울이지 말라.

처음엔 힘들 것이다. 많은 것을 잃을 것이다. 그동안의 많은 투자가 물거품이 될 것이다. 구도의 의미가 바로 그것이다. 헛된 투자를 포기하는 것, 타인을 포기하는 것, 그들의 기대와 희망을 포기하는 것, 그래서 자기 자신에게 충실하기로 결심하는 것이 바로 구도의 길이다.

깨어 있는 자에게는 규칙이 필요 없다. 깨어 있음이 그의 규칙이다. 그는 세상의 규칙을 따르지만, 규칙에 매이지 않는다. 그는 진정한 자유인이다.

여섯째날 아침 **바닷새를 죽인 음악**

주머니가 작으면 큰 물건을 담을 수 없고
두레박줄이 짧으면 깊은 우물물을 길을 수 없다.

이런 이야기를 듣지 못했는가?
옛날에 바닷새 한 마리가
노나라 수도의 교외에 날아온 적이 있었다.

왕은 그것이 상서로운 징조라 해서
성대한 환영회를 베풀라고 명령하고
바닷새에게 종묘의 술을 마시게 하는가 하면
음악가들을 불러 순임금 시절의 음악을 연주하게 했다.
그뿐 아니라 여러 맛있는 짐승 고기까지 대접했다.
그러나 이 소란스런 잔치에 놀라
불행한 바닷새는 슬픔 속에 죽고 말았다.

새는 어떻게 길러야 하는가?
인간의 입장에 따라서?
또는 새의 입장에 따라서?

새는 깊은 숲속에 둥지를 틀고
들판과 물가를 자유롭게 날아야 하지 않을까?
강이나 호수 위를 떠다니면서
미꾸라지나 물고기를 잡아먹고
때로 다른 물새들과 줄지어 날다가
갈대 끝에 앉아 한가롭게 쉬어야 하지 않을까?

새는 사람들에게 둘러싸이거나
사람의 소리를 듣는 것조차 싫어하는데
어찌 시끄러운 음악에 놀라지 않겠는가!
그들은 음악으로 바닷새를 죽인 것이다.

물은 물고기를 위한 것이고
공기는 인간을 위한 것이다.
본래 성품이 각자 다르니 필요한 것도 다르다.

그러기에 옛 현자는
하나의 기준으로 모든 것을 판단하지 않았다.

―〈바닷새와 인간의 음악〉

고정된 인간의 본성이란 없다. 인간 개개인마다 그 본성이 다르다. 모든 개개인이 그 자신 하나의 우주다. 그대는 어떤 일반적인 규칙도 만들 수 없다. 일반적인 규칙이란 하나의 환상에 불과하다.

이것을 깊이 이해하지 않으면 안 된다. 우리가 걷는 이 길에는 그대가 규칙에 집착할 가능성이 매우 크기 때문이다. 일단 규칙의 희생자가 되면 그대는 자신이 누구인지 결코 알 수가 없다.

그대는 누구인가? 오로지 완전한 자유 속에서만 자신을 알 수 있다. 규칙은 곧 감옥이다. 누구도 그대에게 맞는 규칙을 만들 수 없으므로 그것들은 감옥일 수밖에 없다. 어떤 이는 그 규칙들을 통해 진리를 발견했을지 모른다. 그러나 그것은 그의 경우다. 저마다 본성이 다르다. 그것들이 그에게 도움이 되었을지라도 그대 역시 그것에 적합하진 않다. 오히려 장애물이 될 수 있다.

따라서 이해가 유일한 규칙이 되게 하라. 진정한 이해 속에서 배우고 성장하라. 단, 외부의 규칙을 따르지 말라. 규칙은 죽은 것이고, 이해는 살아 있는 경험이다. 규칙은 감옥이지만 이해는 무한한 하늘, 무한한 공간을 준다.

인간 누구나 규칙에 얽매여 살아가고 있다. 모든 종교는 규칙 이외의 아무것도 아니게 되었다. 예수가 진리를 깨달았고 붓다가 진리를 깨달았기 때문에 그들의 삶은 모두가 추종해야 할 하나의 규칙이 되었다. 그러나 누구도 고타마 붓다가 아니며, 누구도 예수 그리스도가 아니다.

따라서 그들의 규칙을 따른다면 그대는 기껏해야 멋진 모조품이 될 수 있을 뿐, 그대의 진정한 자아에 도달할 수 없다. 열심히 예수를 추종할 때 기독교인이 될 수 있을 뿐 결코 그리스도가 되지 못한다. 그것은 실로 위험한 일이다. 기독교인이 되고 대신에 그리스도를 잃는 것은 무가치한 일이다. 그대 자신이 그리스도가 되는 순간, 예수는 그대의 규칙이 될 수 없다. 오직 그대 자신의 깊은 이해가 법이 될 것이다.

예수는 누구도 추종하지 않았다. 한 사람의 스승, 즉 세례 요한이 있었지만 예수는 어떤 규칙도 따르지 않았다. 그는 스승을 느끼고, 스승과 함께 머물렀다. 스승의 불꽃을 지켜보고, 스승을 먹고 마셨다. 스승의 세례를 받았다. 그러나 결코 어떤 규칙도 따르지 않았다. 세례 요한의 다른 추종자들은 예수에게 반대했다. 그들은 말했다. '이자는 스승님을 배반했습니다. 그는 그의 방식대로 행동합니다. 그는 규칙을 엄격히 따르지 않습니다……'

진정한 이해에 도달한 자는 규칙에 집착하지 않는다. 오직 죽은 자만이 규칙을 고수할 뿐이다. 어떤 규칙도 그대의 것이 아니다. 그대가 바로 그대 자신의 규칙이다. 그대 자신의 규칙을 발견하기 위해 타인들로부터 배우고 이해하라. 그러나 기억하라, 결코 그 규칙을 남에게 강요하지 말라. 그것은 폭력이다.

세상의 성인들은 끊임없이 남에게 규칙을 강요한다. 규칙을 통해서 그들은 살아 있는 그대를 죽이고 파괴하고 폭력을 즐긴다. 그들의 폭력은 아주 미묘한 것이다. 그들은 직접적으로 죽이지 않는다. 아주 간접적으로 죽인다. 누군가 직접적으로 그대를 공격하면 그대는 자신을 방어할 수 있다. 그러나 누군가 그대를 위한다는 아름다운 핑계를 둘러대며 간접적으로 공격할 때, 그때 그대는 완전한 희생자가 된다. 그때는 자신을 방어할 수조차 없다.

수많은 구루(영적 스승)들, 그들은 폭력 이외의 아무것도 아니다. 그러므로 그대의 삶에 자신의 규칙을 부여하려는 자, 그대에게 고정된 틀을 주려는 자, 그대에게 진리를 보는 창문을 주려는 자를 만나거든 그에게서 달아나라. 그는 위험한 인물이니까.

진정한 스승은 그대에게 어떤 창문을 주어 그 창문을 통해 진리를 바라보도록 하지 않는다. 진정한 스승은 그대를 직접 하늘 아래로 데리고 나갈 것이다. 그는 그대에게 살아가야 할 하나의 형태를 주지 않는다. 단순히 그대에게 느낌을, 이해를 줄 것이며, 그 이해를 통해 그대는 앞으로 나아갈 것이다. 그 이해는 자유롭고 또 그대 자신의 것이다.

기억하라. 그대가 이해를 원하지 않기 때문에, 이해는 어렵고 힘들기 때문에, 이해에는 용기가 필요하기 때문에, 그리고 이해는 존재의 혁명을 요구하기 때문에, 그대는 그대에게 규칙들을 주고자 하는 자들의 희생자가 되는 것이다. 반면에 규칙들은 하나의 대용품이다. 그것들은 손쉽게 얻을 수 있다. 그대는 매우 쉽게 그대의 삶을 하나의 훈련된 삶으로 만들 수 있겠지만 그것은 거짓된 삶이다. 행동하고 가장하지만 진실이 아니다.

여기 유태인들의 우화 하나가 있다. 예수 역시 이 우화를 들었을 것이다. 이 우화는 예수 이전부터 있어 왔으며, 그 당시 모두가 이 이야기를 알고 있었다. 예수도 이 우화를 어머니 마리아나 아버지 요셉으로부터 들었을 것이다. 이 우화는 실로 아름답다. 어쩌면 그대 역시 이미 알고 있을지 모른다.

그 이야기는 이렇다. 소위 지혜롭다고 하는, 랍비에 가까운 자가 있었다……. 그가 랍비라는 직업을 갖고 있었지만, 내가 그를 '랍비에 가까운 자'라고 말하는 것은 이유가 있어서다. 진정한 랍비가 되는 것은 어렵다. 진정한 랍비가 된다는 것은 깨달음을 얻었음을 의미한다. 사실 그는 단지 한 사람의 성직자였을 뿐 진리에 대해선 아무것도 알지 못했다. 그러나 사람들은 그를 지혜로운 자라고 알고 있었다.

그가 어느 날 이웃 마을에 갔다가 집으로 돌아오고 있었다. 마침 그는 길에서 통통한 새 한 마리를 들고 가는 남자를 보았다. 아주 탐나는 새였다. 그는 당장에 그 남자와 흥정을 해서 새를 샀다. 그리고는 혼자 생각했다.

'집으로 돌아가는 즉시 이 새를 잡아먹어야지. 얼마나 맛있어 보이는 새인가?'

그때 갑자기 새가 말했다.

"그런 생각일랑 하지 말라!"

랍비는 깜짝 놀라서 물었다.

"뭐라구? 방금 네가 말한 것이냐?"

새가 말했다.

"그렇다. 난 평범한 새가 아니다. 나 역시 새들의 세계에서는 랍비다. 나를 날려 보내 준다고 약속하면 당신에게 훌륭한 충고 세 가지를 말해 주겠다."

랍비는 생각했다.

'이 새는 정말로 말하는 새로군. 뭔가 아는 새임에 틀림없어.'

우리는 늘 그렇게 결론짓는다. 누군가 말을 하면 그가 무엇을 알고 있는 게 틀림없다고. 말하는 것은 쉽지만 아는 것은 어렵다. 그 둘은 서로 아무 관계가 없다. 알지 못하면서 말할 수 있고, 말하지 않으면서도 알 수 있다. 거기 아무 관계가 없다. 그러나 세상에서는 말하는 자가 곧 아는 자다.

랍비는 말했다.

"좋다. 나에게 세 가지 충고를 말해라. 그러면 너를 놓아주겠다."

새가 말했다.

"첫 번째 충고. 어떤 터무니없는 주장도 믿지 말라. 누가 그것을 말하든지, 그가 위대한 자든, 세상에 널리 알려진 자든, 권위와 권력과 특권을 가진 자든, 그가 터무니없는 것을 말하거든 절대로 믿지 말라."

랍비는 말했다.

"네 말이 옳다!"

새가 말했다.

"무엇을 행하든 불가능한 것을 시도하지 말라. 이것이 두 번째 충고다. 그렇게 되면 재난이 닥칠 테니까. 그러므로 언제나 자신의 한계를 알라. 자신의 한계를 아는 자는 현명하며, 자신의 한계를 넘으려는 자는 바보다."

랍비는 고개를 끄덕이며 말했다.

"과연 옳다, 옳다!"

또 새가 말했다.

"세 번째 충고는 이것이다. 선한 일을 하고 나서는 결코 후회하지 말라. 나쁜 일을 했을 때만 후회하라."

새의 충고들은 실로 멋지고 훌륭한 것이었다. 그래서 새는 자유의 몸이 되었다. 행복한 마음으로 랍비는 집을 향해 걷기 시작했다. 그러면서 생각했다.

"참으로 훌륭한 설교 주제야. 다음주 시나고그(유태교 회당)에서 설교할 때 이 세 가지 충고를 사용해야지. 그리고 그것들을 내 집의 벽에 써서 걸어 놓아야겠어. 언제나 기억할 수 있도록 책상 앞에도 붙여 놓아야지. 이 세 가지 금언이면 인간들을 바꿀 수 있어."

그때 갑자기, 나뭇가지 위에 앉은 그 새가 큰 소리로 웃기 시작했다. 랍비가 물었다.

"도대체 왜 웃는 거야?"

새가 말했다.

"당신은 정말 바보다. 내 뱃속에는 지금 아주 값나가는 다이아몬드가 하나 들어 있다. 나를 죽였다면 당신은 세상에서 제일가는 부자가 되었을 거야."

랍비는 순간 후회하게 되었다.

"정말로 난 어리석었어. 어쩌자고 저 새의 말을 믿었을까."

그는 들고 있던 성경책을 집어던지고 나무 위로 기어오르기 시작했다. 그는 나이가 많았으며 평생 나무라곤 올라가 본 적이 없었다. 게다가 그가 높이 올라갈수록 새는 더 높은 가지 위로 도망쳤다.

마침내 새는 나무 꼭대기까지 도망쳤고, 랍비도 따라서 그곳까지 올라갔다. 그러다가 새는 훌쩍 날아가 버렸다. 그가 거의 붙잡으려는 순간에 새는 날아갔다. 그는 그만 발을 헛디뎌 나무 아래로 떨어졌다. 피가 흐르고 두 다리가 부러졌다. 거의 죽기 직전이었다.

새가 다시 낮은 나뭇가지 위로 날아와 말했다.

"자, 첫째로 당신은 내 말을 믿었다. 뱃속에 귀한 다이아몬드를 넣고 다니는 새가 세상에 있을 수 있는가? 당신은 정말 바보다! 그것처럼 터무니없는 말을 들어본 적이 있는가? 그리고 둘째로, 당신은 불가능한 것을 시도했다. 어떻게 맨손으로 새를 잡을 수 있겠는가? 그리고 셋째로 당신은 새를 살려준 선한 일을 한 뒤에 그것을 후회했다. 이제 집으로 돌아가 그 세 가지 규칙들을 벽에 써 붙이고, 다음주에 시나고그에서 그 주제로 설교하라."

모든 설교사들이 하고 있는 것이 그것이다. 진정한 이해는 결여되어 있고 규칙만을 들고 다닌다. 규칙은 죽은 것이다. 진정한 이해는 무게가 없다. 그것들은 들고 다닐 필요가 없다. 오히려 이해 그 자체가 그대를 들고 다니며, 그것이 그대의 날개 역할을 한다. 그것은 전혀 무게가 없다. 그대는 그것을 기억할 필요조차도 없다. 어떤 것을 이해하면 그것을 기억할 필요가 없다. 그것은 피가 되고, 뼈가 된다. 그대 자신이 된다. 그대가 하는 모든 행위는 그 이해를 통해 행해질 것이다. 그것은 무의식적으로 이루어지는 일이다.

규칙은 의식적인 것이고, 이해는 무의식적인 것이다. 그리고 장자는 언제나 무의식적인 것을 찬성한다. 도의 모든 전통이 무의식적인 것을 찬성한다. 규칙을 강요하지 말라. 오직 사물을 이해하려고 노력하라. 자신에게 규칙을 강요할 때 그대는 깨달음에 도달할 수 없다. 내면에서는 늘 무지하면서 외부적으로만 화려하게 치장할 것이다.

예수는 말하곤 했다. '나는 너희를 본다. 그리고 나는 너희가 무덤 같다는 것을, 석회를 바른 벽 같다는 것을 느낀다. 너희는 바깥에만 석회를 바른 벽처럼 내면에선 죽어 있다.'

그것은 아름답고 깨끗해 보일지 모른다. 규칙들은 그대에게 외부적인 깨끗함을 준다. 그러나 내면에서 그대는 여전히 바보다. 그리고 기억하라, 오직 바보들만이 규칙을 따른다. 현자는 이해하려고 노력할 뿐 규칙에 대해선 잊는다. 현자는 자유롭게 움직이지만, 규칙을 가진 자는 자유롭게 움직일 수 없다. 그는 항상 규칙을 따라야 하기 때문이다. 그리고 삶은 매 순간 변화한다. 순간에서 순간으로 끝없이 변화한다. 삶은 그대를, 또는 그대의 규칙을 기다려 주지 않는다. 매 순간이 새롭다. 그리고 만일 그 규칙이 낡은 것이라면 그대는 언제나 과녁에서 빗나갈 것이며, 부적합한 인간이 될 것이다. 규칙을 맹종하는 자, 그는 어디서나 늘 부적합한 존재가 될 것이다. 왜냐하면 삶은 끝없이 흘러가고 있는데 그는 규칙을 붙잡고 있기 때문이다.

내가 그대의 내면을 바라볼 때 그대는 규칙에 붙들려 있다. 어린 시절에 규칙들이 주어졌으며, 그대는 아직도 그것들을 붙들고 있다. 그때 이후로 그대는 조금도 움직이지 않았다. 늘 제자리뛰기만 했을 뿐 조금도 앞으로 나아가지 못했다. 설령 일흔 살이 될지라도 여전히 제자리뛰기를 하고 있을 것이다.

깨달음을 향한 모든 노력은 그 붙들린 상태에서 벗어나는 것, 앞으로 나아가는 것, 다시금 흐름을 되찾아 얼어붙지 않는 것이다. 얼음처럼 굳어지지 말라. 흐르는 물처럼 되라. 하나의 강물처럼. 규칙들은 그것을 허용하지 않는다. 삶은 끝임없이 새롭게 일어나고 있으며, 오직 진정한 이해만이 그것에 반응할 수 있음을 잊지 말라.

물라 나스루딘은 언제나 부정적인 이야기만을 했다. 그래서 내가 그에게 말했다.

"좀더 긍정적이 되라. 왜 삶을 그토록 부정적인 눈으로만 보는가? 그러면 언제나 꽃은 못 보고 가시만 발견할 것이다."

그러자 그가 말했다.

"좋습니다. 이제부터 매사를 긍정적으로 보는 것을 규칙으로 삼겠습니다."

다음날 그의 아내가 시장에 가면서 그에게 아이들을 잘 보라고 일렀다. 시장에서 돌아온 그의 아내는 금방 무엇인가 잘못되었음을 느꼈다. 집 안 전체가 슬픔으로 가득 차 있었으며, 아이들은 어디에도 보이지 않았다. 아무 소리도 들리지 않았다. 그녀는 불안에 사로잡혔다. 문 앞에 앉아 있는 나스루딘을 보자 그녀는 정말 무엇인가 잘못된 일이 일어났음을 알았다.

겁에 질려서 그녀는 말했다.

"나스루딘, 나쁜 소식일랑 말하지 말아요. 제발 좋은 소식만을 말해 줘요."

나스루딘이 말했다.

"나는 이미 매사에 부정적이지 않겠다고 맹세했소. 그러니 당신이 그것을 상기시킬 필요는 없소. 우리의 일곱 아이들 중에서 기쁘게도 여섯 명이 자동차에 깔리지 않았소."

이것이 인간이 긍정적으로 변하는 방식이다. 언어는 바꿀 수 있지만 내면 깊은 곳에서는 변함이 없다. 행동을 바꿀 수는 있지만 내면 깊은 곳에서는 똑같다.

중요한 것은 그대 존재를 바꾸는 일이다. 그대의 행동, 언어, 옷이 아니라 그대의 존재를 바꾸는 일이다. 규칙의 인간은 표면에서만 자신을 바꾸지만, 이해의 인간은 중심에서 그 자신을 바꾼다. 그때 표면은 자동적으로 변화한다. 중심이 변화하면 표면은 자동적으로 바뀌며, 바뀔 수밖에 없다. 그러나 표면이 변화한다고 해서 중심까지 변화하는 것은 아니다.

규칙이 무엇을 할 수 있는가? 규칙은 그대에게 이래라저래라 할 수는 있어도 그대를 변화시킬 수 없다. 단지 행동만을 변화시킬 수 있을 뿐, 행동은 그대가 아니다. 행동은 그대로부터 나오지만, 그대는 행동보다 훨씬 깊다. 규칙은 그대의 행동을 바꿀 뿐, 그대를 바꾸진 못한다. 행동이란 곧 타인과의 관계를 의미한다. 관계 속에서가 아니라 오로지 절대적인 홀로 있음 속에서 그대는 그대의 존재다. 그리고 장자는 말한다. 본성이, 본래 성품이 저마다 다르다고.

어느 날 한 사람이 나를 만나러 왔다. 그는 실로 오랫동안 시르쉬 아사나, 즉 물구나무서기 요가 자세를 수행한 사람이었다. 요가책에 그 자세가 매우 유익하다고 적혀 있었기 때문에 그는 오랜 기간 그 수행을 했다. 그러나 유익하기는커녕 내면의 혼란만 커져 거의 정신병에 걸릴 지경이었다. 그래서 무엇이 잘못되었는가 묻기 위해 나를 찾아왔다.

그는 규칙의 인간이었다. 그는 파탄잘리(기원전 2세기경 최초로 고대 전통의 요가를 체계적으로 정리한 인물)의 요가 경전을 한 글자 한 글자 그대로 실천했다. 식사와 수면과 시간, 하라는 대로 그대로 했다. 그는 매우 규칙 바른 자였다. 그래서 무엇이 잘못되었는지 알 수 없었다.

나는 그가 실천한 수행법을 자세히 물었다. 그는 아침에 한 시간, 그리고 저녁에 한 시간씩 시르쉬 아사나를 행했다. 그러면서 깨달음이 일어나는 순간을 기대했다. 그러나 깨달음이 일어나기는커녕 점점 혼란스러워만 갔다.

시르쉬 아사나, 즉 물구나무서기는 특정한 자에게만 적합하다. 그리고 바보일수록 더욱 적합하다. 지성을 가진 자에게는 위험하다. 왜냐하면 그것은 단순한 체위가 아니라 신체의 모든 화학 구조를 변화시키기 때문이다.

인간에게는 지성이 있지만 동물은 그렇지 않다. 왜인가? 그것은 인간이 두 다리로 서기 때문이다. 그것이 핵심이다. 만일 한 어린아이가 계속해서 네 발로 걷는다면 그는 결코 사람 같아지지 않을 것이다. 결코 지성을 획득하지 못할 것이다. 척추가 땅과 평행하면 피가 신체 전체로 골고루 흐른다. 다리로 가는 똑같은 양만큼의 피가 머리로도 간다. 그렇게 되면 머리는 섬세한 신경 조직을 발달시킬 수 없다. 머리의 신경계는 매우 섬세하고 예민하다. 세상에서 가장 섬세한 것이 그것이다. 머리의 무게는 1.5킬로그램이다. 아인슈타인의 머리라 해도, 아무리 위대한 천재의 머리라 해도 무게는 같다. 이 작은 머리 속에 7천만 개의 세포가 있으며, 각각의 세포가 수백만 개의 정보 단위를 지니고 있다. 그리고 그 세포들은 고도로 섬세하기 때문에 피가 너무 빨리 흘러들어가면 세포들이 파괴된다. 그러므로 피가 머리로 너무 많이 흘러들어가면 안 된다. 그렇지 않으면 섬세한 신경계가 쓸려 간다.

따라서 어리석고 우둔하고 저능한 자에게는 시르쉬 아사나가 최고다. 그에게는 전혀 해가 되지 않으며 오히려 기분이 상쾌해질 것이다. 피가 홍수처럼 머리로 밀려갔다가 물러가면 편안한 휴식을 느낄 것이다. 마치 목욕 후처럼 상쾌한 기분이 들 것이다.

그러나 지성을 가진 자에게는 그것은 위험하다. 섬세한 신경 조직이 파괴될 것이고, 신체적으로는 상쾌함을 느낄지라도 정신적으로는 파괴될 것이다. 따라서 높은 지성을 가진 자가 그 요가 체위를 행하면 미칠 가능성이 있다. 반면에 지성이 없는 자는 그것을 통해 더욱 건강해질 것이다.

그리고 시간의 문제가 있다. 수련 시간은 어느 정도가 좋은가? 지성을 가진 자라도 몇 초 동안의 수행은 좋은 효과를 줄 수 있다. 단지 몇 초간 피가 들어갔다가 나오면 아무것도 파괴되지 않는다. 오히려 두뇌 속의 모든 것이 더욱 활력을 얻는다.

하지만 그것은 그대 자신이 아니라 가르치는 스승에 의해 결정되어야만 한다. 책을 통해 어떤 결정을 내려선 안 된다. 오직 살아 있는 스승만이 그대에게 적합한 시간의 길이를 정할 수 있다. 그렇지 않으면 위험하다. 그러나 인간의 마음은 어린아이와 같다. 시계가 고장나면 먼저 그것을 뜯어 무엇이 잘못되었는지 알려고 하고, 이것저것 손대기 시작한다. 제발 손대지 말라. 그렇지 않으면 더 많은 것들이 고장날 것이다. 시계는 매우 섬세한 구조이기 때문에 그 구조를 아는 자만이 그것을 뜯어야 한다. 그대는 수리할 수 없다. 점점 더 고장을 일으켜 결국 수리가 불가능하게 만들 뿐이다.

두뇌에 비하면 시계는 아무것도 아니다. 책을 통해서는 어떤 것도 하지 말라. 책은 도움이 될 수 없다. 그대의 정신을 꿰뚫어볼 수 있는, 전체 두뇌 조직을 꿰뚫어볼 수 있는, 그래서 그대 내면의 두뇌가 어떻게 기능하고 있는지 느낄 수 있는 누군가가 필요하다. 오직 그만이 몇 초가 적당한지, 그 수련법이 좋은지 나쁜지 결정할 수 있다.

이것은 한 가지 예에 불과하다. 많은 사람들이 책을 통해 수행을 하고자 한다. 생명 현상은 고도로 다차원적인데, 책은 오직 죽은 규칙들만을 줄 수 있을 뿐이다. 만일 그것들을 따른다면 위험 지대로 들어가고 있는 것이다. 잘못된 것을 하느니 차라리 아무것도 안하는 것이 낫다. 평범하게 지내는 편이 좋다. 평범한 삶이 차라리 낫다. 그대 만일 살아있는 스승을 찾을 수 없거든, 누군가를 신뢰할 수 없거든, 그렇다면 아무것도 하지 말라. 최소한 정상인으로 남아 있을 것이다. 그렇지 않으면 미쳐 버릴 수 있다.

인간의 생체 에너지는 대단히 복잡하다. 우주 전체도 그것에 비교될 수 없다. 우주 전체는 아주 단순한 방식으로 움직인다. 인간이야말로 가장 복잡한 존재다. 그렇기 때문에 동물은 미치지 않지만 인간은 언제나 아슬아슬한 것이다. 거의 매 순간 그대는 미칠 수 있다. 이토록 복잡 미묘한 것이 인간이기 때문에 깊은 주의력을 갖고 그 안으로 들어가지 않으면 안 된다.

따라서 필요한 것은 이해이지 규칙이 아니다. 책과 경전과 규칙을 통해서는 이해가 아니라 지식을 얻을 뿐이다. 각각의 인간이 다르다. 남자는 여자와 다르고, 개개인은 또 저마다 다르다. 뿐만 아니라, 그대는 날마다 다르다. 어제 다르고 오늘 다르다. 내일은 또 다른 사람이 되어 있을 것이다. 더없이 깊은 이해가 필요하다. 규칙이 그것을 대신할 수는 없다.

장자의 우화로 들어가자.

    주머니가 작으면 큰 물건을 담을 수 없고
    두레박줄이 짧으면 깊은 우물물을 길을 수 없다.

그러나 이것이 모두가 하고 있는 일이다. 작은 주머니에 큰 물건을 담으려고 노력한다. 주머니의 크기, 자신의 능력에 대해선 전혀 신경 쓰지 않는다.

먼저 그대의 한계를 알고 나서 성취할 대상을 생각해야 한다. 그대의 능력이 무엇인가? 어떤 재능을 갖고 있는가? 그대의 천부적인 재능이 무엇인가? 아무도 그것에 대해선 신경 쓰지 않는다. 음악적인 귀를 갖지 않은 자가 음악가가 되고자 노력한다면 그의 전 생애가 헛수고가 될 것이다. 음악가란 만들어지는 것이 아니라 타고나는 것이기 때문이다. 감정이 메마른 자가 시인이나 화가가 되기 위해 애쓴다면 그는 재난을 불러들일 것이다. 화가는 종류가 다른 눈, 거의 제3의 눈에 가까운 눈을 갖고 있기 때문이다. 그대는 나무에게서 한 가지의 초록색만을 보지만 화가는 수천 가지의 초록색을 본다. 그리고 그는 색깔들을 느끼기까지 한다. 그에게는 색깔들이 하나의 파동으로 다가온다. 그에게는 세계 전체가 색깔 이외의 아무 것도 아니다.

힌두교에서는 세계 전체가 하나의 소리라고 말한다. 그것은 우파니샤드(고대 인도의 경전)를 썼던 소수의 사람들이 시인이거나 음악가였기 때문이다. 그들에게는 소리를 들을 줄 아는 귀가 있었던 것이다. 그래서 우주 전체가 하나의 소리로 변했다. 이것이 옴카르이고 아나하타이다.

그대는 음악과 사랑에 빠져 본 적이 없는가? 그렇다면 수없이 만트라 '옴'을 반복한다 해도 아무 일도 일어나지 않을 것이다. 내면에서 끊임없이 그 진언을 반복해도 아무 일도 일어나지 않는다. 사람들은 이 스승 저 스승을 찾아다니지만 자신의 재능에 대해선 조금도 생각하지 않는다. 그대 만일 음악적인 귀를 갖고 있다면, 음악을 이해할 수 있는, 이해할 뿐 아니라 느낄 수 있는 가슴을 갖고 있다면, 그때는 만트라가 도움이 될 것이다. 왜냐하면 그때는 내면의 소리들과 하나가 될 수 있으며, 그리하여 그 소리들과 함께 내면의 더욱 깊은 의식층들로 들어갈 수 있기 때문이다. 그때 모든 소리들이 정지하고 단 하나 우주적인 음만이 남는 순간이 찾아온다. 그것이 바로 '옴'이다. 힌두교인들이 세계 전체가 소리로 이루어져 있다고 말하는 까닭이 여기에 있다. 물론 그것은 진리가 아니다. 하나의 절대적인 진리가 아니다. 음악가에게만 진리인 것이다.

절대적인 진리란 존재하지 않는다는 것을 기억하라. 모든 진리가 개인적인 것이다. 그것은 '그대의' 진리인 것이다. 하나의 순수 객관으로 존재하는 진리는 없다. 그대의 진리가 나에겐 진리가 아닐 수 있으며, 나의 진리는 그대에겐 진리가 아닐 수 있다. 진리는 객관적인 것이 아니기 때문이다. 나의 진리는 나에게 의미가 있으며, 그대에게 의미가 있는 것은 그대의 진리다.

붓다가 진리에 도달했을 때, 예수 또는 장자가 도달했을 때, 그들은 똑같은 우주의 근원에 도달했지만 그들의 해석은 각자 달랐다. 붓다는 전혀 음악가가 아니었다. 따라서 우주의 근원에 도달했을 때, 존재의 원천에 이르렀을 때, 그는 그곳에서 어떤 소리도 발견할 수 없었다. 그는 화가가 아니었다. 그곳에서 어떤 색깔도 발견할 수 없었다. 그는 대단히 고요한 사람이었으며, 침묵이 곧 그의 음악이었다. 그래서 형태 없는 텅 빈 공간, 즉 수냐, 공, 텅 빈 거울을 발견한 것이다. 그에게는 일체가 '텅 빈 공'이었다. 그것이 그의 진리였다. 그들은 모두 동일한 근원에 도달했으며, 그 근원은 하나지만 저마다 다른 방식으로 보고 느꼈다. 세상에 수많은 철학과 종교가 생겨난 것도 그 때문이다.

미라(16세기 인도의 여류 시인)는 같은 근원에 도달했을 때 춤추기 시작했다. 춤추는 붓다를 상상할 수 없으며, 춤추는 예수를 상상할 수 없다. 그러나 미라는 춤추기 시작했다. 그녀는 '사랑하는 이'에게로 온 것이다. 한 여인의 가슴, 사랑으로 충만한 느낌, 그리하여 그 근원이 그녀에게는 '님'이 되었다. 그녀는 그녀의 사랑하는 연인에게로 온 것이다.

근원은 같고, 궁극적인 진리도 같다. 그러나 사람마다 그것의 표현이 다르다. 그리고 기억하라, 누구의 진리도 그대의 것이 될 수 없다. 그대 자신이 그 비밀의 상자를 열어야만 한다.

첫 번째 중요한 것은 자신의 능력을 아는 일이다. 그러나 그대는 너무도 혼란스런 상태라서 자신의 능력이 무엇인지 느낄 수 없다. 그래서 그대의 맥을 짚어 보고 그대의 능력을 느낄 수 있는 스승이 필요한 것이다. 잘못된 방향으로는 아무리 많은 노력을 기울여도 얻는 것이 없다. 그대는 오직 특정한 길을 통해서만 도달할 수 있다. 오직 그대 자신을 통해서만 도달할 수 있다.

> 주머니가 작으면 큰 물건을 담을 수 없고
> 두레박줄이 짧으면 깊은 우물물을 길을 수 없다.

자신의 능력을 알라. 이것이 첫 번째 핵심이다. 자신의 능력을 정확히 안다면 첫걸음은 이미 내디뎌진 것이며, 목적지가 멀지 않다. 첫걸음이 틀리면 평생을 걷고 또 걸어도 목적지에 도달할 수 없다.

> 이런 이야기를 듣지 못했는가?
> 옛날에 바닷새 한 마리가
> 노나라 수도의 교외에 날아온 적이 있었다.

멋진 우화다. 바다에서 날아온 새 한 마리가 중국 노나라 수도의 교외에 내려앉았다. 아름다운 새 한 마리가.

왕은 그것이 상서로운 징조라 해서
　　성대한 환영회를 베풀라고 명령하고…….

　왕은 어디까지나 왕이다. 그는 새들의 나라의 왕이 도착했다고 생각했다. 따라서 다른 왕들처럼 그 아름다운 새도 거창한 영접을 받아야 한다고 생각했다. 그러나 어떤 방식으로 새를 영접할 것인가? 왕에게는 그 자신의 방식이 있었다.

　　왕은 그것이 상서로운 징조라 해서
　　성대한 환영회를 베풀라고 명령하고
　　바닷새에게 종묘의 술을 마시게 하는가 하면
　　음악가들을 불러 순임금 시절의 음악을 연주하게 했다.
　　그뿐 아니라 여러 맛있는 짐승 고기까지 대접했다.
　　그러나 이 소란스런 잔치에 놀라
　　불행한 바닷새는 슬픔 속에 죽고 말았다.

　비록 모든 것이 손님을 대접하기 위한 것이긴 했지만, 그 손님이 누구인지에 대해선 아무도 신경 쓰지 않았다. 손님을 손님의 취향이 아니라 주인의 취향에 따라 대접했다. 그리하여 그것이 그 가련한 새를 죽이고 말았다

　사람들 대부분이 주인 때문에 죽임을 당한다. 누구도 그 사람 자신을 바라보지 않는다. 한 아이가 태어난다. 부모는 그 아이를 어떤 인간으로 만들 것인가를 생각한다. 심지어 아이가 태어나기 전부터 그것이 결정된다.

　한번은 내가 어떤 친구의 집에 머물렀던 적이 있다. 그 친구는 대

학 교수였으며, 그의 아내 역시 교수였다. 둘 다 지적인 능력이 뛰어나 온갖 학위를 획득했다. 그들에게는 딸이 하나 있었는데, 내가 그곳에 있을 때 그 아이는 울면서 피아노를 치고 있었다. 그래서 내가 아이의 엄마에게 물었다.

"무슨 일인가?"

아이의 엄마가 대답했다.

"나는 어렸을 때 음악가가 되는 것이 소원이었지만 나의 부모님이 그것을 허락하지 않았어요. 부모님이 그것을 허락하지 않았기 때문에 내가 받은 고통은 이루 말할 수 없었어요. 그들은 강제로 나를 교수가 되게 했어요. 나는 절대로 내 딸에게 교수가 되라고 강요하지 않을 거예요. 그 애는 음악가가 될 거예요."

그러나 그 딸은 음악이 싫어서 울면서 피아노를 치고 있었다.

그대는 타인 때문에 혼란을 겪고 있다. 어머니는 이것이 되라 하고, 아버지는 저것이 되라 한다. 그럴 수밖에 없는 것이 어머니와 아버지는 의견이 일치하는 법이 없기 때문이다.

물라 나스루딘의 아들이 나에게 말했다.

"전 의사가 되고 싶은데 엄마는 기술자가 되어야 한다고 주장하고 있어요. 어떻게 하면 좋을까요?"

내가 말했다.

"한 가지 방법이 있다. 네 아버지는 네가 기술자가 되길 원한다고 소문을 퍼뜨려라."

그 결과 그는 지금 의사가 되었다.

아버지와 어머니, 그들은 언제나 반대한다. 그들의 대립이 그대 안으로 깊숙이 들어가 내적인 갈등이 되었다. 그대의 부모가 모두 죽었을지라도, 더 이상 세상에 존재하지 않을지라도, 그들은 그대의 무의식 속에 존재한다. 여전히 다투면서. 그들은 결코 그대를 평화롭게 내버려 두지 않는다. 그대가 무엇을 하든 아버지는 찬성하고 어머니는 반대한다. 그대 내면의 갈등은 곧 그대 부모의 갈등이다. 그리고 거기 삼촌과 형과 누나와 수많은 친척들이 있다. 그대가 잘되기를 희망하는 수많은 사람들 틈에서 그대는 홀로이다. 그들은 모두 그대가 자기들 의견대로 되길 바란다. 그들은 그대를 파괴하고 있는 것이다. 그때 그대의 삶 전체는 하나의 혼란이 된다. 자신이 무엇을 원하는지 그대는 알지 못한다. 자신이 어디로 가고 싶은지 알지 못한다. 자신이 무엇을 하고 있는지, 왜 그것을 하고 있는지 알지 못한다. 그때 그대는 불행하다. 그대가 하나의 자연스러운 존재로 성장하지 못할 때 불행이 찾아온다. 자기 자신에 따라 성장하지 못할 때…….

이것이 그 바닷새에게 일어난 일이다. 그리고 모든 바닷새에게 이런 일이 일어나고 있다. 그대는 한 마리의 바닷새인 것이다. 어느 날 그대는 노나라 수도의 한 자궁 속에 내려앉았다. 그대는 대환영을 받았다. 점쟁이들이 미래를 점치고, 음악가들이 음악을 연주하고, 부모는 사랑으로 그대를 환영했다. 그리하여 모두가 그대를 비정상적인 인간으로 만들기 시작했다.

현자는 그 자신의 의견에 따라 그대를 영접하지 않는다. 그대 자신에 따라 그대를 영접한다. 바닷새는 음악가들의 멋진 교향악 때문에 죽었다. 왕은 자신이 옳게 행동한다고 믿었다. 그는 귀한 손님을 대접하는 방식을 잘 알고 있었다.

새는 어떻게 길러야 하는가?
인간의 입장에 따라서?

또는 새의 입장에 따라서?

　상대방에게 언제나 기회를 주라. 그가 그 자신일 수 있도록……. 이해란 그런 것이다. 사랑이란 그런 것이다. 그대 자신을 남에게 강요하지 말라. 의도가 좋은 것일지라도 결과는 좋지 않을 것이다. 좋은 의도만으로 충분하지 않다. 그것은 독으로 변할 수 있다. 핵심은 그대의 좋은 의도가 아니다. 진정한 핵심은 상대방에게 그 자신이 될 수 있도록 자유를 주는 일이다. 그대의 아내가 그녀 자신이 될 수 있도록 자유를 허용하라. 그대의 남편이 그 자신이 될 수 있도록 자유를 허용하라. 그대의 아이가 그 자신이 될 수 있도록 허용하라. 강요하지 말라.

　우리 모두는 한 마리의 바닷새들이다. 서로에게 미지의 존재이며 이방인들이다. 그대가 누구인지 아무도 알지 못한다. 우리가 할 수 있는 것이라곤 그대가 어떤 존재이든지 그 존재가 실현되도록 돕는 일뿐이다. 그리고 미래는 미지의 것, 그것은 강요할 수 있는 성질의 것이 아니다. 미래를 알 수 있는 길은 없다. 어떤 점성술도 도움이 되지 않는다. 그것들은 어리석은 방법들이다. 사람들은 어리석기 때문에 그것들에 매달린다. 우리가 미래를 알기 원하기 때문에 그것들은 존재한다.

　삶은 계획될 수 없다. 그것은 계획 없이 밀어닥치는 여름철 홍수와 같은 것이다. 그리고 계획이 없기 때문에 삶은 아름답다. 계획될 수 있다면 모든 것이 죽고 지겨워질 것이다. 아무도 미래를 예측할 수 없기 때문에 삶은 아름다운 것이다. 그곳에 자유가 있기 때문이다. 미래를 알 수 있다면 자유가 사라진다. 그때 그대는 지시받은 하나의 기계처럼 움직일 것이다. 그러나 우리가 원하는 것이, 우리가 노력하는 것이 그것이다.

그대 만일 약간의 이해라도 갖고 있다면, 그대 주위의 사람들에게 그들 자신이 될 수 있도록 자유를 주라. 또한 누구도 그대의 자유를 간섭하도록 허용하지 말라. 누구도 그대의 노예로 만들려고 하지 말며, 누구의 노예도 되지 말라.

'산야신(구도자)'의 의미가 그것이다. 이것이 바로 내가 의미하는 산야신이다. 그는 누구도 노예로 만들지 않으며, 누구의 노예도 되지 않겠다고 결심한 사람이다. 자기 자신에게 진실되고, 그것이 어디로 데려가든 따라갈 준비가 된 사람이다. 이것이 용기다. 왜냐하면 그것은 그대를 불안정 속으로 데리고 갈지 모르기 때문이다. 그대는 더 많은 안정을 원할 것이며, 그래서 다른 사람들의 말과 그들의 소원에 귀기울일 것이다. 그렇게 되면 그들의 교향악이 그대를 죽일 것이다. 그들은 이미 그대를 거의 죽였다.

왜 그대는 남의 말을 듣는가? 그들이 더 많이 알고 있다고 느끼기 때문이다. 한 꼬마 아이가 형에게 말했다. 동생은 다섯 살이었고, 형은 열 살이었다. 동생이 형에게 말했다.

"형이 엄마한테 가서 우리가 영화 구경을 갈 수 있도록 허락을 받아 와."

형이 말했다.

"왜 네가 하지 않지? 네가 할 수도 있잖아?"

동생이 말했다.

"형이 나보다 엄마를 더 오래 알았잖아."

이것은 뿌리 깊은 문제다. 그대는 엄마가 세상을 더 많이 살았기 때문에 더 많이 안다고 믿는다. 아버지가 그대보다 세상을 더 많이 살았기 때문에 더 많은 것을 안다고.

그러나 단순히 더 많이 살았다고 해서 더 많은 것을 알 수 있는가? 시간이 진정한 이해를 준다고 생각하는가? 연장자라는 것이 지혜를 의미하는가? 그렇다면 정부 관청에 가서 가장 나이 많은 연장자를 찾으라. 정부 관청에서는 연장자가 곧 지혜를 의미할지 모르나, 삶은 그렇지 않다.

삶은 시간을 통해 이해되는 것이 아니다. 삶의 이해는 명상을 통해 얻어진다. 그것은 내면으로 들어가는 일이다. 시간은 외부의 현상, 표면의 현상이다. 수천 년을 살아도 인간은 여전히 어리석다. 실제로 그의 어리석음은 더욱 커질 뿐이다. 그대 안에 어리석음의 씨앗이 있다면 그것은 그 수천 년 동안 거대한 나무가 되어서 수많은 어리석은 자들이 그 나무 아래서 쉴 것이다. 그대가 가진 것은 무엇이든 자란다. 어떤 것도 고정되어 있지 않다. 모든 것이 자란다. 따라서 어리석은 자는 더욱 어리석어지고, 지혜로운 자는 더욱 지혜로워진다. 시간은 이해와는 아무 상관이 없다.

이해는 일시적인 현상이 아니며, 많은 경험을 의미하지도 않는다. 그대를 지혜롭게 하는 것은 경험의 양이 아니라 경험의 질이다. 만일 그대가 '깨어 있음'의 질을 동반할 수 있다면 단 한 번의 경험도 수십 번의 생보다 더 많은 지혜를 줄 수 있다. 한 남성이 수십 명, 수백 명의 여성과 잠자리를 같이 할 수 있다. 그가 사랑이 무엇인지 남보다 더 많이 안다고 생각하는가? 그는 양적으로 경험이 풍부할 뿐이다.

그대가 사랑의 질을 갖고 있다면 단 한 번의 사랑도 그대에게 지혜를 줄 수 있다. 그 사랑의 질은 그대가 갖고 있어야 한다. 사랑의 질은 무엇인가? 깨어 있음이다. 그대의 존재 전체로, 완전히 깨어 있는 상태에서, 단 한 명의 여성과 단 한 번의 사랑을 나누어도 그대는 사랑이 무엇인지 알게 된다. 그렇지 않으면 아무리 많은 여성을 거쳐도 똑같은 반복일 뿐이다. 그렇게 되면 그대는 아무것도 할 필요가 없다. 바퀴는 스스로 굴러가고, 모든 것이 자동적이 된다.

지혜는 그것이 어떤 경험이든지 그대가 존재 전체로 깨어 있을 때 일어나는 현상이다. 깨어 있는 의식과 경험의 만남이 바로 지혜다. 경험에 깨어 있는 의식을 더한 것이 지혜다. 경험 더하기 더 많은 경험 더하기 더 많은 경험 등등으로는 양만 커질 뿐 어떤 질도 얻어지지 않는다. 그것은 그대를 자유와 진정한 앎으로 인도하지 않는다.

한 아이가 태어난다. 그 아이를 진정으로 사랑한다면 부모는 그들 자신을 아이에게 강요하지 않을 것이다. 적어도 그들은 자신들이 실패작임을 알기 때문이다. 따라서 왜 똑같은 것을 아이에게 반복시키는가? 왜 또 다른 삶을 파괴시키는가?

그러나 그들의 어리석음을 보라. 그들의 아이가 자신들의 길을 따르길 원한다. 그 길을 통해 그들은 어느 곳에도 도달하지 못했으며, 내면 깊은 곳에서 자신들이 공허하고 텅 비었음을 그들은 안다. 그러나 또다시 아이를 강요해 똑같은 길을 걷게 한다. 왜인가? '내 아이가 나를 따르고 있다'는 에고의 만족감 때문이다.

그대가 설령 아무 곳에도 도달하지 못했을지라도 아들이 그대를 따르고 있으면 기분이 좋아진다. 그대가 마치 진리에 도달하기나 한 것처럼 아들이 그대를 따르고 있는 것이다. 아들에 만족하지 못하면 그대는 추종자들과 제자들을 모을 것이다. 그리고 세상에는 누군가 쳐놓은 함정에 빠질 준비가 된 자들이 언제나 많다.

사람들은 내면에서 만족을 느끼지 못하기 때문에 누군가의 충고를 따를 준비가 항상 되어 있다. 그리고 문제는, 다름 아닌 그 남의 충고 때문에 그들은 내면에서 만족을 느끼지 못하고 있다는 것이다. 그러나 그들은 끊임없이 그 충고를 구하러 다닌다.

인간의 마음은 다람쥐 쳇바퀴다. 그대는 지금까지 남의 충고를 따랐기 때문에 공허하고 허망하다. 이제 그 공허감을 채우기 위해 또다시 충고해 줄 사람을 찾는다. 언제쯤에나 깨달을 것인가? 그대가 자기 내면의 목소리에 귀기울이지 않았기 때문에 근본적으로 상실감을 느끼고 있다는 것을.

따라서 진정한 스승은 규칙을 주지 않는다. 스승이 그대에게 규칙을 준다면 그가 가짜 스승임을 알라. 그에게서 달아나라. 스승은 그대에게 오직 이해만을 심어 줄 뿐이다. 그대 자신을 이해하는 법을 보여 줄 뿐이다. 그때 규칙이 따라온다. 그러나 그 규칙은 그대의 이해에서 비롯된 것이다.

> 새는 어떻게 길러야 하는가?
> 인간의 입장에 따라서?
> 또는 새의 입장에 따라서?
>
> 새는 깊은 숲속에 둥지를 틀고
> 들판과 물가를 자유롭게 날아야 하지 않을까?
> 강이나 호수 위를 떠다니면서
> 미꾸라지나 물고기를 잡아먹고
> 때로 다른 물새들과 줄지어 날다가
> 갈대 끝에 앉아 한가롭게 쉬어야 하지 않을까?
>
> 새는 사람들에게 둘러싸이거나

사람의 소리를 듣는 것조차 싫어하는데
어찌 시끄러운 음악에 놀라지 않겠는가!
그들은 음악으로 바닷새를 죽인 것이다.

모두가 음악 때문에 죽어가고 있다. 그 음악은 좋은 의도, 잘되기를 바라는 자들로부터 나온다. 모두가 제정신이 아니다.

만일 그대가 천 그루의 나무를 심었는데 다 죽고 한 그루의 나무만 살아남아 꽃을 피웠다면 누가 그대를 정원사라고 부르겠는가? 그 한 그루의 나무로 누가 그대를 신뢰할 것인가? 그대가 없었어도 그 한 그루의 나무는 살아남았을 것이라고 사람들은 말할 것이다. 왜냐하면 그대가 999그루의 나무를 죽였기 때문이다. 그 한 그루의 나무가 그대에게 신용을 가져다주지 못한다. 그 나무는 간신히 살아남았을 것이다. 그대의 엉터리 기술과 경험과 지혜로부터 간신히 죽음을 모면했을 것이다.

수십억 인구 중에 오직 한 사람만이 붓다가 된다면, 이 무슨 일인가? 왜 다른 모든 나무들은 꽃도 피우지 못하고 죽어야 하는가? 꽃을 피우지 못하는 나무가 있다고 생각해 보라. 얼마나 슬픈 일인가? 그 나무는 웃을 수 없고, 노래 부를 수 없고, 춤출 수 없다.

꽃에게는 춤이 필요하다. 그대는 어떻게 춤출 것인가? 누군가 '춤추라!'고 말한다고 해서 춤을 출 수 있는가? 춤은 넘치는 기쁨의 표현이다. 기쁨이 넘쳐나기 때문에 온몸의 모든 세포가 춤추기 시작하는 것이다. 그대는 하나의 춤추는 우주가 되는 것이다. 하지만 그대의 경우는? 에너지가 흐르지 않고 있다. 에너지가 전혀 흘러나오지 않고 있다. 그대는 간신히 자신을 추스르고 있을 뿐이다. 간신히 자신을 끌고 가고 있을 뿐이다. 그런 그대가 어떻게 춤출 수 있겠는가? 나무의 에너지가 넘쳐날 때 꽃이 가능하다. 꽃은 하나의 선물, 하나의 나눔이다. 나무는 존재계 전체에게 말하고 있는 것이다. 나는 필요한 것 이상의 에너지를 갖고 있다고. 그것은 하나의 노래다. 나무는 말하고 있는 것이다. '이제 나는 사치스러울 정도다. 나의 필요는 채워졌다.' 나무가 필요한 것 이상으로 갖게 되었을 때, 그때 꽃이 피는 것이다…….

그대는 채워진 것과는 거리가 멀다. 필요한 만큼도 갖고 있지 못하다. 그대가 어떻게 춤출 수 있겠는가? 어떻게 노래 부를 수 있겠는가? 어떻게 명상할 수 있겠는가? 명상은 궁극의 꽃이다. 앉아 있을 수 없을 정도로 에너지가 넘쳐흐를 때 명상의 환희는 찾아온다. 춤추지 않고는 못 견딜 정도로, 나누지 않을 수 없을 정도로 에너지가 넘쳐나 그대의 에너지, 그대의 기쁨, 그대의 노래, 그대의 춤을 나누어 갖도록 손님들을 초대할 때 명상의 환희는 일어난다.

나의 대학 시절의 교수 한 명이 나를 찾아와 말했다.

"내가 자네의 선생이었다는 사실을 잊지 않았겠지?"

나는 말했다.

"물론 기억합니다. 어떻게 잊을 수 있겠습니까? 현재의 내가 가능했던 것은 당신 덕분이 아니었습니다. 당신은 결코 성공하지 못했습니다. 당신은 나를 바꾸려고 수없이 시도했지만 결국 실패했습니다. 그 점에 대해 감사드립니다."

그는 진정으로 나를 사랑했으며, 나를 학문의 세계로 인도하기 위해 수많은 방법을 썼다. 그는 나를 무척 아꼈기 때문에 시험이 있는 날 아침이면 직접 차를 몰고 와서 나를 시험장까지 태워다 주곤 했다. 내가 시험 치러 가지 않고 명상이나 하고 앉아 있을까 봐 두려웠던 것이다. 시험을 치르기 전 그는 나에게로 와서 말하곤 했다.

"이 부분을 읽어라. 저 부분을 암기하라. 이 문제가 시험에 날 것이다. 나는 시험 감수 위원이기 때문에 그것을 안다."

그리고 나서도 그는 몇 번이나 나를 일깨우곤 했다.

"그 부분을 읽었나? 나는 시험 감수 위원이니까 내 말을 믿어. 분명히 그 부분이 시험에 난다니까."

그는 내가 그의 말을 듣지 않을까 봐 언제나 조바심이었다. 그는 나를 사랑했다. 그대의 부모 역시 그대를 사랑했으며, 그대의 교사들 역시 그대를 사랑했다. 그러나 그들은 깨어 있지 못했다. 자신들이 무엇을 하고 있는지 알지 못했다. 그대를 사랑하긴 했지만 무엇인가 잘못되었다. 그들 자신에 따라 그대에게 무엇인가를 주려고 했던 것이다.

그는 내가 훌륭한 대학 교수가 되길 원했다. 대학의 학장이 되고 총장이 되기를. 그는 그런 것들을 꿈꾸었으며, 그럴 때마다 나는 웃으며 그에게 묻곤 했다.

"그것을 통해 내가 무엇을 얻겠습니까? 당신은 무엇을 얻었습니까? 당신은 지금 수많은 학위를 가진 이 대학의 학장인데, 그래서 무엇을 얻었습니까?"

그러면 그는 어색하게 웃으며 말하곤 했다.

"잔말 말고 내가 하라는 대로 해."

당신은 무엇을 얻었는가? 이 질문 때문에 그는 언제나 당황하곤 했다. 그가 무슨 대답을 할 수 있겠는가? 그는 아무것도 얻지 못했으며, 이제 죽음이 다가오고 있었다. 그는 나를 통해 자신의 야망이 실현되기를 원했을 것이다. 자신의 야망을 이루기 위해 나를 좋아했을 것이다.

아버지는 삶이 충만하지 못한 채 죽는다. 그래서 최소한 아들만이라도 목적지에 도달하기를 희망한다. 이것이 끝없이 계속되지만 아무도 그 목적지에는 도달하지 못한다.

  사랑만으로는 충분하지 않다. 깨어 있는 의식이 필요하다. 깨어 있는 의식이 결여된 사랑은 결국 감옥이 되고 만다. 깨어 있는 의식을 동반한 사랑은 곧 자유다. 그 자유가 그대로 하여금 자기 자신이 되게 할 것이다. 그 자유가 그대에게 날개를 줄 것이다.

    새는 사람들에게 둘러싸이거나
    사람의 소리를 듣는 것조차 싫어하는데
    어찌 시끄러운 음악에 놀라지 않겠는가!
    그들은 음악으로 바닷새를 죽인 것이다.

    물은 물고기를 위한 것이고
    공기는 인간을 위한 것이다.
    본래 성품이 각자 다르니 필요한 것도 다르다.

    그러기에 옛 현자는
    하나의 기준으로 모든 것을 판단하지 않았다.

  그대는 물건처럼 취급되어선 안 된다. 물건들은 비슷하지만 영혼은 그렇지 않다. 포드 자동차는 똑같은 것이 수백만 대 존재할 수 있다. 이 차를 저 차로 바꾸어도 아무 문제가 없을 것이다. 그러나 인간 존재를 대체할 수는 없다. 한 인간 존재가 사라지면 그가 차지했던 그 자리는 영원히 아무도 대신할 수 없다. 그것을 대신한다는 것은 불가능하다. 정확히 그 사람과 똑같은 인간은 존재할 수 없기 때문이다. 인간은 저마다 독특한 존재이기 때문에 어떤 규칙으로도 묶을 수 있다.

그러기에 옛 현자는…….

그러나 현대의 현자에게 가보라. 그러면 온갖 규칙과 규율을, 하나의 틀을 발견할 것이다. 그들은 그대를 구도자가 아니라 군인으로 만들려고 할 것이다. 군인은 죽은 자다. 그가 하는 일은 곧 세상에 죽음을 가져오는 일이기 때문이다. 그에게는 삶이 허락되지 않는다. 그가 진정으로 살아 있다면 어떻게 죽음을 가져오겠는가?

죽음은 오직 죽은 자에게서만 온다. 남을 죽이기 전에 그는 먼저 규칙을 통해서 자기 자신을 철저히 죽여야 한다. 그래서 군대의 모든 훈련은 개인의 살아 있는 에너지, 개인의 의식을 죽여 자동 인형으로 만드는 일로 이루어져 있다. 그들은 계속해서 말한다.

"우로 돌아! 좌로 돌아! 우로 돌아! 좌로 돌아!"

여러 해를 그렇게 반복한다. 이 무슨 난센스인가? 왜 우로 돌고 좌로 도는가? 그러나 거기 이유가 있다. 자동 인형으로 만들기를 원하는 것이다. 우로 돌아! 하루 몇 시간씩 그대는 그렇게 한다. 그것은 차츰 신체적인 현상이 된다. 그들이 '우로 돌아!' 하고 말하면 그것에 대해 생각할 필요가 없다. 신체가 먼저 움직인다. 그들이 '좌로 돌아!' 하고 말하면 신체가 자동적으로 움직인다. 이제 그대는 하나의 기계다. 그들이 '조준!' 하고 말하면 자동적으로 방아쇠로 손이 간다. 신체가 움직일 뿐 의식은 개입하지 않는다.

전 세계 군대 훈련의 핵심은 행동에서 의식을 단절시키는 일이다. 그래서 행동이 자동적이 되어 더욱 효과적이고 기술적이 되도록 하는 일이다. 의식은 언제나 문제를 일으키기 때문이다. 한 사람을 죽이려 하는데 생각이 개입한다면 실패하고 말 것이다. '왜 이 사람을 죽여야 하지? 그는 나에게 아무 짓도 하지 않았다. 그가 누구인지 알지도 못한다……'

그리고 또 그대와 마찬가지로 그에게도 집에서 기다리는 부모와 아내와 자식이 있다는 것을 생각하면……. 그의 어머니가 어디선가 기다리고 있을 것이다. 그의 아내는 남편이 돌아오기를 기도하고, 아이는 아빠가 오기를 기다리고 있을 것이다. 왜 이 사람을 죽여야 하는가? 왜 아이와 아내와 부모의 희망을 죽여야 하는가? 왜 이 사람을 죽인단 말인가?

그리고 그는 그대에게 아무 잘못도 하지 않았다. 양쪽 진영의 정치인들이 미쳤을 뿐이다. 그들이 직접 만나서 싸우고 문제를 매듭지으면 된다. 왜 남을 통해서 하는가?

그대의 의식이 깨어 있다면 그에게 총을 쏘는 일이 불가능할 것이다. 따라서 군대의 모든 훈련은 의식과 행동을 분리시키는 일이다. 그리하여 의식은 의식대로, 행동은 행동대로 진행되어 결코 만나지 않는다.

그 정반대의 훈련이 구도자의 길이다. 의식과 행동 사이의 간격을 부수는 일이다. 그 둘이 평행선을 달려선 안 된다. 하나가 되어야 한다. 모든 행동이 활짝 깨어 있는 의식을 동반해야 하며, 결코 자동 인형이 되지 말아야 한다.

모든 자동성이 사라졌을 때 그대는 깨달음을 얻은 것이다. 한 사람의 붓다가 된 것이다. 규칙을 통해선 그것이 불가능하다. 규칙을 통해선 군인이 될 수 있지만 구도자가 될 수 없다. 모든 규칙이 떨어져 나가야 한다. 그 대신 진정한 이해가 심어져야 한다. 기억하라, 규칙을 떨쳐 버린다는 것이 반사회적이 되는 것을 의미하진 않는다. 규칙을 떨쳐 버린다는 것은 그대가 사회 속에 존재하기 때문에 특정한 규칙들을 따르긴 하지만 그것이 단지 게임의 규칙들이라는 것을 깨닫는다는 것이다.

카드 놀이에는 규칙이 있다. 어떤 카드는 왕이고, 어떤 카드는 여왕이다. 그것이 게임이라는 것을 그대는 안다. 카드가 왕이고 여왕일 수는 없다. 그러나 카드 놀이를 하자면 특정한 규칙을 따라야만 한다. 그것은 게임의 규칙일 뿐 그것에 절대적인 의미는 없다.

사회 속에서 살려면 교통 규칙을 따라야만 한다. 기억하라, 모든 도덕성이라는 것도 교통 규칙과 다를 바 없다. 그대는 사회 속에서 살고 그곳에 많은 타인들이 있다. 따라서 특정 규칙들을 따라야 하지만 그것들은 절대적인 것이 아니다. 그것들에게 절대적인 의미란 없다. 그것들은 좌측통행을 하는 것과 같은 것이다. 미국에서는 우측통행을 한다. 그래도 아무 문제가 없다. 규칙이 그렇다면 좌측통행을 하라. 규칙이 그렇다면 우측통행을 하라. 둘 다 같은 것이지만 그대는 그것을 따라야 한다. 두 규칙을 동시에 따른다면 교통지옥이 될 것이다. 그것은 불필요한 혼란이다.

남들과 함께 살 때 삶은 어떤 규칙을 따라야만 한다. 그 규칙들은 종교적이지도 도덕적이지도 신적이지도 않다. 그것들은 단지 인간이 만든 것일 뿐이다. 이것을 자각해야만 한다. 그 규칙들의 상대성을 알아야만 한다. 그것들은 형식적인 것들이다.

그대는 규칙을 깰 필요가 없다. 거기 그럴 필요가 없다. 규칙을 깨려고 하면 불필요한 문제에 부딪칠 것이다. 그때 구도자가 되기보다는 범죄자가 될 것이다. 이것을 잊지 말라. 구도자는 군인이 아니며, 범죄자도 아니다. 구도자는 규칙들이 단지 하나의 게임이라는 것을 안다. 그는 그것들에 반대하는 것이 아니라 그것들을 넘어서 간다. 초월한다. 그 자신은 그것들로부터 자유롭다. 그는 타인을 위해 그 규칙들을 따르지만 그렇다고 자동 인형이 되진 않는다. 그의 의식은 늘 깨어 있다. 깨어 있는 의식이 그의 목적이다.

그래서 장자는 말한다.

그러기에 옛 현자는
하나의 기준으로 모든 것을 판단하지 않았다.

실제로 그들은 어떤 기준도 갖고 있지 않다. 그들은 단지 수많은 방법과 방편으로 그대를 깨우기 위해 시도할 뿐이다. 그대는 너무 깊이 잠들어 있다. 그대의 코 고는 소리를 나는 들을 수 있다. 어떻게 그대를 깨울 것인가? 어떻게 그대에게 충격을 주어 의식을 되찾도록 할 것인가?

깨어 있을 때 어떤 규칙도 필요 없다. 규칙을 따르지만 그대는 규칙이 필요 없음을 안다. 그대는 범죄자가 되는 것이 아니라, 규칙을 초월하며 한 사람의 구도자가 되는 것이다. 한 사람의 진정한 자유인이 되는 것이다.

신은 그대가 그에게로 간 것과 똑같은 방식으로 그대에게로 온다. 그대가 춤추면서
신에게로 다가가면 신도 춤추면서 그대에게로 다가올 것이다.

일곱째날 아침 **물고기와 도**

물고기는 물에서 나고
사람은 도에서 난다.
물에서 난 물고기는
연못의 깊은 그늘로 찾아 들어가면
그들이 필요로 하는 것은
모두 채워진다.

도에서 난 사람은
행위 없음의 깊은 그늘로 침잠해
다툼과 근심을 잊는다면
그는 아무 부족함이 없고
그 삶은 평화롭다.

―〈물고기와 도〉

 장자는 말한다. 도를. 삶을. 그리고 장자는 말한다. 삶은 불확실한 것이라고. 확실한 것을 요구하지 말라고. 죽음만이 확실할 수 있을 뿐, 살아 있다는 것은 곧 불확실하다는 뜻이라고.

 장자, 그는 이상한 사람이다. 모두가 확실한 삶, 보장된 삶을 이야기하는데, 혼자서 불확실한 삶의 아름다움을 말한다. 보장되지 않은 미지의 세계로의 여행을 말한다.

 삶에 필요한 것은 채워질 수 있다. 그러나 인간의 욕망은 결코 만족을 모른다. 욕망은 필요 이상의 것, 정상 궤도에서 벗어난 것이다. 삶에 필요한 것은 단순하다. 그것은 자연에서 비롯되며, 자연적인 것이다. 그러나 욕망은 매우 복잡하며, 자연에서 나오는 것이 아니다. 욕망은 인간의 마음에 의해 만들어진다. 반면에 삶에 필요한 것은 지금 이 순간과 관련된 것이다. 삶 그 자체에서 비롯된다. 그러나 욕망은 지금 이 순간에 관련된 것이 아니다. 욕망은 언제나 미래에 존재한다.

 욕망은 삶 그 자체에 의해 만들어지는 것이 아니다. 마음에 의해 그림이 그려진다. 욕망은 마음의 그림일 뿐, 진정한 필요가 아니다.

이것을 먼저 이해해야 한다. 깊이 이해할수록 좋다.

  욕망이란 무엇인가? 그것은 미래로 달려가는 마음의 움직임이다. 필요는 지금 이 순간에 관련된 것이다. 지금 배가 고픈가? 그렇다면 그것은 하나의 필요이며, 음식을 먹음으로써 당연히 채워질 수 있다. 목이 마른가? 그렇다면 지금 여기에서 목이 마른 것이며, 물을 찾아야만 한다. 그것은 충족되어져야만 한다. 따라서 그것은 생존과 관련된 것이다. 그러나 욕망은 다르다. 그대는 한 국가의 대통령이 되기를 원한다. 그것은 필요가 아니라 야망이다. 그것은 미래에 대한 에고의 투영이다. 그대는 천국을 원한다. 그것 역시 미래에 관한 것이다. 또는 신을 원한다. 그것 역시 미래에 관한 것이다.

  기억하라. 필요는 언제나 지금 여기에 관련된 것, 필요는 실존적인 것이다. 그러나 욕망은 결코 지금 여기에 있지 않다. 욕망은 비실존적이다. 욕망은 심리적인 것, 마음과 관련된 것이다. 그리고 그것은 결코 채워질 수가 없다. 왜냐하면 욕망의 본성 자체가 미래로 달려가는 것이기 때문이다. 욕망은 멀리 있는 지평선과 같은 것이다. 대지가 하늘과 만나는 지점이 근처 어딘가에 있는 것처럼 보인다. 그것이 너무도 분명하게 느껴진다. 걸어서도 금방 도달할 수 있을 것 같다. 하지만 아무리 걸어가고 또 걸어가도 그 거리는 여전히 전과 다름없이 남아 있을 것이다. 항상 저 앞 어딘가에서 땅이 하늘과 맞닿아 있는 것처럼 보일 뿐, 그대는 결코 그 지점에 이르지 못할 것이다. 땅과 하늘은 결코 맞닿아 있지 않은 것이다. 그것은 단지 그렇게 보이는 것일 뿐이다. 힌두교에선 그것을 마야라고 부른다. 환영인 것이다.

  환영, 그렇게 보이는 것일 뿐, 실제로는 그렇지 않은 것이다. 멀리 떨어져서 보면 그렇게 보이지만, 가까이 다가갈수록 그렇지 않다는 것을 깨닫게 된다. 그대가 다가가면 지평선도 그만큼 뒤로 물러난다. 그대와 그것과의 거리는 늘 변함없는 상태다.

그대와 욕망과의 거리도 언제나 마찬가지다. 그러니 어떻게 그것을 충족시킬 수 있겠는가? 그대가 1만 루피(인도의 화폐 단위)를 원한다면 언젠가는 갖게 될 것이다. 하지만 그 돈을 갖게 될 때쯤이면 욕망은 또다시 1만 배 정도 커질 것이다. 이제 그대는 1만 루피를 가졌지만, 욕망은 10만 루피를 요구할 것이다. 그 거리는 전과 다름없다. 이제 그대가 다시 10만 루피를 갖게 되었다 해도 아무 차이가 없다. 또다시 욕망은 열 배로 커질 것이고, 그 간격은 여전히 같을 것이다.

필요는 단순하다. 그것은 채워질 수 있다. 배고프면 먹고, 목마르면 물 마시면 된다. 졸리면 잠자리에 들면 그만이다. 하지만 욕망은 매우 복잡하고 계산적이다. 삶을 살아가면서 그대는 좌절하지만, 그것은 필요 때문이 아니다. 욕망 때문에 좌절하는 것이다. 그리고 욕망이 그대의 에너지를 너무 많이 빼앗는다면 그대는 필요를 충족시킬 수도 없게 될 것이다. 필요를 충족시킬 존재가 사라졌기 때문이다. 그대는 항상 미래로 달려가고 있는 것이다. 늘 미래를 생각하고 있고, 마음이 꿈속에서 헤매고 있다. 그러니 그날그날의 일상적인 필요를 충족시킬 사람이 이곳에서 사라진다. 그대는 이곳에 살고 있지 않은 것이다.

그리고 그대는 차라리 배고픈 상태에서라도 그 지평선에 도달하는 쪽을 선택할 것이다. 모든 에너지가 욕망의 실현을 향해 달려갈 수 있도록 당장 필요한 것을 뒤로 미룰 것이다. 하지만 결국 그대는 욕망이 실현될 수 없음을 알 것이며, 그동안 정작 삶에서 필요한 것들을 무시했기 때문에 결국에는 망가진 인간이 되어 있을 것이다.

그리고 한번 잃어버린 시간은 되찾을 수 없다. 그대는 결코 뒤돌아 갈 수 없다.

여기 한 늙은 현자의 이야기가 있다. 그 현자의 이름은 맹자였다. 그는 공자의 제자였으며, 아주 오래 살았다. 누군가 그에게 물었다.

"만일 당신에게 다시 인생이 주어진다면 어떻게 삶을 시작하시겠습니까?"

맹자는 말했다.

"내가 다시 인생을 산다면 나는 내게 필요한 것에 더 많은 관심을 기울일 것이고, 나의 욕망에는 덜 관심을 쏟을 것이다."

이런 깨달음이 그대에게도 찾아올 것이다. 그러나 그것은 언제나 너무 늦게 찾아온다. 그때는 이미 삶이 그대의 손을 빠져나가고 있을 때다. 만일 그대에게 다시 한번의 삶이 주어진다면…….

필요는 아름다운 것이고, 욕망은 추한 것이다. 필요는 신체적인 것이고, 욕망은 심리적인 것이다. 하지만 세상의 성자 또는 성인이라고 하는 이들을 보라. 그들은 언제나 그대가 필요로 하는 것들을 비난한다. 그리고 그대의 욕망이 그림을 그리는 것을 돕는다. 그들은 말한다. '넌 무엇을 하고 있는가? 단지 먹고 자고 있는가? 그런 것들로써 너의 삶을 낭비하고 있는가? 천국에 도달하려고 노력하라! 천국은 최상의 욕망이다. 낙원이 너를 기다리고 있다. 그런데 넌 평범한 것들, 단지 먹고 놀면서 삶을 낭비하고 있다. 일어나서 달려라. 시간이 얼마 남지 않았다! 어서 목적지에 도달하라! 천국의 문을 두드려라! 신을 만나라. 그냥 이곳에 머물러 있지 말라!'

그들은 언제나 그대에게 정말로 필요한 것은 비난하고, 그대의 욕망은 키워 준다. 세상이 이토록 추해진 것이 바로 그 때문이다. 모두가 욕망으로 가득 차 있으며, 진정으로 삶에 필요한 것이 채워진 사람은 아무도 없다. 채워질 수 있는 것은 무시당하고, 채워질 수 없는 것만 키워지고 있다. 이것이 인간의 불행이다.

장자는 필요를 강조한다. 필요를 충족시키라. 그리고 욕망에 대해선 잊으라. 욕망 그 자체를 떨쳐 버리라. 미래란 존재하지 않기 때문이다. 오직 현재만이 존재할 뿐이다. 그리고 그것은 얼마나 아름다운 것인가! 배고픔을 느끼면 밥을 먹는다. 거기 미래는 없다. 그리고 그대가 존재 전체로 밥을 먹을 때 그것은 그 자체로 하나의 낙원이다.

예수가 말한 것이 바로 이것이다. 내일 일을 걱정하지 말라. 들에 핀 백합을 보라. 그들은 걱정하지 않으며, 재산을 축적하지도 않고, 미래에 대한 계산도 하지 않는다. 그들은 지금 이 순간 속에서 피어날 뿐이다. 저 들판의 백합을 보라. 내일은 또 내일이 책임져 줄 것이다.

그대는 지금 이 순간 속에 존재한다. 이 순간만으로 충분하다. 그 이상의 것을 요구하지 말라. 이것이 바로 진정한 현자의 길이다. 이 순간 속에 사는 자, 그에게는 이 순간만으로 충분하다. 그는 아무 부족함이 없다. 이 순간 속에 사는 자, 그에게는 천국이 따로 있지 않다. 그 자신이 바로 천국 속에 있다. 그에게는 신이 따로 존재하지 않는다. 그 자신이 신의 에너지가 되었다.

이것을 이해하기는 무척 어려울 것이다. 왜냐하면 내가 지금 말하고 있는 것은 지난 수세기 동안 인류에게 가르치고 세뇌시킨 내용에 정반대되는 것이기 때문이다.

배고픔을 느끼면 먹으라. 그리고 바로 그 순간, 먹는 일이 하나의 축제가 되게 하라. 축제처럼 살라! 왜냐하면 다음 순간 그대가 이곳에 없을지 누가 아는가? 배고픔도 사라질 것이고, 이 맛있는 빵도 사라질 것이다. 목마름은 더 이상 이곳에 없을 것이다. 이 맑은 샘물도 이곳에 없을 것이다. 그 물을 마시라!

그대 자신으로 하여금 존재 전체로 지금 여기에 있게 하라. 그래서 시간이 정지하게 하라. 움직이는 것은 시간이 아니라 그대의 마음이기 때문이다. 만일 그대가 지금 이 순간 속에 완전히 몰입해 있다면, 그리하여 그대의 존재 전체로 그것을 즐기고 있다면, 시간은 멈출 것이다. 더 이상 시간의 움직임은 존재하지 않는다. 거기 지평선도 없으며, 그 지평선을 향해 달려감도 없다. 그러나 여기 모든 인간이 지평선에 닿기 위해 맹렬히 달리고 있다.

물라 나스루딘이 병원에 입원했다. 담당 의사가 그에게 말했다.

"우리 병원에서는 모든 것이 신속히 이루어집니다. 우리는 절대로 시간을 낭비하지 않습니다. 수술이 끝난 첫째날 당신은 방 안에서 5분간 걸음을 걸어야 합니다. 다음날은 병원 바깥에서 30분간, 그리고 셋째날은 1시간 걸음을 걸어야 합니다. 우리는 절대로 시간을 낭비하지 않습니다. 인생은 짧고 시간은 돈입니다. 따라서 절약해야만 합니다."

물라 나스루딘이 말했다.

"한 가지만 물읍시다. 그만 떠들고 이제 내가 수술대 위에 누워도 되겠소?"

모두가 서두른다. 빨리, 더 빨리……. 그렇게 서둘러서 어디로 가고 있는가? 누군가 어떤 목적지에 도달한 것을 보았는가? 누군가 그렇게 급히 서둘러서 어느 지점엔가 도달했다는 얘기를 들은 적이 있는가? 걸음을 중단함으로써 목적지에 도달한 몇몇 사람에 대한 이야기는 들었어도 급히 달려감으로써 목적지에 도달한 누군가가 있다는 이야기는 듣지 못했다.

붓다는 걸음을 멈춤으로써 목적지에 도달했다. 예수도 걸음을 멈춤으로써 도달했다. 장자 역시 걸음을 멈춤으로써 도달했다.

그대의 목적지는 그대 내면에 있다. 그대가 가야 할 다른 어느 곳에 있지 않다. 그러나 욕망은 그대를 먼 나라, 먼 시간대, 공간 속 먼 지점으로 끌고 간다. 그리고 더 많은 욕망을 가질수록 그대는 더 급하게 달려간다. 그럼으로써 더 많이 그대 자신을 잃는다. 넘어지고, 엉망진창이 되고, 그리하여 죽기 전에 폐인이 되어 버린다.

그러나 폐인이 된 상태에서도 여전히 욕망이 남아 있다. 그대는 평생토록 욕망만을 경험했다. 그래서 그대의 마음은 말한다. 실패한 것은 충분한 노력을 기울이지 않았기 때문이라고. 보라, 다른 자들은 성공하지 않았는가? 친구들을 보라. 그들은 성공했다. 하지만 자신은 충분한 속도로 달리지 않았기 때문에 실패했다. 다음번에는 제대로 해보라. 그대는 이런 정신 자세를 무의식 속에 깊이 박아 놓는다. 그래서 다시 태어나도 악순환이 다시 시작된다.

그대는 지금 어디로 가고 있는가? 가야 할 어떤 곳이라도 있는가? 비록 어느 곳에 도달할지라도 그대는 여전히 그대 자신일 것이다. 지금 이 순간 그대가 한 나라의 대통령이 된다고 해도, 그것이 그대를 변화시킬 것인가? 그대는 여전히 그대일 뿐이다. 똑같이 좌절하고 절망하는 인간 존재, 똑같은 야망을 지닌 존재, 똑같은 긴장과 불안과 악몽에 시달리는 존재임에는 변함이 없다.

물라 나스루딘이 어느 날 정신 병원의 문을 두드렸다. 의사가 물었다.

"또 무슨 문제입니까?"

물라 나스루딘이 말했다.

"나는 악몽을 꾸고 있습니다. 매일 밤 그 악몽이 반복됩니다. 도와주십시오! 잠을 이룰 수가 없습니다. 그것이 내 머리를 무겁게 짓누르고 있습니다. 이제 뭔가 조치를 취해야만 합니다."

그는 정말로 심각해 보였다. 눈이 쑥 들어갔고, 신체는 몇 달간 잠을 못 이룬 사람처럼 보였다. 의사는 걱정이 되어서 물었다.

"그것이 어떤 악몽인지 말해 보세요. 도대체 무슨 악몽이죠?"

나스루딘이 말했다.

"매일 밤 나는 꿈을 꿉니다. 정말 끔찍한 꿈입니다. 내가 아름다운 12명의 미인과 함께 있는 꿈입니다."

의사가 말했다.

"잘 이해가 가지 않는군요. 그것이 끔찍할 이유가 대체 무엇이죠? 12명의 미인과 함께 있는 것이 왜 끔찍하다는 거죠?"

나스루딘이 말했다.

"의사 선생은 12명의 여자와 사랑을 나누어 본 적이 있소? 혼자서? 그것도 무인도에서?"

그대는 12명이 아니라 12만 명의 여자와 사랑을 나누고 있다. 모든 욕망이 여자인 것이다. 그리하여 그대의 인생은 하나의 악몽이 되었다. 너무 많은 욕망, 너무 많은 지평선들, 삶이 끝나기 전에 도달해야 할 너무 많은 것들이 그대의 머리를 채우고 있다. 그대가 그토록 서두르고 있는 까닭이 여기에 있다. 그대는 계속해서 달려가고, 달려가고, 또 달려간다. 죽음의 신의 품안으로 넘어질 때까지. 그대의 모든 노력의 끝은 죽음인 것이다.

기억하라. 첫 번째 중요한 것은, 삶이 필요로 하는 것은 아름답다는 것이다. 그리고 이것이 세상의 성인이나 성자들과 이 사람 장자의 차이다.

필요는 아름답고, 욕망은 추하다. 장자는 말한다. 필요에 따라 살

되, 욕망에 따라 살진 말라고. 그 구분은 이렇다. 필요는 신체에서 나오며, 욕망은 생각에 의해 만들어진다. 동물들, 새들, 나무들은 행복하다. 그들은 욕망을 만들어 내는 마음이 없기 때문이다. 어디에 있든 행복하다. 그들은 살다가 죽는다. 그러나 결코 불안해 하지 않는다. 어떤 긴장도 없다. 욕망과 필요의 구분, 가장 간단하고 분명한 구분, 이것이 그대가 기억해야 할 첫 번째의 것이다.

 삶이 필요로 하는 것은 받아들이라. 그것들에 잘못된 것은 아무것도 없다. 그리고 욕망은 버리라. 그것들은 전부 잘못된 것이다. 욕망은 그대로 하여금 지금 여기에 사는 것을 허용하지 않기 때문이다. 지금 여기에 존재하는 것, 그것만이 유일한 존재 방식이다. 다른 존재 방식이 있을 수 없다.

 들판의 백합처럼 피어나라. 나뭇가지의 새들처럼 노래하라. 야생 동물처럼 야생적이 되라. 그대에게 독을 주입하는 자들의 말에 귀 기울이지 말라. 신체가 필요로 하는 것을 즐기라. 그대가 과연 얼마나 많은 필요를 갖고 있겠는가? 음식에 대한 필요, 물에 대한 필요, 그늘에 대한 필요, 사랑하는 가슴에 대한 필요, 그것이 전부다.

 만일 그토록 많은 욕망이 존재하지 않았다면 세상은 지금 이 순간 에덴 동산이 되었을 것이다. 욕망들 때문에 우리는 단순한 필요의 충족에도 주의를 기울이지 않고 있다. 그리고 보라, 동물조차도 그들의 필요를 충족시킬 수 있다. 하지만 인간은 자신이 필요로 하는 것을 채울 수 없다.

 왜인가? 왜 인간은 가난한가? 그것은 대지가 가난해서가 아니라 인간이 제정신이 아니기 때문이다. 인간은 욕망에 더 많은 에너지를 쏟는 것이다. 가난한 자들에게 음식을 나누어 주는 것보다 달에 도착하는 것이 더 중요하게 여겨지는 것이다. 달에 도착해야 할 용도가 무엇인가? 그래서 무엇을 하겠다는 것인가? 하지만 이것이 인간의 마음이다. 달에 도착하기 위해 미국이 소비한 그 돈이면 아시아 전 지역이 가난에서 해방되었을 것이며, 모든 후진국이 발전할 수 있었을 것이다. 달에 도착함으로써 얻은 것이 무엇인가? 미국의 국기가 이제 달에서 펄럭이고 있다. 수확이라면 그것이 수확일 뿐이다. 게다가 그곳에는 그 깃발을 볼 사람도 없다. 그리고 이제 다른 별들이 목표물이다. 달은 정복되었으니, 이제 다른 행성들을 정복해야만 한다. 달에 대한 그런 광적인 집착이 무슨 필요인가?

이 '광적lunatic'이라는 말은 중요한 의미를 갖고 있다. 그것은 '달'을 뜻하는 '루나luna'에서 나왔다. 미친 자는 언제나 달에 집착한다. 미친 자들에게는 늘 달이 하나의 목표물이 되어 왔다. 이제 인류 역사상 처음으로 그들은 그 목표를 달성했다. 달에 도착한 것이다. 그럼으로써 그들이 얻은 것은 무엇인가? 그대가 달에 도착했을 때, 목표 지점은 앞으로 나아간다. 지평선이 앞으로 움직여 가는 것이다. 이제 그대는 다른 별에 도착해야만 한다. 그 다음에는 또 다른 별이다. 왜 그토록 많은 에너지와 생명력을 낭비하는가?

그리고 세상의 종교들은 계속해서 그대가 기본적으로 필요로 하는 것들을 비난한다. 이것이 그들의 슬로건이 되었다. 즐기지 않는 것이 곧 종교적인 것처럼 되었다. '먹고 마시고 즐거워하는 것'은 그들이 죄악시하는 것의 대표적인 것이 되었다. 누군가를 비난하고자 할 때면 그들은 이렇게 말할 것이다. 이자는 먹고 마시고 즐거워한다고.

그러나 장자는 말한다. '먹고, 마시고, 누리라. 만일 너의 존재 전체가 그 속에 있을 수 있다면 너는 도에 이른 것이다…….'

그렇다, 그 이상 다른 것은 필요하지 않다. 단순해지라. 자연적인 것을 허용하라. 삶과의 싸움꾼이, 투쟁가가, 군인이 되지 말라. 삶에 자신을 전부 내맡기고, 삶이 그대를 통해 일어나게 하라. 그것이 첫 번째의 것이다.

두 번째의 것은 이것이다. 누구나 삶의 안정을 추구한다는 것이다. 그러나 그것은 불가능한 일이다. 그리고 불가능한 것을 추구할 때 좌절할 수밖에 없다. 안정을 찾는 것, 그것은 가능하지 않다. 삶이 원래 그렇지 않다. 불확실성이 삶의 본질이다. 불안정이 삶의 독특한 맛이다. 바다가 소금맛이듯이, 그대가 어느 곳에서 삶을 맛보든 그 맛은 '불확실성' 맛이다. 오직 죽음에게만 안정이 있다. 삶은 본래 그렇기 때문에 불안정한 것일 수밖에 없다.

왜인가? 어떤 것이 살아 있을 때 그것은 매 순간 변화한다. 오직 죽은 것만이 변화하지 않는다. 변화가 있을 때 거기 불확실성이 있다. 변화의 의미는 무엇인가? 변화는 이미 알고 있는 사실로부터 미지의 사실로 옮겨가는 것을 뜻한다. 모든 불안정의 근본 원인은 그대가 이미 알고 있는 것에 집착하길 원한다는 데 있다.

그것을 이런 식으로 보라. 아이가 엄마의 자궁 속에 있다. 안정을 원한다면 아이는 자궁에 매달려서 바깥으로 나오지 않는 것이 좋다. 자궁 속에 영원히 언제까지나 있는 것보다 더 안정된 상황, 더 안전한 자세가 있겠는가?

뱃속의 아이에게는 아무 의무도 없다. 직업도, 학교도, 해결해야 할 문제도 없다. 모든 것이 자동적으로 해결된다. 뱃속의 아이는 심지어 자기 힘으로 숨을 쉴 필요도 없다. 엄마가 대신해서 숨을 쉬어 주는 것이다. 아이의 심장까지도 엄마의 심장을 통해서 뛴다. 엄마의 피가 아이에게 영양소를 공급해 준다.

그는 완벽하게 천국에 있는 것이다. 자궁 속에서 더 나은 천국을 상상할 수 있겠는가? 안락하고, 반쯤 잠든 상태이고, 꿈마저 끼어들지 않는, 완벽한 침묵의 잠을? 그러다가 출산의 순간이 찾아온다. 심리학자들은 출산의 순간이 아이에게 큰 충격을 준다고 말한다. 아이는 안정된 상황 속에 있다가 갑자기 전혀 알지 못하는 외부 세계로 내동댕이쳐지기 때문이다. 편안한 집, 가장 안락한 곳으로부터……. 인간이 만든 어떤 편안한 시설도 그곳을 따를 수 없다. 어떤 소음도 들어오지 않는다. 마치 세계가 전혀 존재하지 않는 것처럼 느껴진다. 아이는 무엇을 선택할 필요도 없고, 따라서 갈등도 없다. 어떤 훈련도, 길들임도 필요 없다. 그냥 자기 자신을 즐길 뿐이다. 마치 그가 세계의 중심이기나 한 것처럼.

그러다가 갑자기 탄생의 순간이 찾아온다. 그것은 실로 대단한 충격이다. 생애 최초로 불확실한 순간이 아이에게 찾아온 것이다. 이제 그는 혼자 힘으로 숨을 쉬어야 한다. 배고픔을 느끼거나 목이 마르거나 불편함이 느껴지면 울어야 한다. 스스로 뭔가 조치를 취해야 하며, 그래서 불안함을 느끼기 시작한다. 오줌을 싸서 아무리 울어도 들어주는 사람이 없다. 이제 긴장과 불안이 찾아온다. 엄마가 자기를 버리고 떠날까 봐 늘 두려워한다. 그리고 엄마는 언제나 위협을 한다. '내 말을 들어라. 그렇지 않으면 난 도망가 버리겠다.'

엄마들은 아이를 협박하기까지 한다. '말을 듣지 않으면 이 엄마는 죽어 버릴 거야!' 이것은 일종의 협박이다. 아이는 그 말에 존재 깊숙한 곳까지 불안감을 느낀다. 이제 그는 외부의 명령에 따라야 하고, 타협해야 한다. 거짓된 인간이 되어야 하며, 가면을 써야 한다. 연기를 해야만 한다. 미소를 짓고 싶지 않아도 엄마가 오면 미소를 지어야만 한다. 이제 아이는 한 사람의 정치인이 되어야 하며, 남들이 그 자신에 대해 어떻게 느끼는가를 신경 써야 한다. 그렇지 않으면 불안감을 느낄 것이다.

이제 그는 다시는 자궁 속에서처럼 안전할 수 없다. 하지만 그가 언제까지나 엄마 뱃속에 매달려 있을 수 있는가? 실제로 아이는 자궁에 매달려서 바깥 세계로 나오고 싶어하지 않는 것 같다. 대부분의 경우 출산시 아이가 바깥으로 나오도록 의사의 도움이 필요한 것만 봐도 알 수 있다. 바깥 세상으로 나오지 않기 위해 아이는 필사적으로 매달리고 저항한다. 아이는 자신이 알고 있는 세계인 그곳에 그대로 머물러 있고 싶어한다.

아이에게 있어서 이 세상보다 더 낯설고 이상한 세계가 또 있겠는가? 눈을 뜨면 보이는 모든 것이 낯설다. 사방에서 소리가 들린다. 아이는 겁을 먹는다. 그리고 자랄수록 불안이 커진다. 조만간 아이는 학교에 가야 한다. 이제는 집조차도 더 이상 그의 안정된 기반이 될 수 없다. 모든 아이들이 저항한다. 학교에 가는 것을 좋아하는 아이는 세상에 단 한 명도 없다. 집이 지옥이 아니라면 어떤 아이도 학교에 가는 것을 원치 않는다. 아이는 학교에 가지 않기 위해 저항하고, 엄마에게 매달린다. 이제 또 다른 출산을 맞이해야 하기 때문이다. 그는 집 밖의 세계로 내던져지려고 하고 있다. 그러나 잠시 후 그는 학교에 매달리기 시작할 것이다.

대학에 가보라. 그곳에 가서 학생들의 심정을 느껴 보라. 누구도 대학을 떠나고 싶어하지 않는다. 무의식적으로 낙제를 거듭하는 학생들이 있다. 그것은 대학이 안정된 곳이라고 느껴지기 때문이다. 아버지가 모든 것을 보살펴 주고, 돈을 보내 준다. 그대는 왕자처럼 생활할 수 있다. 아직 현실 세계는 시작되지 않았다. 하지만 세상은 그대를 서서히 불확실한 세계로 밀고 가며, 조만간 그대는 대학 밖으로 밀려날 것이다.

전 세계 사람들이 대학을 '모교'라고 부르는 것은 우연한 일이 아니다. 그것은 깊은 의미가 있다. 대학은 엄마이고, 그대는 아직 아이인 것이다. 그리고 학생 시절에는 사회가 그대를 보살펴 준다. 그러나 날마다 그대는 불안정한 현실 세계를 향해 조금씩 움직여가고 있다.

엄마의 사랑은 안정을 준다. 엄마는 본능적이고 무의식적으로 그대를 사랑한다. 그대가 사랑하든 안 하든 엄마는 그대를 사랑한다. 그러나 이제 그대는 한 여성을 찾아야만 한다. 그 여성은 그대를 본능적으로 사랑하진 않는다. 그대가 그녀를 사랑해야만 한다. 사랑이 필요하면 그대 쪽에서 사랑을 주어야만 한다. 엄마에게는 그렇지 않았다. 모든 것이 당연하게 주어졌다. 그러나 다른 여성과는 사정이 그렇지 않다. 그대 쪽에서 사랑을 얻어내야만 한다. 그래서 끊임없는 싸움이 있는 것이다. 남자는 아내가 엄마 같기를 원한다. 하지만 그녀가 어떻게 그의 엄마가 될 수 있겠는가? 그녀는 엄마가 아니라 아내다. 그리고 그녀 역시 같은 상황이다. 그녀는 그 남자가, 남편이 그녀의 아버지이길 바라는 것이다.

이것이 의미하는 바는 무엇인가? 엄마의 사랑은 무조건적이다. 그 사랑은 조건 없이 주어진다. 아버지의 사랑 역시 무조건적이다. 자식이기 때문에 그는 그대를 사랑하는 것이다. 그 사랑은 노력해서 얻어낼 필요가 없는 것이다. 그러나 세상 속으로 들어가면 그대는 남편의 사랑, 아내의 사랑을 획득해야만 한다.

그리고 어느 순간에라도 그 사랑은 사라질 수 있다. 두려움, 불안……. 결혼 제도가 생겨난 것이 이 때문이다. 연인의 관계는 너무나 불확실하기 때문에 법적인 계약이 필요한 것이다. 그래서 정부가 그들을 보호하고, 사회가 그들을 보호한다. 그렇지 않으면 결혼의 필요성이 무엇인가? 두 사람 사이에 진정으로 사랑이 존재한다면 결혼할 필요가 없다. 결혼할 필요가 무엇인가? 오늘은 사랑이 이곳에 있지만 내일은 사랑이 사라질지도 모른다는 두려움. 사랑이 가버리면 헤어져야 한다. 그 두려움 때문에 공식적인 계약 관계가 필요한 것이다. 사랑이 가버렸을지라도 법률과 법정과 정부, 그들이 그대의 확실한 결혼 생활을 보장해 줄 것이다. 법정이 그대의 사랑을 확인해 주는 격이 되는 것이다.

모든 사회가 결혼은 가능한 한 쉽고 이혼은 가능한 한 어렵게 만들어 놓았다. 터무니없는 일이 아닌가? 오히려 그 정반대가 되어야 한다. 결혼은 가능한 한 어려워야 한다. 왜냐하면 이제 두 사람이 미지의 세계로 들어가고 있기 때문이다. 그들로 하여금 기다리고, 생각하고, 명상하게 해야 한다. 그들에게 시간을 주어야 한다. 내 생각으로는 법정이 결혼을 승인하기 전에 적어도 3년의 시간을 주어야 한다. 그리고 그렇게 되면 내 생각엔 아무도 결혼하지 않을 것이다. 3년이라! 불가능한 일이다! 신혼 여행에서 돌아오는 순간 모든 것이 끝난다. 그러면 사람들은 법률과 보호책과 이혼 뒤에 다가올 문제들에 매달린다. 그리고 아이들이 태어난다. 이제 결혼은 축복이 아니라, 환희가 아니라, 하나의 책임이 된다.

그대가 환희 속에 있는 것이 아니라 고민 속에 있을 때 사회는 행복해 한다. 환희 속에 있는 사람은 착취할 수가 없기 때문이다. 오직 고민하는 사람만이 착취당할 수 있다. 고민하는 사람만이 노예로 전락할 수 있다. 환희 속에 있는 사람은 결코 노예가 될 수 없다. 그는 사회에게는 위험한 존재다. 그는 반역적이며, 사회를 필요로 하지 않는다. 그는 혼자만으로 충분하다.

그가 사회를 필요로 하지 않는다면 사회는 그에게 어떤 일을 하도록 강요할 수 없다. 사회는 그대가 고민에 잠기고, 불안해 하기를 원한다. 그때 그대는 사회에 의존할 것이다. 그때 그대는 법정으로 갈 것이다. 그리고 판사가 신적인 존재라도 되는 것처럼 그에게 매달릴 것이다. 그때 정부가, 국가가, 경찰이 중요한 존재가 된다. 그대가 고민하고 있기 때문이다.

그러나 만일 그대가 사랑의 환희 속에 있다면……. 연인들은 정부와 국가와 경찰 따위에 대해선 관심이 없다. 하지만 결혼한 사람들은 아니다. 연인들은 경찰의 존재를 잊으며, 그들이 필요하지 않다. 둘의 사랑만으로 충분하다. 그러나 사랑이 가버렸을 때 법이 필요해진다. 그들이 헤어진다면 법적인 문제가 발생할 것이다. 그 문제를 피하기 위해 사람들은 계속 함께 살아간다.

삶은 위험하다. 그러나 그것이 삶의 아름다운 점이다. 삶은 불안정하고 불확실하다. 불확실성이야말로 모든 생명력, 모든 운동의 본질이다. 그대가 더 많이 죽어 있을수록 그대는 더 안전하다. 그대가 무덤 속에 있을 때 더 이상 위험하지 않을 것이다. 그대에게 더 이상 무슨 일이 일어날 수 있는가? 아무 일도 일어나지 않는다. 그대가 죽어 있을 때 누구도 그대를 해칠 수 없다. 그러나 살아 있을 때는 상처받기 쉽다. 외부로부터 쉽게 상처받고 얻어맞을 수 있다.

그러나 나는 그대에게 말한다. 그것이 삶의 아름다움이라고. 그것이 살아 있음의 아름다움이다. 아침에 피어난 한 송이 꽃, 그것은 저녁이면 덧없이 지리라는 것을 믿지 않는다. 하지만 그것이 꽃의 아름다움이다. 아침에 꽃은 그토록 우아하고, 아름답고, 여왕 같았다. 그러나 저녁이면 덧없이 져버린다. 종이나 플라스틱으로 만든 꽃을 생각해 보라. 그것은 여전히 피어 있을 것이다. 결코 지는 법이 없을 것이다. 그러나 어떤 것이 결코 지지 않는다면, 그것은 곧 그것이 결코 피어난 적이 없다는 것을 의미한다.

결혼은 일종의 플라스틱 꽃이지만 사랑은 진정한 꽃이다. 아침에 피어나 저녁에 진다. 결혼은 지속적이다. 그것은 영속성을 갖고 있다. 하지만 아무것도 영속적이지 않은 이 세계에서 가짜가 아니라면 어떻게 영속적일 수 있는가? 가짜가 아니라면 모든 것은 순간에서 순간으로 변화해야만 한다. 그리고 거기 불확실성이 있다. 어느 순간에라도 그것은 사라질 수 있다.

피어난 꽃은 시들 것이다. 떠오른 태양은 질 것이다. 모든 것이 변화한다. 그러나 만일 삶의 불확실성을 두려워한다면 그대는 타협할 것이다. 그런 타협 속에서 그대는 모든 것을 죽일 것이다. 아내는 일종의 죽은 연인, 남편은 생명을 잃은 연인이나 다름없다. 그렇게 되면 모든 것이 정착되고 문제가 없어진다. 하지만 그때 그대의 삶은 삶이 아니라 습관이고, 짐이다.

나는 사랑이 영원할 수 없다는 것을 말하고 있는 것이 아니다. 사랑은 영원할 수 있다. 아니, 사랑만이 영원할 수 있다. 하지만 불확실성이 사랑의 본질이다. 다음 순간 어떻게 변화할지 알지 못한다. 그대는 그것을 확실한 것으로 만들 수 없다. 확실한 사랑이란 없는 것이다.

기억하라! 그대는 순간에서 순간으로 움직여가야 한다. 꽃이 시들면 그것을 받아들여야 한다. 꽃이 피어 있을 때까지 그 꽃과 함께 하라. 그러나 그것에 대해 어떤 확실한 미래도 보장할 수 없다. 그대가 어떻게 미래를 보장할 수 있겠는가? 그대가 내일 이곳에 살아 있을지 없을지 누가 아는가? 그대 자신에 대해서도 보장할 수 없다면 하물며 그대의 사랑에 대해 어떻게 확신할 수 있겠는가?

하지만 그대는 끝없이 약속을 한다. 그리고 자신이 무엇을 하고 있는지 알지 못한다. 누군가를 사랑할 때 그대는 사랑이 영원할 것이라고 느낀다. 그것은 지금 이 순간의 느낌이다. 그것을 하나의 약속으로 만들지 말라. 그냥 말하라. 이 순간 나는 내가 당신을 영원히 사랑할 것처럼 느낀다고. 하지만 다음 순간 내 느낌이 어떻게 변할지 나는 알지 못한다고.

누구도 다음 순간에 대해 말할 수 없다. 누구도 다음 순간을 약속할 수 없다. 다음 순간을 약속한다면 그대는 플라스틱 세계에 살고 있는 것이다. 사랑에 대해서는 아무도 약속할 수 없다. 그것이 바로 사랑의 정직함, 사랑의 진리다. 사랑은 약속하지 않는다.

하지만 모든 사람이 단지 사랑의 보장을 위해 약속을 원한다. 더 불안할수록 더 많은 약속을 요구한다. 여성이 남성보다 더 많은 약속을 요구하는 것은 그 때문이다. 불안한 것이다. 그들은 본능적으로 더 많은 불안을 느낀다. 모든 것을 변함없이 오래가는 것으로 만들고 싶어한다. 오직 그때만이 그들은 발걸음을 옮길 수 있다. 그리고 그때 그대는 이행될 수 없는 거짓 약속들을 계속하게 된다. 모든 약속은 깨어진다. 모든 약속과 함께 그대의 심장이 깨어지고 상대방의 심장이 깨어진다. 그리고 모든 약속이 사라짐과 더불어 삶은 무의미하고 절망적인 것이 된다. 시는 사라지고 무미건조한 산문, 법조문만이 남는다. 그대는 아내와 잠자리를 같이 하지만 그것은 법적인 행위다. 그것은 하나의 의무이지 자연스러움이 아니다. 그대는 자식들에게 키스를 해주어야만 한다. 그것은 자연스럽지 않다. 그것은 하나의 의무이며, 그렇게 해야만 하는 것이다.

그리고 세상에 의무만큼 추한 것이 없다. 나는 그대에게 말한다. 사랑은 세상에서 가장 아름다운 것이고, 의무는 가장 추한 것이라고. 사랑은 미지의 것, 알 수 없는 일이다. 그대는 사랑을 조작할 수 없다. 의무는 사회적인 부산물이다. 이제 아내는 요구한다. '당신은 나를 사랑해야만 해. 이것은 당신의 의무야. 당신은 약속을 했어!'

그리고 그대는 자신이 약속을 했다는 사실을 안다. 그러니 그대가 무엇을 할 수 있겠는가? 사랑은 사라졌다. 아니면 지금 이 순간 그대는 사랑을 느끼지 못한다. 아니면 오늘 밤 그대는 아내와 잠자리를 같이 하고 싶지 않다. 어떻게 할 것인가? 단지 과거의 약속을 지키기 위해 거짓된 행동을 해야만 한다. 그래서 그대는 말한다. '맞아, 나는 약속을 했어.'

이제 어떻게 할 것인가? 사랑의 청구서를 만드는 일이 가능한가? 그런 일이 과연 가능한가? 아니면 한 번이라도 가능한 적이 있었는가? 그럴 수 없다. 하지만 가장할 순 있다. 가장이 점차 습관화되고, 그래서 자연스러운 사랑은 사라진다. 그때 모두가 속고 있다는 느낌을 갖는다. 가장된 사랑은 상대방을 채워 주지 못하기 때문이다.

모두가 그것이 가장된 것임을 안다. 그대는 그것을 꿰뚫어볼 수 있다. 사랑의 모든 동작을 연출하지만 그곳에 사랑은 있지 않다. 그것은 마치 요가 자세와도 같다. 동작이 그곳에 있고, 제스처가 그곳에 있지만 가슴은 그곳에 없다. 그대는 다른 곳에 가 있다. 그러나 의무는 의무인 것이다. 그리고 그대는 인정할 수밖에 없다. 그렇다, 나는 약속을 했다고.

그 약속이 절대적으로 옳은 것이었는지 모르지만, 모든 약속은 그 순간을 위한 것이다. 그대는 자신이 내일도 이곳에 살아 있으리라는 약속을 할 수 없다. 그러니 어떻게 그대의 사랑이 내일도 변하지 않으리라는 약속을 할 수 있는가? 그대는 단지 이렇게 말할 수 있을 뿐이다. '지금 이 순간 나는 이런 느낌을 갖는다. 영원히 당신을 사랑할 것이라고.'

하지만 그것은 그 순간의 느낌일 뿐이다. 다음 순간 상황이 변한다면 그대가 어떻게 할 수 있겠는가? 다짐과 보장은 문제를 일으킨다. 모든 것에 있어서 그대는 다짐과 보장을 원한다. 그래서 모든 것이 거짓으로 변하는 것이다.

삶은 불안정한 것이다! 이 진리가 그대 속으로 깊숙이, 아주 깊숙이 파고들게 하라. 그것이 그대의 가슴 깊은 곳에서 하나의 씨앗이 되게 하라. 삶은 불확실한 것이다. 그것을 확실한 것으로 만들려 하지 말라. 그것이 삶의 본질이다. 따라서 그것에 대해선 아무도 어떻게 할 수 없다. 그대가 무엇을 한다면, 그것은 독이 될 것이다. 그것은 삶의 아름다움을 죽이기만 할 것이다.

더 많은 안정과 안전을 느낄수록 그대는 더 많이 죽어 있는 것이다. 재산과 명성과 튼튼한 성곽 속에서 안전을 느끼고 있는 자들을 보라. 그들이 이미 죽은 자들임을 그대는 볼 수 있을 것이다. 그들의 얼굴을 보라. 눈을 보라. 그것들은 마치 고무로 만들어진 것 같다. 그들의 얼굴은 가면을 쓴 것 같다. 그들의 몸짓은 기계적이다. 그들의 마음이 그 몸짓 속에 있지 않다. 그들은 감옥에 갇힌 자들, 삶의 흐름이 정지된 자들, 얼어붙은 강물처럼 더 이상 흐르지 않는다. 그들은 춤추면서 바다를 향해 달려가는 강물이 아니다. 고인 죽은 연못, 어느 곳으로도 흘러가지 않는 정지된 연못이다.

매 순간 미지의 것과 마주해야 한다. 삶의 불확실성이란 이런 것이다. 과거는 더 이상 존재하지 않고, 미래는 아직 그 존재를 나타내지 않았다. 미래는 예측이 불가능하다. 매 순간 그대는 예측 불가능한 세계의 문 앞에 서 있다. 그대는 그 예측 불가능성을 맞아들여야 한다. 매 순간 미지의 것이 손님이다.

인도에는 손님이라는 뜻의 매우 아름다운 단어가 있다. 세상의 다른 언어에는 그런 단어가 없다. 그것은 '아티티'이다. 그 뜻은 이렇다. 사전에 미리 예고하지 않고 오는 사람, 자신이 언제 오리라는 것을 전혀 알리지 않고 오는 사람이라는 뜻이다. 아티티는 본래 '날짜 없는'의 뜻이다. 그는 언제 올지 날짜에 대한 약속이 없다. 그냥 와서 문을 두드린다.

그러나 우리는 안정을 추구한다. 그것도 지나치게 추구한다. 그래서 손님을 죽였다. 이제는 약속 없는 손님은 대접받지 못하는 세상이다. 손님이 오려면 먼저 그대에게 알리고 허락을 구해야 한다. 그래야 그대는 그를 위해 방을 마련하고 다른 준비들을 할 수 있는 것이다. 누구도 갑자기 와서 그대의 문을 두드릴 수 없다.

서양에서는 손님이 완전히 사라졌다. 손님이 온다 해도 호텔에 머문다. 손님은 더 이상 존재하지 않는다. 그것은 서양이 동양보다 삶의 안정성에 더 집착하기 때문이다. 물론 그 집착 때문에 그들은 더 많은 부, 더 많은 보장책들, 더 많은 은행 잔고를 축적했다. 모든 것이 보험으로 보장되어 있다. 하지만 인간은 죽었다.

이제 아티티는 없다. 이제 아티티는 죽어 버렸다. 그대의 문을 두드리는 낯선 자는 없다. 미지의 것은 더 이상 그대를 찾아오지 않는다. 모든 것이 이미 알고 있는 세계의 것이며, 그대는 그 알고 있는 세계의 다람쥐 쳇바퀴 속을 돌고 돈다. 하나의 기존 세계에서 또 다른 기존 세계로 옮겨간다. 그 세계에서 또 다른 기존의 세계로. 그러면서 그대는 묻는다. 왜 삶은 이토록 무의미한가 하고.

삶의 의미는 무엇으로부터 오는가? 삶의 의미는 미지의 것으로부터, 낯선 것으로부터, 갑자기 그대의 문을 두드리는 예측할 수 없는 손님으로부터 온다. 그대가 예기치 않았던 순간에 갑자기 피어나는 꽃으로부터, 기다리지 않았던 순간에 거리에서 문득 마주치는 친구로부터, 그대가 전혀 기대하지 않았던 순간에, 상상하지도 않고 꿈꾸지도 않았던 순간에 갑자기 피어나는 사랑으로부터…….

그때 삶은 의미를 갖는다. 그때 삶은 춤을 갖는다. 그때 모든 걸음이 행복 그 자체다. 그 걸음은 의무감이라는 짐으로 무거워진 걸음이 아니기에. 그것은 미지의 세계로 들어가는 발걸음이기에. 강물이 바다를 향해 달려가고 있는 것이다.

도의 본질은 무엇인가? 도의 본질은 불확실이고, 불안정이다. 도의 사람은 불확실한 세계로 두려움 없이 나아가는 사람이다. 도의 사람은 발길이 정해져 있지 않다. 도의 사람의 발길은 아무도 예측할 수 없고 계산할 수 없다. 그러므로 안정을 구하려고 노력하지 말라. 그러면 그대는 자연으로부터, 도로부터 멀어진다. 더 많이 안정될수록 그대는 더 많이 멀어진 것이다. 미지의 세계로 걸어 들어가라. 미지의 세계는 그 나름대로의 방식을 갖고 있다. 그것을 강제하지 마라. 강물을 억지로 떠밀지 마라. 강물이 그 스스로 흘러가게 하라.

그리고 누구에게도 장미꽃 만발한 정원을 약속하지 말라. 그대가 누군가를 사랑할 때, 그 사랑에 진실되고 충실하라. 그대가 누군가를 사랑할 때 진실되고 충실하면서, 다만 이렇게 말하라.

"지금 이 순간 나는 사랑을 느낀다. 다음 순간이 오면 또 그때 내 느낌을 말하리라……."

마치 지금 이 순간이 삶 전체인 것처럼…….

나는 그대에게 말한다. 지금 이 순간 누군가를 사랑하고 있다면 다음 순간 그대는 더 많이 사랑하고 있을 것이다. 다음 순간은 지금 이 순간에서 태어나기 때문이다. 그러나 그것은 약속이 될 수 없다. 그것은 누구도 보장할 수 없다. 지금 이 순간 속에서 존재 전체로 누군가를 사랑하고 있다면 그대는 다음 순간 더욱 많은 존재 전체로 그를 사랑할 것이다. 터무니없는 말처럼 들릴 것이다. 어떻게 전체가 더 많아질 수 있는가? 하지만 실제로 그런 일이 일어난다.

삶이란 터무니없는 것이다. 존재 전체로 진실하게, 충실하게 누군가를 사랑한다면, 그리하여 이 순간 속에서 활짝 꽃피어난다면, 다음 순간을 두려워할 이유가 무엇인가? 지금 이 순간 그대는 사랑하고 있지 않았다. 그래서 다음 순간에 대한 확실한 보장을 원하는 것이다. 이 순간 그대는 삶을 살지 않았다. 그래서 다음 순간의 미지의 것을 두려워하고 있는 것이다. 다음 순간 어떻게 살 것인가에 대한 확실한 보장을 만들려 하고 있다. 이것은 다람쥐 쳇바퀴와 다를 바 없다. 언제까지나 똑같은 습관과 형태를 가지고 그 안에서 돌고 있을 것이다. 모든 죽은 계획표를 갖고 안심해 할 것이다. 그대는 이 순간을 죽이고 다음 순간도 죽이려 하고 있다.

미래에 대해서는 잊으라! 현재에 살라. 그것도 존재 전체로. 이 존재 전체의 삶에서 나오는 것은 모두 하나의 축복이 될 것이다. 꽃이 진다 해도 그것은 아름다울 것이다. 꽃이 지는 모습을 관찰해 보았는가? 그것은 실로 아름답다. 그것에는 슬픔이 있지만, 슬픔이 아름답지 않다고 누가 그대에게 말했는가? 오직 웃음만이 아름다운 것이라고 누가 말했는가?

나는 그대에게 말한다. 웃음은 그 안에 슬픔이 없다면 천박한 것이라고. 그리고 슬픔 안에 미소가 없다면 죽은 것이다. 그것들은 반대가 아니다. 그것들은 서로를 깊이 있게 해준다. 슬픔을 가지고 웃을 때 그 웃음은 깊이가 있다. 슬픔이 미소지을 때 그 슬픔 속에는 환희가 있다. 삶은 칸막이 열차처럼 하나씩 구분된 것이 아니다. 삶은 모든 구분에 반대한다. 삶을 공기조차 차단된 칸막이들로 만든 것은 인간의 마음이다. 삶은 흘러넘치고 있다.

　삶은 탄생과 죽음의 차이를 알지 못한다. 삶은 피어남과 시듦의 차이를 알지 못한다. 삶은 일출과 일몰의 차이를 알지 못한다. 삶은 그 두 언덕 사이에서 움직인다. 그것들은 두 개의 강둑과 같은 것이며, 그 강둑 사이로 삶의 강물이 흐르고 있다.

　미래에 대해 걱정하지 말라. 이 순간을 존재 전체로 살라. 그러면 다음 순간이 황금빛으로 다가올 것이다. 삶은 그 스스로 방향을 정해 나아갈 것이다. 예수가 말한 것이 바로 그것이다. 내일 일을 걱정하지 말라. 내일은 내일대로 잘되어 나갈 것이다. 그대가 그것에 대해 걱정할 필요가 없다.

　삶은 본래 불안정한 것이다. 만일 불안정 속에서 살 수 있다면, 그것이야말로 유일한 안정이다. 불확실 속에서 살 수 있는 사람은 행복하다. 그가 유일하게 확실한 자이기 때문이다. 그는 삶의 품안에서 안전하다. 그의 안정은 인간이 만든 것이 아니다. 그의 안정은 도의 안정, 최상의 자연 그 자체의 안정이다.

　삶이 그대를 돌봐 준다. 왜 그대는 그대 자신을 돌보는 일에 그토록 근심하는가? 왜 그대 자신을 삶으로부터 단절시키는가? 왜 그대 자신을 삶으로부터 뿌리 뽑히게 하는가? 삶이 그대를 먹여 살린다. 삶이 그대 속에서 숨 쉬고, 삶이 그대를 살고 있다. 왜 그대 자신에 대해 그토록 걱정이 많은가?

　자기 자신에 대해 근심하는 자, 그는 세속적인 인간이다. 자기 자신에 대해 근심하지 않는 자, 그는 구도자다. 삶이 나를 보살펴 준다고 말하는 자, 그가 바로 구도자다. 내가 말하는 구도자란 바로 이 뜻이다. 그것은 삶을 등지고 떠나는 것이 아니다. 삶을 포기하는 것이 아니라, 그 근심 걱정, 그 불안, 그 지나친 자기 동일시를 포기하는 것이다. 강물을 억지로 떠밀려고 하는 마음을 포기하는 것이다. 강물은 저 스스로 흘러간다. 그대가 떠밀 필요가 없다. 강물이 그대를 지금 이 순간으로, 이 언덕으로 데리고 왔다. 그 강물이 다시 그대를 다른 많은 언덕으로 데리고 갈 것이다.

왜 걱정하는가? 새들은 걱정하지 않는다. 나무들은 걱정하지 않는다. 인간은 가장 높은 의식을 지닌 존재다. 그런 인간이 왜 걱정하는가? 도가 바위를 보살펴 준다면, 도가 강물을 보살펴 준다면, 도가 나무를 보살펴 준다면, 왜 그대는 삶이 그대를 보살펴 주리라는 걸 의심하는가? 그대는 지금 이 순간 존재계의 최고 위치에 있다. 생명계는 다른 어떤 것보다 그대를 보살펴 줄 수밖에 없다. 생명계는 그대에게 더 많은 관심을 갖고 있다. 그럴 수밖에 없는 것이, 그대에게 가장 큰 것이 걸려 있기 때문이다. 그대는 하나의 큰 도전이다. 생명계는 그대를 통해 더 큰 의식을 갖게 된다. 생명계는 그대를 통해 더 많이 깨어 있게 된다. 그대는 의식의 가장 높은 봉우리에 도달하고 있는 것이다. 생명계는 그대를 통해 그 봉우리에 도달하려고 노력하고 있다.

따라서 삶이 그대를 보살펴 줄 것이다. 삶을 받아들이고, 물처럼 흘러가라. 그리고 그대의 에고와 그대 자신에 대해 걱정하지 말라. 그것이 바로 구도의 길이다. 구도자란 바로 그런 사람이다. 나의 구도자는 완전히 다른 개념이다. 그것은 결코 낡은 개념이 아니다. 지금까지의 개념은 세상을 등지고 삶을 포기하고 떠나는 것이었다. 지금까지의 개념은 나의 개념과 정반대되는 것이었다. 그것은 자기 자신에 대해 깊이 염려하는 그런 것이었다. 그대가 그대 자신을 보살펴야만 하는 그런 것이었다. 명상에 대해, 요가에 대해 신경 써야 하는 그런 것이었다. 자신의 사드하나, 즉 수행에 신경 써야 하는 그런 것이었다. 다른 사람이 한 것처럼 그대도 신에게 도달해야만 하는 그런 것이었다.

나의 구도자는 정반대의 것이다. 나는 말한다. 걱정하지 말라, 그러면 그대는 도달할 것이다. 걱정을 통해서는 도달하지 못한다. 심지어 어떤 노력도 필요하지 않다. 노력 없음이 되라. 그대의 삶 전체가 하나의 내맡김이 되게 하라. 그러면 목적지에 도달할 것이다. 삶이 그대를 보살펴 준다. 그대 자신의 품안에서는 그대는 위험하다. 그러나 도의 품안에서는 그대는 엄마의 품에, 우주의 어머니 품에 있는 것이다.

 이제 장자의 이야기로 여행을 떠나자.

 물고기는 물에서 나고
사람은 도에서 난다.

장자는 말한다. 물고기는 물에서 태어나고, 사람은 도에서 태어난다고. 물은 물고기를, 도는 사람을 보호해 준다고. 그대는 도의, 물고기다. 그것을 신이라고 불러도 좋다. 하지만 장자는 의도적으로 신이라는 단어를 사용하지 않았다. 그 단어는 너무나 많은 잘못된 의미로 오염되었기 때문이다. 그래서 장자는 '도'라는 단어를 사용한다. 매우 중립적인 단어를, 고대 인도의 베다 경전에서는 '리트'라는 단어를 사용한다. '리트' 역시 도를, 자연을 의미한다.

사람은 도에서 난다. 그렇기 때문에 우리는 그것을 느끼지 못한다. 물고기가 물을 느낄 수 없듯이. 물고기는 물에 대해 너무나 깊이 알고 있다. 그들이 물에서 태어났기 때문이다. 그들은 존재 전체로 물과 함께 살기 때문에 한 번도 분리된 적이 없었다. 물고기는 물이 무엇인가를 알지 못한다. 물속에서 헤엄치고, 살고, 죽는다. 물에서 나고 물에서 사라진다. 그러나 물이 무엇인가를 결코 알지 못한다.

여기 이런 이야기가 있다. 한 물고기가 있었다. 젊은 물고기였다. 그는 큰 고민에 사로잡혔다. 다름 아니라 바다에 대해 많은 이야기를 들었는데, 과연 바다가 무엇인지 알고 싶었던 것이다. 그래서 여러 현자 물고기들을 찾아갔다. 스승을, 구루를 찾아 헤맸다.

많은 현자 물고기들이 있었다. 물고기 세계에도 그들 나름의 스승과 구루가 있는 것이다. 그들은 많은 것을 말해 주었다. 왜냐하면 그대가 어떤 구루를 찾아가면 비록 그가 아무것도 모를지라도 그는 무엇인가를 말해야만 한다. 그래야 구루로서의 체면이 유지되기 때문이다. 그들은 바다에 대해 많은 것을 말했다. 하지만 젊은 물고기는 만족할 수 없었다. 그는 직접 바다를 맛보고 싶었다.

한 구루가 말했다.

"젊은이여, 바다는 여기서 아주 먼 곳에 떨어져 있다. 그곳에 도착하기란 어려운 일이다. 아주 드물게만 몇몇 물고기가 그 바다에 도달할 뿐이다. 그러니 젊은 물고기여, 어리석은 생각은 버리라. 바다에 도달하려면 수천 생에 걸쳐 준비를 해야 한다. 그것은 쉬운 일이 아니다. 실로 큰 일이다. 먼저 네 자신을 깨끗이 정화하라. 그러기 위해선 이러이러한 요가 수행을 하라. 파탄잘리의 8단계 요가의 첫 부분부터 시작하라."

어떤 스승은 불교신자였다. 그는 말했다.

"그런 것은 아무 도움도 되지 않는다. 붓다의 길을 따르라. 붓다의 팔정도가 도움을 줄 것이다. 먼저 어떤 불순물도 남아 있지 않도록 네 자신을 완벽하게 정화시켜라. 오직 그때만이 넌 바다를 볼 수 있을 것이다."

또 다른 스승은 말했다.

"오늘날과 같은 칼리 유가의 시대에는 오직 라마 신의 이름을 반복해서 외는 것만이 도움이 될 것이다. '람, 람, 람' 하고 반복하라. 오직 라마 신의 은총에 의해서만 너는 바다에 이를 수 있다."

그런데 사실 그 물고기는 언제나 바다 속에서 생활하고 있었다. 그는 수없이 찾아 헤매었고, 수많은 경전들을 읽었으며, 수많은 교리를 공부하고, 수많은 아쉬람(인도의 명상 센터)을 방문했다. 그러나 결국 아무 곳에도 도달하지 못한 그는 날이 갈수록 깊은 절망에 빠졌다. 바다는 어디에 있는가? 그것은 크나큰 의문이었다.

그러던 어느 날 그는 한 물고기를 만났다. 매우 평범한 물고기였다. 그 물고기는 아마 장자 물고기였을 것이다. 더없이 평범한 물고기, 그의 이름은 장자였다. 이 물고기가 스승이 될 수 있다고는 누구도 생각하지 않았다. 이 물고기는 그저 평범한 물고기의 삶을 살고 있었던 것이다.

이 물고기가 말했다.

"미친 짓 하지 말라. 어리석은 짓 하지 말라. 넌 이미 바다 속에 있다. 네가 사방에서 보고 있는 것이 바로 바다인 것이다. 그것은 멀리 있는 것이 아니라 아주 가까이에 있다. 너무 가까이 있기 때문에 넌 그것을 보지 못하는 것이다. 어떤 것을 보기 위해서는 거리가 필요하기 때문이다. 어떤 것을 지각하기 위해선 공간이 필요하다.

그것은 너무나 가까이 있기 때문에 넌 그것을 볼 수 없다. 그것은 너의 안에도 있고, 너의 밖에도 있다. 너는 한 개의 바다 물결 그 자체다. 바다의 한 부분, 바다 에너지의 한 개의 종합적 표현이다."

그러나 그 구도자 물고기는 믿지 않았다.

구도자 물고기는 말했다.

"당신이야말로 미친 것 같다. 나는 많은 스승들을 만났는데, 그들 모두는 바다가 아주 먼 곳에 있다고 말했다. 바다에 도달하기 위해서는 먼저 자기 자신을 정화해야 하고, 요가 수행을 해야만 하고, 계율을 지켜야 하고, 도덕을 쌓고, 종교적인 품성을 지켜야 하며, 많은 종교 의식들을 행해야 한다고 말했다. 그렇게 해도 수천의 생이 지나야 그런 일이 가능하다고 말했다. 그러고서도 우리가 바다에 도달하는 것은 신의 은총을 통해서라고."

장자라는 이름의 물고기는 고개를 저었다.

장자가 옳다. 바다는 그대 주위 모든 곳에 있다. 그대는 바다 속에 있다. 그렇지 않을 수가 없다. 만일 신이 그대 안에서 숨 쉬고 있지 않다면 어떻게 그대가 살아 있을 수 있는가? 그대 안에서 누가 숨 쉬고 있는가? 그대의 핏속으로 누가 뛰어다니는가? 누가 그대의 음식을 소화하는가? 누가 그대 안에서 꿈을 꾸고 있는가? 누가 시를 탄생시키고, 사랑을 가능하게 하는가? 누가 그대의 심장 속에서 미지의 세계를 맥박 치게 하는가? 그대 삶의 음악이 누구란 말인가? 신이 먼 곳에 있다는 것이 어떻게 가능하단 말인가? 그것은 불가능하다. 신이 곧 그대의 생명이니까. 그리고 그대는 생명 그 자체의 결정체인 것이다.

그대가 신이다. 축소판인지는 몰라도 그대는 곧 신이다. 그리고 나는 미래의 언젠가 그대가 신처럼 되리라고 말하는 것이 아니다.

나는 지금 이 순간, 이곳에서 그대가 곧 신이라고 말하는 것이다. 그대가 그 사실을 알든 모르든 그것은 차이가 없다.

그대는 신이다. 다른 것은 가능하지 않다. 그대가 이 사실을 깨닫는 데 수천 번의 생이 걸릴지 모르지만, 그것은 그 거리가 그만큼 커서가 아니다. 그대가 바보처럼 행동하기 때문이다. 불순해서가 아니라 무지하기 때문이다. 깨어 있음 외에는 어떤 수련도 필요하지 않다. 가까이 있는, 바로 곁에 있는 그것을 자각하는 것, 이미 그대의 피부에 닿고 있는 그것을 자각하는 일, 그대의 심장에서 맥박치고 있는 그것을 자각하는 일, 그대의 혈관을 타고 흐르는 그것을 자각하는 일, 바로 곁에 가까이 있는 그것을 자각하는 일만이 필요하다.

그리고 그것에 가까이 다가가기 위해서 지금 이 순간 속에서 살아야만 한다. 미래 속에 존재한다면 그대는 그만큼 멀어진 것이다. 그때 그대는 멀리 여행을 떠난 것이며, 신은 이곳에 존재한다. 그대는 이미 신을 뒤에 남겨 두고 떠난 것이다.

장자는 말한다.

> 물고기는 물에서 나고
> 사람은 도에서 난다.
> 물에서 난 물고기는
> 연못의 깊은 그늘로 찾아들어가면
> 그들이 필요로 하는 것은
> 모두 채워진다.

필요, 그것은 좋다. 욕망, 그것은 아니다. 한 마리의 물고기가 정치인이 되는 것, 그것은 아니다. 물고기는 정치인이 될 만큼 그렇게 어리석지 않다. 물고기는 인간처럼 그렇게 어리석지는 않다. 그들은 단순히 살고, 즐기고, 먹고, 마시고, 즐거워한다. 춤을 춘다. 그들에게 주어진 가장 작은 연못에도 더없이 감사해 한다. 그곳에서 즐거움을 찾는다.

연못 속에서 물고기들이 뛰어오르고, 즐거워하고, 이곳저곳으로 헤엄쳐다니는 것을 보라. 그들에게는 어떤 목적도, 어떤 야망도 없는 듯하다. 그들의 필요는 충족되고 있다. 피곤하면 연못 깊은 그늘로 잠겨 들어가 휴식을 취한다. 기운이 회복되면 다시 헤엄치고 춤추고 흘러다닌다. 그러다 다시 지치면 그늘 속으로 잠겨 들어가 깊이 휴식한다. 그들의 삶은 휴식과 행위를 오가는 하나의 리듬이다.

그대는 그 리듬을 상실했다. 그대는 행위하지만 그곳에는 휴식이 없다. 그대는 회사에 가지만 결코 집으로 돌아오지 않는다. 돌아와도 회사일이 여전히 그대의 머리를 지배한다. 그대는 결코 연못의 깊은 그늘로 찾아들어가지 않는다. 명상이란 바로 그것이다. 연못의 깊은 그늘로 찾아들어가는 것. 기도란 바로 그것이다. 행위에서 행위 없음으로 옮겨가는 것. 종교가 바로 그것이다.

행위……. 그대는 너무 많이 행위하고 있다. 그래서 균형을 잃었다. 이제 행위 없음이 필요하다. 그래야 균형이 되찾아진다. 행위하라, 그러나 행위만큼 무위가 필요하다는 것을 잊지 말라. 행위는 세상 속으로 들어가는 것이고, 무위는 내부로 들어가는 것이기 때문이다.

이것은 자연의 리듬과 동일하다. 아침에 그대는 잠에서 깨어나 밤이면 다시 잠든다. 그것은 하나의 리듬이다. 낮에 그대의 의식은 깨어 있지만, 밤에는 무의식이 된다. 음식을 먹으면 몇 시간 동안 먹지 않아야 한다. 다시 배고픔이 찾아오면 먹는다. 그런 다음 다시 몇 시간 동안 먹지 않아야 한다. 계속해서 무엇인가를 먹는다면 그대는 미치고 말 것이다. 계속해서 금식을 해도 죽고 말 것이다. 하나의 리듬이 필요한 것이다.

정반대의 리듬, 그것이 삶의 가장 중요한 열쇠다. 그러나 마음은 말한다. 왜 정반대의 것인가? 그럴 필요가 무엇인가? 왜 모순된 행동을 하는가? 깨어 있을 수 있다면 깨어 있으라. 왜 잠자러 가야 하는가? 어떤 과학자들은 인간이 수면 시간을 줄이면 그만큼 많은 생을 즐길 수 있다고 주장한다. 그들은 말한다. 사람이 90년을 살면 그중 30년은 잠으로 소비된다. 이것은 큰 낭비다. 과학자들이 도의 사람보다, 자연계의 질서보다 더 현명한 것이다. 그들은 큰 낭비라고 생각한다.

그대의 마음 역시 말할 것이다. 그렇다, 만일 그 30년을 잠으로 낭비하지 않을 수 있다면 삶은 훨씬 더 알찬 것이 될 것이다. 그러나 나는 그대에게 말한다. 그대는 분명 미치광이가 될 것이라고. 만일 30년의 수면 시간이 사라지면 90년 동안 깨어 있을지 몰라도 그것은 미치광이의 삶이 될 것이다. 세상은 악몽이 될 것이다. 90년 동안 잠을 자지 않은 사람을 생각해 보라. 그런 사람과 사는 것은 불가능한 일이다. 왜냐하면 그는 언제나 긴장된 상태일 것이기 때문이다. 휴식을 모를 것이다. 세상 전체가 하나의 정신 병동이 될 것이다. 이미 그렇게 되었다.

하나의 리듬이 필요하다. 그대는 깨어 있어야 하며, 또 잠들어야 한다. 잠은 삶에 반대되는 것이 아니다. 논리학에서만 그럴 뿐이다. 깊이 잠들 때 그대는 아침에 더 많은 활동력과 깨어 있는 의식을 갖게 된다. 지난밤 편안히, 깊이 잠잤다면, 그 잠을 즐겼다면, 완전한 휴식을 취했다면, 그리고 완전히 그대 자신을 잊었다면, 오늘 아침 완전히 다시 태어난 기분으로 잠자리에서 일어나 또다시 행위를 할 충분하고 신선한 에너지를 가질 것이다. 그리고 만일 하루 종일 넘치는 에너지를 갖고 반쯤 잠든 상태가 아니라 진정 행동하며 살았다면 그대는 다시 깊은 잠을 잘 것이다. 완전히 행해진 행위는 휴식을 가져다준다. 완전히 행해진 휴식은 더 많은 행위를 불러온다. 삶은 정반대의 것을 통해 풍성해진다. 하지만 논리는 정반대의 것들은 서로 만날 수 없다고 믿는다. 그 논리적인 생각 때문에 서양은 균형을 잃게 된 것이다.

그들은 언제나 잠을 비난한다. 깨어 있을 때만 삶을 즐길 수 있다고 그들은 말한다. 잠 속에는 아무 즐거움이 없다고. 따라서 밤늦도록 깨어 있으라. 그래서 서양에서는 밤늦게까지 춤을 추고, 먹고, 친구를 만나고, 토론하고, 잡담하고, 영화 구경을 하면서 시간을 보낸다. 깨어 있을 수 있을 때까지 깨어 있으라. 밤늦도록 그것이 가능하다면 그렇게 하라. 그래서 그들은 잠자리에 들 때도 언제나 아쉬워한다. 밤새도록 깨어 있을 수 있다면 더 많이 즐겼을 것이기 때문이다. 다른 영화를 하나쯤 더 볼 수 있었을 것이고, 몇 번 더 춤을 출 수 있었을 것이고, 몇 명의 친구를 더 만날 수 있었을 것이다. 더 많은 돈을 벌었을 것이다. 더 많은 도박을 했을 것이다. 그래서 그들은 언제나 마지못해 잠자리에 든다. 그러면서 불면증을 호소한다. 그들은 잠을 잘 수 없는 것이다.

왜 그들은 잠들 수 없는가? 불면증 환자 중에 진정으로 잠을 자고 싶어하는 사람을 나는 본 적이 없다. 진정으로 잠자기 원한다면 잠이 올 것이다. 하지만 그 자신이 잠을 원치 않는 것이다. 내면 깊은 곳에서 그는 휴식이 없는, 행동만이 있는 삶을 원한다. 휴식을 통해서는 돈을 벌 수 없기 때문이다. 그것이 문제다. 휴식을 통해서는 선거에 이길 수 없다. 휴식을 통해서는 사업이 더 번창할 수 없다. 휴식을 통해서 무엇을 얻을 수 있겠는가? 휴식은 야망을 충족시킬 수 없다. 야망은 행위를 필요로 한다. 욕망은 행위를 필요로 한다. 정치, 돈, 모든 것이 행위를 필요로 한다. 잠은 단순한 낭비다…….

마음이 욕망에 사로잡혀 있다면 그대는 마지못해, 강요당한 것처럼 잠자리에 들 것이다. 그때 자신이 잠을 잘 수 없다고 느낀다. 마지못해 청하는 잠이기 때문에 의식이 잠에 저항한다. 그리고 너무 깊이 욕망과 행위 속으로 몰입했기 대문에 그것이 머리 속에 계속된다. 몸은 잠을 원하지만 마음이 계속해서 활동하고 있는 것이다.

바로 며칠 전 한 남자가 찾아와 말했다.

"저는 명상을 하고 있으면 생각이 계속됩니다. 어떻게 하면 그 생각을 멈출 수 있습니까?"

그래서 나는 그에게 방법을 일러주었다. 그러자 그가 말했다.

"하지만 저는 생각하는 것을 좋아합니다."

"그렇다면 왜 그것을 멈추길 원하는가?"

그러자 그가 말했다.

"그 생각들 때문에 잠을 잘 수가 없습니다. 휴식할 수 없습니다. 그렇지만 전 여전히 생각하는 것을 좋아합니다."

이것이 문제다. 그대는 생각하는 것을 좋아한다. 생각이 어떤 것을 성취하는 도구가 되었기 때문이다. 생각을 통해 위대한 사상가가 될 수도 있고, 생각을 통해 위대한 지도자가 될 수 있다. 잠을 통해 위대한 지도자가 되었다는 사람을 본 적이 있는가? 모두가 잠을 비난한다. 모두가 게으름을 비난한다. 모두가 삶을 즐기기만 하고 비활동적인 사람을 비난한다. 그런 사람을 건달이나 백수라고 부르면서 비난한다.

  하지만 관찰해 본 적이 있는가? 세상은 지금까지 게으른 사람 때문에 고통받은 적이 한 번도 없다는 사실을? 게으른 사람은 히틀러가 될 수 없다. 게으른 사람은 모택동도, 칭기즈칸도, 나폴레옹도 될 수 없다. 게으른 사람은 활동적이 될 수 없다. 행위가 전쟁을 불러일으켰다. 행위야말로 세상에서 가장 해로운 것이었다. 그럼에도 불구하고 우리는 아직도 행위가 필요하다고 말한다. 모두가 욕망을 갖고 있기 때문이다. 그 욕망을 떨쳐 버릴 때 그대는 적당히 게으르고, 적당히 활동적이 될 것이다. 그때 그대의 삶은 하나의 리듬이 될 것이다. 그대는 이곳으로 움직였다가 저곳으로 움직여갈 것이다. 그리고 내면에서는 균형을 취할 것이다. 낮에는 활동적이고, 밤에는 잠잘 것이다. 행위와 명상이 함께할 것이다. 그래서 나는 누구에게도 히말라야로 들어가 세상을 등지라고 말하지 않는 것이다. 그때 그들은 단순히 게으르고 잠만 잘 것이다. 그것은 또 다른 불균형이다.

  세상 속에 있으라. 하지만 집으로 돌아오면 진정으로 집으로 돌아오라. 사무실은 바깥에 두라. 머리 속에 서류들을 갖고 집으로 들어오지 말라. 비활동적일 때는 그 비활동을 즐겨라. 활동적일 때는 그 활동을 즐기라. 그리고 육체로 하여금 그대의 마음이 아니라 도에 따라 움직이고 느끼게 하라.

    물고기는 물에서 나고
    사람은 도에서 난다.
    물에서 난 물고기는
    연못의 깊은 그늘로 찾아들어가면

그들이 필요로 하는 것은
모두 채워진다.

도에서 난 사람은
행위 없음의 깊은 그늘로 침잠해
다툼과 근심을 잊는다면
그는 아무 부족함이 없고
그 삶은 평화롭다.

내면 깊은 곳에서 그대는 하나의 뿌리다. 그대는 나무와 같다. 나무의 절반은 땅 밖으로 노출되어 있고, 나머지 절반은 땅속에, 대지의 어둠 속에 숨겨져 있다. 이것이 바로 나무의 뿌리다. 꽃들이 피어난다. 그대는 그것들을 볼 수 있다. 하지만 꽃들은 그대가 볼 수 없는 뿌리가 있기 때문에 피어나는 것이다. 뿌리는 눈에 보이지 않는 것이고, 꽃은 눈에 보이는 것이다.

그대의 행위로 하여금 꽃이 되게, 눈에 보이는 것이 되게 하라. 그대의 행위 없음로 하여금 뿌리가 되게, 눈에 보이지 않는 것이 되게 하라. 하나의 균형을 유지하라. 나무가 하늘로 더 높이 올라갈수록 뿌리는 땅속 더 깊이 들어간다. 거기에 항상 균형이 있다. 나무가 2미터 높아지면 뿌리도 땅속으로 2미터 깊어진다. 그대 역시 마찬가지여야 한다. 행위 속으로 들어가라. 그러나 동시에 날마다 행위 없음 속으로 들어가라. 그것을 하나의 리듬으로, 조화로 만들라.

도에서 난 사람은
행위 없음의 깊은 그늘로 침잠해

다툼과 근심을 잊는다면
그는 아무 부족함이 없고
그 삶은 평화롭다.

행위 없음 속에서 그대는 바다 속으로 녹아들어 간다. 물고기는 바다가 된다. 잠잘 때 그대는 누구인가? 거기 더 이상 에고는 없다. 물고기는 바다 속으로 사라졌다. 깊은 잠 속에서 그대는 누구인가? 그대는 어떤 공간도 차지하지 않고 있다. 그대는 존재계와 하나가 된다. 깊은 명상 속에서도 동일한 현상이 일어난다. 힌두교에서는 깊은 명상은 한 가지 차이만 제외하고는 깊은 잠과 같다고 말한다. 한 가지 차이란, 명상 속에서는 깨어 있지만 잠 속에서는 깨어 있지 못하다는 것이다.

깊은 명상 속으로, 그 서늘한 그늘 속으로 침잠해 들어갈 때, 그대는 깨어 있다. 행위하지 않지만 의식이 활짝 깨어 있다. 그대는 자신이 어디로 움직여가고 있음을 안다. 모든 존재가 고요히 중심을 향해 가라앉는 것을 그대는 안다. 마치 나무에서 떨어지는 낙엽처럼 바람에 조금씩 흔들리며 대지를 향해 서서히 떨어져 내려, 마침내 땅 위에 몸을 누이는, 그리하여 깊은 잠 속으로 들어가는 자기 자신을 안다. 행위의 세계에서 명상 속으로 들어갈 때 그대는 한 장의 낙엽처럼 약간의 떨림, 산들바람에 흔들림이 있을 것이다. 그러면서 서서히 대지에 안착할 때까지 더 깊이 떨어져 내릴 것이다. 그대는 뿌리에 닿는다. 모든 것이 가라앉는다. 그때 거기 더 이상 근심도, 사념도, 세상도, 그대 자신도 존재하지 않는다. 오직 '그것'만이 남는다. 그것이 바로 도인 것이다.

그때 새로운 에너지를 얻고 활력을 얻어서 그대는 세상으로 돌아온다. 차츰 그것은 집에서 나왔다가 집으로 들어가는 것처럼 쉬워진다. 원할 때면 활동적이 되라. 하지만 그 활동은 신체적인 필요를 따라야지 마음의 욕망을 따라서는 안 된다는 것을 잊지 말라.

에너지가 넘칠 때는 활동적이 되라. 그 에너지를 써야 한다는 것을 그대도 느낄 것이다. 에너지는 행위를 필요로 하기 때문이다. 에너지는 행위 속에서 기쁨을 느낀다. 아무것도 할 수 없을 때는 적어도 춤이라도 추라. 그리고 기억하라. 에너지는 행위를 필요로 한다. 에너지를 억압하면 그대는 공격적이 될 것이다.

에너지를 억압하지 말라. 이것이 현대인의 가장 깊은 문제 중 하나다. 원시인은 하루하루의 삶을 살기 위해 많은 에너지가 필요했다. 사냥을 나가는 것은 많은 에너지를 필요로 한다. 동물들과 싸우면서 여덟 시간씩 숲속을 달리는 데는. 그리고 저녁 늦게 돌아오면 운이 좋아야 음식을 먹을 수 있었다. 평범한 일상 생활에도 많은 에너지가 필요했다.

이제 모든 것을 기계가 한다. 기술이 인간을 많은 노동에서 해방시켰다. 이제 어떻게 할 것인가? 에너지가 남아돌기 때문에 더욱 공격적이 되었다. 쉽게 화를 내고 싸운다. 아무 이유 없이 갑자기 화를 낸다. 모두가 그것이 어리석다는 것을 안다. 감정이 가라앉으면 그대 자신도 그것이 어리석었다는 것을 안다. 하지만 왜 불필요하게 화를 내는가? 이유가 무엇인가?

거기 화낼 상황이 있었기 때문이 아니다. 진정한 이유는 그대가 너무 많은 에너지를 갖고 있다는 것이다. 너무 많은 인화성 기름이 흘러넘치고 있다. 어느 순간에도 그것은 활동적이 될 수 있다. 그래서 화를 낸 다음에는 긴장이 해소되는 것을 느끼는 것이다. 분노 다음에는 약간의 행복과 편안함이 찾아온 것을 느낀다.

현대인은 그럴 수밖에 없다. 그래서 나는 침묵적인 명상이 아니라 활동적인 명상을 주장하는 것이다. 그대의 에너지는 바깥으로 표현되기를, 카타르시스를 필요로 한다. 그대는 너무나 많은 에너지를 갖고 있으며, 그 에너지를 표현할 행위가 없다. 영양가 있는 음식은 많은 에너지를 준다. 그것은 일종의 연료다. 현대는 인류 역사상 가장 좋은 음식을 먹는 시대다. 그러나 일이 없다. 가게나 사무실에 가도 일이란 정신적인 것이지 육체적인 것이 아니다. 정신적인 일만으로는 충분하지 않다.

인간은 신체적으로 사냥꾼이다. 그는 휴식하기 위해 많은 활동이 필요하다. 따라서 선택하라. 하지만 신체적인 필요에 따라 선택하라. 신체를 강요하거나 강제하지 말라. 신체를 느끼고, 그것이 필요로 하는 것을 느끼라. 신체가 활동을 필요로 하면 달리기를 하든 수영을 하든 산책을 하라. 아니면 아무것도 할 수 없으면 춤을 추라.

명상하라, 그리고 활동적이 되라. 에너지가 흐르게 하라. 활동을 통해 그대는 존재 속으로 녹아들어 간다. 그리고 에너지가 다해 휴식을 취해야 할 때는 침묵하라. 연못의 깊은 그늘로 찾아들어가 휴식하라.

행위는 그대를 도로 인도하며, 행위 없음 역시 그대를 도의 세계로 인도한다. 왜냐하면 도 이외에는 아무것도 존재하지 않기 때문이다. 행위를 통해 깨어 있을 수 있다면 그대는 도를 만날 것이다. 행위는 그대의 에너지를 도 속으로 붓는 일이다. 그리고 행위 없음은 도가 그대 속으로 에너지를 되돌려주는 일이다.

그것은 이런 것과 같다. 강물은 바다로 흘러들어간다. 그 자신을 바다 속으로 붓는다. 이것이 행위다. 바다는 다시 구름이 되어 히말라야를 향해 옮겨가 비가 되어 뿌려진다. 그래서 강을 채운다. 이것이 행위 없음인 것이다. 이제는 강물은 어떤 것도 하고 있지 않다. 이제 바다가 무엇인가를 하고 있는 것이다.

행위 속에서 그대는 주고, 행위 없음 속에서 그대는 받는다. 그리고 하나의 균형이 필요하다. 더 많이 줄수록 더 많이 받을 것이다. 더 많이 비어 있을수록 더 많이 받을 수 있기 때문이다. 작은 강은 적게 받을 것이고, 큰 강은 많이 받을 것이다.

갠지스 강이 그 자신을 바다 속으로 쏟아부을 때, 바다는 똑같은 양의 강물을 갠지스 강에게 돌려주어야 한다. 다시 또다시 그런 일이 일어난다. 행위 속에서 그대는 나누어 갖고, 주고, 흘러넘친다. 그대가 주는 동안 기뻐하고, 행복해 하라. 춤추라. 그 다음에 행위 없음이 찾아온다. 도가 그대에게 주기 시작한다.

그대가 춤추면서 가면 도 역시 춤추면서 온다. 신은 언제나 그대가 그에게로 간 그 방식 그대로 그대에게 온다. 침묵으로 앉아 있을 때 슬픔을 느낀다면 그것은 행위 없음 속에서 그대가 행복하지 않다는 뜻이다. 그대는 주지만 마지못해 준다. 만일 그대가 진정으로 행복하게 주었다면, 그대가 침묵을 느낄 때, 그리고 침묵으로 앉아 있을 때 그대는 많은 축복을 느낄 것이다.

이것을 기억하라. 사람들은 나에게로 와서 말한다. 침묵으로 앉아 있을 때면 모든 것이 슬퍼지며, 깊은 절망을 느낀다고.

신은 그대가 그에게로 간 것과 똑같은 방식으로 그대에게로 온다. 다른 방법이 있을 수 없다. 왜냐하면 신은 보상이기 때문이다. 그대가 춤추면서 신에게로 다가가면 신도 춤추면서 그대에게로 다가올 것이다.

만일 그대가 희생자처럼 행동한다면, 만일 사무실로 가서 '내가 사무실에 나오는 것은 의무 때문이다. 내게는 아내와 자식들이 있기 때문에 일을 해야만 한다. 나는 정년 퇴직할 날만을 기다리고 있다'라고 말한다면, 신도 똑같은 방식으로 그대에게 다가올 것이다. 그 역시 의무적으로 그대의 문을 두드릴 것이다. 그때 그는 십자가에 못 박히는 것과 다를 바 없다.

하지만 만일 그대가 삶 속에서 춤을 추면서 신에게로 간다면 신 역시 하나의 피리가 되어 줄 것이다. 이것을 기억하라. 신은 하나의 반응이다. 신은 그대 존재의 메아리다. 그대가 산에 올라가 무언가를 소리치면 산은 그것에 메아리로 화답할 것이다. 생명계 전체가 그대 안에서 메아리 치고 있다. 그대가 하는 무엇이든 그대에게로 되돌아갈 것이다. 이것이 바로 카르마의 법칙이다. 그것은 복잡한 것이 아니다. 그대가 '누군가를 모욕하면 다른 어느 생에선가 똑같은 사람이 그대를 모욕할 것이다. 어리석음에서 벗어나라. 바보짓에서 벗어나라. 법칙은 언제나 정확하게 작용한다. 법칙은 말한다. 그대가 주는 것, 그것을 받을 것이다. 그대가 뿌린 것, 그것을 거둘 것이다.

신은 그대가 신에게로 다가가는 것과 똑같은 방식으로 그대에게로 온다. 그대가 신을 바라보는 바로 그 눈을 통해 신이 그대를 바라본다.

어떤 원인에 의해서 생겨난 것은 영원할 수 없다. 원인이 사라지면 그것도 사라진다. 원인 없이 존재하는 것, 그것만이 영원할 수 있다. 그것을 찾으라.

여덟째날 아침　강의 신과 바다의 신

가을 홍수가 밀어닥쳤다.
수천 갈래의 노도와 같은 물길이 황하로 밀려들었다.
강둑까지 물이 불고 강폭이 넓어져서
이쪽에서 바라보면 저쪽 강둑에 서 있는 것이
소인지 말인지 분간하기도 어려울 정도였다.

'황하의 신'은 무척 자랑스러워하며
세상의 아름다움이 모두 자기 손안에 들어온 것이라 여겼다.
그는 기쁜 마음으로 물결을 따라 흘러내려가
마침내 바다에 이르렀다.
그곳에서 그는 헤아릴 수 없는 파도가 동쪽 수평선까지
무한히 이어진 것을 보고 놀라서 그만 말을 잊었다.

그 끝없이 펼쳐진 수평선을 바라보다가 비로소 정신을 차린 그는
'바다의 신'을 향해 한탄했다.
"속담에 '겨우 백 개의 도리를 듣고는
천하에 자기만한 자가 없는 줄 안다'는 말이 있는데
역시 그 말이 맞도다. 바로 나를 두고 한 말이다.
이제서야 '넓다'는 것이 무엇인지 알겠구나."

바다의 신이 말했다.
"우물 안 개구리에게 바다 이야기를 할 수 있겠는가?
여름 한철에만 사는 벌레에게 얼음 이야기를 할 수 있겠는가?
철학을 논하는 자에게 삶의 도를 이야기할 수 있겠는가?"

―〈강의 신과 바다의 신〉

삶은 경험이지 이론이 아니다. 삶에는 해석이 필요 없다. 삶은 살아야 하고, 경험해야 하고, 누려야 하는 것이다. 삶은 수수께끼가 아니라, 하나의 신비다. 수수께끼는 풀어야 하는 것이지만, 신비는 풀릴 수 있는 것이 결코 아니다. 신비란 그대가 그것과 하나가 되어야 하는 것, 그대가 그 속으로 사라져야 하는 것이다. 그리하여 그대 자신이 신비 그 자체가 되어야 하는 것이다.

이것이 철학과 종교의 차이다. 철학은 삶을 하나의 수수께끼로 여긴다. 그것을 풀어야만 하고, 설명과 이론을 발견해야만 한다고……. 철학은 생각한다. 해답이 반드시 존재한다고……. 만일 삶을 하나의 물음표로 여긴다면 그대의 노력은 지적인 것이 된다. 삶이 하나의 의문이라는 가정 자체가 그대를 더욱 지적인 인간으로 만들 것이며, 해답을 찾는 과정에서 많은 이론을 세울 것이다.

그러나 종교는 다르다. 종교는 말한다. 삶을 하나의 의문으로 여기는 것은 근본적으로 잘못이라고……. 삶은 의문이 아니다. 그냥 그곳에 존재할 뿐이다. 아무 물음표도 없이, 삶은 하나의 '공개된 비밀'로 그곳에 존재한다.

삶은 하나의 초대이다. 그대는 손님이 되어 그 문으로 들어가야 한다. 삶은 그대를 맞아들일 준비가 되어 있다. 따라서 삶과 싸우지 말라. 삶을 해결하려고 고뇌하지 말라. 삶은 수수께끼가 아니다. 삶과 하나가 되라. 그러면 그대는 삶을 알 것이다. 그 앎은 그대 존재 전체로부터 나올 것이다. 그것은 지적인 추구가 아니다. 지적인 추구는 부분적인 노력일 뿐, 전체적인 것이 아니다.

삶은 그대가 존재 전체로 삶과 함께하기를, 삶과 함께 흘러가기를, 그리하여 삶과 하나가 되어 그대와 삶 사이에 아무 구분이 없고, 어디까지가 그대이고 어디부터가 삶인지 구분할 수 없게 되기를 바란다. 삶의 모든 것이 그대가 되고, 그대의 모든 것이 삶이 된다. 이것이 바로 구원이다. 문제 해결이 아니라 구원인 것이다.

힌두교에서 말하는 '모크샤'가 이것이다. 그것은 하나의 이론이나 결론이 아니다. 존재계와의 완전히 새로운 만남이다. 그것은 생각의 추구가 아니다. 생각으로는 그것을 이해할 수 없다. 실제로 그대의 머리는 사라진다. 생각이 만든 모든 구분이 사라지고 경계선이 녹는다. 그대는 대양으로 녹아들어가는 한 방울의 이슬이 된다. '나'라는 경계선은 사라지고, 그 대신 우주적 차원의 경계선을 얻는다. 그 경계선은 무한하다.

가장 중요한 것, 첫 번째로 이해해야 할 것은 삶을 하나의 해결해야 할 문제로 여기지 말라는 것이다. 삶을 문제로 받아들이면 그 삶은 고달플 수밖에 없다. 이미 빗나간 길로 들어선 것이다. 그 길은 막다른 골목이다. 그 길의 어느 지점, 어느 이론엔가 그대는 매달릴 것이다.

인간은 누구나 어느 이론엔가 매달린다. 일단 매달리면 버리기란 실로 어렵다. 삶에 대한 이론을 갖지 않은 인간을 본 적이 있는가?

그럼 왜 이론에 매달리는가? 삶에 대한 풀 길 없는 문제가 두려움을 안겨 주기 때문이다. 이론을 가지면 적어도 마음이 위안을 얻는다. 최소한 그대가 뭔가를 안다는 느낌을 준다.

그러나 그대는 아무것도 알지 못한다. 아무것도. 단 한 가지도. 인간의 마음에게는 앎이 불가능하다. 생각해 보라. 그대가 과연 진정 무엇을 알고 있는가? 단지 이론을 만들 수 있을 뿐이다. 그래서 세상에는 수많은 이론들이 난무할 뿐, 진정한 앎이 없는 것이다. 인간의 마음은 재빨리 단어들을 나열하면서, 말을 갖고 유희를 벌인다. 그것들은 모두 일방적인 해석일 뿐, 사물이나 현상의 실체가 아니다. 실체에 대한 그대의 해석인 것이다.

그것은 지도와 같다. 여기 인도 지도가 있다. 그대는 늘 인도 지도를 갖고 다닌다. 그러면서 자신이 주머니 속에 인도를 넣어 갖고 다닌다고 생각한다. 그러나 그것은 종이 위에 그려진 점과 선일 뿐 실제 인도가 아니다.

다시 장미를 예로 들어 보자. 그대는 장미에 대해, 장미가 무엇인가에 대해 하나의 이론을 만든다. 나아가 장미의 사진을 갖고 있기까지 하다. 그러나 사진은 어디까지나 사진일 뿐, 실제 살아 있는 장미의 어떤 것도 그 속에 담겨 있지 않다.

어린아이를 보라. 아이에게는 아직 관념이라는 것이 없다. 자기만의 해석이 없다. 이제 장미를 아이에게 보여 준다. 아이는 그 이름도 알지 못한다. 분류할 수 없고, 꼬리표를 달 수 없고, 그것이 무엇인지 말할 수 없다. 그러나 살아 있는 장미가 그곳에 있다. 그 색깔이 아이의 존재를 가득 채운다. 장미의 아름다움이 아이를 감싼다. 그 향기가 아이의 존재 깊은 곳에 가 닿는다. 아이는 그것이 무엇인지 알지 못하지만, 생생하게 살아 있는 순간을 경험하고 있다.

이제 그 아이에게 '이것은 장미꽃이다'라고 말해 보라. 그 순간부터 살아 있는 경험은 다시는 찾아오지 않을 것이다. 아이는 결코 또다시 장미의 신비를 체험할 수 없을 것이다. 이제 장미 앞으로 다가가면 아이는 말할 것이다. '이것은 장미야…….' 이제 아이는 '장미'라는 단어를 갖고 다닌다. 아이는 처음엔 무척 부자였는데 그대가 아이를 가난뱅이로 만들었다.

장미의 존재 전체가 그곳에 있었으며, 아이는 그것을 누릴 수 있었다. 그것을 설명하고 해석할 다른 방법이 없었다. 한 송이의 장미는 한 송이의 장미일 뿐이다. 장미는 늘 새롭다. 그대는 그것이 무엇인지, 이것이나 저것이라고 말할 수 없다.

아이는 장미 앞에서 절대적인 침묵이었다. 아무 관념도 끼어들지 않았다. 생각이 그곳에 없었다. 어떤 장애물도 없었다. 장미의 심장부가 아이의 심장부 속으로 깊숙이 들어갔다. 아이의 심장부가 장미의 심장부 속으로 녹아들어갔다. 아이는 말할 수 없었다. 어디까지가 자신이고 어디서부터가 장미인지, 그리고 어디까지가 장미이고 어디서부터가 자신인지. 거기 경계선이 존재하지 않았으며, 구분마저 없었다. 두 존재는 경이로운 순간 속에서 하나가 되었다. 그 찰나의 순간 그들은 둘이 아니었다. 존재의 하나됨이 일어났다.

그러나 그대가 아이에게 말한다. 이것은 장미라고. 이제 그 경험은 두 번 다시 찾아오지 않는다. 장미를 보는 순간 아이의 마음은 즉각적으로 말할 것이다. 이것은 장미라고. 신비는 사라지고, 이제 아이는 하나의 해답을 얻었다. 아이는 이제 그것이 무엇인지 안다. 그러나 그것이 진정으로 장미를 아는 것인가? 이 얼마나 터무니없는 일인가? 그대는 아이가 점차 지식을 쌓고 그 속에서 성장하리라 여기지만, 사실은 전혀 성장이 아니다. 정반대의 길을 걷는 것이다.

그대가 그것이 무엇이라고 말해 주기 전에는 아이의 앎은 존재 전체에서 비롯된 것이었다. 그것은 지식이 아니라 경험이었다. 그러나 그대는 아이를 무지하다고 생각했다. 그리고 이제 아이가 그것의 이름을 알기 때문에 영리해졌다고 믿는다.

'장미'라는 단어는 장미가 아니며, '신'이라는 단어는 신이 아니다. '사랑'이라는 단어는 사랑이 아니다. 그러나 우리는 끝없이 이런 멋진 단어들을 수집한다. 그리고 이들 단어들을 엮어서 해석과 이론과 논쟁을 만든다. 논쟁적일수록 더욱더 이론으로 무장하게 되고, 그럴수록 실제 장미로부터 멀어진다. 그때 희미한 그림자조차 파악할 수 없다. 어떤 실체도 그대에게 전달되지 않으며, 어떤 깨달음에도 그대는 이를 수 없다. 단지 머리 속에서 단어들을 조립하면서 살 뿐이다.

유태인 세 사람이 아침 산책 중이었다. 그들은 오랜 친구 사이였다. 이런저런 대화를 나누며 길을 가는데 문득 고급 승용차 한 대가 지나가면서 시장이 차창 밖으로 손을 흔들며 "안녕하시오!" 하고 인사를 했다.

이제 문제가 생겼다. 세 사람 모두 시장이 자기에게 인사를 했다고 믿은 것이다.

유태인 1이 말했다.

"그렇게들 좋아하지 말게. 시장은 나한테 인사를 한 거야. 그는 나한테 인사할 수밖에 없거든."

유태인 2가 말했다.

"그게 무슨 뜻이지?"

유태인 1이 대답했다.

"내가 그에게서 1만 달러를 빌렸거든. 그것도 2년 전에 빌리고 갚지 않았지. 그러니 돈을 받기 위해 나만 보면 인사를 할 수밖에."

유태인 2가 말했다.

"그건 자네 착각이야. 그는 나에게 인사를 한 거야. 또 나한테 인사를 할 수밖에 없지. 왜냐하면 내가 그에게 1만 달러를 빌려 주었거든. 그는 내게 돈을 빚졌어. 따라서 나를 겁내서 나만 보면 인사를 하지. 인사를 안 할 수가 없지."

이때 유태인 3이 웃음을 터뜨렸다. 다른 두 사람이 그를 돌아보며 물었다.

"왜 웃는 거야? 그 웃음의 의미가 뭐지? 기분 나쁜데."

유태인 3이 말했다.

"시장은 나한테 인사를 해야만 해. 자네들에게 한 게 아냐. 그리고 자네들 둘 다 틀렸어. 그는 내게 돈을 빚지지도 않았고, 나 역시 그에게 돈을 빚지지 않았어. 그러니 그가 나에게 산뜻한 아침 인사를 보내지 않을 이유가 뭔가?"

일단 관념을 통해서 실체를 보기 시작하면 모든 것이 문제가 된다. 에고가 해석을 가하기 시작하며, 그때 그대는 무수한 해석들만 갖게 된다. 그대는 그것들에 대한 증거를 수집하고, 증거들은 무척 그럴듯해 보인다. 그러나 오직 그대에게만 그럴 뿐, 남들에겐 그렇지 않다. 그런 해석을 내린 것은 그대의 에고이기 때문이다. 또 그대는 갈수록 그대의 해석에 강하게 집착한다. 그것들에 많은 투자를 했기 때문이다.

누군가 기독교에 반대하면 기독교인은 감정이 상한다. 힌두교에 반대하면 힌두교인은 기분이 나빠진다. 왜인가? 종교인들이 흔히 주장하듯 그들이 진정한 구도자라면 상처받을 이유가 무엇인가? 오히려 반대 의견에 귀기울여야 한다. 그 의견이 옳을지도 모른다.

그러나 에고가 개입된다. 그것은 힌두교가 옳고 틀린가의 문제가 아니라, 그대가 옳고 틀린가의 문제가 된다. 어떻게 그대가 틀릴 수 있겠는가? 그대가 틀렸다면 지금까지 쌓아 온 그대에 대한 그럴듯한 이미지가 무너진다. 그대는 틀릴 수가 없는 것이다. 그래서 작고 사소한 일에도 싸우고 논쟁한다. 그러나 싸움의 밑바탕에는, 즉 모든 싸움의 근본은 그대가 삶에 대항해서 싸우고 있다는 것이다. 그대가 만든 해답들로 삶을 정복하려고 애쓰고 있다. 그대의 이론들로 삶을 계획하려고 노력하고 있다. 또 그대는 자신이 그 이론들을 완벽하게 터득하면 삶의 주인이 될 수 있다고 믿는다.

지식을 통해 에고가 강화된다. 따라서 누군가 머리 속 지식이 쓸모가 없다고 말하면 에고는 귀를 막는다. 그것은 위험한 발언이기 때문에 결코 귀담아듣지 않는다. 그대의 마음은 금방 반박한다. 그것 역시 하나의 이론이라고. 마음은 말한다. 반철학 역시 하나의 철학이라고. 장자조차도 잘난 체하지만 결국 한 사람의 철학자일 뿐이라고. 이렇게 결론지으면 복잡할 것이 없고, 그대는 다시금 자신의 해석에 안주할 수 있다.

그러나 기억하라, 장자는 철학자가 아니다. 철학이란 무엇인가? 철학은 삶에 대한 하나의 관점이다. 관점은 선택을 의미하며, 선택은 부분적인 것일 수밖에 없다. 신비가는 선택하는 법이 없다. 그는 자신의 관점에서 어떤 것을 선택하는 법 없이 전체를 바라본다. 신비가는 선택하는 자가 되지 않는다. 선택을 할 때 금방 문제가 생긴다. 삶 자체가 모순된 것이기 때문이다. 삶은 모순을 통해서 진행된다. 그 불가능한 일이 어떻게 가능한지 실로 놀랍다.

밤과 낮이 바로 이웃에 존재한다. 사실 이웃도 아니다. 낮이 밤 속으로 사라져 밤이 된다. 밤이 낮 속으로 사라져 낮이 된다. 사랑과 미움이 동시에 존재한다. 사랑이 녹아서 미움이 되고, 미움이 녹아서 사랑이 된다. 삶과 죽음이 동시에 존재한다. 삶이 죽음 속으로 녹아들고, 죽음이 다시 삶 속으로 녹아든다. 이렇듯 존재계는 모순이지만 대립되는 두 세계 사이에는 깊은 조화가 있다.

인간의 머리로는 이것이 불가능해 보인다. 이루어질 수 없는 일로 보인다. 어떻게 반대되는 두 세계가 동시에 존재할 수 있는가? 어떻게 삶과 죽음 사이에 조화가 있을 수 있는가? 어떻게 미움과 사랑이 공존할 수 있는가? 인간의 마음은 말한다. 사랑은 결코 미워하지 않는 것이며, 미움은 결코 사랑하지 않는 것이라고…….

마음은 말한다. 갑은 갑이고 을은 을이며, 갑은 결코 을일 수 없다고. 마음은 논리적이지만, 삶은 모순적이다. 그래서 그 둘은 결코 만나지 못하는 것이다. 따라서 만일 어떤 사람이 좋은 사람이라면 그가 동시에 나쁜 사람이기도 하다는 것을 그대는 믿지 못한다. 하지만 삶이란 그런 것이다. 죄인과 성자가 한 사람 속에 동시에 존재한다. 죄인이 성자이고, 성자가 곧 죄인이다. 단지 인간의 논리 속에서만 분명하게 선이 그어지고 규정 지을 수 있을 뿐이다.

삶이란 규정 지을 수 없는 것이다. 삶은 모순 속에서 진행된다. 한번 자신을 관찰해 보라. 이 순간 그대는 성인이지만 다음 순간 죄인이다. 그것이 왜 잘못이라고 생각하는가? 무엇이 문제인가? 그대 자신의 심리 상태를 들여다보라. 그대 마음도 정반대 것으로 움직인다. 무척 행복했다가 갑자기 슬퍼진다. 어느 한 가지만 존재하는 것이 아니다. 행복과 슬픔이 동시에 존재한다. 이 슬픔과 행복은 서로 다른 것인가? 아니면 똑같은 에너지가 행복으로 또는 슬픔으로 표현되는 것인가? 행복을 느끼던 그 사람은 누구이며, 이제 슬픔을 느끼는 그 사람은 누구인가? 그대 안에 서로 다른 두 사람이 있는 것인가, 아니면 똑같은 사람이 두 감정을 동시에 느끼는 것인가? 때로는 행복했다가, 때로는 슬퍼진다. 똑같은 에너지가 그렇게 작용하는 것이다. 이것을 이해한다면 그 둘 사이에서 싸우지 않을 것이다. 그때 그대의 슬픔은 행복과 똑같은 가치를 지닐 것이며, 행복역시 슬픔과 똑같은 깊이를 지닐 것이다.

장자가 슬퍼할 때, 다시 말해 도의 사람이 슬퍼할 때, 그 슬픔 속에는 환희의 감정이 있다. 자비의 감정이 바탕에 깔려 있다. 그의 슬픔은 아름답다.

또 도의 사람이 행복해 할 때, 그를 잘 보라. 그러면 그 속에서 어떤 깊이가, 슬픔과 똑같은 깊이가 느껴질 것이다. 그의 행복은 얕지 않다. 그대가 행복을 느낄 때 그 행복은 깊이가 없다. 그것이 문제다. 슬플 때는 깊어지지만 기쁠 때는 그렇지 않다. 그래서 웃음이 경박해 보이는 것이다. 웃을 때는 건성으로 웃는 것 같다. 그러나 울 때는 마음 깊은 곳에서부터 울음이 나온다.

따라서 웃음을 가장하는 것은 쉽지만, 눈물을 가장하는 것은 무척 어렵다. 눈물을 억지로 짜내는 것은 쉽지 않은 일이다. 미소는 억지로 지을 수 있지만, 눈물은 억지로 흘릴 수 없다. 억지로 흘리려고 할수록 눈물이 더 들어갈 것이다.

그대의 슬픔에는 깊이가 있지만 웃음은 경박하다. 그러나 장자의 웃음에는 눈물과 똑같은 깊이가 있다. 그의 눈물에는 웃음과 똑같은 아름다움이 있다. 웃음과 눈물의 대립이 사라지고 하나가 되었다. 그래서 도의 사람을 이해하기 어려운 것이다. 그는 존재계와 마찬가지로 모순 그 자체가 되었다. 그 자신이 하나의 신비가 되었다.

종교적인 사람은 진리를 찾지만, 철학자는 해석을 찾는다. 한번은 철학자 세 사람이 카페에 앉아 토론하고 있었다. 주제는 여성에게 어느 부분이 가장 매력적인가 하는 것이었다.

철학자 1이 말했다.

"두말할 필요 없이 눈이지. 여성의 전부가 그 눈에 담겨 있어. 여성의 신체에서 가장 아름다운 부분은 눈이야."

철학자 2가 말했다.

"나는 그렇게 생각하지 않아. 여성의 몸에서 가장 아름다운 부분은 머리카락이야. 머리카락이야말로 여체에 신비와 매력을 더해 주지."

철학자 3이 말했다.

"천만의 말씀. 당신들 둘 다 틀렸어. 여성 신체의 핵심은 다리야. 다리의 곡선미, 그것이 없으면 여성은 가치가 없어."

이때 한 늙은 부인이 이 토론을 열심히 듣고 있다가 자리에서 일어나며 말했다.

"당신들이 여성의 진정한 가치가 무엇인가를 발견하기 전에 난 이 자리를 뜨는 것이 좋겠군!"

그 늙은 여성은 철학자가 아니었다. 따라서 어떤 이론도 갖고 있지 않았다. 그러나 그녀는 알고 있었다. 여성의 매력은 젊음에 있다는 것을.

종교적인 사람은 직관으로 터득하고 느낌으로 안다. 그것은 머리의 이해가 아니라 존재 전체의 이해다. 그는 안다기보다 느낀다. 그 느낌은 과녁에 정확히 적중한다.

그러므로 이 한 가지를 기억하라. 철학을 통해선 진리에 접근할 수 없다. 끝없이 주변을 맴돌 뿐이다.

오마르 카이암(11세기 페르시아의 신비주의 시인)은 그의 시집 〈루바이야트〉에서 말했다.

'젊었을 때 나는 많은 현자들과 사상가들을 만났다. 그들은 많은 연설을 했지만, 결국 나는 들어갔던 문을 빈손으로 나올 수밖에 없었다…….'

오마르 카이얌은 수많은 철학자들, 수많은 성자들을 방문했다. 그들은 온갖 주장을 펴고 의견을 쏟아냈지만, 결국 그는 얻은 것이 없었다. 젊은 시절만 낭비했을 뿐이다. 이것을 일찍 깨달을수록 좋다. 철학 이론의 덫에서 빨리 빠져나올수록 좋다. 시간은 기다려 주지 않기 때문이다. 삶은 기다리지 않는다. 걷잡을 수 없이 빨리 흘러가는 것이 시간이다. 머지않아 죽음이 그대의 문을 두드릴 것이고, 그대는 결국 이론만으로 무장한 채 무덤에 묻힐 것이다. 이론은 아무 도움도 되지 않는다. 단지 죽은 시체일 뿐이다.

장자는 말한다. 삶을 살라! 생각에 매달리지 말라! 진정한 앎에 도달한 사람들이 언제나 하는 말이 그것이다. 삶을 살라. 생각으로 삶을 낭비하지 말라.

생각을 버리고 존재 전체로 뛰어들어 삶을 살라. 삶에는 그대의 전 존재가 필요하다. 과학에는 머리가 필요하고, 예술에는 가슴이 필요하다. 그러나 삶에는 존재 전체가 필요하다. 머리만 활동하면 메마른 이론만 늘어날 뿐이다. 가슴만 활동하면 꿈과 허구만 늘어날 뿐이다.

존재 전체, 그것이 필요하다. 존재 전체로 움직일 때 그대는 우주와 만날 수 있다. 이것이 첫 번째의 것이다.

장자의 이 새로운 우화로 여행을 떠나기 전에 기억해야 할 두 번째 것이 있다. 인간의 마음은 항상 조건 지워져 있다는 것이다. 조건 지워지지 않은 마음은 없다. 존재는 물들지 않은 순수 상태 그대로이지만, 마음은 늘 조건화되는 과정에 있다.

살고 있는 사회에 의해서, 또 통과해 온 경험에 의해서 마음은 항상 길들여진다. 그래서 개구리는 개구리의 마음을 갖고 있다. 우물 속에 사는 개구리에게는 우물이 그의 우주다. 그대 역시 한 마리 개구리의 마음을 갖고 있다. 그대도 우물 속에 살고 있기 때문이다. 기독교의 우물, 회교의 우물, 불교의 우물 속에서. 비록 눈에 보이지 않을지라도 거기 하나의 울타리가 있다. 그것은 눈에 안 보일 때 더욱 위험하다. 눈에 보이는 울타리라면 뛰어넘기 쉽지만, 보이지 않는 울타리는 그것의 존재 여부를 모르기 때문에 자신도 모르게 그 안에 갇혀 버린다. 기독교나 불교의 울타리에서 빠져나오는 것보다 차라리 개구리가 우물에서 빠져나오는 것이 더 쉽다. 기독교나 불교의 우물은 보이지 않기 때문이다. 개구리는 고정된 우물 속에 살기 때문에 그곳에서 빠져나올 수 있다. 그러나 그대의 우물은 어딜 가나 그대를 둘러싼다. 공기처럼 눈에 보이지 않게 그대를 에워싼다. 어딜 가나 그대는 자신의 우물을 갖고 다니며, 그 안에서 나오지 않는다. 무엇을 보든지 그것을 통해 본다.

모든 해석이 이런 조건 지워진 상태에서 나온다. 진리를 알고 실체를 이해하는 사람은 조건 지워지지 않은 사람, 어떤 이론과 사상에도 물들지 않은 사람이다. 기독교인은 신을 알 수 없다. 불교인도 회교인도 마찬가지다. 자신이 기독교인도 아니고 불교인도 아니며 회교인도 아니라는 사실을 깨달은 자만이 신을 알 수 있다. 인도인은 진리를 알 수 없다. 중국인은 진리를 알 수 없다. 도와 진리에는 인도인, 중국인이라는 것이 없기 때문이다. 국적이라는 것은 이미 조건 지워진 상태다. 도는 모든 경계선, 모든 조건을 초월해 있다. 그 경계선과 조건들을 버려야 한다. 진리 앞에선 완전히 벌거벗어야 한다. 어떤 옷도, 어떤 신발도 벗어 던져야 한다. 기독교니 불교니 힌두교니 회교니 하는 것들을 벗어 던지고, 단지 있는 그대로의 모습, 순수 존재 상태 그대로 다가가야 한다. 어떤 것에도 집착하지 말고, 어떤 것에도 걸림이 없어야 한다. 그때 비로소 우물을 벗어날 수 있다.

우물에 매달린다면 어떻게 바다에 이를 수 있겠는가? 우물에 길들여져 있다면 바다가 저 앞에 있다 한들 그 사실을 믿지 않을 것이다. 그것을 알려고 하지 않을 것이다. 무한히 넓은 바다에 대해선 두 눈이 감겨져 있기 때문이다. 그때 그대의 눈은 우물처럼 좁은 세상만을 알 수 있다.

세 번째로 기억해야 할 것은, 인간의 마음은 자기보다 못난 사람을 좋아한다는 것이다. 인간의 마음은 자기보다 잘난 사람을 두려워한다. 그래서 친구든 아내든 남편이든 인간은 누구나 자기보다 못난 사람을 원한다. 그래야 자신이 잘나 보이는 것이다.

인도에 이런 속담이 있다. '낙타는 결코 히말라야 근처로 가지 않는다.' 그래서 낙타는 사막에서 사는 것이다. 사막에서는 낙타 자신이 히말라야이기 때문이다.

이것이 무슨 뜻인가? 사막에는 높은 산이 하나도 없다. 그래서 낙타는 자기가 가장 높다고 주장할 수 있다. 그러니 히말라야 근처로 가면 낙타의 에고가 상처입는다.

마찬가지로 그대는 언제나 달아난다. 에고가 상처입을 염려가 없는 곳으로. 그대는 사막 같은 곳을 좋아한다. 적어도 그곳에선 그대가 뛰어난 인물이니까.

버나드 쇼(영국의 극작가, 소설가, 비평가)는 이렇게 말했다.

"천국에서 내가 첫째가 아니라면 나는 천국에 가지 않겠다. 차라리 지옥이라도 내가 첫째인 곳이 낫다. 천국에서 내가 둘째가 되어야 한다면 나는 지옥을 택하겠다."

이 말은 곧 그대를 두고 한 말이다. 생각해 보라. 천국이라 한들 그대가 첫째가 되지 못하고 될 수도 없다면 마음이 편하겠는가? 예수가 그곳에 있을 것이고, 붓다가 그곳에 있을 것이다. 그들이 이미 앞자리를 차지하고 있으며, 그대는 한참 뒤켠이다.

그러나 지옥이라면 그대가 일인자가 될 가능성이 높다. 그것이 한결 쉽다. 지옥이 형편없는 곳이긴 하지만 그래도 그대가 첫째라면 일인자다. 눈에 띄는 존재인 것이다. 전혀 눈에 띄지 않는 존재가 된다면 아무리 축복받는 천국이라 한들 무슨 쓸모가 있겠는가?

문제는 이것이다. 아무것도 아닌 자, 무가 된 자, 오직 그만이 축복을 누릴 수 있다는 것이다. '나는 잘난 사람'이라는 생각이 불행을 부르기 때문에, 그런 생각을 가진 사람은 항상 고달프다. 그는 늘 경쟁과 갈등에 시달린다. 그리고 늘 모든 사람과의 끝없는 긴장 속에 살아간다. 모두가 경쟁 상대이고 적이다.

인간의 마음은 언제나 자기보다 열등한 자를 찾는다. 주위에 열등한 자들을 두고 싶어한다. 그래야 자신이 최고가 되는 것이다. 그러면 결국 어떻게 되겠는가? 끝없이 밑바닥으로 추락할 뿐이다. 진정으로 진리를 찾고자 한다면 자기보다 뛰어난 자를 찾으라. 진리란 최고의 것, 최상의 것이기 때문이다. 열등한 것, 밑의 것을 찾는다면 마침내 그대는 거짓 속임수의 진리와 함께 생을 마칠 것이다.

신에게로 다가서고자 한다면 자기보다 뛰어난 자를 찾으라. 장자 같은 도의 사람을 찾으라. 도의 사람은 신을 보았기 때문이다. 항상 도의 사람을 찾으라. 그리고 그때 겸허해야 한다. 엎드려 절해야 한다. 자신을 버려야 한다. 이것이 에고의 문제, 마음의 갈등이다.

인간의 마음은 늘 자기보다 못난 것을 찾는 경향이 있다. 그래서 결국 도의 사람이 되지 못하는 것이다. 생의 절정에 이르지 못하고 생을 끝맺는 것이다. 마음이 이르는 곳은 지옥이며, 마음이 곧 지옥이다. 무심이 천국이다.

이제 장자의 아름다운 우화 속으로 들어가자.

> 가을 홍수가 밀어닥쳤다.
> 수천 갈래의 노도와 같은 물길이 황하로 밀려들었다.
> 강둑까지 물이 붙고 강폭이 넓어져서
> 이쪽에서 바라보면 저쪽 강둑에 서 있는 것이
> 소인지 말인지 분간하기도 어려울 정도였다.
>
> '황하의 신'은 무척 자랑스러워하며
> 세상의 아름다움이 모두 자기 손안에 들어온 것이라 여겼다.

중국의 황하강은 세상에서 가장 큰 강 중 하나다. 그리고 가장 위험한 강이기도 하다. 두말할 필요 없이 홍수가 밀려와 강물이 불면 수천 줄기의 물줄기들이 이 황하로 쏟아져 들어온다. 한번 물이 불면 그것 자체로 작은 바다가 된다.

가을의 홍수가 닥쳐 황하강이 불어나기 시작했다. 강둑 바로 밑까지 물이 들어차고 강폭이 어찌나 넓어졌는지 바다와도 같아서 저쪽 강둑에 어른거리는 물체가 소인지 말인지 분간하기도 어려웠다.

황하의 신은 생각했다. '이제 나와 비교할 자가 누구인가? 세상의 모든 아름다움이 내 수중에 들어왔도다. 이제 나는 그 누구보다도 크고 넓다.'

인간의 에고가 이렇다. 저마다 황하의 신과 같은 에고를 갖고 있다. 어린아이였을 때 그대는 작은 시냇물이었다. 강이 시작되는 작은 옹달샘 그 자체였다. 그 후 차츰 다른 물줄기들과 합쳐지고 많은 경험, 많은 지식, 돈과 이름과 자격증들을 모은다. 모으고 또 모은다. 수많은 물줄기가 합쳐지고 강물은 점점 더 커지고 넓어진다. 그리하여 젊었을 때 가을 홍수가 밀려온다. 이제 그대는 누구도 그대와 비교할 자가 없다고 생각한다.

> '황하의 신'은 무척 자랑스러워하며
> 세상의 아름다움이 모두 자기 손안에 들어온 것이라 여겼다.

그대는 에고로 가득 차서 비집고 들어갈 틈이 없다. 누구나 젊은 시절에는 가을 홍수로 범람한 황하강과 같다. 그는 생각한다. 온 세상의 아름다움이 내 손안에 들어왔다고. 그의 귀에는 누구의 말도 들리지 않는다. 대화를 하지만 남의 말을 듣지 않는다. 그가 비록 자신이 겸손한 사람이라고 주장한다 해도, 그때 그의 눈을 들여다 보라. 그는 이렇게 말하고 있는 것이다. '나는 세상에서 가장 겸손한 사람이다. 누구도 그 점에 있어서 나와 비교될 자가 없다.'

그는 자신이 남만큼 훌륭하지 못하다고 말할지 모르지만, 사실은 그대가 그것을 부정해 주기를 바라며 그 말을 하는 것이다. '아니다, 당신은 훌륭한 사람이다' 하고 말해 주길 기대하는 것이다. 만일 그대가 '그렇다. 당신은 정말 별 볼일 없는 자다' 하고 말한다면,

그대는 그의 철천지원수가 된다. 그는 지금 외교적인 표현을 쓰고 있는 것이다. 어떤 사실을 말하고 싶지만 그 말이 그대의 입을 통해 나오길 바라는 것이다.

젊은 시절에는 누구나 홍수로 불어난 강물과 같다. 에고가 모든 것을 지배한다. 말하고 행동하고 관계 맺는 전부가 에고에 물들어 있다. 따라서 많은 불행과 싸움이 따른다. 실제와는 다른 자신의 모습을 상상하기 때문이다. 허상을 믿고 있는 것이다.

머지않아 홍수가 물러날 것이다. 장마철이 영원히 계속되진 않는다. 이제 그대는 늙고 더 이상 다른 물줄기들이 그대에게 흘러들지 않는다. 강물은 바닥이 드러나고, 거대해 보였던 황하는 작은 시냇물로 전락한다. 그대는 이제 모래 바닥만 남은 말라붙은 강이 된다. 늙으면 그런 일이 일어난다. 그때 그대는 자신이 속는 것 같고 늘 불안하다. 마치 인간 세상 전체가 그대를 속이는 것 같다. 누구도 그대를 속이지 않지만, 그대가 자신을 어리석은 쪽으로 확대 해석하는 것이다.

문제를 일으키는 것은 그대 자신의 에고다. 이제 그대는 속는 기분이 든다. 그래서 나이를 먹어서도 행복한 사람은 찾아보기 힘들다. 늙어서도 행복한 사람이 있다면 그와 함께 살라. 그는 도의 사람이다. 행복한 젊은이는 많다. 그것은 문제가 아니다. 그러나 늙어서도 여전히 행복한 사람이 있다면 그것은 하나의 기적이다. 겨울이 오고 가을의 홍수가 물러갔으나 그가 여전히 행복하다면 그는 도를 깨친 사람이다. 영원한 삶의 근본을 깨우친 사람이다.

젊었을 때는 발걸음도 춤추는 것 같다. 그것은 전혀 놀랄 일이 아니다. 홍수로 강물이 불어난 것이다. 그런데 나이 먹어 모든 것이 물러가면, 아무도 그대를 기억하지 않고 아무도 그대에게 관심 갖지 않는다. 그대는 사람들의 관심에서 제외되고 무시당한다. 마치 쓸모없는 짐짝 취급을 받는다. 그런데도 그대가 여전히 행복할 수 있다면…….

붓다는 말했다. 늙어서도 젊었을 때처럼 행복한 사람이 있다면 그에게 엎드려 절하라고. 그의 말에 귀기울이고, 그에게 배우라고.

인도에서는 늙어서도 행복하게 춤추는 사람을 만나면 그를 스승으로 모시는 것이 하나의 전통이 되어 왔다. 그는 산으로 들어가 명상 센터를 세우고, 나라 전체에서 수많은 제자들이 모여들곤 했다. 인도에는 젊은 사람이 스승이 되는 경우가 극히 드물다. 오직 나이 먹은 사람만이 스승이 될 수 있다. 그것은 지극히 옳은 일이다. 예외가 있긴 하지만 일반적으로 그것이 옳다. 오직 나이 든 사람만이 스승이 될 수 있다. 삶의 여러 경험을 거친 사람, 봄 여름 가을을 다 보내고 이제 겨울이 되었지만 늘 행복하고 기쁨을 지닌 사람만이.

강물의 양이 많아진 상태에서 행복해 하는 사람은 쉽게 찾을 수 있다. 그러나 강물이 마르고 강바닥이 드러난 상태에서도, 육체가 쇠약해진 상태에서도 행복하고 기뻐할 수 있는 사람은 실로 드물다. 그가 곧 도의 사람이다.

생의 한창기에서 춤추는 것은 아무것도 아니다. 그러나 죽음이 가까이 다가오고 있는데 춤추면서 그것을 맞이할 수 있다면, 그것은 기적이다. 매우 드문 일이 일어난 것이다. 평범한 세상에 비범한 일이 일어난 것이다. 도의 사람이 나타난 것이다.

젊기 때문에 행복하다면 그 행복은 오래가지 않는다. 얼마 안 가서 그 행복은 무너진다. 그것이 무너지기 전에 이 사실을 깨닫는 것이 좋다. 젊었을 때 슬퍼할 수 있다면 늙어서 행복할 것이다. 그렇지 않으면 늙어서 슬플 수밖에 없다. 그대가 행복했던 것은 가을의 홍수 때문이었다. 자세히 들여다보면 그것은 그대가 아니다. 단지 수많은 물줄기들이 밀려들어와 그대를 채웠기 때문에 그대는 자신이 무척 커졌다고 생각하는 것뿐이다.

머지않아 그대에게 주어졌던 것은 거두어질 것이다. 모든 것이 거두어진 후에도 행복할 수 있을 때, 오직 그때만이 그대의 행복은 흔들림이 없다. 그때 그대의 행복은 삶의 환희가 된다. 이것이 행복과 환희의 차이다.

행복은 외부의 것과 관계가 있다. 말하자면 수천 갈래의 물줄기가 흘러드는 것이다. 그러나 환희는 오로지 자기 자신과 관계가 있다. 그것은 조건에 좌우되는 것이 아니다. 원인에 지배되는 것이 아니다. 까닭 없이 그것은 찾아온다. 사랑하는 연인으로 인해 행복하다면 그 행복은 타인과 관계가 있다. 얼마 안 가 그것은 사라질 것이다. 가을 홍수와도 같이 밀려왔다가 밀려간다. 계절이 바뀌고 인생의 수레바퀴는 굴러가기 마련이다. 그것은 사라질 수밖에 없다.

어떤 원인에 의해서 생겨난 것은 영원할 수 없다. 원인이 사라지면 그것도 사라진다. 원인 없이 존재하는 것, 그것만이 영원할 수 있다. 행복을 느낄 때면 이것을 기억하라. 그것이 원인 때문에 온 행복인가, 아니면 원인 없이 온 행복인가? 어떤 원인 때문에 찾아온 행복이라면 차라리 슬퍼하는 것이 낫다. 그 행복은 곧 사라질 것이기 때문이다. 이미 그 행복은 그대를 떠난 것이라고 해도 지나친 말이 아니다. 곧 그대는 깨달을 것이다. 그것이 이미 그대를 떠났음을. 원인이라는 것은 끝없이 변화하는 세계의 일부이기 때문이다.

이 꿈의 세계를 힌두교에서는 '마야'라고 부른다. 꿈처럼 움직이는 환상인 것이다. 그대가 그것을 실체로 믿는다면 그것은 악몽이 될 것이고, 믿지 않는다면 그것을 버릴 수 있다.

가을 홍수가 밀어닥쳤다. 수천 개의 물줄기가 노도와 같이 황하로 흘러들었다. 물이 엄청나게 불었다.

    '황하의 신'은 무척 자랑스러워하며
    세상의 아름다움이 모두 자기 손안에 들어온 것이라 여겼다.
    그는 기쁜 마음으로 물결을 따라 흘러내려가
    마침내 바다에 이르렀다.

어느 날인가 그대는 바다에 이를 것이다. 바다란 무엇인가? 죽음이 곧 바다이다. 죽음은 무한히 넓은 바다와도 같다. 삶은 그 근원이 있지만 죽음은 근원도 없다. 삶은 강둑이 있어서 때로는 물이 불어나 거대하게 느껴지기도 하고, 때로는 물이 메말라 강바닥이 드러나기도 한다. 그러나 죽음은 강둑조차도 없다. 죽음은 그 자체로 하나의 바다인 것이다.

  모든 강물이 바다로 흘러가야만 하듯이 인간 의식의 강물도 언젠가는 죽음에 이르러야 한다. 그대가 지금 어느 곳을 흘러가고 있든, 그대가 선택한 길이 어느 것이고 방향이 어느 것이든, 그것에 상관없이 그대는 바다에 이를 것이다. 바다는 사방에서 그대를 에워싸고 있다. 그대는 죽음에 이를 것이다. 죽음 근처에 이르면 모든 꿈이 깨어질 것이다. 모든 에고가 흔들릴 것이다.

    그는 기쁜 마음으로 물결을 따라 흘러내려가
    마침내 바다에 이르렀다.
    그곳에서 그는 헤아릴 수 없는 파도가 동쪽 수평선까지
    무한히 이어진 것을 보고 놀라서 그만 말을 잊었다.

그렇게 해서 늙은 사람은 슬퍼진다. 고개가 떨구어지고 행복은 사라진다. 그 열정과 생의 열기, 그 꿈, 모든 것이 시들어 떨어진다. 그의 눈에 보이는 것은 이제 그가 흡수되어야 할 적막한 바다뿐, 그 이상 아무것도 없다.

바다와 만나는 모든 강물이 같은 느낌이다. 그리고 모든 강물은 바다로 떨어지기 전에 찬란했던 과거를 회상한다. 가을 홍수로 거대해졌던 시절의 일들을 돌이켜본다. 그러나 그 시절로 돌아갈 수는 없다. 시간을 거슬러 올라갈 길은 없다. 시간에 떠밀려 앞으로 나아갈 수밖에 없다. 모든 강물이 바다에 떨어질 수밖에 없다. 그래서 강물은 울음소리를 낸다. 강물이 바다와 만나는 지점에 가서 앉아 있어 보라. 그러면 강물의 울음소리를 들을 수 있을 것이다.

늙은 사람 누구나 뒤를 돌아보기 시작한다. 늙은 사람은 언제나 회상 속에서 산다. 자신이 중요한 인물이었던 시절, 자신이 사랑받고 존경받았던 시절, 늘 그 시절의 이야기를 반복한다. 그래서 늙은 사람의 이야기는 지루하다. 왜 지루한가? 같은 이야기를 반복하기 때문이다. 언제나 좋았던 옛시절의 이야기뿐이다. 왜 옛시절만 좋은가? 왜 현재는 좋지 않은가? 현재가 좋은 시절이라고 믿는 노인은 드물다. 그들은 언제나 황금빛 옛시절 속에서 산다. 그때는 이러저러하게 모든 것이 좋았다. 그러나 지금은 아니다. 이것은 경제적 사정이나 정치적 상황에 달린 문제가 아니다. 그때는 젊었기 때문에 모든 것이 좋았다. 가을 홍수로 강물이 불어났던 것이다.

어느 미국 대법원 판사가 정년 퇴직 후 프랑스 파리를 여행했다. 그는 30년 전에 그곳을 여행한 적이 있었다. 그의 늙은 아내 역시 동행했다. 2,3일간 파리를 둘러본 뒤 그는 매우 슬퍼져서 말했다.

"우린 늘 이 여행을 기다려 왔소. 그런데 아무것도 전 같지 않군."

그의 아내가 웃으며 말했다.

"모든 것이 전과 다름없는데 우리가 늙었을 뿐이에요. 파리는 달라진 것이 없어요."

이제 그대의 강은 바닥이 드러났지만 다른 강이 홍수를 맞이한 것일 뿐이다. 그대가 늙었는데 어떻게 파리가 젊었을 때와 똑같겠는가? 파리는 젊음의 도시다.

도시마다 분위기가 다르다. 바라나시(북인도 힌두교 성지)는 늙은 사람들의 도시이고, 파리는 젊은이들의 도시다. 파리는 생의 정열에 차 있으나 바라나시는 생을 떠나는 도시다. 인도에서는 사람들이 죽을 때가 되면 바라나시로 간다. 그곳은 늙은 사람들의 도시, 겨울의 도시인 것이다.

늙으면 온 세상도 늙어 보인다. 세상은 달라진 것이 없는데 그대가 달라진 것이다. 관념을 버리고 보라. 그러면 그대는 늙지도 않고 젊지도 않다. 그때 계절은 존재하지 않는다. 그대 안의 진정한 존재는 계절을 타지 않는다. 가을도 겨울도 없다. 언제나 변함없이 영원하다. 그렇지 않으면 강물이 바다와 만날 때마다 할 말을 잃고 슬퍼진다. 과거의 기억들로 마음이 무겁다. 이제 미래가 없기 때문에 늘 과거만 생각하게 된다. 어린아이는 과거에 대해 생각하지 않는다. 과거가 없으니까 어린아이는 늘 새롭다. 아무것도 씌어 있지 않은 백지와 같다. 앞으로 어떤 것이 씌어지겠지만 현재까지는 깨끗하다. 그래서 어린아이는 과거로 돌아가지 않고 늘 미래를 생각한다.

어린아이에게 물어보라. 그럼 알 것이다. 어린아이는 어떻게 하면 빨리 자라서 어른이 되고 아버지가 되는가를 생각한다. 아버지가 되면 어떤 일이 일어나는가를 알지 못하기 때문이다. 어떤 문제가 아버지에게 일어나는지 아이는 모른다. 아이는 다만 어서 빨리 힘세고 키 크고 중요한 인물이 되길 원한다. 기적이 일어나길 바란다. 밤에 잠자리에 들었다가 아침에 일어나면 어른이 되어 있기를 바라는 것이다.

모든 어린아이가 미래를 생각한다. 유년기는 곧 미래를 생각하는 시기라고 해도 지나친 말이 아니다. 어린아이에게 있어서 미래는 무한히 넓다. 적어도 70년의 세월이 앞에 있으며, 아직 아무것도 살아 보지 못했다. 아직 과거가 없다. 그래서 어린아이는 많은 것을 기억하지 않는다. 화가 나도 금방 잊고 웃으며 장난친다. 과거가 많으면 하나의 짐이 된다. 과거가 많지 않기 때문에 어린아이는 금방 과거를 잊는다. 미래를 향해 나아갈 충분한 에너지가 있기 때문이다. 어떤 어린아이도 과거를 회상하지 않는다.

젊었을 때는 현재에 산다. 젊은 사람은 유년기와 노년기의 중간에 위치한 것이다. 그는 지금 여기에 산다. 현재가 너무도 아름답기 때문에 과거로 돌아갈 필요가 없다. 홍수로 강물이 범람한 것이다. 자만심이 하늘 높이 치솟는다. 미래로 달려갈 필요도 없다. 미래가 이보다 더 나을 수 없음을 알기 때문이다.

노인처럼 늙은 나라들이 있다. 인도가 그 경우다. 인도는 언제나 과거를, 아득한 고대의 일들을 생각한다. 또 미국처럼 젊은 나라도 있다. 그런 나라는 언제나 지금 여기, 이 순간 속에서 산다. 중국처럼 이제 잠에서 깨어나는 나라도 있다. 중국은 지금 다시 태어나고 있다. 그래서 그 나라는 미래를 생각하고, 세상이 낙원이 될 것을 꿈꾼다.

나라가 그렇듯이 사람도 젊은 시절에는 현재에 산다. 모든 것이 좋아 보이고, 이 이상 좋아질 수가 없을 것 같다. 그러나 그런 기분이 영원히 지속되진 않는다. 머지않아 늙음이 오고, 늙은 사람은 과거를 생각한다. 마음은 과거에 살든지 현재에 살든지 아니면 미래에 산다. 과거, 현재, 미래 모두 인간의 관념에서 비롯되기 때문이다. 그것들은 시간에 관련된 것이 아니라 인간의 관념에서 만들어진 것들이다. 따라서 관념을 버리면 영원을 얻는다. 그것은 과거도 현재도 미래도 아니다. 그 세 가지 관념을 초월했기 때문에 계절의 변화가 사라진다.

그때 그대는 행복 속에서 슬픔을 느끼고, 슬픔 속에서 행복을 느낀다. 그때 그대는 젊음 속에서 늙음을 느끼고, 늙음 속에서 젊음을 느낀다. 그때 그대는 죽음 앞에서 어린아이이고, 탄생 앞에서 한 사람의 노인이다.

장자의 스승인 노자는 어머니 뱃속에서 80살을 살다가 노인이 되어 태어났다고 전해진다. 실로 아름다운 이야기다. 그는 눈처럼 흰 수염과 흰 머리카락을 달고 태어났다. 한편 예수는 말했다. 어린아이로 다시 태어나지 않으면 하늘나라에 들어갈 수 없다고.

이것은 동전의 양쪽면과 같다. 노자는 동전의 앞면이고 예수는 동전의 뒷면이다. 노자는 말한다. '너희가 늙어서 태어난다면 이미 하늘나라에 들어간 것이다.'

둘 다 같은 뜻이다. 머리로는 이것을 이해하기 어려울 것이다. 늙어서 태어난 사람은 죽을 때 어린아이와 같다. 태어났을 때 어린아이인 사람은 죽을 때 노인이다. 따라서 늙어서 태어나거나 아니면 죽을 때 어린아이가 되라. 늙어서 태어나는 것은 실로 어려운, 거의 불가능한 일이다. 하지만 그것 역시 한 방법이다. 그 둘은 서로 깊이 연결되어 있다. 삶과 죽음은 하나의 원이기 때문이다.

그대는 이곳에서 죽어 다른 곳에서 태어난다. 이곳에서 순진무구하고 물들지 않은 한 어린아이로 죽으면 다른 곳에서 늙어서 태어난다. 많은 경험과 지혜를 갖추었으므로 늙은 현자가 되어 태어나는 것이다.

노자의 말뜻이 그것이다. 태어나는 순간에 이미 현자가 되어 있는 것이다. 때묻지 않은 순수 상태에서 죽으면 도의 사람이 되어 태어난다. 지혜란 때묻지 않은 순수한 마음 상태에서만 찾아오기 때문이다. 만일 그대가 도의 사람으로 태어난다면 인간이 걸을 수밖에 없는 어리석음의 길을 밟지 않을 것이다. 늘 새롭고 지혜로울 것이다. 그때 죽음은 사라진다.

따라서 도의 사람은 한 번만 태어난다. 그 이전의 다른 생들은 준비 기간에 불과했을 뿐이다. 오직 한 번만 그는 이 세상에 돌아왔다가 마침내 우주와 하나가 된다. 그대 만일 어린아이의 마음 상태로 죽을 수 있다면 다음 생에 한 번만 더 태어날 것이다. 그러나 그때는 도의 사람이 되어 태어날 것이다. 탄생 첫날부터 이미 도의 사람이 되어 있을 것이다. 그 이후 또 다른 탄생은 없다. 생과 사를 초월했기 때문이다.

> 그 끝없이 펼쳐진 수평선을 바라보다가 비로소 정신을 차린 그는
> '바다의 신'을 향해 한탄했다.
> "속담에 '겨우 백 개의 도리를 듣고는
> 천하에 자기만한 자가 없는 줄 안다'는 말이 있는데
> 역시 그 말이 맞도다. 바로 나를 두고 한 말이다.
> 이제서야 '넓다'는 것이 무엇인지 알겠구나."

도의 사람을 만났을 때 비로소 그대는 깨닫는다. 현명함이 무엇이라는 것을. 지혜가 무엇이고, 성숙해진다는 것이 무엇이라는 것

을. 넓어진다는 것이 무엇임을. 진정으로 깨어 있고 존재 전체로 살아 있다는 것이 무엇임을.

"이제서야 '넓다'는 것이 무엇인지 알겠구나."

알게 된다, 도의 사람을 만났을 때. 깨달음을 얻은 사람을 만났을 때 비로소 '지금 여기'에 산다는 것이 무엇임을 안다. 그 전에는 하나의 꿈속에서 그림자를 쫓고 있었다. 태양 아래로 나온 적이 없었다. 하늘 아래로 나온 적이 없었다. 언제나 어두컴컴한 동굴, 에고의 동굴에서 살았다.

바다의 신이 말했다.
"우물 안 개구리에게 바다 이야기를 할 수 있겠는가?"

불가능한 일이다. 사용하는 언어가 다르기 때문이다. 우물 안 개구리는 우물의 언어만을 이해한다. 이 이야기를 알고 있을 것이다.
바다에 사는 개구리 한 마리가 어느 날 우물에 사는 개구리를 찾아갔다. 우물의 개구리가 물었다.
"넌 어디서 왔는가?"
바다 개구리가 대답했다.
"난 바다에서 왔다."
우물 개구리가 물었다.
"바다가 무엇이지? 바다란 이 우물보다 큰 곳이야?"
물론 우물 개구리는 의심하는 눈초리였다. '어떻게 내가 사는 이 우물보다 큰 곳이 있을 수 있단 말인가?'

바다 개구리는 웃으며 말했다.
"비교할 대상이 없으니 바다의 크기를 설명하기 무척 어렵군."
우물 개구리가 말했다.
"그렇다면 내가 비교할 대상을 하나 보여 주지."
그리고선 우물 높이의 4분의 1쯤 뛰어올랐다.
"이만큼 커?"
바다 개구리는 다시 웃으며 말했다.
"아니."
그래서 우물 개구리는 다시 우물 높이의 절반쯤 뛰어올랐다.
"그럼 이만큼 커?"
바다 개구리가 다시 웃었다.
"아니."
그러자 우물 개구리는 다시 우물 높이의 4분의 3쯤 뛰어올랐다.
"이만큼이야?"
바다 개구리는 역시 고개를 저었다.
"아니."
이제 우물 개구리는 완전히 우물 높이만큼 뛰어올라서 물었다.
"이젠 아니라고 말 못하겠지."
바다 개구리가 말했다.
"난 네 기분을 상하게 할 생각이 전혀 없지만 내 대답은 변함이 없어."
그러자 우물 개구리는 화가 나서 소리쳤다.
"여기서 나가라, 사기꾼아! 어떤 것도 이 우물보다 클 순 없어!"
그대의 의심은 그대 안의 우물 개구리에게서 나온다. 누구도 그대보다 클 수 없고, 누구도 그대보다 높을 수 없으며, 누구도 그대보다 도의 사람일 수 없다.

그렇기 때문에 그대는 붓다를 부정하고 예수를 부정한다. 장자를 부정한다. 부정할 수밖에 없다. 그들은 바다에서 온 것이다. 그들은 측량이 불가능한 메시지를 갖고 오는데, 그대는 그대만의 기준을 갖고 있다.

우물 안 개구리를 나무랄 순 없다. 그 개구리로선 어쩔 수 없는 일이다. 오직 자비를 베풀어야 할 뿐이다. 우물 안 개구리로선 아는 것이 그게 전부이니까 비난할 수 없다. 바다에 가본 적이 없는데 어떻게 바다를 이해하겠는가? 깨달음을 얻은 이들의 자비심이 여기서 시작된다. 그대는 계속해서 그들을 부정하지만 그들은 계속해서 자비를 베푼다. 그대로선 어쩔 수 없다는 것을 알기 때문이다. 그대는 너무나 오랫동안 우물 안에서만 살았다.

우물 안 개구리도 하늘을 본다. 그러나 그 하늘은 우물에 둘러싸인 하늘, 하나의 작은 구멍에 지나지 않는다. 하늘조차도 그의 우물보다 크지 않다. 그는 자신의 우물이 하나의 작은 창이며, 그 창으로 보이는 하늘이 전부가 아니라는 사실을 알지 못한다.

지금 그대는 창문 뒤에 서 있다. 그래서 창문 틀이 하늘의 틀이 되어 버렸다. 그대는 생각한다. '하늘은 내 창문 크기만 하군!' 누구나 이런 식으로 생각한다. 그러므로 도의 사람들은 자비심을 가질 수밖에 없다. 십자가 위에서 죽어가면서도 예수는 말했다.

"하느님 아버지, 저들을 용서하소서. 저들은 저들이 하고 있는 일을 알지 못합니다."

우물 개구리가 한 행동이 그것이다. 그것에 대해 바다 개구리는 마음 깊이 기도했을 것이다.

"신이여, 이 개구리를 용서하소서. 그는 자신이 하고 있는 일, 자신이 하고 있는 말을 알지 못합니다."

우물 안 개구리는 소리쳤다.

"여기서 썩 나가라, 이 사기꾼아! 넌 나를 속일 수 없다. 네가 나를 속여 넘기려 하지만 그따위 엉터리 속임수로는 어림도 없다. 세상에 이 우물보다 큰 것은 있지 않아!"

바다의 신이 말했다.

"우물 안 개구리에게 바다 이야기를 할 수 있겠는가?"

그래서 도의 사람들은 그들이 안 사실을 말할 수 없다. 의사소통이 불가능하다. 언어가 다르기 때문에 전달이 불가능하다. 그대는 그대만의 언어를 갖고 있는 까닭에 그 언어로 그것을 표현하는 것은 바다를 우물 속에 집어넣는 일과 같다.

그러나 바다는 우물 속에 들어가지 않는다. 바다를 우물 속에 집어넣으려 하면 모든 것이 거짓이 된다. 그래서 도의 사람들은 말한다. 아는 자는 말하지 않고, 말하는 자는 알지 못한다고.

노자는 한 마디로 말했다. '진리란 말로 표현될 수 있는 것이 아니다. 말로 표현된 것은 이미 진리가 아니다.'

문제는 진리에 있는 것이 아니라 그대가 사용하는 언어에 있다. 그대가 사용하는 우물의 언어, 그것이 문제다.

"우물 안 개구리에게 바다 이야기를 할 수 있겠는가?
여름 한철에만 사는 벌레에게 얼음 이야기를 할 수 있겠는가?"

여름 한철에만 사는 벌레, 그는 불에 타죽는다. 그에게 어떻게 겨울의 얼음을 설명할 수 있겠는가? 그 벌레에게 있어서 얼음은 존재하지 않는다. 그에게 불을 설명할 수는 있어도 얼음을 설명할 수는 없다. 얼음처럼 차가운 것이 있다는 것을 납득시킬 수 없다. 벌레는 믿지 않을 것이다.

불행과 두카(고통)의 불 속에서 사는 그대에게 삶의 환희를 설명할 수 있을까? 여름 한철에만 사는 벌레처럼 불안 속에서만 사는 그대에게 존재의 환희를 설명할 수 있을까? 도의 사람의 서늘함을 그대가 이해할 수 있을까? 불가능한 일이다. 도의 사람의 머리 속에는 사념이 없다는 것을 그대가 이해할 수 있을까? 없다. 그대의 머리 속에선 단 한순간도 사념이 멈춘 적이 없다. 그대의 머리 속은 군중 같다. 그러니 아무 사념 없이 무심의 상태에 앉아 있는 도의 사람을 이해하겠는가? 그것은 불가능하다. 그대는 불 속에서 사는데 도의 사람은 더없이 서늘한 세계에서 산다. 불과 얼음 사이에는 아무 연결점이 없다. 그대 자신이 서늘해지지 않고선 이해가 불가능하다.

"철학을 논하는 자에게 삶의 도를 이야기할 수 있겠는가?"

불가능하다. 때로 우물 안 개구리에게 바다를 말할 수는 있고 여름 한철에만 사는 벌레에게 얼음을 말할 수는 있어도, 철학자에게 진리에 대해 말하는 것은 절대로 불가능하다.

왜인가? 우물이 작긴 하지만 역시 바다의 일부분이다. 최소한 그물은 바다의 일부다. 불이 얼음과 정반대이긴 하지만 결국 온도 차이일 뿐이다. 그러나 철학을 논하는 자는 삶과 아무 관계가 없다.

그러므로 나는 그대에게 말한다. 우물 안 개구리라 할지라도 바다에 대한 것을 전달할 수 있다. 설명하는 사람이 뛰어나다면 뭔가 의사 전달을 가능케 할 방법을 생각해 낼 것이다. 장자가, 예수가 또는 붓다가 한 일이 그것이다. 우물 안 개구리에게 바다를 이해시키기 위해 여러 가지 방법을 개발한 것이다. 바다와 우물에는 '물'이라는 공통된 요소가 있다. 한 가지 공통된 요소만 있어도 뭔가 실마리를 잡을 수 있다.

여름 한철에만 사는 벌레에게도 얼음에 대한 것을 전달할 수 있다. 얼음은 불처럼 뜨거운 것이 아니라고 말하는 것만으로도 얼음에 대한 설명을 한 것이다. 물론 이것은 부정을 통한 길이다. 위대한 경전들은 흔히 부정의 방법을 택한다. 그들은 진리가 무엇인가를 말하는 대신 무엇이 진리가 아닌가를 말한다. 여름 한철에만 사는 벌레에게 의미 전달을 하기 위해서다. 따라서 그 벌레에게 얼음이 무엇인가를 말할 수는 없어도 얼음이 불 같지 않다는 것은 말할 수 있다. 그러면 전달이 훨씬 쉽다.

그러나 그런 방법으로도 철학자에게 삶의 방식을 말하는 일은 불가능하다. 철학자에게 존재에 대해 말하는 일은 불가능하다. 그 철학자가 실존주의 철학자라 해도 그는 실존에 대해 아무것도 모른다. 언어와 실체는 완전히 다른 것이기 때문이다. 실제의 장미와 '장미'라는 이름 사이에는 어떤 관계도 없다. 그 관계는 인간이 만든 것이다.

실제의 장미와 '장미'라는 이름 사이에 어떤 관계가 있는가? 관계가 있다면 인도에서도 그것을 '굴랍'이라고 부르지 말고 '장미'라고 불러야 할 것이다. 세상에는 3백 개의 언어가 있으며, 장미를 부르는 3백 개의 이름이 있다. 이름과 실체 사이에는 아무 관계가 없다. 모든 관계는 인간이 만든 것이다. 물론 추위는 더위와 관계가 있고, 우물은 바다와 관계가 있다. 그 관계들은 인간이 만든 것이 아니라 실제로 존재하는 관계다.

그러나 언어와 실체 사이에는 아무 관계가 없다. 따라서 그대 자신이 자유롭게 사물에 이름을 붙일 수 있다. 그대가 장미를 다른 이름으로 부른다고 해서 장미가 소송을 제기하진 않는다. 누구도 그들이 붙인 이름이 그대의 것보다 옳다고 입증할 수 없다. 누구도 그것을 증명할 수 없다. 어떤 언어가 더 옳고 더 그르다는 것은 없다. 언어들은 서로 아무 관련이 없다.

철학자는 단어 속에서 생을 산다. 더 철학적일수록 현실의 삶은 더욱 멀어진다. 그때 그는 사랑에 대해 생각할 뿐 실제의 사랑과는 거리가 멀다. 신에 대해 사고할 뿐 결코 신적인 존재가 되지 못한다. 계속해서 단어와 단어를 늘어놓느라 에너지가 다 소모된다. 살아 있는 존재계로 들어갈 시간적 여유가 전혀 없다.

장자는 말한다. 철학을 경계하라고. 모든 철학을. 철학은 말에 기초하고 있기 때문이다. 실체는 언어가 아니다. 살아 있는 실체 속으로 들어가라. 그대와 실체 사이에 언어의 벽을 쌓아올리지 말라. 그렇지 않으면 감옥에 갇히게 된다. 일단 갇히면 빠져나오는 일이 불가능한 감옥에.

철학자가 되지 말라. 모든 인간이 철학자다. 철학자가 아닌 사람을 발견하기는 실로 어렵다. 좋은 철학자도 있고 나쁜 철학자도 있지만 어쨌든 모두가 철학자다. 어떤 자는 더 논리적이고 어떤 자는 그렇지 않을 뿐 모두가 철학자라는 사실에선 다르지 않다.

철학의 덫에 걸리지 말라. 오직 그때만이 그대는 눈앞의 살아 있는 실체를 볼 수 있다. 진정으로 삶을 살 수 있다.

그대 안의 본성에 충실하라. 그리고 다른 사람들로 하여금 그들 안의 본성에 충실하도록 도우라. 이것이 종교적인 인간이고 진정한 구도자의 의미다.

獨行

아홉째날 아침 **장자, 도를 말하다**

마음에는 행복과 불행에 영향받지 않는
부동의 탑이 있어
눈에 보이지 않는 자연의 도에 의해
그 탑은 보호받는다.
자연의 도는 인위적이지 않고 의식함이 없는 것이어서,
꾸미고 계산하고 의도적일 때는
이미 자연의 도가 아니다.

스스로를 의식해 자기를 드러내고자 할 때
그 행위는 자연의 도에 어긋나며
자기 본래의 것을 잃는다.
자기를 의식적으로 드러냄은 모두 거짓된 것이다.

자기를 드러내려고 하면
바깥 세상의 일들이 마음을 어지럽혀
결국 감옥에 갇히게 된다.

그때 더 이상 자연의 도에 의해
보호받지 못한다.

자연의 도를 잃으면
행동 하나하나가 재난을 부른다.

남의 눈에 띄는 밝은 곳에서 행하면
사람들이 벌을 내릴 것이며,
남의 눈에 띄지 않는 곳에서 은밀히 행하면
귀신이 벌할 것이다.

저마다 자연의 도를 이해하고
자기를 드러내려는 노력으로부터 스스로를 지키라.

그런 이는 사람에 대해서나 귀신에 대해서나
늘 평화로울 것이며,
마음의 탑에 초연히 홀로 머물며
늘 옳게, 그러나 남의 눈에 띄지 않게 행동할 것이다.

―〈마음의 탑〉

오직 인간만이 고통받는다. 인간의 마음속을 제외하고는 그 어디에도 고통은 존재하지 않는다. 여기, 자연 전체가 즐겁다. 자연 전체가 두려움도 불안도 없이 언제나 생명의 기운을 즐기고 있다. 존재계 전체가 그 삶을 계속하고 있다. 하지만 인간이 문제다. 왜 이렇게 되었을까?

그리고 인류 전체가 문제다. 만일 몇 명만이 문제를 안고 있다면 우리는 그것을 병이라고, 비정상이라고 부를 것이다. 하지만 그 반대다. 오직 몇 명만이 문제가 없다. 아주 드물게 붓다, 예수, 장자 같은 사람이 나타난다. 집에 도달한 사람, 삶이 고통과 불안이 아니라 하나의 환희가 된 사람, 도의 사람, 그들을 빼고는 모두 고통과 지옥 속에서 살고 있다.

어디선가 인간은 잘못되었다. 어떤 특정한 인간만이 아니라 인간사회 전체가 잘못되었다. 그리고 이것은 뿌리 깊은 것이 되었다. 한 아이가 태어나면 사회는 그 아이를 비정상적인 인간으로 바꾸기 시작한다. 다른 모든 사람들처럼 고통받는 비자연적인 모습으로.

심리학자들은 어린아이가 어디서부터 잘못되었는가의 문제를 놓고 많은 연구를 했다. 그들은 4살에 주목하게 되었다. 4살 정도가 되면 인간은 사회의 일부가 된다. 4살 무렵이 되면 아이는 더 이상 자연스럽지 않다. 4살이 되기 전에는 아직도 나무와 꽃들과 새들과 동물들로 이루어진 큰 세상의 일부분이다. 4살 이전에는 아직 야생적이다. 그러나 4살이 지나면 아이는 길들여진다. 그때 사회가 그를 지배하게 된다. 그때 그는 규칙과 도덕과 옳고 그름에 따라 살아간다. 그는 더 이상 전체적이지 않다. 그때 모든 것이 분리된다.

이제 그는 행동하기 전에 어떻게 행동할 것인가를 심사숙고해 결정한다. 무엇을 하고, 무엇을 하지 않을 것인가를. '해야만 한다'가 들어서며, 그 '해야만 한다'가 병이다. 분별하는 마음이 들어선 것이다. 이제 그 아이는 더 이상 신의 자식이 아니다. 신의 품에서 추방된 것이다. 이것이 성서에 나오는 아담 추방의 이야기이다.

지식의 나무에서 열매를 따먹기 전에는 인간은 자연스럽게 에덴 동산에서 살았다. 그 에덴 동산은 먼 옛날의 어느 장소가 아니라 지금 이곳이다. 나무들은 그대로 에덴 동산에서 살고 있다. 동물들도 여전히 에덴 동산에 있다. 해와 달과 별들이 여전히 그 속에서 운행하고 있다. 지금 이곳이 에덴 동산이다. 하지만 오직 인간만이 그곳을 벗어나 살고 있는 것이다.

왜 아담은 추방되었는가? 지식의 열매를 먹었기 때문이다. 4살이 되면 모든 아담과 이브가 다시 추방된다. 그것은 과거에 일어난 사건이 아니다. 한 아이가 태어나는 매 순간 그 일이 일어난다. 또다시 아담이 존재계 속으로 들어오고 이브가 들어온다. 4살까지는 관념이 없다. 4살이 되면 아이는 무엇이 무엇인가를 이해하기 시작한다. 그때 길을 잃는다. 그때 아이는 더 이상 자연스럽지 않다. 자연스러움이 사라진다. 이제 그는 규칙에 따라서 살기 시작한다.

규칙에 따라 살 때 그대는 고통받을 것이다. 자연스럽게 사랑할 수 없기 때문에 고통스럽다. 자연스럽게 즐길 수 없고, 자연스럽게 춤출 수 없고, 자연스럽게 노래 부를 수 없기 때문에. 일단 규칙에 따라 살기 시작하면 고정된 틀 속에서 움직여야만 한다. 그러나 삶은 결코 하나의 고정된 틀이 아니다. 삶은 흐름이다. 끊임없이 흐르는 하나의 강이다. 그리고 그 강이 어느 방향으로 흘러가는지 아무도 알지 못한다.

누구도 예측할 수 없다, 삶의 강물을. 일단 그대가 규칙에 따라서 살기 시작하면 그때는 어디로 흘러가는지 안다. 하지만 깊은 곳에서는 그 흐름은 정지되었다. 이제 그대는 단순히 죽어가고 있을 뿐이다. 왜냐하면 감옥에 갇혔기 때문이다. 그리고 그 감옥은 매우 미묘한 것이다. 절대적으로 깨어 있지 않고서는 그대는 그것을 볼 수 없을 것이다. 그것은 그대가 입고 있는 보이지 않는 갑옷과 같다.

이 시대의 위대한 사상가 중 한 사람인 빌헬름 라이히(19세기 정신분석가이자 프로이트의 촉망받던 제자) 역시 보이지 않는 갑옷에 대해 이야기했다. 그러나 세상은 그를 미치광이라고 결론 내려 정신 병원에 가두었으며, 그는 그곳에서 생을 마쳤다. 그가 말하는 것은 진리였지만 아무도 그의 말을 들으려고 하지 않았다.

빌헬름 라이히, 그는 장자가 이 경전에서 말하고 있는 것과 똑같은 사실을 깨달았다. 감옥에 갇힌 채 살아가는 인간의 모습을 꿰뚫어보았다. 그는 마음의 병이 반드시 육체의 병을 가져온다는 사실을 발견했다. 마음에 병이 생기면 육체의 어느 부분도 병들고 굳어진다는 사실을. 그리고 육체의 그 부분이 치료되지 않고서는, 그 막힌 부분이 뚫리지 않고서는, 그리하여 육체 에너지가 자유롭게 흐르지 않고서는 정신이 자유로워지는 것이 불가능하다는 것을 발견했다. 감옥이 부서져야 하는 것이다. 갑옷이 벗겨져야 하는 것이다.

예를 들어 보자. 아이는 이미 2살 때부터 행동에 제약을 받기 시작한다. 아이가 성기를 갖고 놀면 부모는 당장 금지시킨다. '그것을 만지면 안 돼. 그것은 나쁜 짓이야.' 인간이 자신의 몸을 갖고 노는 것은 자연스러운 일이다. 그리고 그것에는 본능적이고 자연스러운 재미가 있다. 그러나 사람들은 그것이 동물적인 행위라고 판단한다. 인간은 자연스럽고 원초적인 상태에서 너무나 멀어진 것이다.

왜 그대는 아이의 그런 행위를 금지시키는가? 두 가지 이유가 있다. 한 가지 이유는 아이의 그런 행위에서 그대가 깊은 질투심을 느낀다는 것이고, 다른 한 가지 이유는 그대 역시 어린 시절에 부모로부터 그런 행위를 금지당했다는 것이다. 인간은 부모를 모방하는 심리적 메커니즘을 갖고 있다. 부모가 우리에게 행한 그대로 우리는 우리의 자식에게 행한다.

부모가 금지한 행위를 했을 때 그대는 죄의식을 느꼈다. 뭔가 잘못을 저질렀다고 느꼈다. 그런데 이제 그대의 아이가 그 금지된 행위를 하면서 재미있어하고 있다. 그래서 그대는 습관적으로 나쁜 짓이라고 여기고 아이를 금지시킨다. 이것은 또 그 아이의 아이에게 전해진다.

이것을 기억하라. 아이가 행복해 할 때 그것을 나쁜 짓과 연결시키지 말라. 그렇지 않으면 아이는 행복을 추구하는 것이 나쁘다는 인식을 갖게 된다. 이미 그대에게는 그런 인식이 박혔다. 행복을 느낄 때면 동시에 죄책감을 느낀다. 슬퍼져야 비로소 안심이 된다. 이 얼마나 터무니없는 일인가! 행복을 느낄 때면 뭔가 잘못되었다고 무의식중에 생각하는 것이다. '내가 뭔가 잘못된 일을 하고 있다'는 것이 행복을 느낄 때의 무의식이다. 그래서 슬픈 상황이 되면 오히려 안심하고 편안해 한다.

이것은 어렸을 때 조금만 즐거워하고 행복해 하면 부모가 안 된다고, 그것은 경박하고 나쁜 짓이라고 주입시켰기 때문이다. 아이는 무엇이 옳고 그른가의 관념이 없다. 아이는 도덕적인 관념을 초월해 있다. 오직 행복과 불행만을 알 뿐이다. 보다 원초적인 상태에 가까운 것이다.

그런데 그대가 아이의 행동을 제약하고 금지시키면 아이는 어떻게 되겠는가? 행복감이 발끝에서 머리끝까지 흐르고 있었는데 갑자기 그대가 그것을 가로막는다. 그 직전까지만 해도 아이는 첫번째 차크라(인체의 에너지 센터)인 제1 성 센터에서부터 제7 사하스라라 센터(머리 중앙 백회에 위치한 차크라)에 이르기까지 에너지가 전혀 막힘이 없었다. 쿤달리니(척추의 에너지 통로를 따라 정수리까지 올라가는 기 에너지 현상)가 열려 있었던 것이다.

모든 아이는 쿤달리니가 열린 상태에서 세상에 태어난다. 그런데 어떤 것을 금지하는 순간 아이는 어떻게 달라지는가? 그 순간 아이는 호흡이 정지된다. 어떤 것이 정지되면 그 순간 호흡도 정지되는 것이 당연한 이치다. 아이는 호흡이 정지될 것이며, 호흡을 정지하기 위해 배를 잡아당길 것이다. 그렇게 되면 횡격막이 점점 굳어지게 된다. 이것이 반복될수록 아이는 점차 깊은 숨을 쉬지 못하게 되고, 횡격막은 두꺼운 갑옷처럼 변해 버린다. 이제 호흡은 그 장벽을 뚫을 수 없다. 호흡이 깊이 들어가야 그것이 성 센터를 때리고, 호흡이 성 센터를 쳐야 신체의 기가 활력을 얻는다.

인간 누구나 깊이 호흡하지 않는 까닭이 여기에 있다. 내가 사람들에게 격렬한 호흡을 가르칠 때마다 그들은 그것이 매우 위험한 일이라고 말한다. 두려운 것이다. 무엇이 두려운가? 격렬하게 호흡하면 다시 원초적인 상태로 돌아갈까 두려운 것이다. 그들을 감싸고 있는 갑옷이 부서지고 호흡이 다시금 성 센터를 강타할 것이다. 사회는 지금까지 그런 식으로 그대를 억압해 왔다. 성 센터와 호흡 사이에 하나의 장벽을 설치한 것이다.

호흡이 성 센터까지 깊이 내려가지 않으면 모든 행복의 원천도 차단된다. 횡격막은 돌처럼 굳어진다. 그래서 어떤 것도 아래로 내려가지 못하게 막는다. 이때 그대의 신체는 두 부분으로 나누어진다. 이제 그대는 하체 부분은 자신이 아니라고 생각한다. 그대에게 있어서 하체 부분은 저차원적인 어떤 것이다. 그대의 관념이 인위적인 가치를 갖다 붙인 것이다. 신체의 상체 부분은 고상하고 좋은 것인 반면에 하체는 죄악시된다. 하체는 그대 자신이 아니라 악마가 깃든 저질스런 것이 되어 버렸다.

아담은 추방되었다. 그리고 지금도 모든 아담과 이브가 에덴 동산에서 추방되고 있다. 왜인가? 그들은 지식의 열매, 관념의 열매, 즉 선악과를 먹었기 때문이다. 세상에서 가장 해로운 것이 바로 이 관념의 열매다. 인위적인 구분과 차별을 버리려면 관념을 버려야 한다. 다시 어린아이처럼 되어야 한다. 오직 그때만이 그 갑옷이 부서질 수 있다.

그러나 갑옷을 부수고자 할 때 불안이 밀려올 것이다. 갑옷은 곧 그대의 자존심이며, 그대 에고의 전부이기 때문이다. 그것이 있기 때문에 그대는 기분이 좋았으며 도덕적이라고 느꼈다. 자신이 도덕적이기 때문에 남들보다 훌륭하다고 생각했다. 이제 이 갑옷을 부수면 혼란이 온다. 먼저 미치지 않으면 안 된다. 그러면 두려움이 찾아온다. 두려움에 지면 또다시 자신을 억압할 것이며, 다시 갑옷이 그대를 가둘 것이다. 그것은 전보다 훨씬 단단해질 것이다. 이제 그것으로부터 빠져나오는 것을 그대는 두려워하게 되었다. 갑옷이 그대를 보호해 주기 때문이다.

이런 이야기를 들은 적이 있다. 한 작은 초등학교에서 교사가 학생들에게 중력의 법칙에 대해 설명하고 있었다. 선생은 결론적으로 우리가 지구 위에 서 있을 수 있는 것은 중력의 법칙 덕분이라고 말했다. 한 학생이 이해가 안 간다는 표정으로 일어나서 질문했다.

"그럼 그 법칙이 통과되기 전에는 우린 어떻게 이 지구에 매달려 있었나요?"

그대는 생각한다. 사회 덕분에 그대가 존재하는 것이라고. 도덕률 덕분에 그대가 존재한다고. 그런 식의 터무니없는 생각이 계속된다. 성경책과 코란과 바가바드 기타 덕분에 그대가 존재한다고. 아니다. 그렇지 않다. 자연은 법 없이도 존재한다. 자연은 그 자체의 고유한 법칙을 갖고 있으며 그 법칙은 인간에 의해 통과된 것이 아니다. 인간의 동의 절차를 필요로 하지 않는다. 그 법칙들이 이미 그곳에 있으며, 삶은 그 법칙들을 따른다. 그대가 간섭하지 않으면 그대는 금방 목적지에 도달할 것이다. 간섭할 때 문제가 생긴다.

그러므로 삶이 고독하고 고통스럽다면 이것을 알아야 한다. 그대가 삶의 자연스러운 흐름을 간섭했다는 것을. 그대가 간섭하는 일을 중지하지 않고서는 어떤 해결책도 없다. 삶의 자연스러운 흐름을 따르라. 그 원초적인 법을 따르라. 장자의 전체 메시지가 이것이다. 자연을 가로막지 말고 허용하라. 그것과 함께 흘러가라. 그것을 신뢰하라. 그대는 그것으로부터 나왔으며, 그것이 그대의 어머니, 그대의 근원이다. 그리고 어느 날 그대는 그 품안으로 돌아갈 것이다. 그곳이 최종적인 목적지다. 도중에 그대가 왜 간섭하고 싸움을 거는가?

그대 안의 어린아이로 돌아가지 않으면 안 된다. 어린아이였을 때의 그 순간을 다시 살지 않으면 안 된다. 이 한 가지 근본적인 사실을 기억하라. 삶의 길에서 무엇인가 잘못되었을 때 지적인 이해를 통해선 그것을 해결할 수 없다. 그대 안의 어린아이로 돌아가야 한다. 진정으로 자연스러운 인간, 자연스러운 삶을 살고자 원한다면 그 길밖에 없다.

물론 그것은 쉬운 일이 아니다. 머리로 모든 문제를 해결하려는 것이 이미 고칠 수 없는 습관이 되었다. 삶의 방식이 되어 버렸다.

명상이 그 방법을 가르쳐 줄 것이다. 밤에 잠자리에 누워 한 시간 정도씩 명상하라. 사념이 끊어진 그 자리로 들어가라. 처음엔 힘든 노력이 될 테지만 점차 노력 없이도 자연스럽게 그 일이 일어날 것이다. 관념이 사라지고 순수한 어린아이의 상태로 돌아갈수록 더 많은 자유와 환희를 느낄 것이다.

자연은 크지만 인간이 만든 관념은 더없이 하찮다. 인간이 만든 관념은 깔때기와 같아서 안으로 들어갈수록 좁아져서 마침내 옴짝달싹할 수 없는 상황에 처한다. 그때 그 깔때기가 그대의 무덤이 된다. 모든 인간이 직면해 있는 문제가 이것이다.

진정으로 이 문제에서 풀려나길 원한다면 밤에 잠자기 전에 한 시간씩 눈을 감고 과거의 어린 시절로 돌아가라. 그 삶을 다시 살라. 서둘지 말고 천천히 과거로 거슬러 올라가라. 하루아침에 되는 일이 아니다. 제대로 되려면 거의 석 달이 걸릴 것이다.

어린 시절의 삶을 다시 살라. 이것은 단순히 그때를 회상하는 것과는 다르다. 회상은 도움을 주지 못한다. 그것은 어쨌든 머리 속에서 일어나는 일이기 때문이다. 회상이 아니라 다시 그 삶을 살라. 다시 살라는 것은 무슨 뜻인가? 그때의 일이 다시 일어난 것처럼 그 시절로 돌아가라는 것이다. 처음엔 그것이 하나의 가정이 되겠지만 머지않아 실제 현실이 될 것이다. 그대의 억압된 존재가 자유를 원하고 있다. 어린아이의 시절로 돌아가라. 그러면 3주 만에 무엇이 걸림돌이었는가를 알게 될 것이다. 그 걸림돌이 생겨나기 전에는 그대가 자유롭고 자연스러운 존재였음을 알게 될 것이다. 모든 문제를 일으킨 것은 바로 그 걸림돌이었다. 그것 때문에 그대는 지금까지 자연스럽지 못했다. 어머니와 아버지가 그 걸림돌 곁에 서 있음을 발견할 것이다.

아주 어렸을 때의 기억을 완전히 잃은 것도 그 때문이다. 아무리 기억을 더듬어 올라가도 4살 이전의 일은 기억나지 않는다. 그 걸림돌이 너무나 크게 가로막고 있기 때문이다. 그것이 모든 것을 차단시키고 있다. 그렇지 않으면 왜 4살 이전의 일을 기억하지 못하겠는가? 왜 그토록 완전히 기억을 잃었는가? 그 시절에도 생각이 있었고, 기쁨과 슬픔이 있었다. 수많은 경험이 있었다. 그런데 왜 그 모두를 완전히 잊게 되었을까?

그대가 잊은 것이 아니다. 그 걸림돌 때문에 그대는 모든 것을 무의식 깊은 곳에 억압해 왔다. 그래서 사람들은 어린 시절이 아름다웠다고 말하는 것이다. 어린 시절이야말로 낙원 같았다고. 실제로도 그러했지만, 그대가 그 시절을 낙원으로 여기는 것은 그 시절의 일들을 기억하지 못하기 때문이다.

천천히 그 시절로 돌아가라. 그러면 일들이 하나씩 떠오를 것이다. 과거의 모든 먼지를 꺼내야 한다. 두렵고 떨릴 것이다. 그대의 마음은 이렇게 말할 것이다. '무엇을 하고 있는가? 돌아오라. 미래로 가라.' 마음은 언제나 미래로 가라고 말한다. 그래야 마음이 편안해지기 때문이다.

진정으로 명상을 원한다면 먼저 과거로 돌아가라. 어느 길에선가, 어느 네거리에선가 길을 잘못 접어들었다면 유일한 방법은 그 네거리로 돌아가 다시 옳은 길을 밟아 오는 일이다. 다른 방법이 없다. 그대가 지금 어느 지점에 있든지 갑자기 그 지점에서부터 옳은 길로 접어들 수는 없다. 과거의 어긋난 지점으로 다시 돌아가야 한다. 오직 그때만이 장자를 이해할 수 있다.

 장자가 말하는 도의 이야기로 들어가자.

마음에는 행복과 불행에 영향받지 않는
부동의 탑이 있어
눈에 보이지 않는 자연의 도에 의해
그 탑은 보호받는다.
자연의 도는 인위적이지 않고 의식함이 없는 것이어서,
꾸미고 계산하고 의도적일 때는
이미 자연의 도가 아니다.

그대는 자연에 의해 보호받고 있다. 따라서 앞일을 걱정할 필요가 없다. 그대의 존재가 존재계 전체에 의해 보호받고 있으므로 불안해 하거나 걱정할 필요가 없다. 우주 전체가 그대를 돕고 있다. 그러나 그 도움은 의도함이 없이 이루어진다. 그것에는 계산함이 없고 조작함이 없다. 그대는 완전히 자신을 내맡기고 휴식해야 한다. 그래서 우주의 힘이 그대를 통해 일할 수 있도록 해야 한다. 계산할 때 긴장이 온다. 긴장할 때 그대는 굳어진다. 굳어질 때 우주가 그대를 통해 일할 수 없다. 근심할 때 그대는 움츠러든다. 육체적으로도 그렇다.

장자는 말한다. 그대는 영원한 존재라고. 불멸의 존재라고. 죽음은 그대를 파괴할 수 없다. 죽음을 두려워할 이유가 없다. 마음속 부동의 탑을 잃었기 때문에 두려워하는 것이다. 그대는 마음속 부동의 탑을 떠나 사회의 규칙과 법에 매달린다. 그러나 그 규칙과 법은 그대를 보호할 수 없다. 단지 보호받는다는 느낌을 줄 뿐이지, 실제로 어떤 것도 보호받지 못한다. 사회의 법이 그대를 안전하게 해주지 못한다. 안전한 느낌만을 줄 뿐, 그 느낌은 허구의 것이다. 결국 죽음이 찾아온다. 그리하여 그대의 안전은 무너진다. 거기 두려움과 떨림이 있다. 그대가 생명의 원천, 마음속 부동의 탑으로 돌아가기 전에는.

마음속 부동의 탑이란 무엇인가? 그 탑은 어떻게 일하는가?

첫째로, 그 탑은 의식함이 없이 일한다. 한 아이가 태어난다. 아이는 아홉 달이 되면 엄마 뱃속에서 나와야 한다는 사실을 어떻게 아는가? 아이에겐 달력도 없고 시계도 없으며 어떤 자료도 없다. 그러나 아홉 달이 되면 아이는 어김없이 태어날 준비를 서두른다. 밖으로 나오기 위해 필사의 노력을 다한다. 그래서 산모는 통증을 느끼는 것이다.

그것은 실로 필사적인 노력이다. 아이는 밖으로 나오기 위해 갈등을 일으키고 산모는 움츠러든다. 신체에 일어날 고통에 대한 두려움이 산모를 저항하게 만들고 긴장하게 만든다. 그 저항과 엄마의 뱃속에서 나오려는 아이의 노력이 갈등을 일으키고, 그것에서 고통이 생긴다. 만일 산모가 저항하지 않고 아이의 출산을 있는 그대로 허용한다면 고통은 없을 것이다. 원시 사회에선 산모가 출산 시 전혀 고통을 느끼지 않는다. 문명 생활을 한 여성일수록 더 많은 고통에 시달린다. 그것은 그녀가 사회의 규칙과 법에 의존해 살았기 때문이다. 그래서 모든 것이 부자연스럽고 인위적인 것이 되어 버렸다.

출산 시기가 임박했음을 아이는 어떻게 아는가? 싹틀 시기가 다가왔음을 씨앗은 어떻게 아는가? 적당한 시기가 올 때까지 씨앗은 몇 년을 기다린다. 씨앗은 결코 점성가나 손금 보는 사람을 찾아가지 않는다. 적당한 때가 되면 저절로 껍질을 터뜨리고 지상으로 얼굴을 내민다. 자신을 보호했던 보호막을 해체하는 것이다. 그러면 싹이 튼다.

나무는 꽃을 피울 정확한 시기를 어떻게 아는 것일까? 별들은 운행하는 법을 어떻게 알까? 이 우주를 보라. 얼마나 신비하고, 복잡하고, 오묘한가! 그러면서도 노력함 없이 얼마나 쉽게 운행되는가? 도가, 자연이 우주를 보호한다. 자연의 정신이 보호하는 것이다.

인간은 실로 어리석다. 그래서 자신이 현명하다고 생각하는 것이다. 아이는 태어나서 자란다. 아이는 누구나 아름답다. 추한 아이를 보았는가? 모든 아이가 아름답다. 어디서 그 아름다움이 오는 걸까? 그러나 나이를 먹으면 아름다운 어른을 발견하기란 하늘의 별따기다. 처음에는 백 사람 모두 아름다웠다. 그러나 나중엔 백 사람 중 한 사람도 아름답지 않다. 그들 모두에게 어떤 일이 일어난 걸까? 왜 그들은 그토록 추하게 변했을까?

왜 모든 아이는 아름다운가? 아이는 순간에서 순간으로 변화하기 때문에 아름답다. 흐르고 있기 때문에 아름답다. 흐르는 것은 자연스러운 것이고, 자연스러운 것은 아름다운 것이다. 인위적이고 부자연스럽고 굳어졌을 때 추해진다. 모든 것이 의도적일 때 추함이 찾아온다.

아이는 의식함 없이 산다. 배고프면 울고, 졸리면 잔다. 그런데 우리가 아이에게 규칙과 습관을 강요한다. 오늘날 세상에는 육아법에 대한 많은 책들이 등장했다. 어떻게 엄마 노릇을 하고 아빠 노릇을 하며 어떻게 아이를 출산하는가에 대한 교육법이다. 모든 지침이 주어진다. 그런 지침서들이 없을 때는 어떻게 아이를 낳았을까 놀랍기까지 하다. 법이 통과되기 전에는 도대체 우리가 어떻게 태어날 수 있었을까?

소위 안내서라는 것들은 특별한 규칙을 정해 준다. 4시간마다 우유를 먹이라든가 잠을 재우라고 말한다. 아이는 배가 고파서 울고 있는데 엄마는 우는 아이를 보는 것이 아니라 시계를 본다. 그리고 아직 4시간이 안 되었으므로 주지 않는다.

이때 의식함이 없는 자연의 법칙이 깨어진다. 아이는 금방 그대의 규칙에 적응할 것이다. 실제로 배가 고픈가 안 고픈가는 별개 문제다. 아침에 눈을 뜨면 당연히 화장실을 가야 한다. 아이를 키우는 모든 가정에서 대소변 가리는 훈련이 중대사가 되었다. 아이는 아직 마렵지 않은데 엄마가 깡통을 들이대고 윽박지른다. 아이는 울음을 터뜨리지만 할 수 없다. 머지않아 아이는 자신을 강요하고 억제하게 된다.

심리학자들이 밝혀낸 사실에 따르면 인간의 심리적 질환의 50퍼센트는 어렸을 때의 이 대소변 가리는 훈련에서 비롯된다고 한다. 아이는 부모의 명령에 복종해야 하기 때문에 자신을 강요하기 시작하며, 요구대로 하지 못하면 죄책감을 느낀다. 나아가 자연스럽게 행동하면 그때 역시 죄책감이 느껴진다.

 손님이 있는데 거실에서 오줌을 싸면 그 순간 아이는 혼이 난다. 아이가 거실이 무엇인지 어떻게 알겠는가? 아이는 의식함이 없이 산다. 화장실이 무엇이고 거실이 무엇인지 구분이 없다. 손님이 그 곳에 있는지 없는지 의식함이 없다. 언제 오줌을 누어야 하고 누지 말아야 하는지 모른다. 아이는 사회 규칙에 따라 사는 것이 아니다. 그러나 점차 그 규칙에 복종할 것이다. 복종할 수밖에 없는 것이다. 아이는 아무 힘이 없는데 부모는 막강한 힘을 갖고 있다.

 아이가 억지로 화장실에 가서 앉아 있을 때 잘 지켜보라. 아이의 몸이 서서히 인위적으로 바뀌어 간다. 그렇게 되면 어떤 것도 자연스럽지 않다. 이때 아이는 단지 부모를 만족시키기 위해 자신을 강요한다. 배가 고프지 않은데도 아이는 울면서 억지로 밥을 먹는다. 실제로 그런 일이 어느 집에서나 일어나고 있다. 지금 당장 배고프지 않아도 억지로 먹어야 한다. 이렇게 해서 아이는 망가지기 시작한다. 이미 잘못된 길로 들어선 것이다. 이제 때가 되면 배가 고프지 않아도 아이는 밥을 요구하게 된다. 이 얼마나 난센스인가! 정작 배가 고플 때는 때가 아니므로 참는다.

 이런 식으로 인간은 자연과 멀어진다. 자연과 멀어졌을 때 정신 질환이 생긴다. 아이는 살아 있고 행동적이다. 뛰어다니고 싶어하고 춤추고 싶어한다. 엄마는 아이를 억지로 잠자리에 들게 한다. 그것이 불가능한 것을 강요하는 일임을 생각해 본 적 있는가? 그대라 해도 억지로 잠자는 일이 가능한가? 잠이란 의도적으로 잘 수 있는 것이 아니다. 아이의 엄마조차도 억지로 잠잘 수 없다. 잠이 오지 않는데 어떻게 잠을 잔단 말인가?

 이것은 아이에게 벌써부터 꾸밈과 위선을 훈련시키는 일이다. 그것도 전적으로 쓸모없는 목적을 위해서. 잠은 강요할 수 있는 것이 아니며, 그럴 수 있는 방법도 없다. 잠이 강요될 수 있는 것이라면 세상에 왜 그토록 많은 불면증 환자들이 있는가? 왜 그토록 많은 수면제가 필요한가? 왜 사람들이 잠 못 이루고 뒤척이겠는가?

착한 아이가 되기 위해서 아이는 일찍 자고 일찍 일어나야 한다. 그렇지 않으면 나쁜 아이로 지목받는다. 자연에 따라 행동하면 나쁜 인간이고 인위적인 노력에 충실하면 착한 인간이다. 이제 이 인간 존재는 평생에 걸쳐 고통스러울 것이다. 그는 이 목사 저 승려를 찾아다닐 것이다. 이 스승 저 스승을 전전할 것이다. 그러면 그들이 이렇게 하라, 저렇게 하라고 조언을 준다. 그러나 그것들은 아무 도움도 되지 못한다. 삶의 방식이 잘못되었기 때문이다. 삶을 살아가는 방식 자체가 잘못되었으니 어떤 노력도 쓸모가 없다. 먼저 그 낡은 방식을 버리고 새로운 출발을 시도해야 한다.

그러나 이것은 너무 지나친 요구처럼 들린다. 그대는 4, 50년을 살았으며, 자신의 삶의 방식에 많은 것을 투자했다. 그런데 이제 내가 그 모든 것을 버리라고 말한다.

내가 말하는 구도자의 의미가 그것이다. 구도자는 지금까지의 삶의 방식을 송두리째 버리는 자, 그것을 완전히 바꾸어서 과거를 버리는 자를 의미한다. 이제 그는 더 이상 과거의 존재가 아니기 때문에 지금까지 투자한 모든 것과 그것으로부터 얻는 이득을 송두리째 버린다. 뭔가 얻어지는 이득이 있기 때문에 그대는 그 고통스런 짐을 짊어지고 다닌다. 그 이득이란 무엇인가? 사회가 그대를 존경한다. 존경받는 인물이 되는 것이다. 그대가 사회를 따를 때 사회가 그대를 존경한다.

그러므로 구도자가 된다는 것은 삶의 방식을 송두리째 바꾼다는 것을 의미한다. 그렇게 하지 않으면 구도자가 아니다. 부분만을 바꾸어선 소용이 없다. 그대는 너무도 병들었기 때문이다. 부분만 바꾸어선 의미가 없다. 부분만으로 전체를 바꿀 수 없기 때문이다.

그대의 병이 너무도 크다. 부분을 바꾼다 해도 병이 다시 그 부분을 바꿀 것이다. 전체를 버릴 준비가 되지 않고서는 아무것도 일어나지 않는다. 명상을 하고, 요가를 하고, 또는 매일 아침저녁으로 눈을 감고 10분씩 만트라를 왼다고 해도 그것은 그대 자신을 속이는 일에 지나지 않는다. 삶의 방식을 바꾸지 않고 뭔가 일어나기를 기대하는 자기 속임수다.

마헤시 요기(초월명상의 창시자)가 서양에서 인기를 끈 이유가 여기에 있다. 그는 삶의 방식에 대해선 언급도 하지 않는다. 그대 자신을 바꾸라고 말하지 않는다. 그는 현상태대로 좋으니 단지 초월명상 주사만 한 대 맞으면 모든 것이 완벽하다고 말한다. 마치 비타민 알약을 하나 복용하는 것과 같다. 삶의 방식은 건드리지도 않는다. 그대가 누구이든, 잘되었든 잘못되었든 초월명상 교사가 주는 만트라를 아침저녁 10분씩 반복하면 만사 형통이라는 식이다. 낙원의 문이 활짝 열린 채 그대를 기다린다는 것이다.

인간은 너무도 어리석기 때문에 그런 속임수를 믿고 따른다. 그것들은 말 그대로 속임수일 뿐이다. 그것들이 수면제 역할은 할 수 있을지 모른다. 잘못된 삶의 방식에 그대 자신을 적응시키는 데에는 도움이 될지 모른다. 그리고 그렇게 도움이 된다면 그것이야말로 큰 문제다. 그대의 삶의 방식에 그대 자신을 적응시키는 데 그것들이 도움을 줄지 모르지만, 문제는 그대의 삶의 방식이 근본적으로 어긋나 있다는 것이다. 따라서 그것에 자신을 맞추는 것보다 차라리 맞추지 않는 편이 낫다.

초월명상 같은 명상법들은 그대에게 위안을 주지만, 정말로 해로운 것이 그런 위안이다. 그대는 결코 변화의 노력을 하지 않을 것이기 때문이다. 그대는 자신의 삶의 방식에는 문제를 제기하지 않고, 오히려 초월명상 같은 수행을 실천하고 있으니 남보다 훌륭하다고 생각하게 된다. 잠은 더 잘 올 것이다. 만트라를 외면 잠이 더 잘 오는 것은 당연한 이치다. 그리고 병에 덜 걸릴 것이다. 자신의 잘못된 삶의 방식에 더욱 적응되었기 때문이다.

그러나 그런 것이 그대에게 삶의 환희를 주지는 않는다. 병은 남보다 덜 걸리겠지만 그것이 그대에게 존재의 환희를 주지는 않는다. 삶의 고달픔을 약간 더 뒤로 미룰 수 있을지 몰라도, 남보다 그 고달픈 삶에 더 잘 적응할 수 있을지 몰라도, 결코 환희에 찬 존재, 축복으로 넘치는 존재가 되진 못할 것이다.

삶의 방식을 뿌리에서부터 변화시킬 준비가 되었을 때, 오직 그때만이 그대는 살아 있는 존재가 될 수 있다. 진정한 구도자가 되는 것, 오로지 그 길밖에 없다.

> 마음에는 행복과 불행에 영향받지 않는
> 부동의 탑이 있어
> 눈에 보이지 않는 자연의 도에 의해
> 그 탑은 보호받는다.
> 자연의 도는 인위적이지 않고 의식함이 없는 것이어서,
> 꾸미고 계산하고 의도적일 때는
> 이미 자연의 도가 아니다.

의도적인 것, 인위적으로 만든 의지, 꾸밈과 계산을 버리라. 본성

을 신뢰하고, 어린아이처럼 되라. 배고프면 먹고, 배고프지 않으면 먹지 말라. 본성이 그대를 안내한다. 졸음이 오면 잠자라. 졸리지 않는다면 잠잘 필요가 없다. 잠을 자야 한다는 생각을 버리라. 의도함이 없이 움직이라. 그러면 머지않아 정신병적인 삶의 방식이 떨어져 나가고, 그대는 근원에 이를 것이다. 그 근원이 바로 장자가 말하는 '부동의 탑'이고, 도이다.

> 스스로를 의식해 자기를 드러내고자 할 때
> 그 행위는 자연의 도에 어긋나며
> 자기 본래의 것을 잃는다.
> 자기를 의식적으로 드러냄은 모두 거짓된 것이다.

살라, 그러나 삶을 하나의 자기 과시로 만들지 말라. 모든 자기 과시는 거짓된 것이다. 살라, 그러나 자신의 삶을 드러내 보이려고 노력하지 말라. 살라, 그러나 흥행사가 되지 말라. 사람들의 이목을 끌려는 욕망에 희생되지 말라. 그럴 필요가 없다.

중요한 것은 남이 어떻게 평가하는가가 아니라 그대의 진정한 모습이다. 자신의 본성에 따라 살라. 그대에 대해 남이 어떻게 생각하든 그것은 그들의 일이다. 그것은 그대가 걱정할 일이 아니다. 그대의 삶을 자기를 드러내려는 공연장으로 사용하지 말라. 한번 시작하면 끝이 없다. 그렇게 되면 항상 거짓된 자신을 연출할 수밖에 없다. 사람들이 그 거짓된 모습을 높이 평가하면 그대는 완전히 거짓된 인간이 되어 버린다. 사람들이 좋다고 여기고 훌륭하다고 생각하는 것이라면 그대는 자연스러운 이유가 없음에도 불구하고 그 일을 하게 된다.

그대는 화가가 되고자 한다. 이것은 의도적이지 않은 소망이다. 그렇다면 가난하더라도 화가가 되라. 부자인 의사가 되지 말라. 의사가 됨으로써 부자가 될진 몰라도 그 의사 직업이 자신의 자연스러운 욕구가 아니고 부모와 사회와 친구들에게 잘 보이기 위해서 그렇게 된 것이라면 그대는 늘 불만족스런 상태가 될 것이다. 아무 성취감이 없을 것이다. 삶에 있어서 가장 중요한 것은 만족이고 성취감이다.

한 의사가 있었다. 그는 나라에서 가장 유명한 내과 의사가 되었다. 그리고 국립 내과 의사 협회 회장으로 선출되었다. 회장으로 선출된 날 성대한 축하 파티가 열렸다. 하지만 그는 슬픈 표정이었다.

한 친구가 그에게 물었다.

"자네는 왜 그렇게 슬픈 표정인가? 당연히 기뻐해야 할 일이 아닌가? 자네는 이제 가장 훌륭한 의사가 되었으며, 누구도 자네를 따를 자가 없다. 의사에게 주어지는 가장 큰 영광은 국립 의사 협회 회장이 되는 일이다. 그런데 왜 그렇게 우울한 얼굴인가?"

그 의사가 대답했다.

"난 의사가 되고 싶지 않았어. 내가 원하지 않았던 분야에서 최대의 성공을 거두었으니, 이제 이 직업에서 떠날 수가 없지 않은가? 차라리 실패했다면 포기할 수도 있었을 테지만, 이젠 꼼짝할 수 없게 되었어."

친구가 말했다.

"자네 농담을 하고 있나? 무슨 말을 그렇게 하는 거야? 자네의 아내도 행복하고 아이들도 행복하고 모두가 자네를 존경하고 있어."

의사가 말했다.

"그러나 난 내 자신을 존경하지 않아. 그것이 근본적인 문제지.

난 원래 화가가 되고 싶었어. 그러나 나의 부모가 그것을 허락하지 않았어. 용기가 없었기 때문에 부모의 명령에 복종할 수밖에 없었지. 나라에서 가장 유명한 의사가 된 것이 난 조금도 행복하지 않아. 세상에서 가장 쓸모없는 화가 지망생이 된 것이 불행할 뿐이야. 난 이제 그림을 그릴 수가 없어."

    진정한 만족, 진정한 채워짐은 사회로부터가 아니라 본성에서 온다. 그대의 길은 이미 그대 안에 있다. 다만 그것은 의식되지 않고 의도함이 없다. 그 길을 따르라. 그대가 목적지에 도달했음을 아무도 알지 못해도 그대 자신은 알 것이다. 노벨상은 받지 못할 것이다. 진정으로 목적지에 도달한 사람은 아직까지 한 사람도 노벨상을 받지 못했다. 붓다나 예수에게는 아직 노벨상이 주어지지 않았다. 앞으로도 그런 일이 없을 것이다. 노벨상은 기존 사회에 충실히 복종한 자에게 주어지는 상이다. 그 자신의 요구가 아니라 사회가 요구하는 목적을 성취한 자. 역대 노벨상 수상자들을 살펴보라. 그들만큼 슬픈 표정의 인간들도 찾아보기 힘들다. 이것은 우연한 일이 아니다. 여기엔 깊은 의미가 있다. 그들 대부분이 채워지지 않은 삶을 살았다. 상이 그대를 채워 주진 못한다. 자연에 자신을 내맡기라. 그것을 의도적으로 강제하거나 계산하지 말라.

    스스로를 의식해 자기를 드러내고자 할 때
    그 행위는 자연의 도에 어긋나며
    자기 본래의 것을 잃는다.
    자기를 의식적으로 드러냄은 모두 거짓된 것이다.

    물라 나스루딘이 병에 걸려 의사를 찾아갔다. 의사가 물었다.

"나스루딘 씨, 술을 많이 마십니까?"

나스루딘은 아니라고 대답했다. 그러면서 손을 떨고 있었다. 그 시간에도 그는 이미 술에 취해 있었다. 그가 숨을 내쉴 때마다 술 냄새가 진동했다.

의사가 말했다.

"좋습니다, 나스루딘 씨. 그럼 여자를 밝히십니까?"

나스루딘은 아니라고 대답했다. 그러나 이제 방금도 술집 여자를 만나고 오는 길이었다. 뺨에 찍힌 입술 자국이 아직도 선명했다.

의사가 다시 물었다.

"그럼 담배를 피우십니까?"

나스루딘이 대답했다.

"아니오. 절대로 피우지 않소."

그러나 그의 웃옷 주머니에는 담뱃갑이 들어 있었고, 담뱃진이 묻어 손가락은 갈색이었다. 마침내 의사가 화가 나서 물었다.

"그렇다면 당신은 대체 무엇을 하시오?"

나스루딘이 대답했다.

"거짓말을 하고 있지요."

세상에서 성공을 한 모든 사람들이 이런 식이다. 더 훌륭하게 거짓말을 할수록 더 많이 성공한다. 이 세상에서 성공하려면 거짓말쟁이가 되어야 한다. 그러나 그때 그대는 자기를 잃어버릴 것이다. 이 세상의 기준으로는 성공할지 몰라도 다른 세상의 기준으로는 실패자다. 그리고 최종적으로 평가가 내려지는 것은 다른 세상의 기준에 의해서다.

자기를 드러내려고 하면

바깥 세상의 일들이 마음을 어지럽혀
결국 감옥에 갇히게 된다.

일단 자기를 드러내는 쪽으로 기울게 되면 세상의 일들이 밀려들어 당장에 그대를 감옥에 가둔다. 희생자가 되는 것은 그대이다.

그때 더 이상 자연의 도에 의해
보호받지 못한다.

자연의 도를 잃으면
행동 하나하나가 재난을 부른다.

남들이 그대에 대해 무엇을 말하는가에 관심을 갖는 순간 그대의 행동 하나하나가 재난을 부른다. 그대는 성공할지 모르지만 그 성공은 전혀 쓸모없는 것이다. 그것이 결코 그대를 채워 주지 못하기 때문이다. 그것은 그대의 길이 아니었다. 그대의 씨앗은 전혀 꽃을 피우지 못했다. 그대에 대한 신문 기사들을 오려서 스크랩북을 만들 수는 있어도, 그것들은 생명 없는 신문지 조각에 불과하다. 그것들을 거실 벽에 내건다 해도 이미 죽은 것이다. 밖에 나갈 때 그대가 갖고 나가는 그 얼굴, 그 거짓된 미소는 살아 있는 것이 아니다. 행동 하나하나에서 그대는 서서히 거짓된 인간으로 변해 간다.

거짓된 것들을 통해 어떻게 생의 환희를 얻겠는가? 세상의 많은 쓰레기들을 끌어모을지는 몰라도 정작 중요한 것은 잃은 것이다.

장자는 말한다. 도 안에서 살라고, 도 안에서 진실하고, 도 안에서 충실하라.

그대에게 유일하게 필요한 것은 도에 대한 충실함이다. 그대 안의 본성, 진정성에 대한 충실함이다. 그 밖의 다른 충실함은 필요하지 않다. 세상 전체가 그대에게 불충실하다고 비난해도 그것이 중요한 것은 아니다.

고타마 붓다의 아버지가 붓다에게 한 말이 그것이다. 붓다가 아버지를 버리고 떠났기 때문이다. 붓다의 아내가 붓다에게 한 말이 그것이다. 그가 그녀를 버리고 떠났기 때문이다. 왕국 전체가 그에게 한 말이 그것이다. 그가 나라를 버리고 떠났기 때문이다.

그러나 그는 행복했다. 붓다는 행복했다. 그는 자신의 도, 자신의 본성에 충실했다. 그는 말했다. '다른 길은 없다. 네가 고통받는 것은 너의 기대 때문이다.'

그대가 여기에 존재하는 것은 그대를 실현하기 위해서다. 다른 사람들은 또 그들 자신을 실현하기 위해 여기에 존재한다. 남들이 그대에게 어떤 것을 기대한다면 그것은 그들의 문제다. 그들은 그 기대 때문에 고통받을 것이다. 그러나 그것 때문에 그대가 거짓된 인간이 될 필요는 없다.

그대 안의 본성에 충실하라. 그리고 다른 사람들로 하여금 그들 안의 본성에 충실하도록 도우라. 종교적인 인간의 의미가 바로 이것이다. 종교적인 인간은 자기 안의 본성에 충실하면서 다른 사람들도 그들 안의 본성에 충실하도록 돕는 인간이다. 그들에게 어떤 것을 기대하지 말라. 그렇지 않으면 그들을 연기자로 만들고 있는 것이다. 그들을 거짓말쟁이로 만드는 것이다. 다른 사람에게 어떤 것을 기대하지 말라. 또한 그대에 대한 남들의 기대를 채우려고 노력하지도 말라. 물론 힘든 일이겠지만 이것이 진정한 구도자의 의미다.

타인의 기대가 그대의 성장을 도와주지 않는다. 그대가 타인의 기대를 만족시켜 줄 것이라는 암시조차 아예 주지 말라. 어떤 고통이 닥쳐와도 감수할 각오를 하라. 남들이 그대에 대해 기대를 갖도록 만들지 말라. 그렇지 않으면 세상이 그대를 가둘 것이고, 그것이 감옥이다. 일단 그대가 고개를 끄덕이는 순간 그대는 감옥에 갇힌다. 이미 그대는 감옥 안으로 들어선 것이며 따라서 모든 행동이 새로운 재난, 새로운 불행, 새로운 거짓을 부를 것이다. 남의 기대를 채우려는 생각을 버리라. 그리고 남이 그대를 채워 주리라는 기대도 버려라.

이것을 기억하라. 그대가 고통스럽다면 그것은 남이 아니라 그대 자신 때문이다. 남이 고통받는 것도 그들 자신 때문이다. 누구도 남들 때문에 고통받지 않는다. 이를 깊이 이해하라. 오직 그때만이 그대 안의 진정한 본성에 충실할 수 있다. 그 충실함이 바로 진정한 종교성이다. 힌두교에서는 그것을 '리트'라고 부른다. 예수는 그것을 하늘나라라고 불렀다. 그리고 장자는 그것을 도라고 불렀다.

어떤 용어를 사용하든 자신의 진정한 본성에 충실하라는 뜻이다. 어떤 제약이나 의도적인 계산 없이 그것과 함께 흘러가라는 뜻이다. 그것이 그대를 어디로 데려가든 신뢰하고 의식함이 없이 도의 넉넉한 무의식에 자신을 맡기라는 뜻이다.

신뢰란 그런 것이다. 그것은 신을 믿는 것, 천국과 지옥을 믿는 것과 다르다. 어떤 이론이나 사상을 믿는 것과는 다르다. 신뢰는 그대가 나오고 결국 돌아가야 할 그 본성에 대한 믿음이다. 그 본성을 신뢰할 때 그대의 존재는 채워져서 돌아갈 것이다. 그대 삶의 모든 순간이 새로운 채워짐이 될 것이다.

그렇지 않으면 모든 행동이 재난을 부를 수밖에 없다.

남의 눈에 띄는 밝은 곳에서 행하면
사람들이 벌을 내릴 것이며,
남의 눈에 띄지 않는 곳에서 은밀히 행하면
귀신이 벌할 것이다.

자신을 드러내려고 노력하지 말라. 밝은 대낮에 사람들이 많이 보는 곳에서 자신을 드러내면 사람들이 그대를 벌할 것이다.

이것을 깊이 이해하지 않으면 안 된다. 자기를 드러내는 사람, 하나의 흥행사가 되었을 때 사람들이 그대를 높이 평가할 것이다. 그럼으로써 그대는 그들의 희생물이 되는 것이다. 그대가 그들의 기대를 만족시켰기 때문에 그대를 인정하는 것이지 다른 이유가 없다. 그들은 그대에게 박수를 보낼 것이다. 그러나 그것은 오래가지 않는다. 얼마 안 가 그들은 그대가 거짓말쟁이라는 것을 느끼기 시작할 것이다. 과연 얼마나 오랫동안 그대가 거짓을 숨길 수 있겠는가? 그것은 언젠가 드러나기 마련이고, 사람들은 그대의 거짓을 눈치 챌 것이다. 그리하여 그대를 벌할 것이다.

그런 일은 정치인뿐 아니라 흥행사가 된 누구에게나 일어난다. 처음엔 사람들이 박수를 보낸다. 그는 이제 희생자가 되었다. 박수를 받기 위해서 그는 더 많은 거짓을 행할 것이다. 그들의 기대에 맞추기 위해 더욱더 진실에서 멀어질 것이다. 이것은 악순환이다. 진실에서 멀어질수록 사람들은 그대가 거짓말을 하고 있다는 것을 더 많이 느낄 것이다. 마침내 그들은 그대에게 벌을 내릴 것이다.

남이 칭찬할 때 항상 조심하라. 그대는 위험한 길에 접어든 것이다. 머지않아 그들이 그대를 벌할 것이다. 그대의 성공에 대해 남이 말할 때 항상 조심하라. 재난이 멀지 않다. 남이 그대에게 왕관을 씌울 때 멀리멀리 달아나라. 머지않아 그들이 그대에게 돌멩이를 던질 것이다.

그러나 그대는 왜 그토록 어리석고 우둔한가? 그대는 그대 이전에 그 왕관을 썼던 자가 있었음을 깨닫지 못한다. 사람들이 그를 그 자리에 앉혔다가 이제 그를 몰아내고 그대를 앉혔다. 이제 다른 흥행사를 그 자리에 앉히기 위해 그대를 내쫓을 것이다.

남의 의견에 따라 삶을 사는 모든 이에게 이런 일이 일어난다. 바깥 세상에서는 어떤 성공도 노리지 말라. 그러면 어떤 재난도 찾아오지 않을 것이다. 남이 그대를 존경하기를 바라지 말라. 그러면 욕먹는 일도 없을 것이다.

장자는 말한다. 꼴찌가 되라고. 그러면 누구도 그대를 더 이상 밀어 제칠 수 없다. 이미 꼴찌에 서 있으니까. 일등이 되려고 하지 말라. 꼴등이 되라. 맨 앞줄에 서려고 하지 말라. 그러면 뒤에 서 있는 모두가 그대의 적이 될 것이다. 머지않아 그들이 그대를 벌할 것이다. 모든 것에는 그 정반대의 것이 있다. 사람들이 그대를 칭찬하면 언젠가 똑같은 그들이 그대를 벌할 것이다. 사람들이 그대를 존경하면 욕을 퍼부을 날도 멀지 않다.

여기에는 심리적인 이유가 있다. 누군가 그대를 존경한다고 하자. 그러나 사실 그는 마음속 깊은 곳에서 열등감을 느낀다. 그러니 그가 어떻게 그대를 용서할 수 있겠는가? 언젠가 복수를 할 것이다. 그가 그대 발 아래 엎드려 절하는 순간 그는 마음속 깊은 곳에서 상처를 받는다. 그대가 그 사람보다 높은 위치에 서 있는 것이다. 이제 그 사람은 그대가 높은 위치에 서 있지 않다는 것을 증명하려고 할 것이다. 언젠가 그가 그대보다 높다는 것을 증명할 것이다.

이 심리를 깊이 이해하라. 그대 역시 누군가를 칭찬할 때 그대의 마음을 잘 들여다보라. 그러면 마음 한편에서는 그를 욕하고 있다는 사실을 알게 될 것이다. 조만간 욕하는 그 마음이 표현될 것이다. 시간의 문제일 뿐이다. 누군가 그대의 목에 화환을 걸어 주면 이렇게 생각하라. '여기서 중단하자. 머지않아 나는 대가를 치르게 될 것이다.'

> 남의 눈에 띄는 밝은 곳에서 행하면
> 사람들이 벌을 내릴 것이며,
> 남의 눈에 띄지 않는 곳에서 은밀히 행하면
> 귀신이 벌할 것이다.

남의 눈에 띄는 곳이 아닐지라도 혼자만의 은밀한 곳에서조차 그대는 자기를 드러내 보이려고 노력한다. 인간은 너무도 거짓된 존재가 되어 버린 나머지 혼자서 목욕을 하고 있을 때에도 거짓을 행한다. 혼자 있는 곳에서조차 진실되지 못한다. 거짓이 체질화되었기 때문에 쉽게 떨쳐 버리지 못하는 것이다. 어딜 가나 거짓과 인위적인 것이 따라다닌다. 꿈속에서조차 그대는 거짓되게 행동한다. 거짓의 뿌리가 너무 깊어 꿈속까지 따라온다. 아버지를 미워하면 꿈속에서 삼촌을 미워한다. 그런 식으로 거짓이 따라다닌다. 삼촌은 그대에게 잘못한 것이 아무것도 없지만 그가 아버지에게 가장 가까운 인물인 것이다. 꿈이 그토록 복잡해져서 프로이트(오스트리아 출신의 정신 분석학 창시자)와 융(스위스의 정신 의학자)의 꿈 해석이 필요한 이유가 여기에 있다. 그대가 삼촌을 미워한 꿈을 이야기하면 프로이트는 그 꿈에서 아버지에 대한 미움을 읽을 것이다. 삼촌은 아버지의 상징인 것이다.

혼자 있는 곳에서 거짓을 행하면 자연이 스스로 그대를 벌할 것이다. 인위적이고 가식적인 행동은 벌받을 수밖에 없다. 장자가 말하는 '귀신'이란 바로 이 뜻이다. 본성 그 스스로 벌할 것이라는 뜻이다.

벌을 피하려면 홍행사가 되지 말라. 남이 뭐라고 말하든 자연스러워지라. 비록 그들이 그대를 반역자, 배신자, 나쁜 인간이라고 부를지라도 그들 마음대로 생각하게 하라. 비록 그들이 그대를 십자가에 매달지라도 그들 마음대로 하게 하라. 그대는 그대 자신에게 진실하라.

예수는 십자가에 못 박힐 때 달아날 수도 있었다. 빌라도 총독은 그를 석방할 의사를 갖고 있었다. 그러나 예수는 용서를 구하지 않았다. 자신의 본성에 충실했기 때문이다.

아테네 법정이 소크라테스에게 사형 선고를 내렸을 때 한 가지 석방 조건이 있었다. 법정은 소크라테스에게 말했다. 만일 앞으로 시내 광장에서 사람들과 토론하지 않는다면, 그리고 앞으로 철학적인 이야기를 하지 않고 침묵을 지킨다면 용서해 주겠다고.

소크라테스는 웃음을 터뜨렸다. 그는 말했다.

"그것은 불가능하다. 그것은 내 자신의 본성에 거역하는 일이기 때문이다. 나라는 인간이 본래 그렇다. 나는 사람들과의 토론을 계속할 것이다. 너희들은 나를 죽일 수 있다. 그것은 너희들에게 달린 일이다."

그렇게 해서 그는 침묵을 받아들이는 대신 독약을 받아들였다. 그는 결코 침묵할 것을 받아들이지 않았다. 그래서 죽으면서까지 죽음에 대한 토론을 제자들과 나누었다.

그대 자신에게 충실하라. 남이 말하는 것에 신경 쓰지 말라. 이것이 신에 이르는 유일한 길이다. 신에 이르는 유일한 길은 자연스러워지는 일이기 때문이다.

> 저마다 자연의 도를 이해하고
> 자기를 드러내려는 노력으로부터 스스로를 지키라.
>
> 그런 이는 사람에 대해서나 귀신에 대해서나
> 늘 평화로울 것이며,
> 마음의 탑에 초연히 홀로 머물며
> 늘 옳게, 그러나 남의 눈에 띄지 않게 행동할 것이다.

그는 사람에 대해서나 귀신에 대해서나 늘 평화롭고 편안할 것이다. 자신이 누구인가를 드러내 보이는 일에 어떤 식으로든 무관심하다면 자연과도 평화로울 것이고 사람과도 평화로울 것이다. 사람들이 죽인다고 할지라도 그의 평화는 흔들리지 않을 것이다.

십자가에 못박혔을 때도 예수는 평화로웠다. 독약이 배달되었을 때도 소크라테스는 평온했다. 그대 역시 평화로울 것이다. 그들이 무슨 짓을 하든 그것이 무슨 문제인가? 그것이 그대를 흔들지는 못한다. 그대는 이미 초연해 있다. 그대 안의 부동의 탑에 머물러 있는 것이다.

그대 안의 본성 안에서 그대는 보호받고 있다. 어떤 것도 그대를 침투할 수 없다.

> 그런 이는 사람에 대해서나 귀신에 대해서나
> 늘 평화로울 것이며,

마음의 탑에 초연히 홀로 머물며
늘 옳게, 그러나 남의 눈에 띄지 않게 행동할 것이다.

장자가 말하는 이 옳은 행동이라는 것은 세상의 옳고 그름과는 상관없다. 그가 말하는 옳은 행동이라는 것은 잘못된 행동에 반대되는 의미가 아니라 자연스러운 행동이라는 뜻이다.

자연스러운 것이 옳은 것이다. 쉬운 것이 옳은 것이다. 그대 자신이 되는 것이 옳은 것이다. 그대 자신이 되는 것, 그대는 오직 그것밖에 될 수 없다. 다른 모든 것은 인위적인 것일 뿐이다.

진리는 그것을 발견한 사람과 함께 사라진다. 진리는 물려받는 것이 아니라 각자 새롭게 발견해야 한다. 다시 또다시 자기 자신의 발로 서야만 한다.

열째날 아침 수레 만드는 사람

나라의 가장 높은 지위에 있는 환공이
어느 날 방에서 책을 읽고 있었다.
마침 수레 만드는 목수인 윤편이라는 자가
뜰에서 수레바퀴를 깎고 있었다.

윤편이 문득 망치와 끌을 내려놓고 일어나더니
환공에게로 다가와 물었다.
"좀 여쭙겠습니다만, 왕께서 지금 읽고 계시는 것은
무엇입니까?"
환공이 대답했다.
"성인들의 말씀이다."
윤편이 다시 물었다.
"그럼 그 성인들은 살아 있습니까, 죽었습니까?"
환공이 대답했다.
"오래전에 죽었다."
그러자 윤편이 말했다.
"그렇다면 왕께서 읽으시는 것은 옛사람이 남긴 찌꺼기이군요."
환공이 화가 나서 말했다.
"수레 만드는 목수인 주제에 무엇을 안다고 떠드는 것이냐?
네가 지금 한 말에 대해 이치에 닿는 설명을 하지 못하면
목숨이 없어질 줄 알라."

그 수레 만드는 자가 말했다.
"저는 어디까지나 제 일에서 얻은 경험으로 미루어
말한 것일 뿐입니다.
수레바퀴를 깎을 때 너무 깎으면 헐렁해서 쉽게 빠져 버립니다.
또 덜 깎으면 조여서 들어가지 않습니다.
그러므로 더 깎지도 덜 깎지도 않게 적절히 손을 놀려야 합니다.
그래야만 바퀴가 꼭 맞아 제가 원하는 대로 일이 끝납니다.

그러나 그 기술은 손으로 익혀 마음으로 짐작할 뿐
말로는 설명할 수 없습니다.
저는 그 요령을
심지어 제 자식놈에게조차 가르쳐 주지 못하고 있으며
자식놈 역시 저에게서 배우지 못하고 있습니다.

그래서 이렇게 나이 일흔이 넘어서도 제 손으로
수레바퀴를 깎고 있어야 하는 것입니다.
옛날의 성인들도 마찬가지로 자신들이 진정으로 깨친 사실을
아무에게도 전하지 못한 채 죽어갔을 것입니다.
그렇다면 왕께서 지금 읽으시는 그 글이
그들이 뒤에 남기고 간 찌꺼기가 아니고 무엇이겠습니까?"

―〈수레 만드는 자의 지혜〉

시골길을 달리던 자동차 한 대가 엔진 고장으로 정지했다. 차에서 내린 운전수는 차의 앞뚜껑을 열고 내부를 살폈으나 원인을 알 수 없었다. 그때 문득 한 목소리가 들렸다.

"나한테 물으면 고장의 원인이 무엇인지 가르쳐 주지."

그는 깜짝 놀랐다. 그곳엔 자기 혼자뿐이라고 생각했기 때문이다. 그래서 주위를 둘러보았으나 사람은 전혀 보이지 않고 근처 밭에 서 있는 늙은 말 한 마리뿐이었다. 그는 갑자기 무서운 생각이 들어 걸음아 나 살려라 하고 도망치기 시작했다.

20분쯤 뒤 한 주유소에 도착한 그는 숨을 몰아쉬며 주유소 주인에게 설명했다.

"근처엔 말 한 마리가 있을 뿐 사람이 전혀 없었는데 갑자기 사람의 목소리가 들려오는 것이었소."

주유소 주인이 물었다.

"혹시 검은색 털에 잔뜩 굽은 등에 안짱다리 말이 아니던가요?"

그가 대답했다.

"그렇소. 바로 맞았소."

그러자 주유소 주인이 말했다.

"그 말에 대해선 신경 쓰지 마시오. 그 말은 오래전에 죽은 늙은 철학자인데 지금도 그 장소 주위를 배회하고 있는 것이라오. 과거의 습관 때문에 아직도 자기에게 질문을 던져 줄 사람을 찾아다니고 있소. 그는 자동차 엔진에 대해선 아무것도 모르오. 그는 말이 아니라, 단지 그 늙은 말을 영매로 사용하고 있는 철학자인 것이오. 그러니 그 말에 대해선 신경 쓰지 마시오."

삶의 모든 길에서 이런 일이 일어나고 있다. 늙은 유령들이 계속 쫓아다니고 있으며, 그들은 모든 해답을 안다. 그대는 질문만 하면 된다. 질문을 던지는 순간 그들은 해답을 줄 준비가 되어 있다. 그러나 삶은 끊임없이 변화하고 있으며, 그들은 엔진 고장에 대해선 아무것도 알지 못한다.

삶은 순간에서 순간으로 변화하고 있다. 그러므로 과거로부터는 해답을 구할 수 없다. 오늘 이 순간은 어제의 이 순간과 같은 것이 아무것도 없다. 과거로부터는 결코 해답을 구할 수 없다. 해답은 물건이 아니다. 해답은 그것을 발견한 사람의 죽음과 더불어 사라진다. 그러나 유령들은 언제나 쫓아다닌다. 그대가 읽는 베다 경전, 코란, 성경, 바가바드 기타…… 그것들은 유령들이다. 그것들은 이제 실체가 아니다. 오래전에 죽은 것들이다. 하나의 허상만을 갖고 있을 뿐이다.

따라서 먼저 이것을 이해하라. 왜 죽은 것들이 그토록 매력을 갖는가를. 왜 죽은 과거가 그토록 살아 있는 사람들에게 매력적으로 보이는가를. 왜 죽은 자가 그대의 발목을 잡아당기고 있는가를.

그대는 왜 그들을 간직하는가? 왜 그들에게 귀기울이는가? 그대는 살아 있고, 새로운 인간 존재다. 그런데 왜 과거에게, 권위가게, 전문가에게 자문을 구하는가?

첫 번째 이유는, 죽은 지 오래된 사람일수록 그 전통이 위대해 보인다는 것이다. 시간은 허상을 만드는 재주꾼이다. 장자가 생존해 있을 때 그대는 그를 인정할 수 없다. 그에게 아주 너그러이 친절을 베푼다 해도 그의 설법을 한 번 들을까 말까다. 듣긴 들어도 그가 깨달은 사람이라는 사실을 믿지 않는다. 그가 궁극의 앎을 깨쳤다는 사실을 믿을 수 없다. 왜냐하면 그는 하나도 다를 바 없는 똑같은 인간 존재로 보일 것이기 때문이다. 똑같은 피와 살을 가진 인간, 그대와 똑같이 늙고 병들 수밖에 없는 인간으로. 그대와 마찬가지로 죽음을 향해 다가가고 있는 똑같은 인간으로……. 그런 사람이 궁극의 앎을, 불멸성에 이르렀다는 것을 어떻게 믿겠는가? 어려운 일이다. 거의 불가능한 일이다. 아무리 믿으라고 자신을 강요한다 해도 그것은 거의 불가능한 일이다. 마음 깊은 곳에선 의심이 남아 있을 것이다.

그러나 이제 25세기가 지났다. 장자는 더 이상 살과 피를 지닌 인간이 아니다. 그는 이제 병들지 않으며, 배고파 하지 않는다. 음식이 필요 없다. 약도 필요 없다. 이제 그는 죽지 않는다. 불멸의 존재가 되었다.

시간이 모든 허상을 연출해 낸다. 그리하여 그대는 그가 자신과 똑같은 인간 존재라는 사실을 서서히 잊는다. 죽은 이미지가 서서히 황금빛으로 변한다. 그는 그 황금빛 이미지를 갖고 점점 더 높이 올라가서 낙원 어딘가에 숭고하게 자리 잡는다. 이제 그대와 그의 귀한 존재와의 거리는 무한히 멀어진다. 이제 그대는 그를 믿고 숭배할 수 있다.

그렇기 때문에 과거가 끝없이 사람들을 뒤쫓고 있는 것이다. 붓다가 다시 세상에 오면 사람들은 그를 거부할 것이다. 예수가 오늘날에는 숭배받지만 살았을 적에는 십자가에 처형된 까닭이 여기에 있다. 살아 있으면 사람들은 그를 처형한다. 죽으면 비로소 숭배하기 시작한다.

왜 죽음이 그를 그토록 중요하고 의미있는 존재로 탈바꿈시키는가? 죽음은 그의 육체를 파괴하기 때문이다. 그리하여 그대와의 공통점이 사라진다. 그때 그대는 그에 대하여 영적인 이미지를 갖기 시작한다. 피도 없고, 뼈도 없고, 초육체적인 이미지를. 이제 그대는 자유롭게 상상을 펼칠 수 있으며, 그에게 어떤 특성을 부여하는가는 그대에게 달려 있다. 그를 구세주라고 생각하든, 큰 깨달음에 이른 인물이라고 생각하든, 신의 화신이라고 생각하든 그것은 이제 그대의 자유다. 이제 그대는 마음대로 자신의 생각을 그에게 투영할 수 있다. 그가 살았을 때는 그것이 불가능했지만 지금은 그것이 가능하다.

산 사람에게는 자신의 생각을 투영하는 일이 어렵다. 숨 쉬는 실체가 그곳에 있기 때문이다. 그는 그대가 가진 임의의 상상과 관념을 부술 것이다. 그는 그대의 이미지에 갇히기를 거부할 것이다. 그러나 죽은 자가 무엇을 할 수 있겠는가? 예수가, 붓다가 무엇을 할 수 있겠는가? 장자가 무엇을 할 수 있겠는가? 그대가 무슨 짓을 하든 그들은 어찌할 수가 없다. 그냥 참는 수밖에 없다.

스승이 죽었을 때 더 많은 상상이 가능한 까닭이 여기에 있다. 이제 그대 자신이 그에게 의미를 부여할 수 있다. 그에게 위대성을 부여하고, 다른 세상의 가치를 부여할 수 있다.

그러나 살아 있는 사람에게는 가슴으로부터의 신뢰, 완전한 신뢰를 갖지 않고서는 그것이 불가능하다. 가슴으로부터의 100퍼센트 신뢰를 가진 자에게는 장자는 결코 육체가 아니다. 살았든 죽었든, 그는 결코 육체적 존재가 아니다. 깊이 꿰뚫고 들어가기 때문에 장자의 육체가 투명해진다. 그는 육체를 갖고 있을지 모르지만 육체가 아니다. 그는 그대의 세계 속에서 살고 있을지 모르지만 그 세계에 소속되지 않는다. 그는 높은 다른 차원의 세계에 존재한다. 그것이 곧 그리스도, 하느님의 아들의 의미다. 그것이 아바타르, 신의 화신의 의미다. 그것이 티르탕카라, 붓다의 의미다. 그는 보이지 않는 세계에서 온다. 그는 오직 신뢰의 눈을 통해서만 볼 수 있다. 마음은, 사념은 그를 볼 수 없다. 그러나 그가 죽었을 때 마음은 자유롭게 자신의 생각을 투영할 수 있다.

따라서 첫 번째 이유는, 시간의 간격이 클수록 그대와 장자, 붓다, 예수, 마하비라(자이나교의 첫번째 스승) 사이의 시간 간격이 클수록 그대의 상상력이 더 많은 자유를 갖게 된다는 것이다. 그대는 자유롭게 자신의 생각을 투영할 수 있고, 그들 주위에 하나의 꿈을 만들 수 있다. 그때 그들은 더욱 신화적이 되고 덜 현실적이 된다. 그때 온갖 신화가 그들 주위에 형성된다. 비로소 그대는 그들을 숭배할 수 있고, 그들의 말에 귀기울일 수 있다.

그러나 문제는, 장자는 살아 있을 때만이 그대를 도울 수 있다는 것이다. 장자가 살아 있을 때, 그대는 그의 정신을 마실 수 있다. 장자가 살아 있을 때, 그때 무엇인가 전수가, 전달이 가능하다. 그러나 그가 죽었을 때 그것은 더욱더 불가능해진다.

왜인가? 전달될 수 있는 그것은 언어를 통해서는 전달될 수 없기 때문이다. 그것이 언어로 전달될 수 있다면, 거기에 경전이 있고, 장자의 연설이 있다. 그러나 그것은 언어를 통해선 전달이 불가능하다. 언어는 하나의 구실일 뿐이다.

장자가 그대에게 말을 한다. 그것은 마음의 차원과 접촉하기 위한 하나의 구실일 뿐이다. 그대가 열려 있으면 무엇인가 끊임없이 일어난다. 언어 사이에서, 행간 사이에서 장자가 그대에게 가 닿는다. 그것은 하나의 살아 있는 체험인 것이다.

그는 하나의 이론을 전수하는 것이 아니다. 그는 '그 자신'을 전수하고 있는 것이다. 하나의 가설이 아니라, 하나의 철학이 아니라, 하나의 살아 있는 체험을 전달하려는 것이다.

따라서 그것은 철학이라기보다는 기술에 더 가깝다. 그대가 헤엄치는 법을 안다고 해서, 말로는 그것을 남에게 가르칠 수 없다. 무엇이라고 말할 것인가? 어떤 말을 해도 그대는 그것이 부적절하다고 느낄 것이다. 유일한 방법은 제자를 데리고 강으로 나가는 일이다. 그래서 그대가 강물에 뛰어들어 헤엄치는 법을 보여 주는 것이다. 그에게 자신감을 심어 주고 용기를 주는 것이다. 그런 다음 그에게 말하는 것이다. 너도 물속으로 들어오라고.

만일 그가 그대를 신뢰한다면, 그는 그대를 따라 물속으로 뛰어들 것이다. 그러면 서서히 체험을 통해 배워 나갈 것이다. 오직 체험만이 가르칠 수 있다.

진리의 깨달음은 헤엄치는 일과 같다. 그대는 그것에 대해 말로 설명할 수 없다. 그것을 설명할 수 있겠지만, 그 설명은 죽은 것이다. 그것은 하나의 살아 있는 체험이다.

그런 경우가 자주 일어난다. 어떤 기술을 터득한 사람이 있다. 그는 그 기술을 그대에게 말로 설명할 수 없다. 그러나 그대는 배울 수 있다. 그것의 신비가 여기에 있다. 그는 그것을 그대에게 가르칠 수 없지만, 만일 그대가 열려 있다면 그대는 배울 수 있다.

따라서 기억하라, 중요한 것은 스승이 아니라 제자와 그의 수용

성임을. 스승이 이곳에 존재한다. 그가 눈앞에 살아 있다. 이제 그대는 열려 있어야 한다. 그를 마실 수 있어야 한다. 그를 허용해야 한다. 그가 그대의 내면으로 들어오는 것을 허락해야 한다.

그대가 두려워한다면 존재 전체가 움츠러들 것이고, 그대는 닫힐 것이다. 그대가 닫혔을 때 스승이 아무리 문을 두드려도 반응이 없을 것이다. 그가 계속 두드릴수록 그대는 더욱 움츠러들 것이고, 더욱 두려워할 것이다.

그러므로 그는 문을 두드리지도 않을 것이다. 그것이 하나의 공격이 될 수 있기 때문이다. 그는 그냥 문 앞에서 기다릴 것이다. 그대가 준비되어 문을 열면, 그는 그것을 전수할 것이다. 즉각적으로 전달할 것이다. 그러나 먼저 제자가 준비가 되어야 한다.

오직 살아 있는 스승과 함께만 그것이 가능하다. 죽은 스승으로부터는 아무것도 배울 수 없다. 설명이 그대와 함께 있고, 성경이 그대와 함께 있다. 그대는 위대한 학자, 철학자가 될 수 있다. 사색을 거듭해 많은 이론을 정립할 수 있다. 신학을 체계화할 수도 있다. 그러나 예수는 그곳에 없을 것이다. 예수와 함께 살아야 한다. 그의 현존, 그것이 무엇보다도 중요하다.

두 번째 기억해야 할 것은, 인간의 마음은 항상 이론과 학설과 철학을 좋아한다는 것이다. 인간의 마음은 그것들과 겨루기를 할 수 있다. 그것이 인간의 마음이 무척 좋아하는 게임이다. 잃을 것이 아무것도 없기 때문이다. 오히려 그 이론 게임을 통해 마음은 더욱 잘난 체할 수 있다. 더 많은 것을 알수록, 더 많은 정보를 수집할수록, 마음은 '나는 잘난 인간이다'라고 자랑한다.

살아 있는 스승과의 문제는, 그대는 자신을 완전히 내주어야 한다는 것이다. 그대의 에고가 완전히 녹아 없어져야 한다는 것이다.

스승과 함께 사는 것은 진정 죽음의 체험이다. 그대가 죽어야만 한다. 그대가 죽지 않고서는 아무것도 일어나지 않는다. 그대의 죽음을 통해서만 거듭남이 가능하다. 그대가 더 이상 존재하지 않을 때 갑자기 신이 내려온다. 그러므로 살아 있는 스승은 그대의 존재로서는 죽음의 체험이다. 영혼의 거듭남이지만, 곧 에고의 죽음이다.

죽은 스승에 대해 그대는 겁먹지 않는다. 인간의 마음은 계속해서 전문가나 권위가들과 게임을 즐길 수 있으며, 해석은 그대에게 달려 있다. 이론 그 자체에는 어떤 의미도 없다. 그것에 의미를 부여하는 것은 그대 자신이며, 따라서 그것은 하나의 게임이다.

그대는 자신이 성경을, 예수의 말을 읽는다고 생각한다. 그렇지 않다. 말이 그곳에 있지만, 그것에 의미를 부여하는 자는 누구인가? 바로 그대 자신이다. 그대 자신이 의미를 주고 있는 것이다. 그러므로 모든 경전은 하나의 거울 이외의 아무것도 아니다. 그 속에서 그대는 자신의 얼굴을 볼 것이다. 자신이 좋아하는 부분은 읽을 것이지만, 인간의 마음은 매우 영리하기 때문에 자신의 생각에 반대되는 부분에 대해선 귀기울이지 않는다. 이제는 그대 마음대로 해석을 가할 수 있으며, 예수는 이미 죽었기 때문에 '아니다, 그것은 내가 말한 뜻이 아니다'라고 말할 수도 없다.

프로이트가 무척 늙었을 때의 일이다. 바로 죽기 1년 전의 일이었다. 어느 날 그는 가까운 제자들을 점심식사에 초대했다. 당시 그는 전 세계에 대규모 추종자들을 갖고 있었다. 그는 정신 분석의 중요한 학파를 창시했으며, 따라서 무척 존경받는 인물이었다. 20명의 가까운 제자들이 그와 함께 점심식사를 하고 있었다. 식사 도중에 그들은 프로이트가 주장한 어떤 이론에 대해 토론하기 시작했으며, 토론에 몰두한 나머지 프로이트가 그 자리에 앉아 있다는 사실을 잊어버렸다. 그들은 진지하게 논쟁하고 반박하면서 수많은 해석을 내놓았다. 한 가지 이론에 20가지의 해석이 등장했다. 스승이 그곳에 살아 있었으며, 그 자리에 앉아 있었다. 그러나 그들은 그의 존재를 완전히 잊었다.

프로이트는 참다못해 주먹으로 탁자를 내리치며 말했다.

"잠깐! 난 아직 살아 있다. 그대들은 나에게 그 이론의 의미를 물을 수 있지 않은가? 그대들의 논쟁을 듣고 있자니 내가 죽은 다음에 무슨 일이 일어날지 짐작되고도 남는다. 내가 살아 있음에도 불구하고 아무도 내게 그 의미를 묻지 않는다. 이미 20가지의 해석이 등장했다. 내가 죽고 나면 그대들은 2백 가지, 2천 가지, 2만 가지의 해석을 내놓을 것이다. 그리고 그때는 내가 죽었으므로 나에게 그 진정한 의미를 묻지도 못할 것이다."

종파와 교파들이 그렇게 해서 탄생한다. 예수는 단순한 인간이었다. 그러나 가톨릭을 보라. 개신교를 보고, 그들의 수많은 종파와 해석들을 보라. 예수는 목수의 아들, 더없이 평범한 인간이었다. 그는 결코 복잡한 신학 이론을 사용하지 않았다. 그는 말의 인간이 아니라 체험의 인간이었다. 작은 이야기, 우화, 비유를 들어서 간단하게 말했다. 그리고 그는 글을 모르는 문맹의 사람들을 향해 말했으며, 그 의미는 단순했다.

그러나 보라. 가톨릭, 개신교, 그들의 신학자들을. 그들은 예수로부터 너무 많은, 산과 같은 해석들을 뽑아내었다. 단순한 가르침을 놓고 토론과 논쟁을 거듭한 결과 방향을 상실했다. 그래서 본래의 예수는 철저히 잊혀졌다. 살아 있는 프로이트가 무시되는데 어떻게 죽은 예수를 기억할 수 있겠는가?

힌두교인들에게 물어보라. 그들은 바가바드 기타에 대해 1천 가지가 넘는 해석을 갖고 있다. 그리고 매년 새로운 해석이 첨가된다. 누구도 다른 사람의 해석에 동의하지 않는다. 샹카라(9세기 초 인도의 철학자. 불이일원론 주장)는 그것의 메시지가 속세에서 벗어남, 무위와 귀의라고 말했다. 로크마냐 틸락(20세기 초 인도의 유명한 산스크리트 학자이며 점성가)은 정반대로 그것의 메시지가 행위라고 주장했다. 그리고 라마누자(12세기 초 남인도 출생. 샹카라와 더불어 2대 철학자)는 행위도 귀의도 아닌 헌신이라고 말했다. 그렇게 계속된다. 1천 가지의 해석이 있으며, 누구도 다른 해석을 인정하지 않는다. 그리고 그대가 바가바드 기타를 읽을 때 이제 1천 1가지의 해석이 될 것이다. 그대의 해석이 덧붙여질 테니까. 그 속에 그대의 마음이 투영되고, 마음은 지식과 정보를 주워 모아 더욱 커진다.

마음은 언제나 안전하다. 살아 있는 스승의 현존 앞을 제외하고는. 살아 있는 스승과 함께하는 마음은 죽음 직전이다. 그대는 크리쉬나에게서 도망쳐 그의 바가바드 기타를 머리 속에 담고 다닌다. 예수에게서 도망쳐 성경을 주머니에 넣고 다닌다. 성경은 그대의 주머니에 들어갈 수 있지만 예수는 아니다. 성경은 그대에게 속할 수 있지만, 예수와 함께라면 그대가 예수에게 속해야 한다. 그것이 차이다. 그대는 성경을 소유할 수 있지만, 예수는 소유할 수 없다. 그대가 그에게 소유되어야만 한다.

장자도 마찬가지다. 현재까지 얼마나 많은 장자 해석서들이 나왔는가? 그러나 장자가 된 사람, 장자의 피를 마시고 장자와 하나가 된 사람, 장자처럼 무가 되어 버린 사람은 드물다.

그리고 세 번째의 것은, 과학은 문자로 기록될 수 있다는 것이다. 거기 아무 문제가 없다. 그것은 기술이 아니라 하나의 이론, 하나의 논리이기 때문이다. 그것은 글로 적을 수 있고, 설명할 수 있다. 그것은 신비가 아니다. 과학의 기본은 신비를 벗겨 내는 데 있다. 그것은 원리와 법칙을 갖고 있으며, 그것들은 문자로 기록될 수 있다. 그 법칙을 해독하면 모든 것을 알 수 있다.

종교는 과학이 아니다. 오히려 예술에 가깝다. 그것은 하나의 상징이다. 중요한 것은, 그것이 현실적이 아니라 상징적이라는 것이다.

한번은 이런 일이 있었다. 한 친구가 피카소를 방문했다. 그 친구는 군인이었다. 그는 피카소의 화실을 둘러보고 나서 말했다.

"이 무슨 장난인가! 모두가 비현실적이다. 단 한 점의 그림도 현실적이지 않다."

피카소의 그림에서는 현실성을 발견할 수 없다. 현실성은 그곳에 없다. 현실에 대한 피카소의 느낌이 그곳에 있을 뿐이다.

과학은 객관성을 발견하려고 노력하지만, 예술은 객관성 속에서 주관성을 발견하려고 노력한다. 그대는 한 송이 꽃을 본다. 과학자에게 그 꽃을 물으면 그는 꽃의 화학적 성분을 설명할 것이다. 물론 성분들이 그곳에 있지만, 그것들은 꽃이라 할 수 없다. 그것들은 꽃의 아름다움을, 꽃의 의미를 담고 있지 않다.

그 아름다움을 위해서는 예술가에게 물어야 한다. 그러나 예술가는 화학적인 성분에 대해선 말하지 않을 것이다. 그는 한 편의 시를 줄 것이다. 그 시는 과학자가 줄 수 있는 어떤 것보다 진리에 더 근접할 것이다. 그러나 그것은 객관적이지 않다.

피카소는 친구의 말을 조용히 들었다. 이 친구는 군인이었기 때문이다. 군인이 주관성의 극치를 이해하는 것은 불가능한 일이다. 그들은 객관성의 세계에서 살기 때문이다.

그들은 화제를 돌려 다른 것들에 대해 말하다가 문득 그 친구가 피카소에게 자기 여자 친구의 사진을 보여 주었다. 아주 작은 사진이었다. 피카소는 웃음을 터뜨리며 말했다.

"이 여성은 왜 이렇게 작지? 이렇게 손톱만한 여성과 어떻게 잠자리를 같이 한단 말인가?"

군인이 말했다.

"무슨 말을 하는 거야? 이것은 사진일 뿐이야."

그러자 피카소가 말했다.

"그림 역시 마찬가지야. 그림은 객관적인 것이 아니라 상징적인 것이지. 그림은 어떤 것을 상징하고, 대변하고, 가리키는 것이지. 그림은 설명이 아니야. 정확한 비율이 문제가 아니라 그것이 전달하는 암시가 문제야."

기억하라, 종교는 과학보다 예술에 가깝다. 그리고 예술보다 더욱 오묘한 것이 종교다. 예술은 객관성을 상징하지만, 종교는 주관성을 상징하기 때문이다. 예술은 객관적인 세계를 보여 주기 위한 상징들을 갖고 있다. 예술가는 장미의 그림을 그린다. 그러나 장미가 그곳에 있다. 반 고흐의 장미와 피카소의 장미는 정원에 있는 장미와 똑같지는 않겠지만, 그래도 그것은 장미다. 유사성을 발견할 수 있고, 의미의 연결성을 찾을 수 있다.

그러나 붓다가 니르바나(열반)에 대해 말할 때 그것은 외부 세계의 것이 아니다. 그것과 일치하는 어떤 것도 그대는 갖고 있지 않다. 예수가 하늘나라에 대해 말할 때 그것은 객관적인 세계의 어느 곳에 존재하는 것이 아니다. 예술은 객관 세계를 상징한다. 그 상징이 어렵긴 하지만 그래도 세상과 연결된 무엇을 발견할 수 있다. 반면에 종교는 주관 세계를 상징한다. 그것으로부터 세상과 연결된 무엇도 발견할 수 없다.

그대 내면으로 들어가지 않고서는 그 의미, 그 중요성을 발견할 수 없다. 그때 그대는 그 언어를 갖고 다닐 뿐, 그것은 아무 현실성이 없다. 그때 '신'이라는 단어를 반복하겠지만 신에 대해 아무것도 알지 못한다. 그것은 예술 이상의 것, 기술 이상의 것이다.

깨달은 사람은 무엇을 하고 있는가? 그는 하나의 장인이다. 그대를 재료로 신을 조각하고 있다. 그는 하나의 조각가처럼 망치와 끌로 돌의 이 부분 저 부분을 깎아 낸다. 쓸모없는 비본질적인 부분들을 깎아 낸다. 그때 서서히 하나의 이미지가 나타난다. 그것은 본래 그곳에 있었다. 조각가가 망치와 끌로 작업을 시작하기 전부터 그것은 그곳에 있었다. 그러나 비본질적인 부분들이 함께 있었다. 비본질적인 부분들은 깎여져 나가야 한다. 그래야 본질적인 부분들이 모습을 드러낸다.

그러므로 한 사람의 붓다가 하는 일은 무엇인가? 그대는 하나의 돌과 같다. 그는 망치와 끌로 그대에게서 비본질적인 부분들을 깎아 나간다. 마침내 본질이 찬란히 모습을 드러낸다. 그때 그 장엄함이 드러나고, 저쪽 세계가 이쪽 세계 속으로 꿰뚫고 들어온다. 그는 어떤 새로운 것을 이 세계 속으로 가져오는 것이 아니다. 단순히 그대를 변화시키고 탈바꿈시키는 것이다.

그대는 이미 저쪽 세계를 그대 안에 갖고 있다. 하지만 그것은 이 세계의 것들과 너무도 뒤섞여 있다. 하나의 분리 작업이 필요하다. 본질적인 것을 비본질적인 것으로부터 분리시켜야 한다. 소유로부터 존재를 분리시켜야 한다. 소유로부터 소유자를 분리시켜야 한다. 육체로부터 영혼을, 주변으로부터 중심을.

그것은 하나의 기술이다. 어떤 화가도 그대에게 그림 그리는 법을 말할 수 없다. 그대는 그 스승과 함께 살아야 한다. 피카소에게 가서 '그림을 어떻게 그립니까? 뭔가 지침을 말해 주십시오' 하고 말하면 그는 어떤 지침도 줄 수 없다. 그 자신이 그것을 의식하지 못하기 때문이다. 그것은 너무도 거대한 현상, 너무도 무의식적인 현상이기 때문에 피카소는 그림을 그릴 때 어떤 규칙도 규율도, 어떤 법칙도 지침도 의식하지 못한다. 그는 그림 자체가 된다. 거기 그림 그리는 자는 사라진다. 그는 그림 속으로 완전히 몰입한다.

그대는 그와 함께 살아야 한다. 그가 그림 속으로 몰입해 들어갈 때, 그림 그리는 자가 사라지고 그림 그리는 행위만이 남을 때, 그림 그리는 일이 더 이상 의식적인 노력이 아닐 때, 무의식이 그 일을 주도할 때, 그때 그대는 그곳에 있어야 한다. 그것을 느끼기 위해. 그때 그림 그리는 손은 이미 피카소의 손이 아니다. 무의식의 도가, 자연이 그 손을 움직인다. 피카소의 손은 하나의 도구일 뿐이다. 다른 어떤 에너지가 그것을 움직인다.

그림을 그리는 피카소를 바라보라. 그는 더 이상 인간이 아니다. 그는 전혀 다른 인간이 된다. 그는 피조물이 아니라 한 사람의 창조주가 된다. 그렇기 때문에 그림이 탄생하면 그 그림은 저쪽 세계의 무엇을 전달하는 것이다.

그러나 이것은 또 아무것도 아니다. 한 사람의 붓다가 말할 때, 그는 말하는 자가 아니다. 한 사람의 붓다가 걸어갈 때, 그는 걷는 자가 아니다. 한 사람의 붓다가 그대의 머리에 손을 얹을 때, 그는 그 손이 아니다. 도가 그를 통해 움직이는 것이다. 그것을 신이든, 그대가 원하는 어떤 이름으로 불러도 좋다. 이제 그 손은 붓다의 손이 아니다. 그것은 도구에 불과하다. 신이 그를 통해 그대를 만지고 있으며, 붓다는 더 이상 그곳에 존재하지 않는다. 그대와 신 사이에 서 있지 않다.

그러나 그것은 체험이어야 한다. 죽은 붓다로부터는 무엇을 배우는 것이 불가능하다. 그리고 만일 살아 있는 붓다로부터 배울 수 없다면 어떻게 죽은 붓다로부터 배움을 기대할 수 있는가?

그것은 하나의 기술, 위대한 기술이다. 그것은 대단히 미묘하기 때문에 아무것도 의식적으로 행해질 수 없다. 그대는 단지 가까이서 그를 마실 수 있을 뿐이다. 이 '마신다'는 단어를 기억하라. 스승을 먹고 스승을 마셔야 한다. 그는 그대의 피가 되고 뼈가 되어야 한다. 그가 그대의 내면에서 흘러다녀야 한다. 그의 현존을 흡수해 그대 안에 갖고 다녀야 한다.

인간에게서 신을 만드는 것, 이것은 세상에서 가장 위대한 기술이다. 언제나 동물이고자 노력하는 인간으로부터 신을 창조해 내는 것, 그 사념을 떨쳐내고 그 에고를 버리게 해 궁극의 것이 내면에서 일어나게 하는 것, 그것은 실로 위대한 기술이다. 그것은 이슬 방울 속에 바다를 실현하는 일이다. 이슬 방울 속에 바다를 붓는 일이다. 이것이야말로 가장 차원 높은, 절대의 기술이다.

어떤 경전도 그것을 전할 수 없다. 오직 손가락으로 가리켜 보일 수만 있을 뿐이다. 그것이 무엇을 의미하는지 알기 위해선 살아 있는 스승 곁으로 가까이 다가가야 한다. 그런 스승은 1천 년에 한 번, 2천 년에 한 번 나타날 뿐이다. 그리고 나면 죽은 교파와 종파가 생겨나고, 사람들은 자신들이 무엇을 하는지도 모르면서 그를 숭배하기 시작한다.

이제 장자의 이야기로 새로운 여행을 떠나자. 여기 실로 심오하

고 아름다운 우화가 있다.

> 나라의 가장 높은 지위에 있는 환공이
> 어느 날 방에서 책을 읽고 있었다.
> 마침 수레 만드는 목수인 윤편이라는 자가
> 뜰에서 수레바퀴를 깎고 있었다.

윤편은 한 사람의 장인이었다. 이야기는 이렇게 시작된다. 윤편이라는 수레 만드는 장인이 뜰에서 수레바퀴를 깎고 있었다. 그리고 그 뜰이 바라보이는 방에서 나라의 가장 높은 지위에 있는, 다시 말해 나라의 왕인 환공이 책을 읽고 있었다.

왕은 책을 읽어 지식을 얻으려 하고, 목수는 수레를 깎아 지혜를 얻는다. 이 차이를 먼저 알아야 한다. 왕은 추상적인 개념에 살고, 목수는 구체적인 현실에 산다.

> 윤편이 문득 망치와 끌을 내려놓고 일어나더니
> 환공에게로 다가와 물었다.
> "좀 여쭙겠습니다만, 왕께서 지금 읽고 계시는 것은
> 무엇입니까?"
> 환공이 대답했다.
> "성인들의 말씀이다."

기억하라. 소위 성인이라고 하는 자들, 전문가와 권위가라고 하는 자들은 언제나 이미 죽은 자들이라는 것을. 그 소식이 그대에게 전해질 때쯤이면 이미 그 사람은 사라졌다. 한 사람의 장자가 나타

났다는 소식을 그대가 알게 될 무렵이면 이미 장자는 죽었다.

그대의 의식은 너무 게으르고 느리다. 무슨 일이 일어나고 있는지 너무도 자각하지 못한다. 그래서 꽃이 피었다는 소식을 듣고 그대가 정원으로 달려갈 무렵이면 이미 그 꽃은 진지 오래다. 누군가 그곳에 있다는 것을 그대가 깨달을 무렵이면 이미 너무 늦은 것이다! 때로 수세기가 지난 후에야 그대는 장자가 그곳에 있었다는 것을 깨닫는다. 그러나 때는 이미 늦었다.

깨어 있으라. 더 많은 의식을 가지라. 제시간에 기차를 탈 수 있도록. 그대는 언제나 기차를 놓쳐 왔다. 그대는 이곳에 처음으로 존재하는 것이 아니다. 고타마 붓다 생존시에도 그대는 그곳에 있었다. 이 지상의 다른 어딘가에도 그대는 있었다. 그럴 수밖에 없다. 어떤 것도 소멸하지 않기 때문이다.

장자 생존시에도 그대는 그곳에 있었다. 그대는 그를 놓쳤다. 누군가 그대에게 그에 대한 소식을 전했지만 그대는 논쟁을 펼쳤을 것이다. 그대는 틀림없이 이렇게 말했을 것이다. 우리는 많은 이야기를 들었지만, 그것은 단지 이야기들일 뿐이라고……. 장자는 황당한 이야기만을 늘어놓는 궤변론자일 뿐이라고. 그런 궤변에 속지 말고 돈 벌 생각이나 하라고.

그대는 틀림없이 이렇게 생각했을 것이다. '내가 아직 깨닫지 못했는데 어떻게 다른 자가 깨달을 수 있는가? 어떻게 누군가 나보다 잘날 수 있는가…….'

그리고 믿음에 대해 그대는 말했을 것이다. '나는 이성적인 인간이다. 그러므로 나는 쉽게 믿지 않는다. 나는 의심을 갖고 있으며, 먼저 그 의심을 풀어야 한다…….'

시간이 걸린다. 때로 수세기가 걸린다. 그래도 의심은 풀리지 않는다. 기억하라. 의심이 있어도 뛰어들어야 한다. 먼저 의심이 풀리길 기다린다면 결코 뛰어들 기회를 붙잡지 못할 것이다. 의심은 의심을 낳기 때문이다. 한 의심은 다른 의심을 낳고, 다른 의심은 또 다른 의심을 낳는다. 믿음 또한 마찬가지다. 한 믿음은 다른 믿음을 낳고, 또 다른 믿음을 낳는다.

첫걸음을 내디딜 때 거기 언제나 망설임이 있다. 망설임이 없다면 그는 이미 완성된 것이다. 의심과 함께라도 출발해야 한다. 그리고 의심보다 신뢰에 더 많은 주의를 쏟아야 한다. 그러면 에너지가 신뢰 쪽으로 흐르고, 신뢰는 또 다른 신뢰를 낳는다. 서서히 의심의 에너지가 신뢰의 에너지로 흡수된다.

씨앗을 뿌려야 한다. 언제까지나 기다리면서 '의심이 사라지면 신뢰의 씨앗을 뿌리리라' 하고 말한다면 그대는 결코 씨앗을 뿌리지 못할 것이다.

그대는 들었을 것이다. 누군가 그대에게 말했을 것이다. 장자가 깨달음을 얻었다고. 그러나 그대는 웃으면서 말했을 것이다. '웃기는 소리 하지 말라. 누구도 깨달음에 이를 수 없다. 그것은 사람들이 지어낸 이야기에 불과하다. 그리고 나는 이 사람 장자를 잘 안다. 그의 아버지에 대해서도, 그의 가문에 대해서도 잘 안다. 나는 회의론자이고 이성적인 인간이기 때문에 그를 믿을 수 없다. 이성적이지 않은 것에 대해선 나는 한 발자국도 움직일 수 없다.'

장자뿐만이 아니다. 예수 생존시에도 그대는 그렇게 했다. 붓다 생존시에도 그렇게 했다. 그대는 항상 존재했지만, 또한 수많은 기회를 놓쳤다.

왜인가? 이유는 언제나 같다. 신뢰할 수 없는 것이다. 그대는 수많은 논쟁거리를 발견해 뛰어들지 않으려 한다. 논쟁거리를 찾으려

들면 끝이 없다. 일단 의심을 키우면 그것은 암세포처럼 커지기 때문이다. 그때 그것은 스스로 커져 간다. 그 성장을 도울 필요도 없다. 암세포의 성장처럼 스스로 성장한다. 신뢰 역시 마찬가지다.

그러므로 '의심이 사라지면 신뢰하겠다'라는 것은 불가능하다. 그런 때는 결코 오지 않을 것이다. 의심이 있을 때 신뢰해야만 한다. 인간의 마음은 너무도 약하고 흔들리기 쉽기 때문에, 의심이 있을 때 신뢰해야 한다.

이 아름다움을 보라. 의심이 있을 때 만일 신뢰할 수 있다면, 그대는 의심보다 신뢰 쪽에 더 많은 관심을 갖게 된다. 의심에 대해선 무관심하게 된다. 모든 관심이 신뢰 쪽에 쏟아진다. 그러면 의심이 완전히 사라지는 순간이 찾아온다.

관심을 갖지 않는다는 것은 영양을 공급하지 않는다는 것이다. 관심을 기울임은 곧 영양을 공급한다는 것이다. 관심을 버리면 의심은 새로운 의심을 낳을 수 없다. 그러나 그대는 항상 이유를 발견한다. 에고는 늘 말한다. '믿지 말라. 자신을 내맡기지 말라. 무슨 짓을 하는가? 넌 길을 잃을 것이다.'

그대는 자신이 이미 길을 잃었다는 것을 전혀 생각하지 않는다. 그대는 지금 어디에 있는가? 어디로 향해 가고 있는가? 자동차광들의 이야기를 들은 적이 있을 것이다. 세상에는 자동차를 운전하면서 속도를 즐기는 사람들이 있다. 그들이 바로 자동차광이다. 그들은 쉬지 않고 뭄바이에서 뉴델리까지 달린다. 그래서 뉴델리에 도착하면 그들의 첫마디는 이것이다. '우린 24시간 만에 도착했어!' 이것이 바로 자동차광이다.

한번은 그런 자동차광이 나를 차에 태워 어느 곳까지 데려다 주기로 했다. 그는 엄청난 속도로 달렸다. 그런데 우리는 오후면 그 마을에 도착할 예정이었음에도 불구하고 저녁이 되어서도 마을이 나타나지 않았다. 그래서 나는 지도를 보며 그에게 길을 잘못 접어든 것 같다고 말했다.

그는 말했다.

"지도 따위는 신경 쓰지 마십시오. 그건 중요한 게 아닙니다. 우린 지금 속도를 즐기고 있습니다."

그는 지도에 눈길 한 번 주지 않고 전속력으로 달렸다.

계속해서 빠른 속도로 달리는 것에만 관심 가진 사람들이 있다. 그들은 그렇게 빨리 달림으로써 자신들이 어딘가에 도달할 것이라고 생각한다.

그대를 어디론가 데려가 주는 것은 속도가 아니라 방향이다. 단지 빠른 속도로 달린다고 해서 목적지에 닿지는 못한다. 원을 그리며 빙빙 돌 수도 있다. 지금 그대는 어디에 도달했는가? 무엇을 성취했는가? 아무것도 없다. 아무것도 아닌 것에 그대는 열심히 매달려 있다. 아무것도 아닌 것.

따라서 왜 두려워하는가? 이룬 것이 없는데 무엇을 잃어버릴까 염려하는가? 만일 무엇인가를 이루었다면, 그것을 잃는 것은 매우 조심해야 할 일이다. 그러나 그대는 아직 어떤 것도 이루지 못했다. 무가치한 쓰레기만을 수집했다. 그 쓰레기들이 중요하다고 생각하는가? 그러나 그대는 이 사실을 들여다보려고 하지 않는다. 들여다보면 두려워지기 때문이다. 자신이 서 있는 토대가 흔들리기 때문이다.

윤편이 문득 망치와 끌을 내려놓고 일어나더니
환공에게로 다가와 물었다.

"좀 여쭙겠습니다만, 왕께서 지금 읽고 계시는 것은
무엇입니까?"
환공이 대답했다.
"성인들의 말씀이다."

오랜 전통을 가질 때 그는 성인이 된다. 시간이 경과해 많은 이들이 숭배하기 시작했을 때 그는 권위자가 된다. 아무도 예수를 숭배하지 않는다면, 과연 그가 성인이나 권위자가 될 수 있을까? 그대는 그 추종자의 숫자를 센다. 숫자가 많을수록 그는 위대한 성인이요, 권위자다.

뉴델리에 가면 어느 과자 가게의 간판에 이런 문장이 써 있다. 뉴델리에 가면 그 가게를 찾아보라. 그 문장은 이렇다.

'정말 맛있는 과자! 수백 마리의 파리가 그것을 증명한다!'

그대의 생각이 바로 그렇다. 수백만 명의 추종자가 있다면, 그들이 틀릴 리가 없다. 수천만 명의 추종자가 있다면, 그것이야말로 성인의 증거다. 그러나 기억하라, 그들은 파리떼인 것을!

얼마나 많은 숫자의 사람들이 붓다를 추종하고 있는가? 얼마나 많은 숫자가 예수를 추종하고 있는가? 스승이 마치 그 추종자의 수에 좌우된다는 듯 그대는 그 숫자를 센다. 종교는 정치가 아니다. 추종 세력은 중요한 것이 아니다. 단 한 명도 장자를 따르지 않아도 장자는 장자이다. 그리고 만일 전 세계가 그를 추종한다 해도 거기 아무 차이가 없다. 왜냐하면 사람들은 항상 잘못된 이유 때문에 추종하기 때문이다.

추종자들을 바라보지 말라. 추종자들을 판단 기준으로 삼지 말라. 그러나 그대는 항상 생각한다. 누가 성인인가? 얼마나 많은 사람들이 그를 따르는가? 그대는 항상 빗나간 방향으로 논쟁을 펼쳐 나간다.

환공이 대답했다.
"성인들의 말씀이다."
윤편이 다시 물었다.
"그럼 그 성인들은 살아 있습니까, 죽었습니까?"

윤편, 이 늙은 사람은 진정한 앎에 도달한 사람, 진정한 현자임에 틀림없다. 그는 곧 장자였다. 장자가 윤편이고, 윤편이 장자였다. 왜냐하면 살아 있는 성인을 믿는 사람을 찾기란 실로 어렵기 때문이다. 살아 있는 사람이 어떻게 그대에게 성인으로 여겨지겠는가? 시간이, 그것도 오랜 시간이 지나야 한다. 그래야만 그는 성인으로 대접받을 수 있다.

한번은 내가 불교 사원을 방문한 적이 있다. 그곳 사람들이 모여서 내게 붓다에 대한 강연을 요청했다. 그래서 나는 무엇인가를 말했다. 그런데 그곳의 주지승은 약간 심기가 불편해 보였다. 마침내 내가 강연을 마치자, 그는 질문했다.

"나는 당신이 말한 내용을 어떤 경전에서도 발견하지 못했소. 나는 붓다의 모든 경전을 섭렵했소만, 그런 내용의 이야기를 듣기는 생전 처음이오. 당신은 어디서 그런 내용을 들었소?"

그래서 나는 그에게 말했다.

"이 이야기들은 내가 만든 것이다. 그것이 그대의 경전에 적혀 있지 않다면 이제 그것을 포함시켜라."

경전이란 어떻게 만들어지는가? 누군가 1천 년 전에 그것을 기록하면 그가 권위자가 된다. 그러나 만일 내가 지금 하나의 이야기를 첨가시키려 하면 그들은 말도 안 되는 소리라고 펄쩍 뛴다. 왜 안 되는가? 붓다가 죽고 나서 5백 년이 지난 후에야 비로소 그의 가르침이 책으로 기록되었다. 그가 생존해 있을 당시에는 기록되지 않았다. 만일 5백 년 후에 이야기들이 기록될 수 있다면 왜 2천 5백 년 후라고 안 되겠는가? 내가 그렇게 말하는 것을 그 주지승은 이해하지 못했다.

수레바퀴 깎는 자, 끌과 망치를 들고 바퀴를 깎는 자, 생과 사의 바퀴를 깎는 자, 이 윤편이라는 이는 매우 지혜로운 사람이었음에 틀림없다. 그는 수레바퀴를 깎다 말고 성인의 책을 읽고 있는 환공에게 물었다.

"그럼 그 성인들은 살아 있습니까, 죽었습니까?"

성인들은 거의 언제나 죽은 사람들이다. 만일 살아 있는 성인을 믿을 수 있다면 그대의 존재가 달라진다. 죽은 자를 들고 다니라, 그러면 그는 '죽은 그대'를 만들 것이다. 그대가 무기력하고 무감각해진 까닭이 여기에 있다.

살아 있는 스승과 함께 하라, 그러면 그대는 더욱 살아 있을 것이다. 그대가 행하는 모든 것이 그대를 변화시킬 것이기 때문이다. 죽은 자를 믿는다면 그대는 삶이 아니라 죽음을 믿는 것이다. 산 자를 믿는다면 그대는 죽음이 아니라 삶을 믿는 것이다.

환공이 대답했다.
"오래전에 죽었다."

모든 종교가 자신들의 역사가 아주 오래된, 지상에서 가장 오래된 것이라고 주장한다. 힌두교인들에게 물어보라. 그들은 자신들의 종교 의식이 그 시초가 없다고 말한다. 더없이 영리한 것이다. 아예 시작이 없다고 함으로써 그것보다 더 오래된 종교는 등장할 수가 없다. 그들은 이미 모든 논쟁을 종식시켰다. 그들의 종교는 그 시초조차 없는 것이다. 그들은 베다 경전이 가장 세상에서 오래된 경전이라고 말한다. 그래야 최고의 권위를 갖게 되는 것이다.

인간의 마음은 오래된 것일수록 좋은 것이라고 생각한다. 마치 진리가 술인 양, 오래된 것이 더 좋다는 것이다. 그리고 모든 해석과 주석은 오래된 술을 새 병에 담는 것에 불과하다는 것이다.

진리는 술이 아니다. 진리는 전혀 술과 같지 않다. 오히려 정반대다. 새롭고 신선한 것일수록 그 의미가 더욱 깊다. 살아 있는 것이 더욱 심오하다. 죽은 것은 평면적이다. 그것들은 과거의 찌꺼기 이외의 아무것도 아닌 것이다.

힌두교인들은 그들의 베다 경전이 무한히 오래된 것이라고 주장하면서, 계속해서 그 연대를 소급시킨다. 누군가 그것이 그다지 오래된 것이 아님을 증명할라치면 그들은 매우 화를 낸다. 당장에 그를 이단이며 미친 자로 몰아세운다.

자이나교인들에게 물어보라. 그들은 자신들의 스승인 티르탕카라들이 베다 경전보다 더 오래되었다고 주장하며, 증거까지 갖고 있다. 그들의 첫 번째 티르탕카라가 리그 베다에 언급되고 있기 때문이다. 그것이 확실한 증거다. 첫 번째 티르탕카라가 리그 베다에 존경심을 갖고 언급되었다면 그것은 곧 그가 베다 문헌이 형성되기 훨씬 오래전에 죽었음을 의미한다. 그렇지 않으면 어떻게 생존해 있는 사람에게 그런 존경을 표시할 수 있겠는가? 그냥 언급된 것이 아니라 신처럼 성스럽게 언급되었다. 그것은 그가 최소한 5천 년 전에 죽었음을 의미한다. 그래야만 인간은 신이 될 수 있다.

따라서 자이나교인들은 자신들의 종교가 가장 오래된 것이라고 주장한다. 모든 종교가 그렇게 주장한다. 왜 그들은 가장 오래된 것이길 원하는가? 인간의 마음은 죽음을 믿고, 과거를 믿기 때문이다. 인간의 마음은 과거 이외의 아무것도 아니다.

그대의 성인이 옛날 사람일수록 그대의 마음은 자유롭게 움직일 더 넓은 공간을 확보한다. 인간의 마음은 축적된 과거 이외의 아무것도 아니다. 따라서 과거가 클수록 그대의 에고도 따라서 커진다. 과거가 그다지 크지 않으면 그대의 에고도 작아진다. 모든 오래된 전통, 오래된 나라와 종족들이 미국을 풋내기로 보는 까닭이 여기에 있다. 미국은 3백 년이라는 역사밖에 없기 때문이다. 그것은 역사랄 것도 없다. 3백 년? 그것은 아무것도 아니다.

뿐만 아니라 한 스승이 만일 자기의 나이가 5백 살이라고 하면 더 많은 추종자들을 끌어모을 수 있을 것이다.

이런 일이 있었다. 티베트의 한 라마승이 1천 살이나 나이를 먹었다는 소문이 퍼졌다. 그래서 한 영국인이 그를 방문했다. 그 목적을 위해 그는 런던에서 비행기를 타고 날아왔다. 1천 살의 나이를 가진 라마승이 있다는 것이었다. 그것은 예삿일이 아니었다. 그래서 그는 영국에서부터 찾아와 그 라마승을 만났다. 그는 믿을 수 없었다. 그 라마승은 쉰 살도 안 되어 보였다. 그래서 그는 라마승의 수제자에게 물었다.

"당신의 스승이 1천 살이라는 것이 사실이오?"

수제자가 대답했다.

"난 알 수 없습니다. 왜냐하면 난 스승님과 단지 3백 년밖에 같이 살지 않았으니까요."

언제나 그런 식이다. 오래된 것일수록 권위가 커진다. 누군가 자기의 스승이 150살이라고 하면 갑자기 그대는 여기 뭔가 가치 있는 것이 있구나 하고 생각한다. 단지 아주 늙었다는 것만으로 가치를 인정하는 것이다. 150살의 나이는 곧 150살의 바보일 수도 있다. 나이가 지혜를 주는 것이 아니기 때문이다. 나이는 지혜와 아무 상관이 없다. 오히려 아이들이 더 지혜로울 수 있다. 또 그럴 수밖에 없다. 신이 틀릴 까닭이 없다. 신은 언제나 늙은 사람만을 죽게 한다. 그리고 그들을 어린아이로 대체시킨다. 이것은 신이 늙은 사람보다 어린아이를 더 믿는다는 뜻이다. 늙은 사람이 이제 쓸모가 없다는 뜻이다. 신은 새로운 것을 믿는데 인간은 낡은 것을 믿는다.

신은 언제나 새로운 나뭇잎을 믿는다. 그렇기에 낡은 잎사귀는 떨어지는 것이다. 신은 그 자리에 새롭고, 신선하고, 젊은 잎사귀를 탄생시킨다. 신은 영원히 젊고 새롭다. 따라서 종교도 그래야 한다. 그러나 세상의 종교는 너무 권위적이다. 신은 권위를 믿지 않는다. 주위를 둘러보라. 신이 어떤 방식으로 세상을 창조하는지 보라. 그대의 머리로는 신의 방식이 이해되지 않을 것이다.

신의 방식은 이렇다. 인간이 인생을 많이 살아 어느 정도 현명해지면 신은 그를 거두어들인다. 그대가 아흔 살 넘도록 살고, 많은 일을 겪고, 많은 것을 알고, 많은 경험을 쌓아 결국 삶에 대한 지혜를 얻을 만하면 신은 그대를 불러들인다. 이제 돌아오라, 너의 생은 끝났다 하고. 그리고 신은 그대의 자리에 한 아이를 탄생시킨다. 그대는 삶에 대해 아무것도 알지 못하는 아이에게 자리를 넘겨주어야 한다. 신은 많은 지식보다 순진무구함을 사랑하는 듯하다. 나이 먹고 빛바랜 나뭇잎보다 연약한 새순을 사랑하는 듯하다.

그럴 수밖에 없다. 생명은 젊음을 유지해야만 하고, 또 젊어야만 하기 때문이다. 신이 영원한 생명을 갖고 있다는 것은 곧 영원히 젊다는 것을 뜻한다.

그래서 힌두교는 크리쉬나 신과 라마 신을 늙은 모습으로 묘사하지 않는다. 그것은 그들이 영원한 젊음을 갖고 있다는 상징이다. 늙은 모습을 한 라마 신이나, 나이 먹어 등이 꼬부라져 지팡이를 짚고 있는 크리쉬나 신을 본 적 있는가? 크리쉬나는 여든 살이 될 때까지 살았으나 힌두교는 그의 늙은 모습을 묘사한다는 것을 생각조차 하지 않았다. 신은 영원히 젊기 때문이다.

그러므로 신이 영원히 젊다는 것을 보여 주기 위해 종교는 늘 새로워야 한다. 이제 갓 태어난 어린아이처럼 때묻지 않아야 한다. 아침 이슬처럼, 최초로 떠오르는 저녁별처럼. 그때 신은 권위적일 수 없다. 권위란 단지 과거의 무게를 의미하기 때문이다. 과거의 무게 없이 권위는 생겨날 수 없다.

윤편이 다시 물었다.
"그럼 그 성인들은 살아 있습니까, 죽었습니까?"
환공이 대답했다.
"오래전에 죽었다."
그러자 윤편이 말했다.
"그렇다면 왕께서 읽으시는 것은 옛사람이 남긴 찌꺼기이군요."

무엇이 '찌꺼기'인가? 그대가 주워들은 모든 것, 책에서 읽어 집착하고 주장하는 모든 것, 그것이 바로 '찌꺼기'다. 과거의 것에 집착할 때 그대는 찌꺼기를 수집하는 자다. 쓰레기를 모으는 자다. 무덤가를 서성거리는 자다. 생명계는 더할 나위 없이 살아 있는데, 그대는 죽은 과거를 파헤치고 있다. 마치 무덤 파는 자처럼.

환공이 화가 나서 말했다.
"수레 만드는 목수인 주제에 무엇을 안다고 떠드는 것이냐?
네가 지금 한 말에 대해 이치에 닿는 설명을 하지 못하면
목숨이 없어질 줄 알라."

왕은 어처구니가 없었다. 수레 만드는 평범한 목수가 왕 앞에서 현자처럼 행동하는 것을 용납할 수 없었다.

배울 준비가 된 자, 그는 어디서든 누구에게서든 배울 수 있다. 하찮은 목수에게서든 걸인에게서든 배울 수 있다. 그가 배울 준비가 되어 있다면……. 그러나 이 왕은 죽은 성인들로부터는 배울 준비가 되어 있지만, 살아 있는 한 수레 만드는 목수에게선 아니다.

나는 그대에게 말한다. 살아 있는 평범한 목수가 죽은 성인보다 낫다고. 그는 살아 있기 때문이다. 아무도 그를 숭배하지 않을 것이지만 신이 그를 신뢰한다. 그는 살아 있기 때문이다.

왕은 매우 화가 났다. 누가 감히 이 훌륭한 성인들의 말씀을 한낱 찌꺼기라고 무시하는가? 그리고 자기가 믿는 것이 무시당함으로써, 왕은 자신까지도 무시당했음을 느꼈다. 그는 목수에게 소리쳤다.

"수레 만드는 목수인 주제에 무엇을 안다고 떠드는 것이냐?
네가 지금 한 말에 대해 이치에 닿는 설명을 하지 못하면
목숨이 없어질 줄 알라."

그 수레 만드는 자가 말했다.

"저는 어디까지나 제 일에서 얻은 경험으로 미루어
말한 것일 뿐입니다.
수레바퀴를 깎을 때 너무 깎으면 헐렁해서 쉽게 빠져 버립니다.
또 덜 깎으면 조여서 들어가지 않습니다."

윤편은 말하고 있다.
"왕이여, 수레바퀴 깎는 경험을 통해서 나는 이런 것을 배웠다. 이것은 산 경험을 통해 터득한 산 지혜다. 수레바퀴를 깎을 때 너무 급히 깎으면 구멍이 커져서 결국 바퀴축이 맞지 않고 헐렁해서 빠져 버린다. 또 너무 조심해서 덜 깎으면 구멍이 작아 바퀴축이 들어가지 않는다. 그러므로 왕이여, 어떻게 해야 하겠는가?"

"그러므로 더 깎지도 덜 깎지도 않게 적절히 손을 놀려야 합니다.
그래야만 바퀴가 꼭 맞아 제가 원하는 대로 일이 끝납니다."

윤편은 말하고 있다.
"그러므로 왕이여, 수레바퀴를 깎을 때 나는 더 깎지도 덜 깎지도 않게, 급하지도 느리지도 않게 손을 놀려야 한다. 줄 타는 광대처럼 어느 한쪽으로도 기울지 말아야 한다. 그렇지 않으면 실패하고 만다. 중도의 균형을 지켜야 한다. 그래야만 내가 원하는 대로 바퀴가 바퀴축에 꼭 맞아 일이 끝난다."
윤편은 왕에게 지금 수레바퀴 깎는 기술을 설명하고 있는 것이 아니다. 이 중요한 것을 그는 말하고 있다.

"그러나 그 기술은 손으로 익혀 마음으로 짐작할 뿐

말로는 설명할 수 없습니다."

수레 만드는 목수인 윤편은 말하고 있다.
"왕이여, 세상에는 권위 있는 자들도 많고 전문가들도 많지만 나의 관점에서는 이렇다. 나는 일개 목수이지만 수레바퀴 깎는 기술을 터득했다. 그러면서 한 가지 사실을 알게 되었다. 말로 전달할 수 있는 것이 있고 그렇지 않은 것이 있다는 것이다."

"그러나 그 기술은 손으로 익혀 마음으로 짐작할 뿐
말로는 설명할 수 없습니다."

어느 한쪽으로 치우치면 바퀴는 맞지 않아 쓸모없는 것이 되고 만다. 정확히 중도를 지켜야 한다. 그러나 왕이여, 이 기술을 어떻게 말로 설명하고 전달하겠는가?
줄 타는 광대에게 물어보라. 그가 줄 타는 기술을 말로 설명할 수 있겠는가? 높은 두 장대에 밧줄을 팽팽히 걸고 광대는 줄 위를 걸어간다. 한번 떨어지면 그것으로 목숨이 끝이다. 그는 어떻게 줄 위를 걷는가? 그는 그 기술을 말로 설명할 수 있는가? 줄 타는 광대에게 묻는다면 이렇게 대답할 것이다.
"줄을 탈 때 오른쪽으로 너무 기울어지면 나는 균형을 맞추기 위해 왼쪽으로 몸을 기울인다. 그리고 왼쪽으로 너무 많이 기울어지면 다시 오른쪽으로 기울인다. 그래야 균형이 맞아 줄 위에서 떨어지지 않는 것이다."
이치에 맞는 대답이다. 그러나 이 말만 믿고 줄 위로 올라가진 말라. 팔다리가 부러지고 싶지 않다면. 머리로 아는 것과 존재 전체로

수레 만드는 사람 | 399

체득하는 것은 다르기 때문이다. 어떻게 얼마큼 몸을 기울이는가 하는 것은 머리로 이해할 문제가 아니다. 그리고 거기 정해진 공식도 없다. 사람마다 다르다. 그 사람의 몸무게, 키, 상황, 바람의 세기 등에 달려 있다. 그 사람의 심리 상태도 중요한 변수다. 스스로 느낌으로 그것을 터득해야지 정해진 공식을 만들어 놓고 그것을 따를 수는 없다.

따라서 스승을 만나야 한다. 스승 밑에서 그것을 배워야 한다. 대학에 가서 배울 수는 없다. 대학에서 철학과 수학과 과학을 배울 수는 있어도 '기술'을 배울 수는 없다. 기술은 존재 전체로 그것을 터득한 스승에게서 배워야 한다. 그의 옆에서 지켜봄으로써 그를 느껴야 한다. 그 스승을 전적으로 신뢰해야 한다. 그가 오른쪽으로 기울면 그대의 존재 역시 오른쪽으로 기울어야 한다. 그가 왼쪽으로 기울면 그대의 존재가 그것을 느껴야 한다. 그의 그림자가 되어야 한다. 그럼으로써 그대는 서서히 익어 간다.

"그러나 그 기술은 손으로 익혀 마음으로 짐작할 뿐
말로는 설명할 수 없습니다.
저는 그 요령을
심지어 제 자식놈에게조차 가르쳐 주지 못하고 있으며
자식놈 역시 저에게서 배우지 못하고 있습니다."

윤편은 무엇을 말하고 있는가? 실로 심오한 진리를 말하고 있다. 세상에는 존재 전체로만 배울 수 있는 것이 있다는 것이다. 지식만으론 충분하지 않은 것이 있다는 것이다. 그것에 대해 하나의 공식을 만들 수는 있지만, 그것만으로는 과녁에서 빗나갈 것이다. 상황은 매 순간 변하는데 그대는 죽은 공식에 매달릴 것이며, 그것은 쓸모가 없다.

달라진 상황에서는 달라진 반응이 필요하다. 다시 말해 지식이 아니라 깨어 있는 의식이 필요하다. 그대 안에 빛이 있어서 그 빛을 통해 상황에 따라 반응해야 한다. 상황을 하나의 공식에 대입해선 안 된다. 오히려 새로운 상황이 전개될 때마다 새로운 공식을 찾아야만 한다.

삶은 강물처럼 흐른다. 고여 있지 않으며, 똑같은 상황을 두 번 다시 연출하지 않는다. 늘 같은 상황이 반복되는 듯하지만 실제로는 그렇지 않다. 반복될 수 없다. 같은 상황이 반복된다고 느껴지는 것은 그대가 새로운 것을 느끼지 못하고, 너무도 죽은 삶을 살고 있기 때문이다. 그렇지 않으면 삶은 어느 한순간도 같지 않다.

오늘 아침 그대가 본 흰구름은 다시는 하늘에 나타나지 않을 것이다. 그 구름은 다시 나타날 수 없다. 아침에 흘러간 그 구름은 그대의 삶에 다시는 나타나지 않는다. 내일 아침이면 우주 전체가 변화하기 때문이다. 우주는 실로 거대해서 매 순간 모든 것이 변화무쌍하다.

세상에 변화하지 않는 것은 없다. 모든 것이 새로운데, 오직 인간의 마음만이 고정되어 있다. 유일하게 낡은 것을 고집하는 것, 세상의 유일한 박물관, 그것이 인간의 마음이다. 화석을 수집하고 무덤에 집착한다.

그렇지 않으면 모든 것이 새롭다. 눈을 뜨고 보라. 인간의 생각을 버리라. 이 세상에서 낡은 것을 발견한 적이 있는가? 모든 것이 변화한다. 히말라야 산맥까지도 순간순간 변화한다. 히말라야가 매년 30센티미터씩 솟아오르고 있다는 과학적인 조사도 있지 않은가. 바다가 변하고, 육지가 변하고, 대륙 전체까지도 움직이고 있다.

과학자들은 대륙 전체가 큰 이동을 했다는 사실을 발견했다. 한때는 아프리카가 인도와 연결되었던 적이 있었고, 스리랑카 섬이 인도에 붙어 있었던 적도 있었다. 원숭이가 바다를 헤엄쳐 인도에서 스리랑카까지 건너갔을 리 없다. 현재 인도와 스리랑카 사이의 바다는 한때 작은 강이었을 것이다. 과학자들은 대륙이 대이동을 했으며, 현재도 계속 이동하고 있다는 사실을 입증해 냈다.

일체 만물이 변화한다. 어느 한순간도 고정되어 있지 않다. 에딩턴(20세기 초 영국의 천문학자, 이론물리학자)은 평생의 경험을 통해 완전히 잘못된 인간의 언어 하나가 있음을 깨달았다. 그것은 '정지'라는 단어였다. 우주에는, 삶에는 정지란 없기 때문이다. 모든 것이 끊임없이 운동하고 있으며, 어떤 것도 정지 상태가 아니다. 삶은 하나의 흐름이기 때문에 그 어느 것도 정지할 수 없다.

만일 삶이 하나의 흐름이라면, 그렇다면 수레바퀴 깎는 자의 말이 옳다. 그는 말하고 있다. 어떤 것도 말로 설명할 수 없다고. 이론으로는 불가능하다고. 모든 수레바퀴가 다르다고. 나무의 재질이 다르고, 수레의 몸통이 다르고, 상황이 다르다고. 길도 다르다. 따라서 이 사실에 대해 깨어 있어야 한다.

그래서 그는 말한다.

"나는 그것을 말로 설명할 수 없다. 내 자식놈에게조차 그것을 가르치지 못하고 있다."

사실 자식을 가르치는 것은 실로 어렵다. 붓다가 자신의 자식을 가르쳤다는 말을 들어보았는가? 장자의 아들이 어떠했는지 들은 적이 있는가? 노자의 아들은 또 어떠했는가?

자신의 아들을 가르치기란 무척 어렵다. 아들은 아버지에게 적대감을 갖고 있기 때문이다. 아들은 언제나 아버지와 싸우려 한다. 자기가 아버지보다 낫다는 것을 입증하려 애쓴다. 아들은 아버지가 늙은 바보일 뿐이라고 생각한다. 그리고 아버지는 아들이 무엇을 배울 수 있다는 것을 믿지 않는다. 아들은 언제까지나 아들일 뿐이다. 아들이 70살이 되고 아버지가 90살이 되어도. 아버지에게는 아들이 그저 어린애일 뿐이다. 아버지와 아들이 만날 수 있는 지점을 찾기란 어렵다. 그들 사이에 다리를 놓는 것은 거의 불가능하다.

이 수레 만드는 목수는 말하고 있다. 가장 가까이 있는 자식놈에게조차 그 기술을 전수할 수 없노라고. 자기가 터득한 비법을 말로써 전달할 수 없기에 나이 70이 된 현재까지도 자신이 직접 바퀴를 깎고 있노라고.

그는 말하고 있다.

"난 이제 은퇴할 나이다. 일하기엔 너무 늙었다. 팔다리가 쑤셔서 더 이상 일하기도 힘들다. 그러나 어떻게 할 것인가? 누구에게도 이 기술을 전수할 수 없다. 그래서 이렇게 늦도록 바퀴를 깎고 있다."

수피들은 이런 이야기를 실제로 가르침의 한 방편으로 사용한 유일한 스승들이다. 사실 기술 터득을 통해 가르침을 전하는 것은 세상에서 유일하게 수피들뿐이다. 그것이 어떤 기술이든 상관없다. 목수 기술일 수도 있고, 향료 만드는 기술일 수도 있고, 그림 그리는 일이나 구두 만드는 기술일 수도 있다. 수피들은 제자를 가르칠 때 기술 습득을 통해 가르친다.

예를 들어, 그대가 수피의 스승 밑에서 삶의 진리를 배우려고 한다면 먼저 스승에게서 구두 만드는 기술을 전수 받아야 한다. 그런 다음 스승은 그대에게 삶의 진리와 관련된 것을 가르칠 것이다.

왜 그래야 하는가? 시간 낭비처럼 보인다. 10년간 제자는 구두 만드는 일에 열중해야 한다. 그래서 10년이나 20년 뒤에 제자가 구두 만드는 일에 있어서 완벽한 장인이 되면 스승은 비로소 그에게 내면세계에 대해 가르치기 시작한다. 이 얼마나 시간 낭비처럼 보이는가.

그러나 그렇지 않다. 수피들은 무엇을 배우는가가 중요한 것이 아니라, 어떻게 배우는가가 중요하다고 말한다. 어떻게 배우는가를 터득하고 나면 그 즉시 내적인 비법이 전수될 수 있다. 10년 또는 20년간 스승과 함께 생활하면서 구두 만드는 법을 배우는 동안 제자는 스승의 정신을 흡수한다. 스승의 정신을 더 많이 흡수할수록 그는 더 완벽한 제화공이 된다. 정신적인 것에 대해선 건드리지도 않고 거론하지도 않는다. 단지 흡수하는 법을 배울 뿐이다.

스승이 가르침의 방편으로 사용하는 그 기술이 무엇인가는 중요하지 않다. 그대가 스승의 정신을 완벽하게 흡수할 준비가 되었다고 판단되는 순간, 스승은 그대에게 마음의 세계를 가르칠 것이다. 그때 스승은 그대를 사원의 문으로 데려갈 것이다. 그리고 이제 그대에게 열쇠를 넘겨주노라고 말할 것이다.

그리고 만일 구두 만드는 일조차 배울 수 없다면 어떻게 진리에 대해 배울 수 있겠는가? 수레 만드는 목수 윤편의 관점이 절대적으로 옳다.

"그래서 이렇게 나이 일흔이 넘어서도 제 손으로
수레바퀴를 깎고 있어야 하는 것입니다."

"왕이여, 살아 있는 나도 누구에게 이 기술을 가르칠 수 없었다. 그런데 이미 죽은 성인들이 그대를 어떻게 가르칠 수 있겠는가? 수레바퀴 깎는 이 하찮은 기술조차 말로 배울 수 없는 것이라면, 어떻게 삶의 심오한 진리들을 책으로 설명할 수 있단 말인가. 왕이여, 어떻게 신을 인간에게, 또는 인간을 신에게로 데려가는 심오한 기술을 책으로 설명할 수 있겠는가?"

"옛날의 성인들도 마찬가지로 자신들이 진정으로 깨친 사실을
아무에게도 전하지 못한 채 죽어갔을 것입니다.
그렇다면 왕께서 지금 읽으시는 그 글이
그들이 뒤에 남기고 간 찌꺼기가 아니고 무엇이겠습니까?"

실로 중요한 문장이 여기 있다. 이것을 깊이 이해해야 한다.

"옛날의 성인들도 마찬가지로 자신들이 진정으로 깨친 사실을
아무에게도 전하지 못한 채 죽어갔을 것입니다."

한 사람의 장자가 죽을 때, 그의 죽음과 함께 그가 터득한 진리도 사라진다. 그럴 수밖에 없다. 그것이 삶의 방식이다. 우리가 그것을 원하지 않을지라도, 그것은 우리의 소망과는 상관없다.

장자가 터득한 삶의 진리, 도, 그것은 그의 죽음과 함께 이 세상에서 사라진다. 그것은 어떤 경전에도 담을 수 없다. 학자들이 그것을 전할 수도 없다. 그의 책이 끝없이 읽히고 번역될지라도, 그를 숭배하는 글들이 씌어지고 그가 기억될지라도, 그것들은 그가 남긴 찌꺼기에 불과하다. 아무것도 아닌 것, 죽은 것들이다.

그의 책들을 바탕으로 사람들이 멋진 사당을 만들고 절하고 도인으로 모실지라도, 도의 사람이 터득한 지혜는 그의 죽음과 함께 소

멸된다. 그 지혜는 도의 사람 자신과 따로 떼어 낼 수 없는 것이기 때문이다. 그 지혜가 곧 그의 존재다. 그것은 그와 하나가 되었다.

그가 떠날 때, 그의 의식체는 우주의 의식체와 하나가 된다. 강물이 바다로 흘러들어간 것이다. 강물이 사라진 강바닥을 아무리 숭배할지라도, 강물은 이미 그곳에 없다. 사원을 만들고 순례의 길을 떠난다 해도 별로 쓸모가 없다.

수레 만드는 목수 윤편이 말하고자 하는 것은 무엇인가? 그는 말하고 있다. '살아 있는 스승을 찾으라. 죽은 것에 매달리지 말고 지금 여기 살아 있는 것을 찾으라.'

한 사람의 붓다, 한 사람의 장자가 사라질 때 그가 터득한 것들도 함께 사라진다. 그래서 장자와 같은 이들은 서둘러 가르치려고 하는 것이다. 배울 능력이 있는 자를 찾아 서둘러 전하려고 한다. 그들이 육체를 버리고 떠나는 순간, 그들이 안 모든 사실들도 사라지기 때문이다.

그리고 삶의 진리는 다시 또다시 발견해야 한다. 그것은 과학과 같은 것이 아니다. 과학은 전통이지만, 종교는 개인적인 것이다. 예를 들어 뉴턴이 어떤 과학적 사실을 발견하면, 그것은 사라지지 않는다. 책에 기록되어 도서관에 소장된다. 그래서 아인슈타인은 그것의 도움을 받을 수 있었다. 사실 뉴턴 없이는 아인슈타인이 존재할 수 없다. 아인슈타인은 뉴턴의 어깨 위에 서 있을 수밖에 없다. 아무리 그가 뉴턴의 이론에 반대되는 사실을 발견했을지라도, 그는 어디까지나 뉴턴을 기반으로 하고 있다.

이제 아인슈타인이 발견한 사실들은 늘 인류에게 남아 있을 것이다. 그래서 과학은 점차 지식을 축적하면서 속도를 더해 성장할 수 있는 것이다.

그러나 진리는 그것을 발견한 사람과 함께 사라진다. 그대는 장자의 어깨 위에 서 있을 수 없다. 그것은 절대 불가능하다! 다시 또다시 그대 자신의 발로 서야만 한다. 진리는 다시 또다시 발견해야 한다. 그것은 철저히 개인적인 발견이지 하나의 전통이 될 수 없다.

그러므로 종교적 진리 체험은 매우 어렵지만, 또한 그렇기 때문에 아름답다. 그것은 남에게서 빌릴 수 있는 것이 아니다. 그것은 항상 새롭고 젊고 신선하다.

그것은 사랑과 같다. 마즈누와 라일라(가난한 청년 마즈누와 갑부의 딸 라일라의 사랑 이야기로 유명)가 사랑했고, 쉬린과 파리하드(페르시아 왕의 아내 쉬린을 사랑한 파리하드의 이야기로 유명)가 사랑했다. 로미오와 줄리엣이 사랑했다. 그렇다고 해서 그대가 그들의 사랑을 기반으로 더 많이 사랑할 수 있는 것은 아니다. 사랑은 과학적 지식처럼 축적될 수 있는 것이 아니다.

누군가와 사랑에 빠졌을 때, 그대는 처음부터 모든 것을 재발견해야 한다. 사랑에 빠졌을 때, 마치 그대 이전에 누구도 사랑에 빠진 적이 없는 것처럼 그대의 사랑은 새롭다. 누군가 사랑을 했든 안 했든 그것은 중요하지 않다. 과거의 연인들은 발자국을 남기지 않았다. 그들의 사랑은 그들과 함께 사라졌다. 이것은 오히려 다행한 일이다. 그렇지 않았다면 사랑까지도 하나의 공식이 되고 권위가 되었을 것이다. 지도에 적힌 쉬운 길이 되었을 것이다.

사랑의 길을 걸을 때 수많은 이들이 이미 걸은 길을 걷는다면, 그 길은 걸을 가치가 없다. 그것은 슈퍼마켓에서 구입하는 상품 이상의 것이 아니다. 그때 그것은 더 이상 진실이 깃든 사원이 아니다.

누군가를 사랑할 때 그대는 그 사랑이 인류 최초의 사랑인 것처럼 사랑한다. 그 사랑은 다른 누구의 사랑을 반복하는 것이 아니다.

그것은 어디까지나 그대의 사랑이다. 신은 그대를 통해 또다시 최초의 사랑을 하는 것이다. 이것이 삶의 모순이다. '또다시 최초로' 사랑하는 것이다. 그때 사랑의 신비가 체험된다. 종교가 그렇고, 기도가 그렇고, 명상이 그렇다. 죽은 것을 따를 수 없다. 오직 살아 있는 것을 먹고 마셔야 한다.

> "옛날의 성인들도 마찬가지로 자신들이 진정으로 깨친 사실을
> 아무에게도 전하지 못한 채 죽어갔을 것입니다.
> 그렇다면 왕께서 지금 읽으시는 그 글이
> 그들이 뒤에 남기고 간 찌꺼기가 아니고 무엇이겠습니까?"

그대가 도의 길에 들어설 때, 그것은 또다시 처음의 길이다. 장자가 죽을 때 그가 터득한 모든 삶의 진리가 더불어 사라진다는 것은 오히려 다행한 일이다. 그대 스스로 그 길을 다시 발견해야 한다. 그것은 영원한 숨바꼭질이다. 신은 끝없이 숨고 그대가 다시 그를 찾아야 한다.

그렇지 않으면 장자가 도를 발견한 순간 우리는 '여기에 도가 있다'는 팻말을 세워 놓고 모든 것을 끝냈을 것이다. 도를 원하는 자는 누구나 그곳으로 가면 될 것이다.

그러나 그렇지 않다. 누구나 숨어 있는 도를 발견해야 한다. 그리고 이것을 기억하라. 도는 매우 노련한 숨바꼭질을 한다. 한 번 숨은 장소에는 두 번 다시 숨지 않는다.

그렇기 때문에 한 번 써먹은 테크닉은 쓸모가 없는 것이다. 삶의 진리를 발견하는 데는 늘 새로운 테크닉이 등장해야 한다. 도는 새로운 장소에 숨어 있기 때문이다. 도는 늘 다른 동굴에 몸을 숨기고

서 말한다.

"나는 어제의 동굴에 숨지 않는다. 그 동굴은 이미 끝났다. 숭배자들은 그 동굴에 대고 절할 것이지만 나는 이미 그곳을 떠났다."

그대는 지금 무엇을 읽고 있는가? 옛 성인 장자가 남긴 찌꺼기를 읽고 있는가?

존재는 하나의 자유다. 선택함 없이 살고 삶이 스스로 일어나도록 허용한다면 그때 그대는 자유인이 된다. 삶이 그대를 통해 일어난다.

열한째날 아침 장자의 죽음

장자가 임종을 맞이하게 되었을 때
제자들은 성대한 장례식을 계획하기 시작했다.

그러나 장자가 말했다.
"나는 하늘과 땅으로 나의 관을 삼을 것이다.
해와 달은 나를 호위하는 한 쌍의 옥이 될 것이며
행성과 별무리들이 내 둘레에서 보석들처럼 빛날 것이다.
그리고 만물이 내 장례식 날 조문객들로 참석할 것이다.
더 이상 무엇이 필요한가?
모든 것은 두루 돌보아진다."

제자들이 말했다.
"우리는 까마귀와 솔개들이
스승님의 시신을 쪼아 먹을까 두렵습니다."

장자가 말했다.
"그렇다, 땅 위에 있으면 나는
까마귀나 솔개의 밥이 될 것이다.
그리고 땅속에서는
개미와 벌레들에게 먹힐 것이다.
어느 경우든 나는 먹힐 것이다.
그러니 왜 그대들은 새에게 먹히는 경우만 생각하는가?"

―〈장자의 죽음〉

삶도 단순하고 죽음도 단순하다. 하지만 인간의 마음은 모든 것을 문제로 여기고, 그 문제를 해결해야만 한다고 생각한다. 일단 모든 것을 문제라고 여기는 순간, 그때는 어떤 것도 해결될 수가 없다. 이미 첫 단추가 잘못 끼워졌기 때문이다.

삶은 매우 단순한 것, 죽음 또한 단순하다. 그러나 그대가 마음에 사로잡히지 않고 볼 때만 그렇다. 일단 마음을 끌어들이기만 하면 그때 모든 것은 복잡하고 혼란스럽다.

매 순간 삶이 그대의 문을 두드린다. 하지만 그대는 머리로 궁리하고 있다. 그대는 삶에게 말한다. '기다리라. 내가 문을 열어 주겠다. 그러나 먼저 결정 내릴 시간을 달라.' 삶은 결코 일어나지 않는다. 평생토록 삶이 그냥 왔다가 간다. 그대는 살아 있지도 않고 죽어 있지도 않은 채 다만 고달프게 질질 끌려갈 뿐이다.

삶과 죽음은 둘 다 좋은 것이다. 삶에도 그 자체의 아름다움이 있고, 죽음에도 그 자체의 아름다움이 있다. 그러나 우리에게 삶은 하나의 문제다. 그러므로 죽음 또한 문제일 수밖에 없다. 우리는 끊임없이 그 문제를 해결하려고 노력하고, 그것을 해결하는 데 시간과 에너지를 낭비한다. 사실 그것은 이미 해결된 상태다. 애초부터 그 것은 문제가 아니었다. 그 문제를 만들어 낸 것은 다름 아닌 그대 자신이다.

별들을 보라. 거기에 문제는 없다. 나무들을 보라. 거기에 어떤 문제도 없다. 주위의 모든 것을 보라. 인간이 없었다면 모두 다 이미 해결되어 있었을 것이다.

어디에 문제가 있는가? 나무들은 누가 세상을 창조했느냐고 결코 묻지 않는다. 나무들은 단순히 생명 에너지를 누리고 있다. 누가 세상을 창조했는가 하고 묻는 것은 얼마나 어리석은가? 그리고 누가 창조했든 무슨 차이가 있는가? 갑이, 을이, 병이, 정이……. 그것이 무슨 차이인가?

또 그것이 창조되었든 창조되지 않았든 무슨 차이인가? 갑이 창조했다고 해도, 을이 창조했다고 해도, 아니면 아무도 세계를 창조하지 않았다 해도 그것이 그대의 삶에 어떤 영향을 미칠 것인가? 그대는 여전히 같은 방식으로 존재할 것이고, 삶은 여전히 같은 식으로 진행될 것이다. 그러므로 왜 불필요한 질문, 무의미한 질문을 하는가? 그리고 왜 그 속으로 휘말려드는가?

강은 자신이 어디로 흘러가는가 물어봄 없이 흐름을 계속하고 있다. 그리하여 강은 바다에 이른다. 만일 강이 질문하기 시작했다면 바다에 이르지 못했을 것이다. 강의 에너지는 도중에서 사라져 버렸을 것이다. 강은 자신이 어디로 가고 있는지, 어디가 목적지인지, 그 목적이 무엇인지에 대해 묻지 않는다. 그것을 묻는다면 그 문제에 사로잡혀 결국에는 미쳐 버렸을 것이다. 그러나 강은 어느 곳을 향해 가고 있는지 염려하지 않고 흐름을 계속하고 있다. 그리고 강은 어김없이 바다에 이른다.

나무와 강물도 이런 기적을 행할 수 있는데 왜 그대라고 할 수 없겠는가? 모든 것이 자연스럽게 일어나고 있는데 왜 그대는 걱정하는가? 그것이 일어나게 내버려 두라. 이것이 곧 장자 철학의 핵심, 장자의 도다.

강물이 도달할 수 있다면 인간도 도달할 수 있을 것이다. 나무들이 도착한다면 인간도 도착할 것이다. 이 생명계 전체가 움직이고 있으며, 그대 또한 그것의 일부다. 생각으로 궁리하지 말라. 생각에 붙잡히지 말라. 그렇지 않으면 생각의 소용돌이에 휘말려 맴돌다가 결국에는 흐름을 잃을 것이다. 그때 바다라는 최종적인 목적지는 끝내 다가오지 않는다.

그대가 관념을 통해서 보기 때문에 삶은 하나의 문제가 된다. 관념 없이 본다면 삶은 하나의 신비다. 관념을 통해서 보면 삶은 이미 죽어 있다. 그리고 그대가 관념을 초월해, 무심을 통해 본다면 삶은 결코 죽지 않을 것이다.

마음의 관념은 살아 있는 것을 느끼지 못한다. 마음은 오직 죽은 것, 물질만을 파악할 수 있을 뿐이다. 그대 삶이 물질적인 차원으로 전락한다.

이제 장자가 임종을 맞이하게 되었다. 죽으면서 그는 무엇을 말했는가? 장자 같은 도의 사람이 죽음을 맞이할 때 제자들은 절대적으로 침묵해야 한다. 그 순간을 놓쳐선 안 된다. 도의 사람의 죽음은 삶의 절정, 하나의 클라이막스다.

장자는 삶의 절정에서 죽음을 맞이했다. 한 인간의 의식이 절대적 차원에 이르는 것은 매우 드문 일이다. 그때 제자들은 침묵을 지켜야만 한다. 무슨 일이 일어나고 있는지 지켜보아야 한다. 장자를 깊이 들여다보아야 한다. 관념이 끼어드는 것을, 어리석은 질문이 시작되는 것을 막아야 한다.

그러나 인간의 마음은 언제나 의문을 제기한다. 장자가 아직 살아 있음에도 불구하고 그 옆에서 장자의 제자들은 장례식에 대해 걱정하기 시작했다. 어떤 준비를 하고 어떤 장례식 절차를 밟아야 할지를. 그들은 전혀 있지도 않은 문제를 만들어 내고 있었다. 장자는 아직 살아 있었던 것이다.

노인 세 사람이 공원에 앉아 그들에게 다가올 필연적인 것, 곧 죽음에 대해 대화를 주고받고 있었다.

73세의 노인 1이 말했다.

"나는 죽어서 가장 위대한 인간이며 모두에게 사랑받는 링컨 대통령과 함께 묻히고 싶어."

노인 2가 말했다.

"나는 가장 위대한 과학자이며 인도주의자이고 철학자, 평화를 사랑한 아인슈타인과 함께 묻히고 싶네."

그리고 나서 그들은 93세의 노인 3을 바라보았다. 그가 말했다.

"나는 소피아 로렌과 함께 묻히고 싶어!"

다른 노인 둘이 화를 내며 말했다.

"하지만 소피아 로렌은 아직 살아 있지 않은가!"

노인 3이 반박했다.

"나 역시 아직 살아 있다네!"

이 노인 3은 보기 드문 기인이었음에 틀림없다. 93세인데도 그는 말하고 있다. '나 또한 아직 살아 있다'고.

왜 삶을 살면서 죽음에 대해 염려해야 하는가? 그대가 아직 살아 있는데 어디에 죽음의 문제가 있는가? 그러나 마음은 늘 문제를 만들어 낸다. 그때 그대는 고민할 수밖에 없다.

소크라테스가 죽음을 맞이하게 되었다. 그리고 장자에게 일어난 일이 그에게도 일어났다. 제자들은 장례식에 대해 걱정하고 있었다. 제자들이 소크라테스에게 물었다.

"선생님의 장례식을 어떻게 준비하면 좋을까요?"

소크라테스는 이렇게 말했다고 한다.

"나를 미워하는 자들이 나를 죽이기 위해 독약을 가져오고 있다. 그리고 그대들은 나를 파묻을 계획을 짜고 있다. 그러니 누가 나의 친구이고 누가 나의 적인가? 그대들이나 나를 미워하는 자들이나 모두 나의 죽음에만 관심이 있다. 아무도 나의 삶에 관심을 갖지 않는 것 같다."

인간의 마음은 늘 죽음에 사로잡혀 있다. 장자의 제자들은 이제 스승의 장례식을 어떻게 치를 것인가를 놓고 궁리하고 있었다. 스승이 죽어가고 있었던 것이다. 큰 일이 닥쳐오고 있었던 것이다.

거기에 도의 사람이, 한 사람의 붓다가, 장자가 삶의 절정에 도달하고 있었다. 그런 일은 매우 드물게, 수천 년에 한두 번 정도로 일어나는 일이다.

불꽃이 타오르고 있었다. 그의 삶은 하나의 절대 순수의 지점에, 인간의 자리가 아니라 신의 자리에, 부분적이 아니라 전체적인 곳에, 모든 비밀들이 열려 있고 모든 문들이 열려 있는 곳에, 어떤 것도 감추어져 있지 않은 곳에 도달해 있었다. 모든 신비가 그곳에 있었다.

그러나 제자들은 그의 장례식에 대해 생각하고 있었다. 눈이 멀어서, 완전히 눈멀어서 무슨 일이 일어나고 있는지 전혀 보지 않는 채로. 그들의 눈은 감겨 있었다.

왜 그런 일이 일어나는가? 이 제자들, 그대는 그들이 장자를 이해했다고 생각하는가? 어떻게 그들이 이해할 수 있겠는가? 그들이 지금 마지막 절정의 순간에 도달한 장자를 놓치고 있다면, 그가 그들과 함께 일하고 그들을 위해 일하고 그들과 함께 움직이고 있었을 때, 그가 그들과 함께 밭에 고랑을 파고 씨앗을 뿌리고 그들에게 말을 하고 매사에 그들과 동참하고 있었을 때, 그때도 그들이 그를 놓치지 않았다고 어떻게 단언할 수 있겠는가?

장자가 가르침을 펴고 있을 때 제자들은 다만 어리둥절했을 것이다. 무슨 뜻으로 이 말을 하는 걸까? 무엇을 암시하는 말일까?

도의 사람이 말할 때, 깨달은 이가 말할 때, 그 말의 의미가 이미 그곳에 있다. 그대는 단순히 듣기만 하면 된다. 그 의미는 그대가 발견해야만 하는 것이 아니다. 그것은 감추어져 있지 않다. 그것은 해석해야만 하는 것이 아니다. 도의 사람은 이론을 말하고 있는 것이 아니기 때문이다. 도의 사람은 그대에게 단순한 사실을 일깨워주고 있다. 그대의 눈이 열려 있다면 그것들을 볼 것이다. 그대의 귀가 들을 수 있다면 그것들을 들을 것이다. 더 이상의 어떤 것도 필요하지 않다.

그래서 예수는 말하는 것이다. 귀가 있는 자는 들을 것이오, 눈이 있는 자는 볼 것이라고. 더 이상 어떤 것도 필요 없다. 단지 눈을 열라. 귀를 열라.

붓다나 장자, 예수는 헤겔(19세기 초 독일의 철학자)이나 칸트(18세기 독일의 계몽주의 사상가)와 같은 철학자들이 아니다. 헤겔의 책을 읽을 때는 그가 말하고자 하는 의미를 찾아내야 한다. 마치 헤겔이 가능한 한 그대를 어렵게 하기 위해 온갖 노력을 기울인 것처럼 그것은 힘든 일이다. 마치 그가 단어들을 서로 뒤섞어 복잡한 천을 짜놓았고 모든 것을 수수께끼처럼 만들기 위해 온갖 노력을 다한 것처럼. 그래서 그대가 처음 헤겔을 접할 때 그는 뛰어나고 매우 높은 봉우리처럼 보일 것이다. 그러나 더 깊이 들어가고 더 많이 이해할수록 그는 점점 하찮게 된다. 그대가 그를 이해하는 날 그는 쓸모가 없어진다.

그래서 헤겔 같은 사람은 즉시 진가를 인정받지만 시간이 지남에 따라 그 진가가 사라진다. 장자 같은 이는 즉시 진가를 인정받지는 못하지만 시간이 지남에 따라 더욱 그의 진가를 알게 된다.

장자 같은 도의 사람은 언제나 시대를 앞서 있다. 수세기가 지나야 그때 비로소 위대성이 드러나기 시작한다. 그때 그대는 그를 이해할 수 있다. 그가 역설한 진리는 너무도 단순하고, 어떤 찌꺼기도 어떤 불순물도 없기 때문이다. 그러나 만일 그가 한 말에 집착한다면 그대는 그를 놓칠 수밖에 없다. 그것은 분명하다.

장자를 들을 때는 단지 들으라. 그대 쪽에서는 온전히 마음을 열고 받아들이는 일 외에 아무것도 필요하지 않다. 모든 메시지가 분명하다. 그러나 그대의 생각이 그것을 복잡하게 만든다. 그리고 그대는 자신이 만들어 놓은 것에 의해 혼란에 빠진다.

장자의 제자들은 장자를 알지 못했다. 그들은 장자를 놓쳐 버렸음에 틀림없다. 그리고 또다시 장자를 놓치고 있는 것이다. 장자가 아직 살아 있는데, 거창한 장례식을 계획하고 있는 것이다.

그리고 이 점을 이해해야 한다. 지혜로운 자는 언제나 존재에 관심을 두지만, 무지한 자는 언제나 행위에, 앞으로 행해야 할 것에 관심을 둔다. 존재 그 자체는 그들에게는 문제가 아니다.

장자는 존재에 관심이 있지만, 제자들은 행위에 관심이 있다. '장자가 죽으면 무엇을 해야 하지? 우리는 무엇을 해야만 하지? 스승이 죽어가고 있다. 그러니 장례를 어떻게 치를 것인가? 우리는 그

계획을 짜야만 한다. 그것도 가장 치밀하게…….'

우리는 계획하는 것에 미쳐 있다. 삶을 계획하고 죽음까지도 계획한다. 계획을 통해 자연스러움이 사라진다. 자연스러움의 아름다움이 파괴된다. 존재의 환희가 멀어진다.

한 무신론자가 죽어가고 있었다. 그는 천국도 지옥도 믿지 않았다. 그러나 죽기 전에 적당하게 옷을 차려입는 것이 좋을 것이라고 생각했다. 자신이 어디로 갈지 그는 알지 못했다. 어떤 것도 믿지 않았기 때문이다. 그러나 아무튼 어디론가 가긴 갈 것이고, 어디론가 가기 전에 사람은 잘 차려입어야 한다고 생각했다.

그는 무신론자이긴 했지만 예의 있는 사람이었다. 그래서 양복을 입고 나비 넥타이를 매고 모든 의상을 갖추었다. 그런 다음 그는 죽었다. 랍비가 그에게 축복을 내리기 위해 불려 왔다.

랍비가 말했다.

"이 사람은 천국이든 지옥이든 전혀 믿지 않았다. 하지만 얼마나 준비를 잘 했는가 보라. 그는 신을 믿지 않았으며, 아무 데도 갈 곳이 없었다. 그런데도 얼마나 훌륭하게 차려입고 준비를 했는가?"

그대는 느낀다. 자신이 어느 곳으로도 가고 있지 않다는 것을. 그러나 언제나 미래에 대해 계획을 짠다. 마음은 언제나 미래와 함께 하기 때문이다. 미래를 위해 계획하는 일은 행복을 준다. 현재에 사는 것은 불행한 느낌뿐이지만, 미래를 위해 계획하는 것은 멋있어 보인다. 시간이 있을 때마다 그대는 미래를 계획하기 시작한다. 이 세상의 것이든 저 세상의 것이든 미래의 일이기만 하면 된다. 그리고 마음은 계획하는 것을 즐긴다.

장자와 같은 도의 사람은 어떻게 '되는' 것이 아니라 지금 현재의 존재에 관심이 있다. 그는 행위에 대해선 관심이 없다. 미래에 대해 관심 두지 않는다. 오히려 무계획이 필요하다. 존재계가 그를 돌볼 것이다.

예수는 제자들에게 말했다. '들에 핀 이 꽃, 이 백합을 보라. 신의 영광 속에서 너무도 아름답기 때문에 솔로몬조차도 그렇게 아름다울 수 없다. 그들은 계획하지 않고 미래에 대한 것은 생각하지 않으며 다음 순간에 대해 근심하지 않는다.'

왜 백합꽃들은 그토록 아름다운가? 그들의 아름다움은 무엇으로 이루어져 있으며 그것은 어디에 숨겨져 있는가? 백합꽃들은 지금 여기에 존재한다. 왜 인간의 얼굴은 그렇게 슬프고 추한가? 그것은 그들이 지금 여기에 있지 않기 때문이다. 그들은 언제나 미래에 살며, 따라서 유령과도 같은 존재다.

지금 여기에 있지 않다면 어떻게 그대가 진실할 수 있을까? 그대는 단지 유령일 수 있을 뿐이다. 과거를 방문하거나 미래를 떠돌거나 하면서.

장자가 죽음을 맞이하게 되었다. 장자가 죽는 순간에 제자들은 침묵하고 있어야만 했다. 그것은 가장 존경할 만한 일, 가장 아껴야 할 순간이었다. 스승이 죽어가고 있었다. 그동안 제자들은 그의 삶을 눈여겨보지 않았었다. 그리고 이제 그의 죽음까지도 눈여겨보지 않았다. 그가 전 생애를 통해 그들에게 말하고 있었을 때 그들은 침묵을 지킬 수가 없었다. 이제 그가 그의 죽음을 통해 마지막 설법을 하고 있는 동안에도 그들은 침묵할 수가 없었다.

도의 사람이 죽을 때는 잘 지켜봐야 한다. 그는 다른 방식으로 죽기 때문이다. 그는 다른 방식의 삶을 살았기에 죽음 역시 다르다. 어리석은 인간은 그런 방식으로 죽을 수가 없다. 그대에게는 그대만의 삶이 있고 그대만의 죽음이 있다. 만일 그대가 삶 속에서 어리석었다면 어떻게 죽음의 순간에 지혜로울 수 있겠는가? 죽음은 삶의 결과다. 전체적 결과, 그 절정이다. 죽음 안에 삶의 전부가, 삶의 본질이 녹아들어 있다. 어리석은 사람은 어리석은 방법으로 죽는다.

삶은 독특하다. 죽음 역시 독특하다. 그리고 어느 누구도 그대의 죽음을 대신 죽을 수 없다. 오직 그대만이 그것을 할 수 있다. 그대의 죽음은 독특하고 유일하다. 그런 죽음은 결코 다시 일어나지 않는다. 방식이 다른 것이다. 삶뿐만 아니라 죽음 역시 사람마다 방식이 다르다.

장자가 죽을 때, 사람들은 절대적으로 침묵을 지켜야만 한다. 그러면 그를 놓치지 않는다. 삶은 하나의 긴 사건, 7, 80년간에 걸친 긴 사건이다. 그러나 죽음은 한순간에 일어난다. 죽음은 더없이 찰나적인 사건, 고도로 집중된 현상이다. 따라서 죽음은 삶보다 더 긴장감 있다. 삶은 오랜 시간에 걸쳐 퍼져 있기 때문이다.

삶은 결코 죽음만큼 절실할 수 없다. 삶은 결코 죽음만큼 아름다울 수 없다. 삶은 긴 시간에 거쳐 퍼져 있고 언제나 미지근하기 때문이다.

우리는 그것을 '비등점'이라 부른다. 물이 끓는 지점이다. 죽음은 바로 비등점과 같다. 죽음의 순간에 삶 전체가 비등점에 이른다. 모든 것이 이 세상으로부터 다른 세상으로, 육체로부터 육체 없음으로 증발해 간다. 이것은 가장 큰 탈바꿈이다. 이보다 더 큰 변화가 어디 있는가?

그때는 침묵해야 한다. 신중해야 한다. 동요하지 말아야 한다. 죽음은 단 한순간에 일어날 것이며, 그것을 놓쳐 버릴지도 모르기 때문이다.

어리석은 제자들은 장례식에 대해 이야기하고 있었다. 나아가 거대하게 장례를 치를 것을 생각하고 있었다. 지금 실로 거대한 일이 일어나고 있었다. 가장 위대한 일이 일어나고 있었다. 그러나 제자들은 그 위대한 일을 지켜보지 않고 겉치레를 생각하고 있었다.

인간의 마음은 언제나 드러내어 과시하는 것을 좋아한다. 마음은 자기 과시병에 걸린 것이다.

물라 나스루딘이 죽었다. 누군가 오후의 차를 마시고 있던 그의 아내에게 알렸다. 찻잔이 반쯤 비워져 있었다. 그 사람이 전했다.

"당신 남편이 죽었소. 달리는 버스에서 떨어졌소."

그러나 나스루딘의 아내는 계속해서 홀짝거리며 차를 마시고 있었다. 그 사람이 말했다.

"세상에! 당신은 어쩌면 차 마시는 일을 멈추지조차 않소! 당신은 내 말을 듣고 있는 거요? 당신 남편이 죽었소. 그런데 놀라지도 않는 거요?"

나스루딘의 아내가 나지막이 말했다.

"우선 차 마시는 일을 끝내게 해주세요. 그리고 나서 통곡을 할 테니, 잠깐만 기다려요."

마음은 늘 자기 과시적이다. 그녀는 통곡할 것이다. 다만 잠시 동안 그녀에게 생각을 정리하고 계획할 시간을 주라.

아내가 죽은 어떤 배우가 있었다. 그는 땅을 치며 통곡했다. 굵은 눈물이 뺨을 굴러 떨어지고 있었다.

한 친구가 말했다.

"자네가 아내를 그토록 사랑했는지 미처 몰랐네!"

그 배우는 친구를 바라보고는 말했다.

"이건 아무것도 아니야. 자네는 내 첫 번째 아내가 죽었을 때 내가 어떤 연기를 했는가 봤어야만 해. 그땐 정말 굉장했었지!"

그대는 화를 낼 때조차도 남의 눈치를 보면서 사람들이 그대에 대해 어떻게 생각할 것인지 의식한다.

왜 거창한 장례식을 생각하는가? 왜 그토록 성대한? 죽음에 있어서도 역시 일종의 자기 과시를 만들어 내는 것이다. 이것이 진정 스승을 공경하는 것인가? 아니면 죽음 또한 시장에서 파는 하나의 상품이란 말인가?

우리의 스승이 죽었다. 그래서 경쟁 심리가 싹텄다. 우리는 스승의 장례식이 역사상 가장 성대했음을 증명해야 한다. 어느 누구도 다시는 그렇게 하지 못할 성대한 장례식을!

죽음의 현장에서까지 사람들은 에고의 장난에 놀아난다. 제자들은 언제나 그렇다. 그들은 스승을 따르지만 진정으로 따르지 않는다. 그들이 장자를 진정으로 따랐다면 결코 성대한 장례식에 대한 생각은 하지 않았을 것이다. 그들은 그 순간에 안으로, 내면으로 들어갔어야 한다. 그러나 에고는 독선적이다.

그대가 자신의 스승이 매우 훌륭하다고 말할 때면 언제나 마음을 들여다보라. 그대는 이렇게 말하고 있는 것이다. '나는 매우 훌륭하다. 그렇기 때문에 이 훌륭한 사람을 따르는 것이다. 나는 한 사람의 훌륭한 추종자다.'

모든 추종자들은 자신의 스승이 가장 위대하다고 주장한다. 그러나 그것은 스승 때문이 아니다. 만일 그 스승이 위대하지 않으면 어떻게 그가 위대한 추종자일 수 있겠는가? 만일 누군가 그것은 그렇지 않다고 말하면 그는 화를 내고 흥분해서 논쟁하고 싸우기 시작한다. 그것은 자존심의 문제, 에고의 생존에 대한 문제다.

어느 상황에서나 에고는 자신을 주장한다. 죽음에 있어서조차도 그것은 그대를 떠나지 않는다.

스승이 죽어가고 있다. 그리고 제자들은 장례식에 대해 생각하고 있다. 그들은 전혀 스승을 따르지 않았었다. 모든 가르침이 자연스럽고 여유로운 장자와 같은 스승을.

장자가 임종을 맞이하게 되었을 때
제자들은 성대한 장례식을 계획하기 시작했다.

장자는 아직 죽지 않았다. 그런데 제자들은 벌써 장례식을 계획하기 시작했다. 문제는 장자가 아니라 제자들의 에고의 문제이기 때문이다. 그들은 장자에게 성대한 송별식을 베풀어야만 했다. 그리하여 사람들로 하여금 역사상 이런 성대한 장례식이 없었다는 사실을 깨닫게 해야만 했다.

그러나 그대는 장자를 죽일 수 없다. 죽어가면서도 장자는 그대를 그냥 내버려 두지 않을 것이다. 죽는 순간에도 장자는 그대에게 속지 않는다. 떠나가는 마지막 순간에도 그의 가슴을, 그의 지혜를 줄 것이다. 마지막 순간까지 그는 그가 알았고 깨달은 것은 무엇이든 그대에게 나누어 줄 것이다. 마지막 순간까지 자신의 모든 것을 나누어 줄 것이다.

장자는 죽어가는 자리에서 제자들에게 말했다.

"나는 하늘과 땅으로 나의 관을 삼을 것이다.
해와 달은 나를 호위하는 한 쌍의 옥이 될 것이며

행성과 별무리들이 내 둘레에서 보석들처럼 빛날 것이다.
그리고 만물이 내 장례식 날 조문객들로 참석할 것이다."

더 이상 무엇이 필요한가? 모든 것은 단순하다. 단순하면서도 충분하게 보살펴진다. 더 이상 무엇이 필요한가? 그대가 더 이상 무엇을 할 수 있을까? 더 이상 무엇을 그대가 장자를 위해, 도의 사람을 위해 할 수 있을까? 그대가 무엇을 하든 그것은 무의미하다. 무엇을 계획하든 하찮은 것이다. 그것은 결코 성대할 수가 없다. 전 우주가 그를 받아들일 준비를 하고 있기 때문이다. 그대가 더 이상 무엇을 할 수 있겠는가?

장자는 말했다.

"태양과 달, 땅과 하늘의 모든 존재들이 나를 받아들일 준비가 되어 있다. 그리고 모든 존재, 전 존재계가 애도객이 될 것이다. 그러니 너희들은 걱정할 필요가 없다. 너희들이 애써 조문객을 끌어들일 필요가 없다."

그대는 조문객을 끌어들일 수 있다. 그러나 그들은 시장에서도 살 수 있다. 돈을 지불하면 대신 애도해 주는 사람들이 있다. 아내가 죽었는데, 어머니가 죽었는데 거기 애도할 사람이 아무도 없으면 전문적으로 곡하는 사람을 찾아야 한다. 그들은 쉽게 구할 수 있다. 또 그들이 필요하다. 여기엔 논리적인 타당성이 있다. 만일 그대가 어떤 사람과 함께 살면서 진정으로 행복하지 않았다면 그가 죽었을 때 어떻게 진정으로 슬픔에 잠길 수 있겠는가? 그것은 불가능하다. 만일 아내와 행복하게 지내지 못했다면, 아내와 함께 환희에 찬 삶을 한순간도 보내지 못했다면, 그녀가 죽었을 때 어떻게 그대의 눈에서 진정한 눈물이 나올 수 있겠는가? 오히려 마음속으론 행복해 할 것이다. 마음 깊은 곳에선 자유를 느낄 것이다. '이제 난 해방이다. 이제 난 내 욕망에 따라 움직일 수 있다. 아내는 감옥과 같은 존재였다.'

한 남자가 죽어가고 있는데 그의 아내가 그를 위로했다.

"걱정하지 말아요. 머지않아 나도 저 세상에서 당신과 재결합할 거예요."

남자가 말했다.

"당신이 살아 있는 동안 부정한 짓을 하진 마오."

그는 두려웠던 것이다. 왜 마지막 순간에 이런 두려움이 있는가? 이 두려움은 늘 그의 마음속에 있었음에 틀림없다.

아내는 약속했다.

"난 절대로 부정을 저지르지 않을 거예요."

그래서 그는 말했다.

"만일 당신이 부정을 단 한 번이라도 저지르면 난 내 무덤에서 돌아누울 거요. 그것은 나에겐 실로 고통스러운 일일 것이오."

10년 뒤 그의 아내도 죽었다. 천국의 문에서 수문장이 그녀에게 물었다.

"맨 먼저 누구를 만나고 싶은가?"

그녀가 말했다.

"물론 저의 남편입니다."

"그의 이름이 무엇인가?"

"아브라함입니다."

그러자 수문장이 말했다.

"아브라함을 찾는 것은 어려운 일이다. 수백 명의 아브라함이 있기 때문이다. 뭔가 그를 확인할 단서라도 있는가?"

그녀는 잠시 생각한 다음 말했다.

"그는 마지막 숨이 넘어가면서 말했어요. 만일 내가 부정한 짓을 저지르면 무덤 안에서 돌아눕겠다고."

수문장이 말했다.

"더 이상 말하지 말라. 알겠다. 몸이 꽈배기처럼 꼬여 있는 아브라함을 말하는 게 틀림없군. 십 년 동안 그는 무덤 안에서 돌아눕느라 단 한순간도 쉴 틈이 없었다. 모두가 그에 대해 알고 있다. 아무 문제 없다. 즉시 그를 불러오겠다."

그대의 인간관계에는 어떤 믿음도, 신뢰도, 사랑도, 행복도 일어나지 않는다. 죽음이 왔을 때 어떻게 그대가 애도할 수 있겠는가? 그대의 애도는 거짓뿐이다. 그리고 우리는 이런 거짓된 세계에서 살고 있는 것이다. 이런 상황에서 어떻게 우리가 삶을 지속해 나가고 있는가 하는 것이 다만 놀라울 따름이다.

한 정치가가 실직을 했다. 그는 전직 장관이었다. 그는 직업을 찾고 있었다. 정치가들이란 사무실에 있지 않으면 언제나 곤란을 느끼기 때문이다. 그들은 정치 이외에는 다른 어떤 것도 할 수가 없다. 정치 이외에는 다른 어떤 것도 알지 못한다. 그리고 그들은 어떤 자격증도 갖고 있지 않다. 하찮은 직업일지라도 자격증을 요구한다. 그러나 장관이라는 직업에는 아무것도 필요하지 않다. 장관이나 국무총리라는 직업에는 어떤 자격증도 필요하지 않다.

그래서 이 장관은 곤란에 빠졌다. 그는 서커스 단장을 찾아갔다. 그는 정치 또한 하나의 큰 서커스라고 생각했고, 서커스단에서 뭔가 일을 할 수 있으리라고 생각했다.

그래서 그는 단장에게 말했다.

"나에게 일거리를 좀 주시겠소? 나는 실직을 했고, 지금 매우 곤란한 처지입니다."

서커스 단장이 말했다.

"적절한 때에 잘 찾아왔소. 마침 곰 한 마리가 죽었소. 당신에게 곰 의상을 주겠소. 당신은 어떤 것도 할 필요가 없소. 하루 종일 아무것도 하지 않고 그저 앉아만 있으면 되오. 그러면 아무도 그 차이를 모를 테니. 아침부터 저녁까지 앉아만 있으면 사람들은 거기 곰이 앉아 있다고 믿을 것이오."

그 일은 꽤 괜찮아 보였다. 그래서 정치가는 수락했다. 그는 우리 안으로 들어가 곰 가죽을 쓰고 앉아 있었다. 그런데 몇 분 뒤에 우리 안에 다른 곰이 들어왔다. 그는 갑자기 겁이 나서 창살로 달려갔다. 그는 창살을 흔들며 외쳤다.

"도와주시오! 나를 여기서 꺼내 주시오!"

그때 등 뒤에서 한 목소리가 들렸다. 다른 곰이 말하고 있었다.

"당신은 당신만이 유일하게 실직한 정치가라고 생각하시오? 나 역시 전직 장관이오. 그렇게 겁내지 마시오."

삶 전체가 근본에서부터 거짓이 되었다. 그대가 그 속에서 살아가는 것은 순전한 기적이다. 거짓 얼굴과 마주 앉아 말하는 것, 거짓 얼굴로 말하는 것, 거짓 행복, 거짓 불행. 그러면서 그대는 진실을 찾기를 희망한다. 거짓 얼굴을 하고선 진실을 찾을 수 없다.

장자는 말했다.

"나는 하늘과 땅으로 나의 관을 삼을 것이다."

"너희들은 왜 걱정하는가? 너희들이 하늘과 땅보다 더 큰 관을 만들 수 있겠는가? 하늘과 땅으로 나의 관이 되게 하라. 그 이상의 관이 있지 않다."

"해와 달은 나를 호위하는 한 쌍의 옥이 될 것이며……"

너희들은 내 관 주위에 촛불을 피워 놓을 필요가 없다. 그것들은 순간적인 것이다. 해와 달로 하여금 내 영원한 생명의 상징이 되게 하라.

"행성과 별무리들이 내 둘레에서 보석들처럼 빛날 것이다.
그리고 만물이 내 장례식 날 조문객들로 참석할 것이다."

만물이, 온 존재가 참석할 것이다. 이것을 깊이 이해해야 한다. 붓다와 마하비라 역시 그렇게 말했다. 그러나 아무도 그것을 믿지 않는다. 믿기 힘든 내용이기 때문이다. 마하비라가 죽었을 때 그런 일이 일어났지만 자이나교도조차도 그 사실을 믿지 않는다. 붓다의 임종시에도 같은 일이 일어났지만 불교도들도 믿지 않는다.

마하비라가 죽었을 때 모든 존재가 참석했다고 한다. 인간뿐 아니라 동물들, 나무의 영혼들, 천사들, 신들, 모든 차원으로부터의 존재가 참석했다. 그것은 당연한 일이었다. 마하비라 같은 사람은 인간하고만 교류하는 것이 아니기 때문이다. 그 경지가 그러했고, 그 정신적 높이가 그러했으므로 모든 차원의 존재가 그를 알았다. 마하비라가 말할 때면 인간뿐만 아니라 천사들, 신들, 동물들, 유령들과 모든 형태의 존재들이 그의 말을 듣기 위해 모였다고 한다. 이것이 마치 하나의 우화, 하나의 비유처럼 여겨질 것이다. 그러나 나는 그대에게 말한다. 그것은 우화가 아니라 사실이다. 그대가 더 높

장자의 죽음 | 431

은 경지에 이를수록 그대의 존재는 더 높이 성장하기 때문에 다른 차원의 존재들과도 교감할 수 있다.

장자는 말한다.

"그리고 만물이 내 장례식 날 조문객들로 참석할 것이다.
더 이상 무엇이 필요한가?"

"무엇이 더 필요한가? 너희들이 무엇을 할 수 있을까? 너희가 무엇을 더 보탤 수 있을까? 너희는 어떤 것도 할 필요가 없고, 걱정할 필요가 없다."

"모든 것은 두루 돌보아진다."

이것이 침묵의 경지에 들어간 사람의 느낌이다.

"모든 것은 두루 돌보아진다."

삶과 죽음, 모든 것. 그대는 어떤 것도 할 필요가 없다. 모든 것은 그대 없이도 이미 일어나고 있다. 그대는 불필요하게 그 속에 개입해 혼란을 만들어 낼 뿐이다. 혼돈을 만들어 낸다. 그대 없이도 모든 것은 완전하다. 현재 그대로 모든 것이 완전하다. 어떤 것도 보탤 수가 없다.

서양의 라이프니츠(18세기 초 독일의 철학자, 수학자)는, 이 세계는 모든 가능한 세계 가운데 가장 완전한 것이라고 말했다. 그래서 그는 심한 비판을 받았다. 서양에선 그런 주장이 통하지 않기 때문이다. 어떻게 이 세상이 완전한 세상인가? 사람들 눈에는 이 세상이 가장 불완전하고, 가장 추하고, 병든 것처럼 보인다. 이 세상에는 불평등과 고통, 가난, 질병, 죽음, 미움과 모든 것이 있다. 그런데 라이프니츠는 이 세상이야말로 모든 가능한 세상 중에서 가장 완전한 세상이라고 말한 것이다. 그는 혹독하게 비판받았다.

그러나 장자라면 그의 말을 이해했을 것이다. 나는 그가 의미한 것을 이해한다. 그가 한 말은 물질적인 모자람에 관계된 것이 아니라 내적인 느낌에 관련된 것이었다. 바로 존재 자체에 대한 것이었다. 모든 것이 완전하다는 것은, 거기 걱정할 필요가 없다는 것을 의미한다.

"모든 것은 두루 돌보아진다."

그대가 그것을 더 좋게 만들 수 없다. 그대가 시도한다면 거꾸로 그것을 더 나쁘게 만들 수는 있어도 그것을 더 좋게 만들 수는 없다. 환자를 더 오래 치료할수록 그는 죽음에 더 가까워진다.

우리를 행복하게 해줄 물건은 많이 있다. 그러나 우리는 행복해질 수 있는 가슴을 잃어버렸다. 그대는 궁전을 갖고 있을지 모른다. 그러나 왕이 될 수 있는 인간은 더 이상 없다. 궁전은 무덤이 될 것이다. 세상의 도시는 아름답고 나날이 거창해진다. 그러나 그것들은 마치 묘지와 같다. 살아 있는 사람은 찾아볼 수 없다.

뒤돌아보라. 인간은 지금과 완전히 달랐다. 더 가난했지만 더 풍요로웠다. 역설적으로 들릴 것이다. 인간은 지금보다 훨씬 가난했다. 음식도 충분하지 못했고, 옷도 잠자리도 충분하지 않았다. 그러나 삶은 더 풍요로웠다. 인간은 춤출 수 있었고, 노래할 수 있었다.

그대는 노래를 잃었다. 그대의 목을 물질이 조르고 있다. 그대의 가슴에서 어떤 노래도 흘러나올 수 없다. 그대는 춤출 수 없다. 기껏해야 어떤 몸동작을 만들 수 있을 뿐이다. 그러나 그 몸동작은 춤이 아니다. 춤은 단지 몸동작만은 아니기 때문이다. 한 몸짓이 환희가 될 때, 그때 그것이 춤이다. 몸짓이 존재 전체가 되어 거기 '나'라는 것이 사라졌을 때, 그때 그것이 춤이다.

그대는 춤을 춘다. 그러나 오직 죽은 몸동작으로 춤출 뿐이다. 그대는 육체를 조작할 수 있다. 그것은 좋은 율동인지는 몰라도 환희는 아니다.

사람들은 여전히 서로 껴안고 입맞추고 사랑의 행위를 한다. 그러나 사랑은 없고 오직 몸짓만이 있을 뿐이다. 그 몸짓 속에서 그대는 좌절한다. 몸짓을 연출하지만 아무것도 일어나고 있지 않음을 안다. 그대는 모든 행위를 흉내 낸다. 그러나 여전히 좌절감이 그림자처럼 따라다닌다.

라이프니츠가 이 세상은 모든 가능한 세상 가운데 가장 완전한 세상이라고 말했을 때, 그는 장자가 한 말과 똑같은 의미를 말한 것이다.

"모든 것은 두루 돌보아진다."

"제자들아, 너희는 삶에 대해 걱정할 필요가 없다. 너희는 죽음에 대해 걱정할 필요가 없다. 삶을 보호하는 것과 똑같은 근원이 죽음을 보호할 것이다. 너희는 성대한 장례식을 계획할 필요가 없다. 삶이 이렇게 크고 우주가 이렇게 큰데 너희가 어떤 성대한 것을 계획할 수 있겠는가? 나를 태어나게 한 그 근원이 나를 받아들일 것이며, 그 근원은 그 자체로 충분하다. 더 이상 어떤 것도 보탤 필요가 없다."

제자들은 장자의 말을 들었다. 그러나 이해할 수 없었다. 이해했다면 더 무엇인가를 말할 필요가 없었을 것이다.

제자들이 말했다.
"우리는 까마귀와 솔개들이
스승님의 시신을 쪼아 먹을까 두렵습니다."

"만일 우리가 어떤 준비를 하지 않고 어떤 계획도 하지 않는다면 까마귀와 솔개들이 스승님을 먹어치울 것입니다. 스승님을 위해 무덤을 만드는 것이 필요하지 않겠습니까?"

장자가 말했다.
"그렇다. 땅 위에 있으면 나는
까마귀나 솔개의 밥이 될 것이다.
그리고 땅속에서는
개미와 벌레들에게 먹힐 것이다.
어느 경우든 나는 먹힐 것이다.
그러니 왜 그대들은 새에게 먹히는 경우만 생각하는가?"

"왜 선택을 하는가? 어쨌든 나는 무엇엔가 먹힐 것이다. 그러니 왜 선택을 하는가?"

장자는 말한다. 선택 없이 살고, 선택 없이 죽으라. 왜 선택을 하는가? 그대는 삶을 조작하려 하고 있다. 그리고 죽음 역시 조작하려고 한다.

장자는 말한다.

"어떤 선택의 여지도 없다. 너희가 나의 시신을 땅 밑에 파묻는다 해도 어쨌든 벌레들이 그것을 먹어치울 것이다. 아무리 깊이 묻어도 먹히는 것은 마찬가지다. 왜 새 또는 벌레 어느 한쪽만을 생각하는가? 일어날 일은 일어나게 하라. 생명계의 근원이 알아서 하게 하라. 이 육체를 어떻게 처리하든 대지의 어머니가 결정하게 하라. 존재계에 그 일을 맡겨라. 나는 존재계에 내 육체를 만들어 달라고 부탁하지 않았다. 존재계가 알아서 내 육체를 만들어 세상에 내보냈다. 따라서 그 육체를 해체하는 것도 존재계가 알아서 할 것이다. 그런데 왜 내가 그것이 어떻게 처리되어야 하는가를 결정해야 하는가? 그리고 그것이 새에게 먹힐 것이라는 사실에 대해 왜 두려워해야 하는가?"

우리는 잡아먹히는 것을 두려워한다. 왜인가? 이것을 이해해야 한다. 왜 우리는 먹히는 것을 두려워하는가? 온 생애 동안 우리는 언제나 먹고 있으며, 먹는 일을 통해 생명을 파괴한다. 그대가 무엇을 먹든 그대는 그것을 죽인다. 죽여야만 한다. 생명은 오직 생명만을 먹기 때문이다. 다른 방법이 없다.

누구도 진정한 채식주의자가 될 수 없다. 모든 채식주의자는 사실 비채식주의자이다. 그대가 먹는 것은 무엇이든 의식을 가진 생명체이기 때문이다. 그대는 과일을 먹는다. 그것도 하나의 생명체다. 그대는 채소를 먹는다. 그 채소도 생명을 지니고 있다. 그대는 쌀을 먹고 밀을 먹는다. 그것들은 싹터 나올 더 많은 생명을 위한 씨앗들이다. 그대는 어쨌든 생명체에 의존하고 있는 것이다.

생명체는 생명체를 먹는다. 그리고 모든 생명체는 다른 누군가를 위한 식량이다. 그런데 그대는 왜 그대 자신을 보호하며, 자신은 아무에게도 먹히지 않을 거라고 믿으려 하는가? 얼마나 어리석은가! 그대는 지금까지 모든 생명체들을 먹어 왔다. 이제 그것들에게 그대 자신을 먹이로 제공하라. 그것들에게도 기회를 주라.

이런 관점에서 나는 배화교의 사람들이 가장 과학적인 방법으로 시체를 처리한다고 생각한다. 힌두교에서는 화장을 한다. 그것은 나쁘다. 왜냐하면 훌륭한 식량을 태우고 있는 것이기 때문이다. 만일 모든 나무들이 그 열매들을 불태운다면, 모든 동물들이 다른 죽은 동물들을 불태운다면 어떤 일이 일어날까? 그렇게 해서 힌두교도가 될 수 있을지는 몰라도 거기 더 이상 아무도 존재하지 않을 것이다. 왜 불태우는가?

그대는 지금까지 다른 생명체를 먹어 왔다. 이제 그들에게도 기회를 주라. 다른 생명체들에게 그대의 육체를 먹을 기회를 주라. 그리고 그것을 행복하게 여기라. 그들이 그대의 육체를 먹음으로써 그대는 존재계로 다시 돌아가는 것이다. 거기 나쁠 것이 없다. 그것은 그 존재가 돌아갔음을, 강물이 바다로 되돌아갔음을 의미한다.

그리고 먹히는 것, 이것이 존재계로 돌아가는 가장 좋은 방법이다. 그래서 그대 육체의 쓸모있는 부분이 모두 누군가의 어느 곳엔가 살아 있는 것이다. 어느 나무, 어느 새, 어느 동물의 몸을 통해 그대가 살아 있을 것이다. 행복해 하라. 그대의 생명이 분배되었다. 왜 그것이 잘못된 일이라고 생각하는가?

회교와 기독교는 시체를 보존하기 위해 관에 넣어 파묻는다. 이것 역시 좋지 않은 일이다. 어리석음에서 비롯된 행위일 뿐이다. 우리가 살아 있는 것을 보존할 수 없는데 어떻게 죽은 것을 보존할 수 있겠는가? 어떤 것도 보존할 수 없으며, 아무것도 보존될 수 없다.

산 것은 상처입기 쉽다. 그런데 우리는 죽은 것까지 다치지 않게 하려고 노력한다. 시간의 변화로부터 자신을 보호하기를 원한다.

배화교인들은 가장 좋은 방법을 갖고 있다. 그들은 시체를 단순히 담 위에 놓아둔다. 그러면 독수리들과 다른 새들이 날아와 먹는다. 모든 사람들이 이 배화교의 장례 방식에 반대한다. 심지어 배화교인들까지도 반대한다. 아주 추해 보이기 때문이다.

아니다, 그것은 추하지 않다. 그대가 무엇을 먹고 있을 때, 그것이 추한가? 그런데 독수리가 먹고 있을 때 그것은 왜 추한가? 그대가 먹을 때는 만찬이듯이, 독수리가 그대의 시체를 먹고 있을 때 역시 만찬이다. 그대는 다른 것들을 먹어 왔다. 이제 다른 것들에게 그대를 먹게 하라.

그래서 장자는 말한다.

"선택할 것이 없다. 왜 이것은 좋아하고 저것은 싫어하는가? 존재계가 무엇을 하기로 선택하든지 존재계가 하도록 하라. 나는 결정하지 않을 것이다."

진실로 장자는 선택 없는 삶을 살았다. 그래서 그는 선택 없는 죽음을 맞이할 준비가 되어 있었다. 선택함이 없을 때 오직 그때에만 그대가 존재한다. 선택을 할 때 그때는 생각이 지배한다. 생각은 선택하는 자다. 그러나 존재는 선택함이 없다.

존재는 하나의 자유다. 그대가 선택함 없이 살고, 삶이 스스로 일어나도록 허용한다면 그때 그대는 자유인이 된다. 삶이 그대를 통해 일어난다. 그대가 삶의 지배인이 아니다. 그대는 삶을 관리하거나 통제하지 않는다. 통제자가 아닐 때 긴장이 사라진다. 오직 그때만이 휴식이 있다. 그때 그대는 절대적으로 휴식할 수 있다.

이 절대적 휴식이 인간 최고의 경지이고, 처음과 끝이다.

장자가 말하는 것이 이것이다. 그는 삶과 죽음 사이에 선택을 하지 말라고 말한다. 이 형태의 죽음과 저 형태의 죽음 사이에 선택을 하지 말라. 선택하지 말라. 전체로 남아 있으라. 그리고 그대가 전체일 때 거기에 전체와의 만남이 있다.

그대가 선택적이라면 그대는 이미 분리된 것이고, 그만큼 존재계 전체에서 멀어진 것이다. 삶이 그 자체로 자유이게 하라. 그 자유인이 바로 도의 사람이다.

그대는 수세기 동안 그것을 잃어 왔다. 더 이상 그것을 잃지 말라. 자유인이 되라. 삶에 있어서도 죽음에 있어서도 장자와 같은 자유인이 되라.

오쇼에 관하여

오쇼는 자신을 특정 영역으로 구분하는 것을 거부한다. 오쇼의 가르침은 삶의 의미를 묻는 개인적인 질문에서부터 현대사회가 직면한 정치 사회적 문제들까지 모든 분야를 망라하고 있다. 오쇼의 책들은 전 세계의 청중들과 나눈 즉석문답을 오디오와 비디오로 기록하여 책으로 엮어낸 것이다. 이에 대해 오쇼는 '이것을 명심하라. 지금 나는 그대들만을 위해 말하고 있는 것이 아니다. 내 말은 다가오는 미래 세대를 위한 것이기도 하다.' 라고 말한 바 있다.

런던의 〈선데이 타임즈〉는 20세기를 일군 1천 명의 주요인물 가운데 한 명으로 오쇼를 선정했으며, 미국의 작가 탐 로빈스Tom Robbins는 오쇼를 예수 이후에 가장 위험한 인물로 평가했다. 인도의 〈선데이 미드데이〉는 인도의 운명을 바꾼 열 명의 위인들 중에 간디, 네루, 붓다와 더불어 오쇼를 선정했다.

오쇼는 자신의 일에 대해 새로운 인류가 탄생할 수 있는 환경을 조성하는 것이라고 설명했다. 그는 이 새로운 인류를 '조르바 붓다Zorba the Buddha'로 규정했는데, 이는 그리스인 조르바의 세속적인 기쁨과 고타마 붓다의 평온함이 조화를 이룬 인간상을 말한다.

그의 강의와 명상법들은 시간을 초월한 지혜와 함께, 현대 과학기술이 지닌 잠재성까지도 포괄하고 있다. 오쇼는 날로 가속화되는 현대인의 삶에 적합한 명상법을 고안해 냄으로써 내적 변형이라는 분야에 혁명적인 공헌을 한 것으로 알려져 있다. 그의 독창적인 액티브 명상법Active Meditation들은 우선적으로 신체에 쌓인 스트레스를 해소하기 위해 고안된 것이다.

오쇼의 자서전에는
Autobiography of a Spiritually Incorrect Mystic, Glimpses of a Golden Childhood가 있다.

오쇼 국제 명상 리조트에 관하여
Osho International Meditation Resort

위치 인도 뭄바이에서 남동쪽으로 100마일 떨어진 현대적인 도시 푸나Pune에 위치한 오쇼 인터내셔널 명상 리조트는 특별함이 있는 휴양지이다. 명상 리조트는 큰 나무들이 줄지어 서 있는 주택가, 28에이커가 넘는 정원 속에 자리 잡고 있다.

오쇼 명상 전통적인 명상법과 혁신적인 명상법 등 각 개인이 취사선택할 수 있는 다양한 방편들이 진행된다. 특별히 고안된 오쇼 액티브 명상OSHO Active Meditation도 이에 포함된다. 이 프로그램들은 전 세계에서 가장 큰 명상홀로 알려진 오쇼 오디토리엄Osho Auditorium에서 행해진다.

오쇼 멀티버시티 멀티버시티는 오쇼 명상 리조트의 모든 명상 프로그램을 총괄하는 곳이다. 다양한 종류의 개인세션과 워크숍은 창조적인 예술행위로부터 건강요법, 개인적인 변형, 인간관계, 일 명상, 비전학秘傳學, 스포츠와 레크리에이션을 통한 선禪에 이르기까지 온갖 분야를 망라하고 있다. 인간은 부분의 총합보다 더 큰 존재라는 이해를 바탕으로, 이 모든 프로그램들을 명상과 접목시킨 것이 멀티버시티의 성공비결이다.

오쇼 바쇼 스파　고품격의 바쇼 스파에는 열대의 푸른 나무들로 둘러싸인 노천 수영장이 있다. 이 밖에 넉넉한 크기의 노천탕, 사우나 시설, 헬스장, 테니스 코트 등이 독특하고 아름다운 분위기를 연출한다.

식사　리조트 안에 나눠져 있는 여러 곳의 식당에서는 서양식, 동양식, 그리고 인도식 채식 식단을 제공한다. 대부분의 음식은 리조트만을 위해 특별히 재배된 유기농 재료를 사용하며, 빵과 케이크는 리조트 내의 베이커리에서 직접 구워낸다.

야간 행사　밤에도 다양한 행사가 펼쳐진다. 이 중에서 역시 춤은 가장 인기 있는 프로그램이다. 보름달과 별빛 아래 명상 프로그램이 펼쳐지고, 다양한 종류의 쇼와 음악공연, 일상생활에 도움을 주는 명상법들이 소개된다. 특별히 프로그램에 참여하지 않는다면 플라자 카페에서 사람들을 만나 담소를 나누거나 정적에 잠긴 신비한 분위기의 정원을 거니는 것만으로도 좋다.

편의 시설　기본적인 생활용품은 리조트 내의 갤러리아에서 구입할 수 있으며, 멀티미디어 갤러리에서는 오쇼에 관한 방대한 종류의 미디어 상품들을 판매하고 있다. 리조트 내에서 은행, 여행사, 인터넷 카페도 이용 가능하다. 쇼핑을 즐기고 싶다면 푸나 시내로 나가서 인도의 갖가지 전통 제품과 세계적인 브랜드 상품들을 구입할 수 있다.

숙박 시설　리조트 내에서 세련된 분위기의 오쇼 게스트하우스에 숙박할 수 있으며, 좀 더 오래 머물기를 원한다면 명상 프로그램과 결합된 패키지 상품을 선택해도 좋다. 리조트 밖에도 다양한 종류의 호텔이 있으며 설비를 갖춘 아파트를 임대할 수 있다.

www.osho.com/meditationresort
www.osho.com/guesthouse
www.osho.com/livingin

오쇼 Osho

인도 출신의 영적 스승. 1970년대 중반부터 브하그완 슈리 라즈니쉬라는 이름으로 뭄바이 근처 푸네시에 명상 휴양지를 세우고 붓다, 예수, 노자, 장자, 까비르, 피타고라스, 니체, 칼릴 지브란, 하시디즘, 수피즘 등 동서양을 넘나드는 명강의를 펼쳐 전 세계 젊은이들에게 새로운 의식 혁명과 깨달음의 세계를 열어 보였다. 삶의 허구와 진리의 세계 그리고 존재의 본질을 꿰뚫는 그의 통찰력은 '예수 이후 가장 위험한 인물' 또는 '20세기 최고의 영적 스승'이라는 엇갈린 평가 속에 큰 구도의 물결을 일으켰다. 미국에서도 가르침을 폈으며, 1990년 인도로 돌아와 세상을 떠났다. 400여 권에 이르는 명강의집을 남겼다.

류시화

시인. 대학 재학 시절 오쇼의 사상을 접하고 인도로 가서 그의 제자로 입문했다. 이후 수년에 걸쳐 인도, 네팔, 티베트 등지를 여행하는 한편, 주요 명상 서적들을 번역 소개했다. 시집 〈그대가 곁에 있어도 나는 그대가 그립다〉, 〈외눈박이 물고기의 사랑〉과 잠언시집 〈지금 알고 있는 걸 그때도 알았더라면〉, 치유와 깨달음의 시 〈사랑하라 한번도 상처받지 않은 것처럼〉, 인도 여행기 〈하늘 호수로 떠난 여행〉, 〈지구별 여행자〉를 펴냈다. www.shivaryu.co.kr

장자, 도를 말하다

1판 1쇄 발행 2006년 12월 30일 | 1판 9쇄 발행 2025년 1월 31일 | 지은이 오쇼 | 옮긴이 류시화 | 펴낸이 이상용 이성훈 | 펴낸곳 청아출판사 | 등록 1979년 11월 13일 제9-84호 | 주소 경기도 파주시 회동길 363-15 | 전화 031-955-6031~5 | 팩스 031-955-6036 | ISBN 89-368-0358-1, 978-368-0358-2 | 이메일 chungabook@naver.com